KB160835

단체의 법이론

- 유민 홍진기의 법이론 -

유민총서

13

단체의 법이론

- 유민 홍진기의 법이론 -

| 양천수 지음 |

홍진기법률연구재단

서문

필자가 홍진기 선생의 성함을 처음 접한 것은 법과대학에 다닐 때로 기억합니다. 그때 읽었던 어떤 책에서 홍진기 선생이 일제 강점기의 조선인으로 당대의 권위 있는 일본학자와 학문적 논쟁을 폈다는 이야기를 접하였습니다. 참 대단한 분이라는 생각을 하였습니다. 그러나 그때 필자는 그 홍진기 선생이 법무부장관과 내무부장관을 그리고 중앙일보와 동양방송 회장을 역임한 분이라는 것은 알지 못했습니다. 이후 홍진기 선생을 다시 접한 것은 양창수 교수님의 논문을 통해서였습니다. 우리나라 최초의 헌법재판을 주제로 다룬 논문에서 양창수 교수님은 홍진기 선생을 뛰어난 법률가로 평가하셨습니다. 특히 '생성중의 국가'라는 독창적인 논증을 높이 평가하셨습니다. 이에 홍진기라는 분에 본격적으로 관심이 생기기 시작하였습니다. 그러나 그때도 홍진기 선생이 구체적으로 어떤 분이었는지는 알지 못했습니다.

이후 필자는 법학전문대학원 교수로 연구 생활을 하던 중 얼마 전부터 우리 법학의 기초를 놓은 분들에 관심을 가지고 연구를 하고 있었습니다. 특히 독창적인 형법이론을 전개한 유기천 선생과 우리 법철학의 토대를 놓은 황산덕 선생을 공부하였습니다. 그 와중에 황산덕 선생이 쓰신 글을 읽으면서 홍진기 선생이 어떤 분인지 알게 되었습니다. 그리고 마침 홍진기 법률연구재단이 첫 번째 유민총서로 발간한『유민 홍진기 법률논문 선집』(2016)을 접하여 읽게 되었습니다. 이를 통해 홍진기 선생이 단순히 '저명인사'로 그치는 게 아니라 섬세함과 독창성을 겸비한 법률가, 아니 법학자라는 점을 알게 되었습니다. 이에 언젠가 기회가 되면 시간을 내서 홍진기 선생의 법이론을 분석하고픈 마음을 품게 되었습니다. 그리고 마침내 홍진기법률연구재단의 귀한 지원을 받아 그 작업을 할 수 있게 되었습니다.

홍진기 선생의 법이론을 공부하는 여정은 필자에게 큰 즐거움이 되었습니다. 현실의 법적 문제를 풀기 위해 현재 있는 법을 치밀하게 분석하고 이를 넘어 본질적인 부분까지 법적 사유를 밀고 나간 홍진기 선생의 법적 방법과 논증에서 많은 것을 배울 수 있었습니다. 덩달아 우리 법학의 초창기에 법학의 기틀을 마련하기 위해 매진했던 분들이 얼마나 대단한 분들이었는지 체험할 수 있었습니다. 이를 계기로 온고지신(溫故知新)이 결코 틀린 말이 아니라는 점을 다시 한 번 경험할 수 있었습니다. 법학을 어떻게 해야 하는지 배울 수 있었기 때문입니다.

많은 분들의 도움으로 부족하지만 이 책을 낼 수 있었습니다. 먼저 홍진기 선생의 법이론을 연구할 수 있도록 지원해 주신 홍진기법률연구재단의 홍석조 이사장님과 재단 관계자 분들에게 감사 인사를 드립니다. 홍진기 선생에 관해 선구적인 연구를 해주신 양창수 교수님, 최종고 교수님, 정인섭 교수님, 노혁준 교수님에게 감사 인사를 드립니다. 이 책의 초고를 읽고 유익한 조언을 해주신 정구태 교수님, 초고를 면밀하게 교정해 주고 참고문헌 목록까지 만들어 주신 영남대학교 법학연구소의 백윤진, 박정인 연구원님에게 감사 인사를 드립니다. 필자의 부족한 원고를 멋진 책으로 편집해 주신 경인문화사의 유지혜 님에게 감사 인사를 드립니다. 이 책을 쓰는 과정에서 물심양면 도움을 주신 최현준 실장님에게 감사 인사를 드립니다. 마지막으로 필자에게 학문적 격려를 해주시고 이 책의 기초가 되는 상법학을 학부에서 가르쳐 주신 대한민국 학술원의 정동윤 교수님에게 감사 인사를 드립니다.

2022년 2월에
겨울 다음에는 반드시 봄이 온다는 진리를 되새기면서
양천수 배상

목 차

서문

제1장 서 론 ··· 1

　Ⅰ. 연구의 목표 ··· 3

　Ⅱ. 연구 내용으로서 단체의 법이론 ····················· 6

　Ⅲ. 연구 방법 및 구성 ·· 8

　　1. 연구 방법 ··· 8

　　2. 구성 ·· 9

　Ⅳ. 홍진기 법이론의 학문적 배경 ························· 10

　　1. 이론적 배경 ·· 10

　　2. 현실적 배경 ·· 26

제2장 회사의 법이론 ·· 29

　제1절 회사의 법이론적 문제 ································· 31

　　Ⅰ. 서론 ··· 31

　　Ⅱ. 회사의 존재 방식 ······································· 32

　　　1. 법인으로서 회사 ·· 32

　　　2. 사단으로서 회사 ·· 33

　　　3. 재산관계로서 회사 ······································ 35

　　　4. 사회적 체계로서 회사 ································· 35

　　Ⅲ. 회사의 존재 이유 ·· 57

　　　1. 세 가지 관점 ··· 57

　　　2. 사적 관계와 공적 관계의 융합체로서 회사 ····· 60

제2절 주식회사 합병에서 교부금 문제 ················· 65
 Ⅰ. 서론 ··· 65
 Ⅱ. 교부금의 의의와 유형 ································· 67
 1. 교부금의 의의와 문제 ····························· 67
 2. 교부금의 유형화 ······································ 69
 Ⅲ. 교부금의 한계에 대한 비교법 분석 ··········· 77
 1. 독일 상법(HGB)의 논의 ··························· 77
 2. 독일 주식법의 입법 태도 ························· 84
 Ⅳ. 교부금의 한계 ··· 85
 1. 출발점 ·· 85
 2. 출자환급금지 원칙 위반 여부 ················· 87
 3. 합병의 본질과 교부금의 한계 ················· 88
 Ⅴ. 논평 ··· 93
 1. 현실적 문제에 대한 관심 ························· 94
 2. 경제적·유형론적 사고 ····························· 94
 3. 비교법적 사고 ··· 95
 4. 균형적 사고 ·· 95
 5. 원리적 사고 ·· 96
제3절 주식회사 합병의 본질과 교부금의 한계를 둘러싼 논쟁 ··· 97
 Ⅰ. 타케다 쇼의 비판 ······································ 97
 1. 서론 ·· 97
 2. 타케다 쇼의 학문적 배경 ························· 99
 3. 타케다 쇼의 비판 ··································· 101
 Ⅱ. 타케다 쇼의 비판에 대한 홍진기의 반론 ··· 103
 1. 서론 ·· 103
 2. 주식회사 합병에서 사단법적 측면과 재산법적 측면 ·········· 104
 3. 주식회사 합병에서 자본증가 문제 ·········· 117
 4. 주식회사 합병과 교부금 문제 ················ 120

Ⅲ. 논평 ·· 122

　1. 주식회사의 본질 ·· 122

　2. 주식회사 합병의 본질과 교부금 ······························ 123

　3. 타케다 이론의 내적 비일관성 ································· 123

　4. 법인격의 합일 가능성 ·· 124

　5. 오늘날의 상법학에서 본 홍진기의 주장 ·················· 125

제4절 새 회사법의 요강 해설 ·· 127

　Ⅰ. 서론 ··· 127

　Ⅱ. 이론적 정비 ·· 130

　1. 요강 해설 ··· 130

　2. 논평 ·· 132

　Ⅲ. 외자유입에 대한 대비 ·· 136

　1. 외자 유입의 필요성과 유형 ···································· 136

　2. 주식에 관한 문제와 대응 방안 ································ 137

　3. 사채에 관한 문제와 대응 방안 ································ 138

　Ⅳ. 기업집중에 관한 규정 ·· 139

　1. 서론 ·· 139

　2. 기업집중에 대비하기 위한 요강 ······························ 139

제3장 국가의 법이론 ·· 143

제1절 서론 ·· 145

제2절 법전 편찬의 기본 이론과 방향 ································ 147

　Ⅰ. 영미법과 대륙법 ·· 147

　1. 서론 ·· 147

　2. 영미법의 특색 ·· 148

　3. 영미법과 조선의 새로운 법제 ································· 149

　Ⅱ. 상법전 편찬의 기본 과제 ·· 151

　1. 서론 ·· 151

2. 기본 방향 ·· 152

3. 상법전의 형태와 민상법 통일론 ···················· 152

4. 상인법인가 상행위법인가? ························ 153

5. 외자 유입과 회사법 ······························ 154

6. 무역의 개시와 해상법 ···························· 154

7. 논평 ·· 155

제3절 헌법이 없는 상황에서 대법원의 사법심사 가능성 ········ 164

Ⅰ. 서론 ·· 164

Ⅱ. 대법원 판결과 쟁점 ······························ 166

1. 사실관계 ·· 166

2. 대법원 판결 ····································· 166

3. 쟁점 ·· 167

Ⅲ. 당시 조선에서 대법원에 의한 헌법재판의 가능성과 효과 ········ 169

1. 사법권 우월의 원칙 ······························ 169

2. 남조선의 헌법 ··································· 171

3. 처의 무능력자 제도 ······························ 175

4. 헌법재판의 효과 ································· 176

Ⅳ. 논평 ·· 177

1. 성문헌법이 없는 상황에서 사법심사의 가능성 ········ 177

2. 법률에 반하는 법형성 ···························· 180

3. 생성중의 국가 논증이 가진 법적 의미 ·············· 197

4. 사법심사에 대한 긍정적 시각 ···················· 202

5. 건국으로서 대한민국 정부수립 ···················· 203

제4절 이념으로서 경제법 ······························ 204

Ⅰ. 서론 ·· 204

Ⅱ. 경제법의 의의 ··································· 205

1. 20세기의 법으로서 경제법 ························ 205

2. 기업법으로서 경제법 ···························· 207

Ⅲ. 경제헌법과 경제법 ···································· 210

1. 제헌헌법의 경제헌법 ································· 210

2. 농지개혁 ··· 211

3. 이익균점권 ·· 211

4. 제헌헌법 제87조 "국영 공영"의 해석 문제 ····· 213

Ⅳ. 논평 ·· 213

1. 사회의 기능적 분화 ································· 214

2. 경제법의 개념 규정 ································· 218

3. 자유시장경제와 통제경제의 균형을 지향하는 회사법학 ········ 219

4. 기본권 이해 ·· 220

제5절 두 개의 공사법과 국영의 본질 ·············· 224

Ⅰ. 서론 ·· 224

Ⅱ. 국책회사로서 공사 ································· 226

1. 두 개의 공사법에 따른 공사의 특징 ············ 226

2. 국책회사로서 공사 ································· 226

Ⅲ. 국영형태로서 공사 ································· 227

1. 회사의 소유와 경영 분리 ························· 227

Ⅳ. 논평 ·· 229

제4장 국제법의 법이론 ································· 231

제1절 적산회사의 회사적 성격 ······················ 235

Ⅰ. 서론 ·· 235

Ⅱ. 적산회사의 법적 성격 ···························· 236

1. 적산회사의 법적 성격 변화 ······················ 236

2. 물적 재산으로서 적산회사 ······················· 236

3. 법인으로서 적산회사 ······························· 237

4. 회사로서 적산회사 ································· 237

Ⅲ. 적산회사의 귀속관계 ···························· 240

Ⅳ. 논평 ··· 242

제2절 귀속재산에 대한 법적 과제 ··························· 243

　Ⅰ. 서론 ··· 243

　Ⅱ. 귀속재산의 법적 성격 변화 ····························· 244

　　1. 적산에서 귀속재산으로 ······························· 244

　　2. 귀속재산의 국제법상 문제 ·························· 245

　　3. 해방국가의 특수성 ····································· 245

　　4. 미군정에서 귀속재산의 법적 성격 변화 ·········· 246

　　5. 군정법령 연구의 필요성 ····························· 247

　Ⅲ. 귀속성의 불식 방안 ····································· 248

　　1. 문제 상황 ·· 248

　　2. 귀속성의 불식 방안 ··································· 248

　Ⅳ. 논평 ··· 250

제3절 해방의 법리 ·· 251

　Ⅰ. 서론 ··· 251

　Ⅱ. 귀속재산 처리 문제 ······································ 251

　　1. 개관 ··· 251

　　2. 귀속재산에 관한 법적 문제 ························ 252

　Ⅲ. 해방의 법리 ··· 253

　　1. 의의 ··· 253

　　2. '있어야 할 법'으로서 해방의 법리 ··············· 254

　Ⅳ. 논평 ··· 255

　　1. 두 차례 세계대전의 전후 처리 사이의 차이 ·········· 255

　　2. 강대국 사이의 논리로서 헤이그 협약 ·············· 257

　　3. 귀속재산 처리의 정당성 ····························· 257

　　4. 국제법의 이원화 ······································· 258

　　5. 보론: 헌법재판소 2021. 1. 28. 선고 2018헌바88 결정 ·········· 258

제5장 홍진기의 법이론 ……………………………………………………… 265

Ⅰ. 법철학의 일종으로서 홍진기의 법이론 ……………………………… 267
1. 법학의 의의와 유형 ……………………………………………………… 267
2. 기초법학의 의의 ………………………………………………………… 270
3. 법철학의 의의 …………………………………………………………… 276
4. 법철학의 일종으로서 홍진기의 법이론 ……………………………… 277

Ⅱ. 학문 방법으로서 법적 삼단논법 ……………………………………… 278
1. 법학의 학문적 의의 …………………………………………………… 278
2. 법학의 학문성 비판 …………………………………………………… 278
3. 학문 방법으로서 법적 삼단논법 ……………………………………… 284

Ⅲ. 온건한 법실증주의 ……………………………………………………… 288
1. 법실증주의 ……………………………………………………………… 288
2. 온건한 법실증주의 ……………………………………………………… 289

Ⅳ. 본질주의적 사유 ………………………………………………………… 289
1. 홍진기의 본질주의적 사유 …………………………………………… 289
2. 개념법학적 사유 ………………………………………………………… 290
3. 본질주의적 사유의 예 ………………………………………………… 291

Ⅴ. 목적법학적 사유 ………………………………………………………… 293
1. 예링의 목적법학 ………………………………………………………… 293
2. 체계이론의 관점에서 본 목적법학 …………………………………… 294
3. 홍진기의 목적법학적 사유 …………………………………………… 294

Ⅵ. 유형론적 사유 …………………………………………………………… 295
1. 유형론적 사유의 의의 ………………………………………………… 295
2. 하쎄머의 유형론적 사유 ……………………………………………… 295
3. 양창수 교수의 유형론적 사유 ……………………………………… 296
4. 이상돈 교수의 유형론적 사유 ……………………………………… 299
5. 홍진기의 유형론적 사유 ……………………………………………… 300

Ⅶ. 유추적 사유 ……………………………………………………………… 301

1. 유추의 개념 ·· 301

2. 법실현 과정으로서 유추 ·· 303

3. 홍진기의 유추적 사유 ·· 305

VIII. 비교법적 사유 ·· 306

IX. 통합적 사유 ·· 307

1. 통합과학으로서 법학 ·· 307

2. 홍진기의 통합적 사유 ·· 309

X. 홍진기의 실정법이론 ·· 310

1. 주식회사 합병에서 교부금의 허용과 한계 ······················ 310

2. 주식회사 합병의 본질 ·· 310

3. 주관주의 상법학 ·· 310

4. 자유시장경제와 통제경제의 균형을 추구한 상법학 ············ 311

5. 민상법과 경제법의 통합 ·· 311

6. 국책회사로서 공사 ·· 311

7. 제헌헌법의 국영과 공영 해석 ····································· 311

8. 민주주의 ··· 312

9. 영미법의 정신을 수용한 대륙법 ·································· 312

10. 헌법이 없는 상황에서 대법원의 사법심사 가능성 ············· 312

11. 회사법 원리에 따른 귀속재산 처리 ······························ 313

12. 일본의 대한청구권과 해방의 법리 ······························· 313

참고문헌 ·· 314

찾아보기 ·· 329

제1장
서 론

I. 연구의 목표

이 연구는 유민 홍진기 선생이 제시한 법이론을 분석 및 규명하는 것을 목표로 한다.[1] 특히 '단체의 법이론'이라는 주제를 중심으로 하여 홍진기가 구축한 법이론을 분석 및 체계화하고자 한다.

흔히 홍진기는 법무부장관과 내무부장관을 역임한 전직 관료이자 중앙일보와 동양방송(TBC) 회장을 지낸 기업가로 널리 각인되어 있다.[2] 그렇지만 그 이전에 홍진기는 이른바 '문사철', '데칸쇼'를 사랑한 인문학도이자 여러 독창적인 법학논문을 저술한 법학자이기도 하였다.[3] 그중에서도 홍진기가 상법이 규정하는 주식회사 합병의 본질에 관해 당대의 저명한 일본의 상법학자 타케다 쇼(竹田省)와 학술적 논쟁을 벌인 일은 상법학자를 비롯한 법학자 사이에서는 유명한 사건으로 기억된다.[4] 이로 인해 홍진기는 우리나라의 초기 상법학을 대표하는 학자로 명성이 알려진 편이었다.[5]

그러나 홍진기가 해방 이후 저술한 법학논문을 차분하게 일별하면 홍진

---

1) 이하 유민 홍진기 선생은 존칭을 생략하고 홍진기로 지칭한다.
2) 홍진기의 생애에 관해서는 김영희, 『이 사람아, 공부해』(민음사, 2011) 참고.
3) '문사철'은 '문학, 역사, 철학'을, '데칸쇼'는 철학자 '데카르트, 칸트, 쇼펜하우어'를 약칭한다.
4) 이를 보여주는 홍진기법률연구재단 (편), 『유민 홍진기 법률논문 선집』(경인문화사, 2016), 12-15쪽 참고.
5) 이를 예증하는 임홍근, "상법학의 과제: 과거·현재·미래에 대한 스케치", 『법제연구』 제1호(1991. 12), 56쪽.

기의 법학적 스펙트럼이 상법학에 한정되지 않았음을 발견한다. 이를테면 우리나라 최초의 헌법재판으로 부를 수 있는 대법원 1947. 9. 2. 선고 민상 제88호 판결에 관해 홍진기는 아주 독창적인 주장과 논증으로 소송행위에서 처의 행위능력을 제한하는 구민법 제14조 제1항의 적용을 거부한 대법원 판결을 지지한다.6) 여기서 홍진기가 구사한 논증을 보면 이는 상법학의 논증을 넘어 헌법학, 더 나아가 법철학적 논증으로 부를 만하다. 당시 아직 독자적인 헌법이 제정되지 않았던 미군정기의 조선에서 김병로 대법원이 감행한 현행 민법 적용 거부를 어떻게 정당화할 수 있는지를 모색하는 과정에서 홍진기는 미국 연방대법원이 확립한 사법심사이론을 수용하고 '생성중의 국가'(the state in the making) 이론을 창안하여 대법원 판결을 정당화한다. 그런데 필자가 볼 때 이러한 주장은 헌법학에서 논의되는 사법심사이론을 원용한 것에 그치는 것이 아니라 회사법학에서 논의되는 '설립중의 회사' 도그마틱을 헌법학에 응용한 것으로, 그 배후에는 '법률에 반하는 법형성'(Rechtsfortbildung contra legem)까지 정당화하는 자연법적 또는 본질론적 사고가 놓여 있다. 이러한 본질론적 사고는 회사의 합병과 교부금의 성격에 관해 타케다 교수와 벌인 논쟁에서도 찾아볼 수 있다. 왜냐하면 이 논쟁에서 홍진기는 합병의 본질, 즉 합병의 사단법적 성격과 재산법적 성격이라는 이중적 성격에서 교부금의 가능성과 한계를 도출하기 때문이다.7) 말하자면 주식회사 합병이란 무엇인지, 주식회사란 무엇인지와 같은 법철학적 본질론을 지향하는 논증을 통해 구체적인 법적 문제를 해결하는 것이다.

이러한 홍진기의 법철학적·본질론적 논증은 다른 법영역의 문제를 다룬

---

6) 홍진기, "사법재판소의 법률심사: 민법 제14조의 무효선언판결에 관하여", 홍진기법률연구재단 (편), 『유민 홍진기 법률논문 선집』(경인문화사, 2016), 151쪽 아래.

7) 홍진기, "주식회사 합병의 본질: 다케다(竹田) 박사의 고교(高敎)에 관련하여", 홍진기법률연구재단 (편), 『유민 홍진기 법률논문 선집』(경인문화사, 2016), 77쪽 아래.

논문에서도 확인된다. 예를 들어 일제가 한반도에 남긴 재산의 귀속 문제를 해결하기 위해 홍진기는 기존의 국제법 도그마틱을 검토하면서도 이를 넘어서는 창의적인 발상, 가령 '해방의 법리'를 새롭게 제시하기 때문이다.8) 이 점에서 홍진기가 전개하는 법적 주장과 논증은 이를테면 독일이나 일본의 대가급 법학자들이 보여주는 것처럼 섬세하고 치밀한 실정법 도그마틱 논증의 측면과 대담하고 창의적인 법철학적 논증의 측면을 모두 보여준다.9) 이러한 근거에서 필자는 홍진기를 상법학자를 넘어 법철학자 또는 법이론가로 규정해도 무리가 없다고 생각한다.10)

그런데 그동안 이러한 홍진기의 법이론이 정면에서 본격적으로 연구된 경우는 거의 없었다. 우리나라 최초의 헌법재판에 대한 논평이라는 맥락에서 홍진기의 주장이 매우 창의적인 발상으로 평가된 적은 있지만,11) 홍진기의 법이론 전체를 깊이 있게 규명한 연구는 보이지 않는다.12) 이는 비슷한 시기에 형법학자이자 서울대 총장으로 활약한 유기천 교수와 비교할 때

---

8) 홍진기, "해방의 국제법적 성격", 홍진기법률연구재단 (편), 『유민 홍진기 법률논문선집』(경인문화사, 2016), 353쪽 아래.

9) 이러한 예로는 Josef Esser, *Vorverständnis und Methodenwahl in der Rechtsfindung* (Frankfurt/M., 1970); 我妻榮, 『近代法における債權の優越的地位』, 有斐閣(1954); 內田貴, 『契約の再生』(弘文堂, 1990); 內田貴, 『制度的契約論: 民營化と契約』(羽鳥書店, 2010) 등 참고.

10) 이는 홍진기가 경성제국대학 재학 시절에 당대의 법철학자 오다카 토모오(尾高朝雄)의 강의를 열심히 들었다는 점에서도 추측할 수 있다. 김영희, 『이 사람아, 공부해』, 71-76쪽 참고. 이를 지적하는 김효전, "경성제대 공법학자들의 빛과 그림자", 『공법연구』제41집 제4호(2013. 6), 297-298쪽 참고.

11) 이에 관해서는 양창수, "우리나라 최초의 헌법재판논의: 처의 행위능력 제한에 관한 1947년 대법원판결에 대하여", 『서울대학교 법학』제111호(1999. 8), 125-151쪽 참고.

12) 보기 드문 예외로는 정인섭, "홍진기와 정부 수립 초기 국제법 활동", 『국가와 헌법·1: 헌법총론/정치제도론』(법문사, 2018), 727-749쪽 참고. 이외에 학술 세미나 발표문으로는 최종고, "법률가로서 홍진기의 삶"(홍진기법률연구재단 학술 세미나 발표문, 2016); 노혁준, "유민(維民)과 상법연구: 회사합병과 교부금에 관한 논의를 중심으로", (홍진기법률연구재단 학술 세미나 발표문, 2016) 참고.

차이가 난다.[13] 그 이유는 홍진기가 자신이 원하던 학문세계에 머물러 있지 못하고 본의 아니게 관계와 경영계에서 활약했기 때문일 것이다. 그러나 홍진기가 학문적 열정에 불타 내놓았던 여러 법학논문에서 보여주었던 통찰과 성과를 고려하면 홍진기의 법이론 전체를 체계적으로 분석하여 이를 학계에 소개할 필요가 있다고 생각한다. 바로 이러한 근거에서 홍진기의 법이론을 단행본 차원에서 체계적으로 분석 및 정리할 필요가 있다.

II. 연구 내용으로서 단체의 법이론

홍진기는 자신의 주 전공에 속하는 회사법학에 관한 논문뿐만 아니라 비교법학, 헌법학, 경제법학, 국제법학에 관한 다수의 저작을 발표하였다. 이 연구에서는 이러한 홍진기의 학문적 저작들을 분석 및 검토하고자 한다. 이때 필자는 "단체의 법이론"을 대주제로 설정하여 홍진기의 학문적 저작들을 체계적으로 분석하고자 한다. 그 이유는 홍진기의 저작들은 넓게 보면 단체와 관련을 맺는다고 말할 수 있기 때문이다. 여기서 단체는 다음과 같이 구획할 수 있다. 회사, 국가, 국제공동체가 그것이다. 단체에 대한 홍진기의 관심이 《회사 → 국가 → 국제공동체》로 지속적으로 확장된 것이다. 이에 관한 저술을 언급하면 다음과 같다.[14]

먼저 회사, 더욱 정확하게 말해 주식회사와 관련된 저작으로 홍진기의 학문적 역량이 유감없이 발휘된 논문 "회사의 합병에서 교부금" 및 "주식

---

13) 유기천 교수에 대한 필자의 연구로는 양천수, "법과 문화: 유기천 교수의 형법철학을 예로 하여", 『법과 사회』제60호(2019. 4), 231-269쪽; 양천수, "상징주의 형법이론: 유기천 교수의 형법철학", 『법과 사회』제64호(2020. 6), 103-142쪽 참고.

14) 홍진기의 저작은 논문 "상법전 편찬에의 기본과제"를 제외하면 모두 홍진기법률연구재단 (편), 『유민 홍진기 법률논문 선집』(경인문화사, 2016)에서 찾아볼 수 있다. "상법전 편찬에의 기본과제"는 『법정』제2권 제9호(1947. 9), 24쪽 아래에 게재되어 있다.

회사 합병의 본질" 그리고 "새 회사법의 요강 해설"을 언급할 수 있다.

다음으로 국가와 관련을 맺는 저작으로 "영미법과 대륙법", "상법전 편찬에의 기본과제", "사법재판소의 법률심사", "이념으로서의 경제법", "두 개의 공사법"을 들 수 있다.

나아가 국제공동체에 관한 저작으로 논문 "적산회사의 회사적 성격"과 "귀속재산에 대한 법적 과제" 및 연설문인 "해방의 국제법적 성격"을 거론할 수 있다.

여기서 확인할 수 있듯이 홍진기의 저작들은 주식회사, 국가, 국제공동체라는 단체와 관련을 맺는다. 뿐만 아니라 홍진기의 저작들은 이 연구가 보여주는 것처럼 당시의 생생한 현실적 문제와 밀접한 관련을 맺는다. 이를테면 홍진기는 일제 강점기 말기 태평양 전쟁을 수행하기 위해 의도적으로 이루어지던 주식회사 합병의 법리적 문제를 해결하기 위해, 해방 이후 제기된 적산회사 및 귀속재산 문제를 처리하기 위해, 대한민국이라는 새로운 정부를 수립하는 데 필요한 법체계는 무엇이 되어야 하는지, 대한민국의 경제를 발전시키기 위해 법체계는 어떻게 대응해야 하는지 등과 같은 현실 문제를 풀기 위해 '리걸 마인드'(legal mind)가 충만한 논문 등을 발표한 것이다. 이들 모두는 주식회사, 미군정기의 한반도 조선, 막 출범한 대한민국이라는 단체가 직면한 현실 문제를 해결하기 위해 작성된 것이다. 이러한 까닭에 홍진기가 저술한 저작들은 "단체의 법이론"이라는 주제 아래 분석 및 체계화가 가능하다. 바로 이 점에서 이 연구는 "단체의 법이론"을 연구 내용으로 설정한다.

Ⅲ. 연구 방법 및 구성

1. 연구 방법

이 연구는 정신과학에서 전통적으로 즐겨 사용하는 문헌분석 방법을 원용한다. 홍진기가 저술한 논문 등을 치밀하게 분석하는 것을 일차적인 연구 방법으로 사용한다. 홍진기의 논문 등은 "홍진기법률연구재단"이 출판한 『유민 홍진기 법률논문 선집』에 잘 수집되어 공간되었기에 이를 분석하는 것은 어렵지 않다. 다만 논문 "상법전 편찬에의 기본과제"는 '선집'에 누락되어 있어 이는 해당 논문이 게재된 『법정(法政)』을 찾아 직접 확인 및 분석하였다.[15] 더불어 홍진기가 다룬 주제와 직접·간접으로 관련되는 문헌도 찾아 이를 분석하였다. 이 과정에서 필자는 전공을 살려 해당 주제와 관련을 맺는 기초법학의 문헌을 수집 및 분석하였다. 나아가 홍진기의 생애와 관련된 문헌을 수집 및 분석한다. 홍진기의 생애는 그의 법이론을 밝히는 데 필요한 배후근거가 된다는 점에서 이를 분석하는 것이 필요하다. 다만 홍진기의 생애에 관해서는 이미 훌륭한 저작들이 나와 있으므로 이 연구에서는 필요 최소한의 범위에서만 이를 다룬다.[16]

---

15) 『법정』은 장후영을 중심으로 하는 법률가들이 1946년 9월에 창간한 법률 잡지이다. 1970년 12월호로 종간될 때까지 『법정』은 당대를 대표하는 법률 전문 잡지로 자리매김하였다. 전문 법학 논문뿐만 아니라 고등고시나 사법시험에 관한 수험정보 등이 『법정』에 실렸다. 당시에는 현실 문제 해결이나 시험 합격 등에 기여하는 실천적인 기능이 강조되는 잡지였지만 지금 되돌아보면 그 시대의 법적 논의 상황을 생생하게 보여주는 귀중한 사료가 된다. 『법정』에 관해서는 양천수, "법률 전문 잡지 '법정'(法政)", 『매일신문』(2021. 10. 2) 참고.

16) 이에 관해서는 유민 홍진기 전기 간행위원회, 『유민 홍진기 전기』(중앙일보사, 1993); 김영희, 『이 사람아, 공부해』 등 참고.

2. 구성

홍진기의 저술은 어떤 체계와 순서로 분석하는 것이 적절한가? 가장 쉬운 방법은 저술이 발표된 시간 순서대로 이를 분석하는 것이다. 시간을 기준으로 보면 홍진기의 저술은 크게 세 단계로 구별할 수 있다. 첫째는 일제 강점기 말에 발표된 것이고, 둘째는 미군정기에 발표된 것이며, 셋째는 대한민국 정부 수립 이후에 발표된 것이다. 첫 번째 시기의 것으로 "회사의 합병에서 교부금"과 "주식회사 합병의 본질"을, 두 번째 시기의 것으로 "영미법과 대륙법", "상법전 편찬에의 과제", "사법재판소의 법률심사" 및 "적산회사의 회사적 성격"을, 세 번째 시기의 것으로 "새 회사법의 요강 해설", "이념으로서의 경제법", "귀속재산에 대한 법적 과제", "두 개의 공사법" 등을 언급할 수 있다.

그러나 단순히 저술이 발표된 시간 순서를 기준으로 하여 저술을 분석하는 것만으로는 홍진기 법이론이 무엇인지를 밝히는 데 미흡하다. 따라서 이 연구에서는 체계적 관점과 시간적 관점을 모두 원용하여 논의를 하고자 한다. 우선 체계적 관점으로 앞에서 언급한 "단체의 법이론"을 제시한다. 이에 따라 홍진기의 저술을 주식회사에 관한 것, 국가에 관한 것 및 국제공동체에 관한 것으로 구별한다. 법학의 관점에서 다시 말하면 첫 번째는 회사법학에 관한 것, 두 번째는 공법에 관한 것, 세 번째는 국제법에 관한 것으로 볼 수 있다. 다음으로 각 단체에 관한 것을 다룰 때는 홍진기의 저술을 시간 순서에 따라 분석하고자 한다. 이렇게 하면 홍진기의 법이론이 어떻게 발전했는지를 체계적·시계열적으로 조감할 수 있을 것이다.

IV. 홍진기 법이론의 학문적 배경

홍진기가 구축한 법이론은 지금 시점에서 보아도 독창적이고 탄탄하지만 그렇다고 해서 홍진기의 법이론이 시대와 무관하게 정립된 것은 아니다. 홍진기가 제시한 법이론은 당시의 시대적 상황에 영향을 받은 시대의 산물인 동시에 그 시대가 던지는 문제에 대응하기 위해, 말하자면 사회에 응답하기 위해 제시된 것이다. 따라서 홍진기의 법이론을 정확하게 이해하려면 홍진기의 법이론이 성장하는 데 기초가 된 시대적 배경을 살펴볼 필요가 있다. 이러한 배경은 두 가지로 구별할 수 있다. 이론적 배경과 현실적 배경이 그것이다.

1. 이론적 배경

(1) 경성제국대학

주지하다시피 홍진기는 경성제국대학 법문학부를 졸업하였다. 따라서 경성제국대학이 홍진기의 법이론이 성장하는 데 영향을 미쳤다는 점은 부인하기 어렵다.[17) 1924년에 설립된 경성제국대학은 "일제가 3·1 운동 이후 거세져 가는 민립대학설립 운동을 무마하기 위해 소위 문화정치의 상징으로 세운 대학"이다.[18) 그 때문에 일본 본토에 있는 제국대학과 거의 유사하게 경성제국대학을 설립 및 운영하였다.[19) 그렇지만 동시에 일제는 경성제국대학이 민족운동의 요람이 되지 않도록 여러 통제를 가하였다. "식민

---

17) 경성제국대학에 관해서는 정근식 외, 『식민권력과 근대지식: 경성제국대학 연구』(서울대학교출판문화원, 2011); 이충우·최종고, 『(다시 보는) 경성제국대학』(푸른사상, 2013) 참고.
18) 이영록, 『유진오 헌법사상의 형성과 전개』(한국학술정보, 2006), 32쪽.
19) 일본의 제국대학에 관해서는 아마노 이쿠오, 『제국대학』(산처럼, 2017); 정종현, 『제국대학의 조센징』(휴머니스트, 2019) 참고.

지 통치에 유용한 인물 양성"을 경성제국대학의 목표로 설정하고 대학이 확장되지 않도록 통제하였다. 뿐만 아니라 조선인을 경성제국대학 교수로 임용하지 않았다.[20] 바로 이러한 이유 때문에 유진오나 홍진기처럼 법학 교수를 희망하였던 우수한 조선인 인재들은 좌절을 겪어야 했다.[21] 그런데도 경성제국대학은 일본 본토의 제국대학이 그랬던 것처럼 일제에 의해 엄격하게 통제된 상황에서도 일정 부분 학문적 자유를 누릴 수 있었다. 이른바 '다이쇼 데모크라시'가 지배하던 1920년대 일본의 제국대학, 이를테면 도쿄제국대학이나 교토제국대학에서는 사상의 자유나 대학의 자유가 강조되었다. 그에 대한 예로 사회주의가 제국대학의 사상적 분위기를 주도하기도 하였다.[22] 이는 경성제국대학에서도 나타났다. 이영록 교수는 이를 다음과 같이 말한다.[23]

"경성제국대학은 식민지대학이라는 한계에도 불구하고 바로 '대학'이라는 특성 때문에 그러한 시대적 분위기[다이쇼 데모크라시의 분위기]가 잘 반영될 수 있는 곳이었다. 가령 법문학부 교수 중에 자유주의자의 대표 격이었던 도자와(戶澤鐵彦) 같은 이는 철저한 다원주의자로 수업시간에도 반국가적 사고를 주입하였으며, 철저한 마르크스주의자였던 미야께(三宅鹿之助)도 수업시간을 아예 마르크스 경제이론을 설명하는 데 사용하며 총독부는 조선을 착취하는 착취기관이라고 노골적으로 비판했다고 할 정도로, 극단적인 어용교수도 없는 것은 아니었지만 자유주의에서 극단적인 공산주의에 이르기까지 다양한 스펙트럼의 사상들이 거리낌 없이 거래되고 주장되었다고 한다."([ ]는 인용자 추가)

---

20) 이영록, 『유진오 헌법사상의 형성과 전개』, 32쪽.
21) 유진오의 경우로는 이영록, 『유진오 헌법사상의 형성과 전개』, 42쪽.
22) 다치바나 다카시, 이규원 (옮김), 『천황과 도쿄대 1』(청어람미디어, 2008), 767쪽 아래 참고.
23) 이영록, 『유진오 헌법사상의 형성과 전개』, 33쪽.

물론 홍진기는 1934년에 경성제국대학 법문학부 예과에 입학하였다. 그 시점은 이른바 다이쇼 데모크라시가 막을 내린 때로 1931년에 발발한 만주 사변 등으로 일제는 본격적으로 군국주의로 치닫고 있었다. 그로 인해 일본 본토에서는 제국대학에 대한 사상 통제가 본격적으로 이루어지고 있었다. 1935년을 전후로 하여 발생한 '천황기관설 사건'이 이를 잘 예증한다.[24] 이와 달리 경성제국대학에서는 상대적으로 대학의 낭만을 즐길 수 있었다. 특히 일본 본토의 제국대학과는 달리 경성제국대학은 예과와 본과로 구별되어 있었고 교양을 다루는 예과에서는 아직 대학의 자유를 누릴 수 있었다.[25] 이러한 상황에서 홍진기는 경성제대 예과에서 '문사철' 및 '데칸쇼'에 심취할 수 있었다. 여러 회고와 기록에 비추어보면 당시 홍진기는 특히 프랑스 문학에 관심이 컸던 것으로 보인다.

(2) 니시하라 칸이치

이론적인 측면에서 법학자 홍진기에게 영향을 미친 인물로 가장 우선적으로 일본의 상법학자 니시하라 칸이치(西原寬一: 1899-1976)를 언급할 수 있다. 법학 전공이라는 측면에서 보면 홍진기는 상법학, 그중에서도 회사법학을 전공한 학자로 볼 수 있다. 그 이유를 다음과 같이 말할 수 있다. 첫째, 홍진기는 경성제국대학 법문학부를 졸업한 후 경성제국대학 법문학부 사법연구실에서 조수로 근무하면서 당시 경성제국대학에서 상법학 교수로 재직하던 타케이 키요시(竹井廉) 교수와 니시하라 칸이치 교수의 지도를 받았기 때문이다.[26] 둘째, 홍진기가 조수로 근무하면서 처음으로 발표한

---

24) '천황기관설 사건'에 관해서는 다치바나 다카시, 이규원 (옮김), 『천황과 도쿄대 2』(청어람미디어, 2008), 168쪽 아래 참고.
25) 당시 일본 본토 제국대학에는 예과가 없었다. 그때 있던 구제 고등학교가 대학 예과의 기능을 수행했기 때문이다.
26) 김영희, 『이 사람아, 공부해』, 80쪽, 86쪽. 당시 경성제국대학 상법 강좌는 제1강좌와 제2강좌로 구성되었는데 제1강좌는 해상법을 전공한 타케이 키요시가, 제2강좌는 회

학술 논문이 바로 회사법학에 관한 것이기 때문이다. 이처럼 홍진기는 타케이 키요시와 니시하라 칸이치를 사사하면서 상법학자로 성장하였는데 그중에서도 니시하라 칸이치가 홍진기에 많은 영향을 미친다.[27]

여기서 다음과 같은 의문을 던질 수 있다. 왜 홍진기는 회사법학을 전공하고자 했을까? 홍진기의 삶에 관한 여러 문헌을 읽어보면 홍진기가 이른바 '문사철'에 관심이 많았고, 당시 경성제국대학의 스타 교수로서 법철학을 담당했던 오다카 토모오(尾高朝雄: 1899-1956)의 영향을 많이 받아 사법학보다는 공법학, 그중에서도 법철학에 더욱 많은 관심을 가졌을 것으로 보이기 때문이다.[28] 그런데도 홍진기는 법철학이 아닌 실정법학을, 실정법학에서도 공법학이 아닌 사법학을, 그중에서도 회사법학을 선택하였다. 그 이유를 다음과 같이 추측해 볼 수 있을 것이다. 우선 조선인 학생들의 신망을 받던 오다카 토모오 교수가 1930년대 중반 이후 자유주의자에서 전체주의에 협조하는 법학자로 변절했다는 점을 꼽을 수 있다.[29] 더군다나 오다카 토모오 교수는 1944년에 경성제국대학에서 도쿄제국대학으로 이직한다. 다음으로 아무래도 국가 이데올로기 및 식민지 현실과 밀접한 관련을 맺는 공법학보다는 경제적이면서 정치적인 성격이 약한 상법학을 연구하는 게 당시 조선인 학생이 운신하는 데 더욱 적절했을 것이라는 점이다. 나아가

사법을 전공한 니시하라 칸이치가 담임 교수를 맡았다. 조정우, "통제경제 속의 주식회사법: 경성제대 니시하라 간이치의 상법학이 처한 딜레마", 『한림일본학』제32집 (2018. 5), 185쪽.

27) 니시하라 칸이치 교수에 관해서는 조정우, "통제경제 속의 주식회사법: 경성제대 니시하라 간이치의 상법학이 처한 딜레마", 179-202쪽 참고. 니시하라 칸이치가 우리 상법학에 미친 영향에 관해서는 임홍근, "상법학의 과제: 과거·현재 및 미래에 대한 스케치", 56쪽 참고.

28) 오다카 토모오는 당시 많은 조선인 학생들, 예를 들어 유진오, 홍진기, 이항녕, 황산덕 등에 큰 영향을 미쳤다.

29) 김영희, 『이 사람아, 공부해』, 72쪽. 이 책에서는 '尾高朝雄'을 '오타카 도모오'로 지칭하지만 공식 표기에 의하면 'おだか ともお', 즉 '오다카 토모오'이다.

결정적인 이유로 니시하라 칸이치 교수의 학자적 인품을 거론할 수 있을 것이다. 예를 들어 헌법학자 문홍주 교수는 다음과 같이 말한다.[30]

> "장래 대학 교수가 되겠다고 생각하고 있던 나로서는 니시하라 교수는 우상 같은 존재였다. 우리가 존경하는 교수가 몇 명 있었는데, 거기에는 우리 나름대로의 기준이 있었다. 첫째는 일본인 교수밖에 없었던 그 당시에 교수가 민족 차별을 하지 않아야 했다. 그 다음에는 교수가 학문에만 전념하는 분이라야 했다. 그런 면에서 니시하라 교수는 내가 존경하는 교수로서 충분한 조건을 갖추고 있었다."

홍진기의 지도 교수라 할 수 있는 니시하라 칸이치는 이처럼 학자로서 훌륭한 자질과 인품을 갖추고 있었다.[31] 따라서 상법학, 그중에서도 회사법학에 관심을 기울인 홍진기가 이론적인 면에서 니시하라의 영향을 받은 것은 아주 자연스러운 일이라고 말할 수 있다.

도쿄제국대학 법학부를 졸업하고 스위스 바젤대학에서 칼 비란트(Carl Albert Wieland) 교수의 지도로 연구한 니시하라 교수의 상법학에서 핵심을 꼽으라면 두 가지를 언급할 수 있다. 첫째는 기업법학으로서 상법학이고 둘째는 자유주의 상법학이다.[32] 이러한 두 가지 특징은 모두 홍진기의 상법학에 이어진다.

---

30) 김영희, 『이 사람아, 공부해』, 80쪽.
31) 명확하지는 않지만 니시하라 교수는 법철학과도 일정한 관련을 맺는 것으로 보인다. 왜냐하면 니시하라의 스승 격에 해당하는 도쿄제국대학 법학부 교수 타나카 코타로는 상법학자이면서도 법철학자였기 때문이다. 타나카 코타로에 관해서는 鈴木竹雄(編), 『田中耕太郎: 人と業績』(有斐閣, 1977) 참고. 주지하다시피 니시하라는 도쿄제국대학 법학부를 졸업하였다. 이에 관해서는 조정우, "통제경제 속의 주식회사법: 경성제대 니시하라 간이치의 상법학이 처한 딜레마", 185쪽 참고.
32) 이에 관해서는 조정우, "통제경제 속의 주식회사법: 경성제대 니시하라 간이치의 상법학이 처한 딜레마", 186쪽 아래 참고.

니시하라는 비란트의 주장을 이어받아 기업의 생활관계야말로 상법의 실질적 대상이라고 주장한다(기업법설). 요컨대 상법학은 기업법학이라는 것이다. 이러한 주장은 상법학의 적용 대상에 관해 전통적으로 주장된 주관주의를 새롭게 발전시킨 것으로 볼 수 있다. 이를테면 민법과 상법의 적용 범위를 구별하는 기준에 관해 주관주의는 상인을 규율하는 법을 상법으로 보는데, 이러한 상인을 기업으로 특화시킨 것이 바로 비란트와 니시하라의 주장인 것이다. 이에 따르면 상법학이란 기업법학 또는 회사법학으로 볼 수 있다. 이 같은 맥락에서 기업의 관계를 다루는 경제법학 역시 넓은 의미의 상법학에 포함된다.

이러한 견해는 당시 지배적인 견해로 자리 잡았던 객관주의, 즉 상행위를 상법의 적용 대상으로 보려는 견해에 배치된다. 특히 상법학자이자 법철학자로 전후 일본 최고재판소 재판관을 역임한 타나카 코타로(田中耕太郎: 1890-1974)가 객관주의를 독자적으로 발전시킨 '상적 색채론'(商的 色彩論)과 배치된다.[33] 신토마스주의라는 가톨릭 자연법이론을 수용한 학자답게 타나카는 상법의 적용 대상을 판단하는 기준으로 형식적 기준이 아닌 실질적 기준을 추구한다. 이에 따라 법적 행위 그 자체에서 상법의 적용 기준을 찾는다. 그 결과로 도출된 것이 상적 색채론이다. 타나카의 상적 색채론은 특정한 법적 행위의 실질을 규명하여 상법의 적용 여부를 판단한다. 이러한 상적 색채론은 상법이 적용되어야 하는 객관적인 실체가 있다는 것을 전제로 한다.[34] 이에 반해 기업법설은 기업이라는 행위주체의 형식을 기준으로 하여 상법의 적용 여부를 판단한다. 그런데 흥미로운 것은 이렇게 서로 다른 견해를 주장한 타나카 코타로와 니시하라 칸이치는 마치 스

---

33) 상적 색채론에 관해서는 品川登, "商法の對象についての私見: 商的色彩論と企業法說とに對する若干の疑義", 『金澤大學法文學部論集: 法経篇』1卷(1953), 1-17쪽 참고.
34) 이 점에서 상적 색채론은 자연법이론과 통한다.

승과 제자처럼 친밀한 관계였다는 점이다.[35]

뿐만 아니라 니시하라는 자유주의 상법학, 즉 자유주의에 기반을 둔 회사법학을 지향한다. 이때 말하는 자유주의 회사법학은 회사에 대한 법적 규제를 완전히 철폐해야 한다고 주장하는 것은 아니다. 경성제국대학 법문학부 교수가 되기 이전에는 고등문관시험에 합격해 대장성에 근무하기도 하였던 니시하라는 규제를 가하지 않은 회사가 어떤 폐해를 야기하는지를 경험적으로 체득하고 있었다.[36] 이로 인해 니시하라는 회사 및 자본주의가 발전하기 위해서는 이에 적절한 법적 규제를 할 필요가 있다고 생각하였

---

35) 조정우, "통제경제 속의 주식회사법: 경성제대 니시하라 간이치의 상법학이 처한 딜레마", 185쪽. 타나카에 대한 관계를 니시하라는 다음과 같이 회고한다. "경성제대에 부임하여 최초 2년가량은 담당한 상법 강의를 전적으로 타나카(田中耕太郎) 선생의 학설에 의지해 가르쳤다. (…) 1932년 가을 경성제대 개학 기념식에 당시 총장 야마다(山田三郎) 선생의 간청으로 기념 강연의 강사로 선생을 초청하였다. 그때 나는 처와 함께 경성의 남쪽 수원까지 타나카 선생 부처를 영접하였다. 특별강연의 제목은 세계법에 관한 것이었다. 후일 아시히상을 받은 선생 불후의 저서 『세계법의 이론』 전3권 (1932-1935)의 전모가 적절히 요약 해명되었다. 극단적인 국가주의적 사상이 날치는 때에 역사적 사회적 및 자연법적 기초에 서서 민족과 국경을 초월한 세계법의 가능성과 필요성을 역설한 선생의 학문적 신념의 강일함에 경복되었다. 기념식 후 선생 부처를 모시고 수일간 조선의 동과 남을 유람하였다. 선생의 누이동생 남편 우에노(植野) 식산은행 이사도 함께하여 유쾌한 여행이 되었다. 첫 목적지는 동해 쪽 원산의 남쪽에 있는 금강산 연봉이었다. 내금강, 외금강, 해금강을 보면서 부처의 눈이 빛났다. 거기서 신라의 고도 경주의 불국사를 방문하여 오랜 역사를 되새기고 종착지 부산에서 시내를 시찰하고 1박하며 부산 바다에서 낚시를 하였다. 두 번째 만난 것은 1943년 봄 선생이 상해, 북경 등 중국 시찰을 하고 돌아오는 길에 경성에 들른 때였다. 이때는 도쿄대의 스즈키(鈴木竹雄) 교수가 동행하였다. 바쁜 일정이었다. 대학에서 특별강연을 했는데 제목은 법의 본질, 특히 자연법에 관해서였다." 西原寬一, 『書齋とその周辺』(大阪市立大學法學會, 1982), 145-146쪽. 인용은 최종고, "법률가로서 홍진기의 삶"(홍진기법률연구재단 학술 세미나 발표문, 2016), 3-4쪽을 기본으로 하되 약간의 수정을 가하였다. 이 회고록을 보면 타나카와 니시하라의 관계, 자연법 및 세계법에 관한 타나카의 관심을 읽을 수 있다.

36) 조정우, "통제경제 속의 주식회사법: 경성제대 니시하라 간이치의 상법학이 처한 딜레마", 187쪽.

다. 마치 일본 민법학의 대가 와가츠마 사카에가 "자본주의 발달에 부응하는 사법"을 모색한 것처럼 니시하라도 '회사 및 자본주의 발전에 기여할 수 있는 회사법'을 추구한 것이다. 이를 위해 니시하라가 사용한 방법은 주식회사에 관한 법도그마틱을 치밀하게 규명하고 이를 상법에 관한 입법 및 해석에 적용하는 것이다. 자본주의 아래에서 회사가 자유롭게 발전하는 데 필요한 회사법 도그마틱을 연구 및 원용하는 것이다. 다만 이러한 니시하라의 기획은 일제가 전시에 대비하기 위해 자본주의 경제에서 통제경제로 경제정책을 전환하면서 좌절된다.[37]

여하간 이러한 두 가지 측면은 모두 홍진기에 영향을 미친다. 이를테면 상법에 관한 다수의 논문에서 홍진기는 한편으로는 정책적·본질론적 사고를 펼치지만 다른 한편으로는 이러한 사고를 치밀하고 섬세한 상법 도그마틱 안에서 구체화한다. 현실에서 제기되는 법적 문제를 해결하기 위해 독창적인 방식으로 해법을 모색하지만 이러한 해법을 논리와 체계로 연결된 법도그마틱으로 논증하는 것이다. 나아가 홍진기는 니시하라의 주장을 좇아 상법의 적용 기준으로 객관주의가 아닌 주관주의를 채택한다. 더욱 정확하게 말하면 주관주의라는 이름 아래 니시하라의 기업법설을 정면에서 수용한다. 상법의 적용 대상을 상행위가 아닌 상인, 즉 기업에서 찾고자 한다.[38]

(3) 오다카 토모오

니시하라 칸이치와 더불어 빼놓을 수 없는 사람이 오다카 토모오(尾高朝雄: 1899-1956)이다.[39] 당시 일본 법학계를 통틀어 법철학을 가장 정통으로

---

37) 조정우, "통제경제 속의 주식회사법: 경성제대 니시하라 간이치의 상법학이 처한 딜레마", 191쪽 아래.
38) 이에 관해서는 제3장 제2절 II.4. 참고.
39) 오다카 토모오에 관해서는 김창록, "오다카 토모오(尾高朝雄)의 법사상: 오다카 토모오와 식민지 조선", 『법사학연구』제46호(2012. 10); 김창록, "오다카 토모오(尾高朝雄)의 법사상 II: 패전 전후 일본의 연속을 변증한 '노모스주권론'자", 『법사학연구』

공부한 법철학자라 할 수 있는 오다카 토모오는 경성제국대학 법문학부 법
리학 교수로 재직하면서 많은 조선인 학생들에게 큰 영향을 미쳤다. 유진오,
이항녕, 황산덕처럼 해방 후 우리 공법학 및 법철학에서 결정적인 기여를 한
학생들의 마음을 사로잡았다. 가령 오다카가 독일 유학을 떠난 동안 법리학
교실 조수로 근무하기도 했던 유진오는 오다카를 다음과 같이 말한다.[40]

> "법철학 담당으로 오다카 토모오(尾高朝雄) 교수가 새로 부임하였는데
> 아직 학생복을 입은 채였다. 동경제대 법과를 졸업하고 다시 경도제대(京
> 都帝大) 철학과를 마친 후, 그곳 대학원에서 2년 동안 연구생활을 했다는
> 젊은 분이었지만 강의가 어떻게 명쾌한지 그분의 강의를 듣고 앉았으면
> 칸트고 헤겔이고 너무 쉬워서 도리어 어디 잘못된 데가 있지 않나 의심이
> 날 정도였다."

풍토적 법사상이라는 독창적인 법철학을 전개한 이항녕은 경성제국대학
재학 시절 오다카의 총애를 받았다.[41] 이항녕은 다음과 같이 말한다.[42]

> "학부에 들어오기 전에 대학 예과 3학년 때에 尾高朝雄 교수의 『법제』
> 강의를 들었다. (…) 尾高 교수가 나를 특별 대우해주는 데 대하여 나는
> 어떻게 하면 그에게 보답할 수 있을까 하고 생각하던 끝에 그의 박사학위
> 논문 『국가구조론』을 정독해 주겠다고 결심했다. 나는 도서관에 가서 이

제48호(2013. 10), 217-249쪽 등 참고.

40) 유진오, "나의 대학 생활: 일제하 초기 법문학부 시절", 『다시 창랑정에서: 유진오 수
    필집』(창미사, 1985), 86쪽. 유진오가 오다카 토모오 법리학 교실의 조수를 했다는 점
    에 관해서는 이영록, 『유진오 헌법사상의 형성과 전개』, 43쪽 참고.

41) 김효전, "경성제대 공법학자들의 빛과 그림자", 293-295쪽 참고. 풍토적 법사상에 관
    해서는 강희원, "법사회학적 시각에서 본 풍토적 법사상: 풍토적 법철학방법과 풍토
    적 자연법론을 중심으로", 『법철학연구』제8권 제1호(2005. 5), 41-74쪽 참고.

42) 이항녕, "학창 30년", 『법정』(1967. 3); 김효전, "경성제대 공법학자들의 빛과 그림자",
    294쪽에서 다시 인용.

책을 빌려서 읽기 시작했다."

한국법철학의 초석을 놓은 법철학자로서 벨첼(Hans Welzel), 베버(Max Weber), 불교 등으로 이어지는 정신적 편력을 거친 황산덕에 가장 먼저 영향을 미친 사상은 오다카가 제시한 켈젠(Hans Kelsen)의 순수법학이었다.[43] 황산덕은 말한다.[44]

"경성대학에서 직접 尾高朝雄 교수의 지도를 받은 필자였지만 강의 때에는 편의한 대로「켈젠學徒」(Kelsenian)의 한 사람으로 자처하였고, 이리하여 1950년에는 법철학에 관한 나의 처녀작으로서『법철학』(법정총서)을 내놓을 수 있었다."

홍진기 역시 그 예외가 아니었다. 홍진기는 경성제국대학 재학 당시 프랑스 문학뿐만 아니라 철학에도 깊이 심취하였는데 이는 오다카와 무관하지 않다. 김영희는『이 사람아, 공부해』에서 이를 다음과 같이 묘사한다.[45]

"친구들과 함께 오다카의 강연을 들은 홍진기는 이후 오다카의 법철학 강의를 수강한다. 철학과 법학을 체계적으로 공부한 그의 강의는 폭이 넓고 깊이가 있었다. 그는 플라톤, 아리스토텔레스에서 시작하여 마키아벨리, 토마스 홉스, 헤겔 등 서양 사상가들을 종횡무진으로 넘나들면서 폭포수처럼 박력 넘치는 강의를 하여 학생들을 매료시켰다.

---

43) 황산덕 교수는 켈젠과 벨첼의 책을 번역하고 베버와 불교에 관한 책을 내놓았다. 이에 관해서는 켈젠, 황산덕 (역),『순수법학』(양문사, 1955); 한스 벨첼, 황산덕 (역),『형법학의 신형상: 목적적 행위론 입문』(박영사, 1957); 황산덕,『막스 베버』(서문당, 1976); 나가아르쥬나, 황산덕 (역해),『중론송』(서문당, 1976) 참고.
44) 황산덕,『법철학강의』제3정판(방문사, 1978), 머리말 참고.
45) 김영희,『이 사람아, 공부해』, 72-73쪽. 인용할 때 원문의 '오타카'는 '오다카'로 수정하였다.

홍진기는 오다카가 강의 중에 인용한 서양 사상가들의 주저(主著) 10권 정도를 원서나 일본어 번역판으로 대학 졸업 전에 독파하여 소화한다는 계획을 세웠다. 그는 오다카가 니시다 기타로의 처녀작『선(善)의 연구』를 소개했을 때 충격적인 자극을 받았다. 오다카는『선의 연구』가 일본 철학의 '독립 선언서'라는 평가를 받기에 손색이 없다고 했다."

경성제대 재학 시절 홍진기의 집에서 하숙을 하기도 했던 황산덕도 다음과 같이 말한다.[46]

"만날 때마다 그는 법학교수의 강의에 관한 말만을 자랑삼아 했다. 특히 법철학의 오다카 토모오(尾高朝雄) 교수의 말을 많이 했다. 내가 나중에 오다카 교수 밑에서 법철학을 공부하여 평생 동안 이 학문에 종사하게 된 데에는 역시 유민의 영향이 컸던 것이라 생각된다. 그런데 유민은 상법에 관한 말은 별로 하지 않았었다. 다만 상법 연구실에는 자주 출입하였다는 말이 들려왔을 뿐이었다. 나중 상법에 관한 유민의 논문이 일본 학계에 큰 영향을 일으킨 것을 보고 새삼 그의 뛰어남을 느끼기도 했다."

1940년 홍진기가 고등문관 시험을 치르고 귀국하는 길에 교토에 들러 '철학자의 길'을 걸어본 것도 철학을 향한 홍진기의 관심과 애정을 예증한다.[47] 그러나 니시하라 칸이치의 경우와는 달리 기본적으로 법실증주의와 현상학을 지향한 오다카의 법철학이 홍진기의 법이론에 어떻게 영향을 미쳤는지를 밝히는 것은 쉽지 않다. 다만 다음과 같은 점에서 홍진기가 오다카의 영향을 받았을 것으로 추측할 수 있다.

오다카의 법철학에서 눈여겨 볼만한 것으로 크게 네 가지를 꼽을 수 있

---

46) 유민 홍진기 전기 간행위원회,『유민 홍진기 전기』(중앙일보사, 1993), 27쪽에서 인용하되 약간의 수정을 하였다.
47) 김영희,『이 사람아, 공부해』, 82-85쪽.

다. 한스 켈젠(Hans Kelsen)의 순수법학과 후설(Edmund Husserl)의 현상학, 단체를 향한 관심과 노모스주권론이 그것이다. 1920년대에서 30년대에 걸쳐 활발하게 활동했던 일본의 공법학자들이 그랬던 것처럼 오다카 역시 켈젠의 순수법학에 많은 관심을 가지고 있었다. 오다카는 유학 시절 직접 켈젠의 지도를 받기도 하였다.[48] 이로 인해 순수법학의 주장들, 특히 법규범의 단계구조가 오다카의 법철학에도 수용된다.

그렇지만 오다카가 켈젠에만 머문 것은 아니다. 켈젠은 후설의 현상학을 받아들여 순수법학의 한계를 극복하고자 하였다. "켈젠으로부터 출발하여 켈젠을 비판하고 후설의 입장에 서는" 것을 자신의 기본 태도로 내세웠던 것이다.[49] 이러한 일환으로 가령 오다카는 켈젠이 강조하는 법규범의 단계구조를 실정법의 차원에서만 파악하지는 않는다. 상위법규범에서 하위법규범으로 이어지는 규범논리적 단계가 유지되려면 "아래로부터 위로의 사실적 제약관계, 즉 사실에 의한 규범의미의 저초(底礎)관계가 인정되지 않으면 안 된다."고 하기 때문이다.[50] 법규범의 단계구조를 논증하는 과정에서 규범적 측면과 사실적 측면을 통합하는 것이다.

---

48) 오다카가 켈젠의 지도를 직접 받았다는 사실은 황산덕의 증언에서도 확인된다. "필자가 이 『3訂版』을 쓰기 시작한 날은 금년 4월 19일이었는데, 바로 이 날에 우리 법철학계의 巨擘인 Kelsen은 미국에 있는 어떤 양로원에서 93세를 일기로 서거하시었다. 필자가 1962년에 그를 Berkeley에 있는 그의 자택으로 방문하였을 때에, 그는 'untimely'하게 별세한 尾高 선생을 애도하면서, 이 분의 제자인 필자를 가리켜 'grandson'을 보는 것 같다고 반가워하셨던 것이다. 그리고는 필자가 그의 저서를 번역하여 그에게 바친 2권의 譯書를 자랑스럽게 꺼내서 보여주기도 하였다. 이제 그분은 가셨고, 가시고 나니 우리 법철학계에는 적막감이 감도는 것을 금할 수 없다. 이 자리를 빌어 삼가 그 분의 명복을 빈다." 황산덕, 『법철학강의』제3정판(방문사, 1978), 머리말 참고.

49) Tomoo Otaka, *Grundlegung der Lehre von sozialen Verband* (Wien, 1932), Vorwort, S. V; 松尾敬一, "尾高法哲學の形成", 『神戸法學雜誌』第15卷 第1号(1965. 6), 10쪽; 이영록, 『유진오 헌법사상의 형성과 전개』, 97쪽에서 다시 인용.

50) 尾高朝雄, 『國家構造論』(岩波書店, 1936), 334쪽; 이영록, 『유진오 헌법사상의 형성과 전개』, 97쪽에서 다시 인용.

이 같은 이론적 기초 위에서 오다카는 주로 국가와 같은 단체에 학문적 관심을 보였다. 이를테면 오다카가 유럽 유학을 하면서 출판한 독일어 저작은 "사회적 단체이론의 기초"(Grundlegung der Lehre von sozialen Verband)에 관한 것이었다. 뿐만 아니라 1936년에는 『국가구조론』이라는 연구서도 출판한다. 이처럼 국가와 같은 단체를 중시하는 것은 오다카의 스승 격에 해당하는 켈젠의 순수법학과 무관하지 않다. 켈젠은 법철학자이자 공법학자로서 한편으로는 법과 국가를 동일하게 파악하면서 다른 한편으로는 모든 법질서를 공법관계로 환원하는 주장을 펼쳤기 때문이다.[51]

노모스주권론은 오다카가 전후 새롭게 펼쳐진 일본의 헌법질서를 옹호하는 과정에서 제시한 것이다.[52] 노모스주권론은 주권이 노모스(Nomos)에 귀속된다고 본다. 구체적 또는 추상적 인간인 군주나 천황, 국민이 아니라 비인간적 존재인 노모스에 주권이 귀속된다는 점에서 노모스주권론은 군주주권론이나 국민주권론과는 차원을 달리 한다. 비인간적 존재가 주권을 보유한다고 주장한다는 점에서 이른바 '천황기관설'로 유명한 일본의 헌법학자 미노베 타츠키치(美濃部達吉: 1873-1948)가 제시한 국가주권설과 유사하다. 이러한 노모스주권론 역시 켈젠과 무관하지 않다. 왜냐하면 켈젠 역시 노모스주권론과 유사한 법주권설을 제시하여 칼 슈미트(Carl Schmitt)의 격렬한 비판 대상이 되기 때문이다.[53]

이러한 오다카로부터 홍진기는 다음과 같은 영향을 받았다고 추측할 수 있다. 우선 홍진기는 언제나 '현재 있는 법'인 실정법을 정확하게 파악하는 것에서 법적 논의를 시작한다는 점이다. 이는 국가가 제정한 실정법을 중

---

51) 이를 잘 보여주는 한스 켈젠, 윤재왕 (옮김), 『순수법학: 법학의 문제점에 대한 서론』 (박영사, 2018) 참고.
52) 이에 관해서는 김창록, "오다카 토모오(尾高朝雄)의 법사상 II: 패전 전후 일본의 연속을 변증한 '노모스주권론'자", 『법사학연구』제48호(2013. 10), 217-249쪽 참고.
53) 칼 슈미트, 김항 (옮김), 『정치신학: 주권론에 관한 네 개의 장』(그린비출판사, 2010) 참고.

시하는 법실증주의, 그중에서도 순수법학의 태도와 무관하지 않다.[54] 다음으로 다수의 논문에서 보여주는 것처럼 홍진기는 법적 논증을 할 때 실정법적 논증에만 머무는 것이 아니라 본질론적 논증까지 거슬러 올라간다는 점이다. 홍진기의 학문적 능력을 고스란히 보여주는 논문 "회사의 합병에서 교부금"과 "주식회사 합병의 본질"이 이를 잘 보여준다.[55] 마지막으로 홍진기 역시 오다카처럼 단체, 즉 회사나 국가의 법질서에 관심을 기울였다는 점이다.

(4) 우카이 노부시게

홍진기에게 이론적으로 영향을 미친 마지막 인물로 우카이 노부시게(鵜飼信成: 1906-1987)를 언급할 수 있다.[56] 우카이 노부시게는 1931년부터 경성제국대학 법문학부에서 공법 담당 교수로 1945년까지 재직하였다. 경성제국대학의 몰락을 직접 경험한 학자이기도 하였다.[57] 우카이는 경성제국대학 재직 시절에는 1935년을 전후로 하여 발생한 천황기관설 배격 사건으로 인해 당시 경성제국대학에서 헌법을 담당하던 선배 교수 키요미야 시로오(淸宮四郎: 1898-1989)의 배려로 주로 행정법을 담당하였다.[58] 연구도 행

---

54) 실정법을 중시하는 오다카의 태도는 다음과 같은 저작에서 잘 드러난다. 尾高朝雄, 『實定法秩序論』(岩波書店, 1942) 참고. 이 연구서는 2019년에 복간되었다. 尾高朝雄, 『實定法秩序論』(書肆心水, 2019) 참고.

55) 이에 관해서는 제2장 참고.

56) 우카이 노부시게에 관해서는 김효전, "경성제대 공법학자들의 빛과 그림자", 302-310쪽 참고.

57) 이에 관해서는 鵜飼信成, 이병규 (옮김), "경성의 8월 15일", 『헌법학연구』제19권 제2호(2013. 6), 557-567쪽 참고.

58) 김효전, "경성제대 공법학자들의 빛과 그림자", 303쪽. 키요미야 교수는 1941년에 도호쿠제국대학으로 자리를 옮긴다. 키요미야와 우카이는 모두 도쿄제국대학 법학부 출신으로 당대 일본 헌법학의 권위자였던 미노베 타츠키치(美濃部達吉: 1873-1948)의 제자였다. '다이쇼 데모크라시' 시절에는 미노베가 옐리네크(Georg Jellinek)의 공법학 이론을 수용하여 제시한 '천황기관설'이 지배적인 학설이었다. 그렇지만 천황기관설

정법에 관한 것이 중심이 되었다. 우카이는 경성제국대학의 마지막 날을 직접 목도하였고 이후 도쿄대학 사회과학연구소 교수로 재직하면서 헌법도 연구하였다. 도쿄대학 법학부 헌법 교수인 이시카와 켄지(石川健治)는 우카이를 다음과 같이 소개한다.[59)]

"미노베(美濃部達吉) 문하의 리베랄리스트. 전전[1945년 전]에는 경성제국대학 법문학부에서 교편을 잡았다. 스마트, 핸섬, 댄디가 그의 사람됨을 말할 때 늘상 등장하는 단어이다. 입헌군주제 아래서의 일본에서 바이마르공화국의 직접민주주의론을 연구하고, 로크의 『시민정부론』을 번역하였으며(이와나미문고), 당시 극히 예외적이던 미국 유학을 감행한 우카이는 근대적 비판정신의 체현자이고자 한 사람이었다. 그 언설이 문제시되어, 이등병으로 북조선의 국경경비에 보내어진 체험도 있다. 전후에는 동경대학 사회과학연구소를 중심으로 활약하고 전후 헌법학을 리드하였다. 스마트한 이와나미전서판(岩波全書版)의 『헌법』(1956)은 디테일하게 채워진 정보의 풍부함이나 시대 비판의 예리함으로 유비(類比)가 없는 작품이다."

물론 홍진기에 관한 여러 문헌을 살펴보면 홍진기가 우카이로부터 어떤 가르침을 받았는지는 분명하게 드러나지 않는다. 홍진기가 니시하라나 오다카로부터 학문적 가르침을 받았다는 점은 여러 문헌에서 명확하게 드러나지만 당시 행정법을 담당하던 우카이가 홍진기에게 어떤 영향을 미쳤는지는 정확하게 말하기 어렵다. 그런데도 필자는 우카이가 홍진기에게 모종의 영향을 미쳤다고 추측한다. 두 가지 근거를 제시할 수 있다.

배격 사건이 발생하면서 미노베의 천황기관설은 일본 학계에서 금기가 되었다. 이로 인해 미노베의 제자들도 여러모로 불이익을 받게 되었다.

59) 石川健治, "コスモス拾遺", 『法學教室』(2006. 11), 1쪽; 양창수, 『노모스의 뜨락』(박영사, 2019), 86쪽에서 다시 인용. 번역은 양창수 교수의 번역을 그대로 인용하였다.

첫째, 해방 이후 홍진기가 발표한 법학 논문을 보면 당시로는 드물게도 상법학자에 속하는 홍진기가 헌법학의 관점이나 논증을 즐겨 그리고 설득력 있게 활용한다는 것이다. 이는 무엇보다도 "사법재판소의 법률심사"에서 유감없이 발휘된다. 우리 법학에서는 오랫동안 이른바 철저한 '전공영역주의'가 고수되었다는 점, 그로 인해 민사법적 문제를 논할 때 헌법의 시각이나 논거를 활용하는 것이 매우 드물었다는 점을 고려할 때 이는 이례적인 일에 속한다. 물론 해방 이후 홍진기가 공직에 있었다는 점을 한 근거로 언급할 수도 있겠지만, 헌법에 관한 논의를 보면 그 관점이 예리할 뿐만 아니라 근거로 인용되는 문헌 역시 풍부하다는 점을 볼 때 홍진기가 헌법에 관해서도 나름 훈련을 받았다는 흔적을 발견할 수 있다.

둘째, 우카이와 홍진기의 관계는 해방 이후 있었던 다음과 같은 사실로도 증명된다. 우카이가 당시 미군정이 통치하는 조선을 떠날 때 자신의 장서를 홍진기에게 넘겨주었다는 것이다.[60] 학자가 매우 소중하게 여기는 장서를 누군가에게 넘겨주기 위해서는 보통 둘 사이에 형성된 관계가 매우 친밀하거나 특별해야 할 것이다. 이게 일반적인 경험법칙이다. 이를 원용하면 우카이와 홍진기가 최소한 인간적으로 친밀했다고 말할 수 있지 않을까 생각한다. 그리고 홍진기가 우카이로부터 넘겨받은 귀중한 헌법 관련 장서를 활용하여 그 당시로는 구하기 힘들었을 다양한 문헌에 의지하여 헌법학적 논증을 펼친 게 아닐까 추측한다.[61]

---

[60] 김영희, 『이 사람아, 공부해』, 114쪽; 양창수, 『노모스의 뜨락』, 89쪽 등 참고.

[61] 홍진기가 소장했던 우카이의 문헌에 대한 예로는 양창수, 『노모스의 뜨락』, 85쪽 참고. 여기서 양창수 교수는 우리에게 유명한 기르케(Otto von Gierke)와 나비아스키(Hans Nawiasky)의 문헌을 소개한다.

2. 현실적 배경

홍진기의 법이론은 그가 처한 시대적 상황과 무관하지 않았다. 홍진기는 시대가 제기하는 문제를 풀어내기 위해 현재 있는 법을 분석하고 외국법을 참고하며 문제의 근원까지 거슬러 올라가는 법철학적 논증을 시도하였다. 이를 통해 '생성중의 국가'와 같은 독창적인 사유를 전개하였다.

(1) 일제 강점기

홍진기의 법이론에 영향을 미친 시대적 상황은 크게 세 단계로 구별할 수 있다. 일제 강점기, 미군정기 및 대한민국 정부수립 직후이다. 그중 일제 강점기에 홍진기는 군국주의가 지배하는 시대적 상황에서 정치적인 성격이 약한 회사법학을 연구하는 데 전념한다. 그렇다고 해서 홍진기가 연구한 회사법학이 순수하고 선험적인 개념법학에 머문 것은 아니다. 홍진기는 당시 상황에서 제기되는 회사법의 문제에 집중하였다. 그것이 바로 주식회사 합병이다. 당시 일제는 각종 전쟁에 대비하기 위해 강력한 통제경제를 실시하였고 이의 일환으로 하향식 기업 합리화를 진행하였다. 그 과정에서 정치적·군사적 목적의 주식회사 합병이 빈번하게 이루어졌다. 이때 주식회사 합병을 어떻게 진행시켜야 하는지, 특히 서로 합병되는 회사들의 재산관계를 어떻게 처리해야 하는지, 존속 또는 신설되는 회사가 해산되는 회사의 주주를 어떻게 취급해야 하는지가 문제되었다. 이 과정에서 교부금을 허용할 수 있는지, 만약 그렇다면 그 한계는 어디까지인지가 중요한 문제로 부각되었다. 홍진기가 타케이와 니시하라의 지도로 쓴 논문 "회사의 합병에서 교부금"은 바로 당시 현실적으로 제기되던 주식회사법의 문제를 해결하기 위한 것이었다.

(2) 미군정기

홍진기는 미군정기에 사법부 법률조사국 법무관으로 근무하였다. 그때 우리나라는 다음과 같은 문제에 직면하고 있었다. 가장 중요한 문제는 미군정 이후 출범할 대한민국 정부를 어떤 이념에 따라 어떻게 수립할 것인지였다. 이때 가장 근본이 되는 이념으로 민주주의를 꼽을 수 있는데 그중에서도 구체적으로 어떤 민주주의를 채택할 것인지가 문제되었다. 왜냐하면 그 당시에는 우리가 선택해야 하는 민주주의로 미국이 취하는 자유민주주의와 소련이 취하는 일반민주주의가 대립하였기 때문이다. 다음으로 아직 독자적인 법전을 갖지 않은 우리나라가 장차 어떤 법전을 어떻게 마련해야 하는지가 문제되었다. 이 문제를 해결하려면 근원적으로 우리가 당시 대표적인 법계로 인정되는 대륙법과 영미법 중에서 어떤 법계를 선택해야 하는지를 결정해야 했다. 나아가 미군정이 귀속시킨 일본의 재산, 즉 적산 문제를 어떻게 처리해야 하는지가 중요한 법적 문제로 대두하였다. 이에 홍진기 역시 미군정 이후 새롭게 출범하는 조선은 어떤 민주주의를 선택해야 하는지, 대륙법과 영미법 중에서 어떤 법계를 취해야 하는지, 우리의 법전 특히 상법전을 어떻게 제정해야 하는지, 미군정이 귀속시킨 적산 문제를 어떻게 해결해야 하는지에 골몰하였다. 이 문제에 대응하기 위해 홍진기는 "영미법과 대륙법", "상법전 편찬에의 기본과제", "사법재판소의 법률심사", "적산회사의 회사적 성격"을 발표한다.

(3) 대한민국 정부수립 직후

홍진기는 대한민국 정부수립 이후 법무부 조사국장으로 근무한다. 더불어 법전편찬위원회 위원으로 활동한다. 이 시기에는 다음과 같은 문제가 대두하였다. 일단 대한민국 정부가 수립되었기에 어떤 정치체제를 선택해야 하는지, 어떤 민주주의를 취해야 하는지의 문제는 일단락되었다. 유진오가 기초를 마련한 제헌헌법은 기본적으로 자유민주주의를 국가의 구성원리로 채택하고 경제헌법 영역에서는 경제민주주의를 적극 수용한 수정된 시장경제를 제도화하였다. 그렇지만 헌법을 제외한 중요한 법전, 가령 민법이나 상법 등은 아직 제정되지 않은 상태였다. 일제 강점기 때 시행되었던 일본 법률들이 여전히 생명력을 유지하고 있었다. 귀속재산 문제도 해소하지 못하고 있었다. 이에 따라 귀속재산 처리 및 대일 청구권 문제가 한일협상의 중요한 의제로 떠올랐다.62) 신생 대한민국의 경제를 재건하기 위해 법이 어떻게 대응해야 하는지도 긴급한 문제로 제기되었다. 이는 홍진기에게 법적으로 시급한 문제가 되었고 이를 해결하기 위해 홍진기는 "새 회사법의 요강 해설", "이념으로서의 경제법", "귀속재산에 대한 법적 과제", "두 개의 공사법"과 같은 논문을 발표하였다.

---

62) 이에 관해서는 김영희, 『이 사람아, 공부해』, 154쪽 아래 참고.

제2장

회사의 법이론

제1절 회사의 법이론적 문제

I. 서론

홍진기의 주 전공은 상법학, 그중에서도 회사법학이다. 따라서 홍진기의 법이론을 다룰 때는 가장 먼저 그가 전개한 회사법이론을 살펴볼 필요가 있다. 회사는 고도로 발전하는 현대 자본주의 체제를 지탱하는 중요한 존재이다. 이로 인해 회사에 관해 다양한 법적 문제가 등장한다. 더불어 회사에 관한 법적 문제는 점점 더 확장된다. 다소 과장해서 말하면 과거에는 가장 중요한 단체가 국가였다면 오늘날에는 회사가 국가보다 더욱 중요해진다고 말할 수 있다. 이는 막강한 권력을 행사하는 초국가적 회사가 출현하는 것과 무관하지 않다.[1] 이에 따라 오늘날에는 회사의 공적 성격이 강조되고 윤리경영, 사회적 책임, 인권경영 등이 중요한 이슈로 논의된다.[2] 가장 최근에는 ESG(Environmental, Social, and Governance: 환경, 사회, 지배구조) 경영이 부각된다. 사실 19세기에서 20세기 초반에 걸쳐 독일 법학에서 전개된 공법학을 보면 회사법 도그마틱을 공법 도그마틱으로 원용하는 경우가 많았다. 이렇게 보면 회사법학이야말로 모든 단체법학의 출발점이 된다고 말할 수 있다.

---

1) 이를 보여주는 수전 K. 셀, 남희섭 (옮김), 『초국적 기업에 의한 법의 지배: 지재권의 세계화』(후마니타스, 2009) 참고.
2) 이에 관해서는 양천수, 『기업의 사회적 책임(CSR)과 법준수프로그램(CP)에 관한 연구』(한국형사정책연구원, 2010); 양천수, "인권경영을 둘러싼 이론적 쟁점", 『법철학연구』제17권 제1호(2014. 4), 159-188쪽 등 참고.

오늘날 회사법학에는 다양한 문제가 제기된다. 그중에서도 홍진기의 회사법학과 관련하여 중요한 두 가지 법이론적 문제를 언급하면 다음과 같다. 첫째는 회사는 어떻게 존재하는가의 문제이고 둘째는 회사는 누구를 위해 존재하는가의 문제이다.

II. 회사의 존재 방식

회사의 존재 방식에 관한 문제는 회사가 사회에서 어떻게 존재하는가의 문제를 뜻한다. 어찌 보면 상당히 철학적인 문제라 할 수 있다. 이는 우리 단체법학에서는 '법인의 본질'이라는 문제로 논의된다.[3] 법인에 해당하는 회사는 과연 사회적으로 실재하는 것인지 아니면 법이 필요하기에 의제한 것에 불과한 것인지의 문제가 그것이다. 이 문제를 해결하려면 회사가 특정한 단체로서 가지는 성격, 즉 법인이라는 성격과 사단이라는 성격, 재산관계라는 성격 및 사회적 체계라는 성격을 살펴볼 필요가 있다. 이 중에서 법인이라는 성격은 회사를 법체계의 관점에서 파악한 것인 데 반해 사단이라는 성격과 재산관계라는 성격은 비법적인 측면, 가령 인적 관계의 측면과 경제의 측면에서 회사를 파악한 것이다. 마지막으로 사회적 체계라는 성격은 회사를 체계이론의 시각에서 재해석한 것이다.

1. 법인으로서 회사

회사가 무엇인지를 규정하는 우리 상법 제169조는 회사란 "상행위나 그 밖의 영리를 목적으로 하여 설립한 법인"을 뜻한다고 정한다. 우리 상법은

---

3) 이를 보여주는 이홍민, "법인의 본질", 『법과 정책』제22집 제3호(2016. 12), 263-297쪽 참고.

회사를 법인으로 규정하는 것이다. 이는 특정한 단체가 경제체계에서 회사로 작동하기 위해서는 법인격을 취득해야 한다는 것을 뜻한다. 따라서 회사는 무엇인가의 문제는 회사의 법적 존재 방식인 법인이란 무엇인가의 문제와 연결된다. 이는 민사법학에서는 '법인의 본질'이라는 쟁점으로 논의된다. 법인의 본질이 무엇인가에는 전통적으로 법인의제설과 법인실재설이 대립한다.4) 여기서 법인의제설은 법인은 자연인처럼 실재하는 존재는 아니고 다만 법이 일정한 필요 때문에 법인을 마치 존재하는 것처럼 의제하는 것이라고 본다. 법인의제설에 따르면 법인은 자연인처럼 완전한 권리능력을 가지는 것이 아니라 "법률의 규정에 좇아 정관으로 정한 목적의 범위" 안에서만 제한적으로 권리능력을 가질 수 있을 뿐이다(민법 제34조). 이에 반해 법인실재설은 법인 역시 자연인처럼 실재한다고 본다. 이에 따르면 법인은 실재하는 존재이다. 그러므로 법인은 원칙적으로 자연인처럼 완전한 권리능력을 가질 수 있고, 따라서 법인의 권리능력은 설립등기에 규정한 법인의 목적범위에 한정되지 않는다고 본다.5)

2. 사단으로서 회사

전통적인 이해 방식에 의하면 회사는 사단의 성격도 지닌다. 쉽게 말해 대부분의 회사는 사단으로 구성된다는 것이다. 이때 말하는 사단이란 사람과 사람의 결합관계를 뜻한다. 다시 말해 사단이란 특정한 단체가 다수의 사람으로 결합되어 있다는 것을 의미한다. 우리 민사법에 따르면 다수의 인적 주체는 다음과 같은 형태로 결합된다. 계약, 조합, 사단이 그것이다.

---

4) 이 논쟁에 관해서는 송호영, "법인의 활동과 귀속의 문제: 법인본질논쟁의 극복을 위한 하나의 시론", 『민사법학』제31호(2006. 3), 3-46쪽 참고.
5) 그러므로 법인실재설에서 보면 '법인의 권리능력'을 '정관의 목적범위'로 규정한 민법 제34조는 법인이 본래 갖고 있어야 할 권리능력을 제한하는 규정이 된다.

전통적인 이해 방식에 따르면 회사는 그중에서 사단에 속한다. 요컨대 회사는 법인인 동시에 사단인 것이다. 이때 법인이라는 개념이 회사의 법적 지위를 보여준다면 사단은 회사가 무엇을 구성요소로 하는지를 보여준다.

주의해야 할 점은 법인으로 인정되는 단체가 언제나 사단으로만 구성되는 것은 아니라는 점이다. 우리 민법은 법인을 크게 사단과 재단으로 구별하기 때문이다. 재산을 주된 구성요소로 삼는 게 재단이라면 사단은 자연인을 주된 구성요소로 삼는다. 이러한 구별에서 보면 상법이 규율 대상으로 삼는 상사회사, 즉 기업은 사람을 주된 구성요소로 삼기에 사단이자 법인으로 존속한다고 이해된다. 이를 반영하듯 2011년 4월 14일에 개정되기 이전의 상법 제169조는 "회사라 함은 상행위 기타 영리를 목적으로 하여 설립한 사단을 이른다."고 정한다. 상법이 규율 대상으로 삼는 회사는 사단이라는 점을 정면에서 규정하였던 것이다.

다만 오늘날에는 회사의 사단성에 의문이 제기된다.[6] 가장 대표적인 이유는 주식회사에서 찾을 수 있다. 우리나라에서 압도적인 주류를 이루는 주식회사는 인적 회사와 구별되는 물적 회사로 사람들의 결합관계라는 성격보다 재산의 결합관계라는 성격이 더욱 부각되기 때문이다. 그 까닭에 주식회사에서는 사단과 재단이라는 구별이 약화된다. 이러한 맥락에서 일본에서는 주식회사를 재단으로 파악하는 견해가 주장되기도 한다.[7] 반대로 합명회사나 합자회사와 같은 인적 회사에서는 사단과 조합이라는 구별이 퇴색된다. 이 같은 이유에서 회사는 곧 사단이라는 명제는 이미 힘을 잃고 있었다. 이를 반영하여 현행 상법 제169조는 회사는 곧 사단이라는 명제를 포기하고 말았다. 회사는 법인이라는 명제만 남게 되었다.

물론 그렇다 하더라도 회사, 그중에서도 주식회사의 사단성이 현행 법체계 아래에서 완전하게 포기될 수 있는 것은 아니다. 크게 두 가지 근거를

---

6) 이에 관해서는 송옥렬, 『상법강의』제5판(홍문사, 2015), 699-700쪽 참고.

7) 정태환, "주식회사의 재단설에 관한 고찰", 『법조』제28권 제5호(1979. 5), 50-86쪽 참고.

제시할 수 있다. 우선 우리 법체계가 여전히 《사단-재단》이라는 구별을 유지하는 이상 주식회사를 재단으로 볼 수는 없기 때문이다. 다음으로 1인 회사와 같은 예외가 있기는 하지만 오늘날 표준이 되는 주식회사는 다수의 주주로 구성되기 때문이다. 이를 고려하면 회사는 법인인 동시에 때로는 불완전하지만 사단으로 볼 수 있다. 이러한 회사의 사단적 성격은 홍진기가 주식회사 합병의 본질 및 교부금의 허용 문제를 다룰 때 중심적인 논점이 된다.

3. 재산관계로서 회사

회사는 일정 부분 재단, 즉 재산의 결합관계라는 성격도 가진다. 앞에서 말한 것처럼 주식회사에서 이러한 성격을 발견할 수 있다. 왜냐하면 주식회사에서는 주식을 매개로 하는 자기 자본이 핵심적인 구성요소가 되기 때문이다. 그 까닭에 주식회사는 재단이라는 급진적인 견해도 제시되는 것이다. 같은 맥락에서 주식회사는 자본충실 원칙이 중요한 법적 원칙으로 자리매김한다.

4. 사회적 체계로서 회사

(1) 문제제기

이처럼 기존의 견해에 따르면 회사는 법인이자 사단 또는 재단으로 존속한다. 여기서 필자는 새로운 관점에서 회사의 존속 방식을 파악하고자 한다. 회사는 사단 및 재단의 성격을 포괄하는 '사회적 체계'(soziales System)라는 점이다. 이때 말하는 사회적 체계는 독일의 사회학자 루만(Niklas Luhmann: 1927-1998)이 정립한 체계이론(Systemtheorie)에 바탕을 둔다.

이에 대한 출발점은 회사는 법인이라는 측면이다. 회사는 법인으로서 과연 사회적으로 실재하는 존재인지 아니면 법이 필요하기에 의제한 것에 불과한지 의문이 든다. 이러한 법인의 본질 문제는 홍진기가 천착한 주식회사 합병을 어떻게 파악할 것인지의 문제와 밀접한 관련을 맺는다. 이를테면 기르케(Otto von Gierke)가 주장하는 것처럼 법인인 회사가 사회적으로 실재한다고 보면 주식회사 합병을 법인격의 합일이라고 파악하는 것도 불가능하지 않다. 반대로 법인을 법적 의제로 이해하면 서로 다른 법인과 법인의 합일이라는 주장은 또다른 은유이자 의제에 불과할 것이다. 이 문제는 주식회사 합병을 사단법설의 측면에서 볼 것인지 아니면 재산법설의 측면에서 볼 것인지와 밀접한 관련을 맺는다.[8]

법인의 본질에 관해 필자는 법인실재설이 더욱 설득력을 지닌다고 생각한다. 필자는 법인이 우리 사회 속에서 '실재'한다고 본다.[9] 그렇지만 이때 말하는 '실재' 개념은 자연인이 실재하는 방식과는 다소 다르게 파악해야 한다. 그 이유는 육체와 정신을 포괄하는 '몸' 그 자체가 실재하는 자연인과는 달리 법인은 '소통'(Kommunikation)이라는 방식으로 실재하기 때문이다. 요컨대 법인은 사회에서 이루어지는 소통과 소통의 결합관계인 것이다. 이 점에서 필자가 취하는 법인실재설은 기르케에서 기원하는 전통적인 법인실재설과는 구별해야 한다. 그렇다면 '법인은 소통을 통해 실재한다.'는 것은 구체적으로 무엇을 뜻하는가? 이에 필자는 루만의 체계이론에서 말하는 사회적 체계의 존속 방식을 대답으로 제시하고자 한다.

(2) 체계이론 개관

체계이론이란 아주 거칠게 정의하면 '체계'(System)와 '환경'(Umwelt)이라는 구별을 기준으로 하여 사회현상을 관찰하고 해명하는 이론을 말한다.

---

8) 이에 관해서는 제2장 제2절 및 제3절 참고.
9) 이에 관해서는 양천수, "법인의 범죄능력: 법이론과 형법정책의 측면에서", 『형사정책연구』제18권 제2호(2007. 여름), 161-194쪽 참고.

이 점에서 체계이론은 인간의 '행위'(Handlung)를 기준으로 하여 사회현상을 분석하는 전통적인 행위이론과는 차이가 있다. 요컨대 체계이론은 인간이 아닌 체계와 환경을 사회현상의 중심축으로 설정하고 인간이 수행하는 행위가 아닌 체계가 수행하는 기능을 중심으로 하여 사회현상을 관찰하는 이론인 것이다. 이러한 측면에서 체계이론은 전통적인 인간중심적 사고와 거리를 둔다.10)

그러면 체계이론에서 말하는 체계란 무엇인가? 사실 체계 개념은 법학에서는 아주 낯선 개념이 아니다. 왜냐하면 체계는 법학에서 아주 빈번하게 사용되는 중요한 개념이기 때문이다. 법률행위체계나 신뢰책임체계 등이 이를 잘 예증한다. 19세기 독일에서 번성했던 개념법학은 완결된 체계를 만들고자 노력하였다.11) 그러나 체계이론에서 말하는 체계는 법학이나 기타 인문사회과학에서 그동안 사용해 온 체계 관념과 차이가 있다. 애초 '전체성'이나 '통일성'을 뜻하는 전통적인 체계 개념은 일종의 사고모델로서 현상을 분석하기 위한 도구였다. 이러한 체계가 실제로 존재한다고 생각하지는 않았다. 이에 반해 체계이론은 체계가 사회적으로 실재한다고 말한다.12) 체계이론에서 말하는 체계는 단순히 관념적인 개념에 그치는 것이 아니라 실재하는 개념인 것이다.13)

루만에 따르면 이러한 체계로 기계, 생명체계, 심리적 체계, 사회적 체계를 들 수 있다.14) 기계는 우리가 현실세계에서 쉽게 경험할 수 있는 체계

---

10) 이에 관해서는 정성훈, "인간적 사회와의 작별: 니클라스 루만의 사회관을 통한 새로운 사회 비판의 출발점 모색", 『시대와 철학』제18권 제2호(2007. 여름), 81-116쪽 참고.

11) 개념법학에 관해서는 양천수, "개념법학: 형성, 철학적·정치적 기초, 영향", 『법철학연구』제10권 제1호(2007. 5), 233-258쪽 참고.

12) Niklas Luhmann, *Soziale Systeme: Grundriß einer allgemeinen Theorie* (Frankfurt/M., 1984), S. 30.

13) 물론 여기서 주의해야 할 점은 체계이론에서 체계가 실재한다는 것은 전통적인 의미에서 실재한다는 것과 다르다는 점이다.

14) Niklas Luhmann, *Soziale Systeme: Grundriß einer allgemeinen Theorie*, S. 15 ff.

이다. 생명체계는 유기체를 구성하는 체계를 말한다. 소화체계, 신경체계, 면역체계가 생명체계에 속한다. 심리적 체계는 우리의 정신영역을 구성하는 체계이다. 마지막으로 사회적 체계는 사회를 구성하는 체계이다. 루만은 사회적 체계의 예로 '상호작용'(Interaktion), '조직'(Organization), '사회'(Gesellschaft)를 언급한다. 사회이론으로 의미를 가지는 체계이론에서 가장 중요한 비중을 차지하는 체계가 바로 사회적 체계이다. 아래에서는 이러한 체계이론을 좀 더 상세하게 살펴본다.15)

(3) 체계이론의 이론적 특징

1) 사회이론의 모델로서 행위모델과 구조모델

체계이론은 사회이론에 속한다. 이러한 체계이론이 사회이론 중에서 어떤 위상을 차지하는지를 밝히려면 사회이론의 전통에 존재하는 두 개의 모델을 짚어볼 필요가 있다. 행위모델과 구조모델이 그것이다.16) 두 모델은 사회현상을 분석하는 데 사용되는 대표적인 모델이다.

① 행위모델

행위모델은 인간의 행위를 기준으로 하여 사회현상을 분석한다. 우리 인류의 지성사에서 가장 오랜 역사를 지닌 모델이라고 말할 수 있다. 이러한 행위모델에 따르면 사회현상은 행위주체와 행위객체 그리고 행위로 분석할 수 있다. 말하자면 사회현상은 행위주체가 행위객체를 대상으로 하여

---

15) 아래의 논의는 기본적으로 양천수, "사법작용의 기능과 한계: 체계이론의 관점에서", 『법학논총』(단국대) 제39권 제4호(2015. 12), 99-141쪽 참고.

16) 이에 관해서는 정태석, 『사회이론의 구성: 구조/행위와 거시/미시 논쟁의 재검토』(한울, 2002); 앤서니 기든스·필립 W. 서튼, 김봉석 (옮김), 『사회학의 핵심 개념들』(동녘, 2015), 16-22쪽 참고.

수행한 행위로 구성된다. 막스 베버(Max Weber)의 사회학이론이 행위모델에 입각한 대표적인 이론에 해당한다. 우리 법체계 및 법학이 바탕으로 두는 《주체-객체 모델》도 이러한 행위모델에 속한다.[17] 우리 법체계와 법학이 행위모델에 기반을 두고 있다는 점은 법률행위, 범죄행위, 행정행위, 소송행위 등이 각각 민사법, 형사법, 행정법, 소송법에서 핵심적인 개념으로 자리매김하고 있다는 점에서 확인할 수 있다.

② 구조모델

이러한 행위모델과는 달리 구조모델은 사회는 개별 인간의 행위를 넘어서는 구조로 구성된다고 본다. 구조모델에 따르면 사회현상은 사회구조가 낳은 산물이다. 구조모델은 사회에는 개별 인간이 주체적으로 조종할 수 없는 그 무엇인가가 존재하고 또 이에 의해 개별 인간이 예측하지 못한 결과가 발생한다는 점을 염두에 둔다. 철학적으로는 구조주의, 사회이론으로는 체계이론 등이 이러한 구조모델에 속한다고 말할 수 있다. 구조모델의 이론가로는 범죄정상이론을 제창한 뒤르켐(Emile Durkheim), 체계이론가인 파슨스(Talcott Parsons)와 루만 등을 언급할 수 있다.[18]

③ 행위-구조모델

행위모델과 구조모델 이외에도 두 모델을 종합하고자 한 모델이 존재한다. 이를 '행위-구조모델'로 부를 수 있을 것이다. 행위-구조모델은 전체 사회영역을 두 영역으로 구획하여 한 영역에는 행위모델을 그리고 나머지 다른 영역에는 구조모델을 적용하여 사회현상을 파악한다. 독일의 사회철학

---

17) 이에 관해서는 양천수, "개념법학: 형성, 철학적·정치적 기초, 영향", 『법철학연구』제10권 제1호(2007. 5), 233-258쪽 참고.
18) 이 가운데 뒤르켐에 관해서는 김도현, "사회적 불승인으로서의 형벌: 에밀 뒤르켐의 적극적 일반예방론", 『법과 사회』제47호(2014. 12), 153-187쪽 참고.

자 하버마스(Jürgen Habermas)가 제안한 이원적 사회이론이 이러한 행위-구조
모델에 해당한다. 왜냐하면 하버마스는 전체 사회를 '생활세계'(Lebenswelt)와
'체계'(System)로 이원화하면서 생활세계에는 행위모델을 그리고 체계에는 구
조모델을 적용하기 때문이다.19) 이러한 행위-구조모델은 기존의 행위모델
과 구조모델이 안고 있는 이론적·실천적 한계를 변증적으로 극복하기 위해
제안된 것이다. 예를 들어 하버마스는 한편으로는 체계이론을 수용하면서
도 다른 한편으로는 체계이론의 한계를 넘어서고자 행위모델을 언어행위
이론과 결합시킨 의사소통행위 이론을 받아들인다. 그런데 이때 주의해야
할 점은 하버마스가 받아들이는 체계이론은 루만의 체계이론이 아닌 파슨
스의 체계이론이라는 점이다.20) 그 이유는 행위의 독자성을 부정하는 루만
의 체계이론과는 달리 파슨스의 체계이론은 행위 개념을 긍정하기 때문이
다. 또한 문화를 독자적인 체계로 승인하지 않는 루만과는 달리 파슨스는
문화체계를 인정하면서 이러한 문화체계를 통해 문화와 가치가 통합될 수
있는 가능성을 긍정하기 때문이다.21) 행위-구조모델을 통해 하버마스는 루
만의 체계이론과 대적하면서 루만의 체계이론이 안고 있는 한계를 극복하
고자 한 것이다.

2) 사회이론으로서 체계이론

① 체계이론의 의의
구조모델에 속하는 체계이론은 어떻게 정의할 수 있을까? 체계이론은

---

19) 이에 관해서는 Jürgen Habermas, *Theorie des kommunikativen Handelns*, Bd. 2
(Frankfurt/M., 1981) 참고.
20) Jürgen Habermas, *Theorie des kommunikativen Handelns*, Bd. 2, S. 296 ff.
21) 이에 관해서는 Günter Burkhart, "Niklas Luhmann: Ein Theoretiker der Kultur?", in:
Günter Burkhart/Gunter Runkel (Hrsg.), *Luhmann und die Kulturtheorie* (Frankfurt/M.,
2004), S. 26 ff. 참고.

'체계와 환경'이라는 구별에 따라 전체 사회현상을 관찰하고자 하는 이론
으로 규정할 수 있다. 체계이론에 따르면 사회는 각기 다양한 사회적 체계
로 구성된다. 사회현상은 인간 주체가 행하는 각각의 행위로 환원되는 것
이 아니라 이를 질적으로 넘어서는 사회적 체계로 거슬러 올라간다.

② 체계의 의미

체계이론에서 말하는 체계는 무엇을 뜻하는가?[22] 체계는 주로 생물학이
나 물리학 등과 같은 자연과학에서 사용하는 개념이다. 철학, 특히 독일 관
념론 철학에서 사용되기도 하였다. 이때 체계는 통일성, 전체성 등을 뜻하
였다. 19세기 독일에서 '개념법학'으로도 잘 알려진 판덱텐법학이 융성하
면서 법학에서도 체계 개념이 익숙하게 사용되기 시작하였다. 판덱텐법학
은 완결된 법적 개념과 체계를 구축하고자 했기 때문이다. 이를 통해 법률
행위체계, 신뢰책임체계, 범죄체계 등과 같은 다양한 체계들이 법학에 정착
하게 되었다.

그런데 여기서 주의해야 할 점은 현대 체계이론에서 말하는 체계 개념은
이렇게 우리에게 익숙한 체계 개념과는 차이가 있다는 것이다. 그동안 철
학이나 사회학 등에서 원용한 체계는 개념 또는 모델의 의미를 가지고 있
었다. 그것은 일종의 '사고모델'이었다. 이러한 체계는 복잡한 사회현상을
간명하게 이해하기 위한 분석도구였다. 이에 반해 현대 체계이론은 체계
자체가 사회적으로 실재한다고 말한다.[23] 그것은 단순한 도구가 아니라 사
회의 지금 여기서 현존하는 그 무엇이다.

---

22) 체계 개념에 관해서는 게오르그 크네어·아민 낫세이, 정성훈 (옮김),『니클라스 루만
으로의 초대』(갈무리, 2008), 41쪽 아래 참고.

23) Niklas Luhmann, *Soziale Systeme: Grundriß einer allgemeinen Theorie* (Frankfurt/M.,
1984), S. 30.

③ 체계의 유형 및 층위

사회적으로 실재하는 체계에는 무엇이 있는가?[24] 루만에 따르면 가장 기본적인 체계로는 기계, 생명체계, 사회적 체계, 심리적 체계를 들 수 있다. 기계는 우리에게 가장 낯익은 체계이다. 생명체계는 유기체를 구성하는 체계로 세포를 기본단위로 한다. 생명체계는 소화체계, 신경체계, 면역체계로 분화된다. 심리적 체계는 우리의 정신영역을 구성하는 체계이다. 그리고 사회적 체계는 바로 사회 속에서 실재하는 체계로 체계이론에서 가장 중심이 되는 체계이다. 사회적 체계는 '소통'(Kommunikation)을 통해 존속한다.[25] 루만은 이러한 사회적 체계로서 '상호작용'(Interaktion), '조직'(Organisation), '사회'(Gesellschaft)를 언급한다. 상호작용은 강의나 세미나처럼 일시적으로 존속하는 사회적 체계를 말한다. 조직은 기업처럼 지속적으로 존속하는 사회적 체계를 뜻한다. 그리고 사회는 말 그대로 우리가 몸담고 있는 공간으로 상호작용 및 조직을 포괄하는 사회적 체계를 의미한다.

④ 체계이론의 필요성

이러한 체계이론이 필요한 이유는 무엇인가? 왜 인간의 행위가 아닌 체

---

[24] 이에 관해서는 Niklas Luhmann, *Soziale Systeme: Grundriß einer allgemeinen Theorie*, S. 15 ff.

[25] 루만의 체계이론에서 사용되는 독일어 'Kommunikation'은 '소통'으로도 번역되지만 원어 그대로 '커뮤니케이션'으로 번역되는 경우가 더 많다. 그 이유는 우리말 '소통'은 상호이해를 전제로 하는 개념이지만 루만이 염두에 두는 'Kommunkation'은 상호이해를 반드시 전제로 하는 개념이 아니기 때문이라고 한다. 오히려 루만이 사용하는 'Kommunikation'은 '오해' 역시 포함하는 개념이라고 한다. 이러한 근거에서 'Kommunikation'을 '소통'으로 번역하는 것은 루만의 의도를 왜곡할 수 있는 번역어로서 타당하지 않다고 한다. 이에 관해서는 우선 니클라스 루만, 박여성 (옮김), 『사회체계이론』(한길사, 2007), 18쪽(옮긴이 역주) 참고. 그러나 필자는 독일어 'Kommunikation'도 개념 그 자체로는 '상호이해'를 전제로 하는 개념인데도 루만이 이를 독창적으로 사용하고 있다는 점, 이러한 맥락에서 우리말 '소통'도 루만이 의도한 식으로 새롭게 파악할 여지도 있다는 점 등을 고려하여 이 책에서는 '소통'으로 번역하고자 한다.

계 및 환경 그 자체에 주안점을 두는 사회이론이 필요한 것일까? 이에는
두 가지 이유를 언급할 수 있다. 첫째는 사회현상 중에는 인간의 행위만으
로는 설명할 수 없는 그 무엇이 있다는 것이다. 둘째는 행위모델에서 핵심
이 되는 행위나 주체 등의 개념이 반드시 명확한 것만은 아니라는 것이다.

(a) 행위모델의 불충분성

첫째, 체계이론은 사회현상에는 인간의 행위로 환원할 수 없는 그 무엇
이 존재한다는 이해방식에 바탕을 둔다. 예컨대 우리 사회에는 행위자 각
자가 의도하지 않았던 일들이 발생하는 경우가 비일비재하다. 인간의 행위
로 통제하지 못하는 사회적 재난이 사회에서 발생한다. 지난 2008년 전 세
계적인 금융위기를 야기한 '서브프라임 금융위기'나 2014년 4월에 발생한
'세월호 참사' 등이 이러한 예에 속한다.[26]

(b) 행위·주체 개념의 불명확성

둘째, 행위모델에서 핵심을 이루는 행위나 주체 개념 등이 명확한 것만
은 아니라는 점을 지적할 수 있다. 이를테면 법학에서는 행위란 무엇인지,
무엇을 기준으로 하여 행위의 단일성과 동일성을 판단할 수 있는지에 관해
견해가 대립한다. 형법학에서 이루어진 행위론 논쟁이나 형법상 죄수판단
을 둘러싼 어려움 등이 이를 예증한다.[27] 형사소송법에서 문제되는 공소사
실의 동일성 판단 문제 등도 이를 보여준다.[28]

---

26) 체계이론의 관점에서 '서브프라임 금융위기'를 분석하는 연구로는 양천수, 『서브프라
임 금융위기와 법』(한국학술정보, 2011) 참고.
27) 행위론 논쟁에 관해서는 Claus Roxin, *Strafrecht Allgemeiner Teil, Band I:
Grundlagen · Der Aufbau der Verbrechenslehre*, 4. Aufl. (München, 2006), S. 236 ff.
참고.
28) 이에 관해서는 윤동호, 『공소사실의 동일성 판단기준과 죄수 및 경합론의 관계』(고려
대 법학박사 학위논문, 2005) 참고.

행위에 책임을 지는 주체 개념 역시 명확한 것만은 아니다. 주체 개념은 단일하지 않고 다원적이다. 예를 들어 법학에서는 '인간'(Mensch: human)과 '인격'(Person: person)을 개념적으로 분리한다. 법철학적으로 볼 때 이는 독일의 법철학자 마이호퍼(Werner Maihofer)의 법존재론에서 확인할 수 있다. 마이호퍼는 '자기존재'(Selbstsein)와 '로서의 존재'(Alssein)를 구별하는데 이는 인간과 인격의 구분에 상응한다.29) 이처럼 인간 개념 자체가 단일하지 않기 때문에 루만은 인간이 체계의 환경에 속한다고 본다.30) 루만에 따르면 인간 자체가 다양한 체계로 구성되기 때문이다. 루만에 따르면 인간은 심리적 체계, 생명체계로 구성된다. 그래서 인간은 사회의 중심이 될 수 없다고 한다. 루만에 따르면 사회의 중심은 인간이 아니라 사회적 체계이다. 인간은 소통을 통해 사회적 체계들에 참여할 수 있을 뿐이다.

주체가 행위로 만들어내는 사건 또는 이러한 사건들로 구성되는 진실 역시 그 의미가 명확하지는 않다. 사실 혹은 진실이란 무엇인가? 법관이 법규범에 의지하여 법적 분쟁을 해결하기 위해서는 사실인정 과정을 통해 진실을 밝혀야 한다. 그러나 진실이란 도대체 무엇인지에 일치된 견해가 존재하는 것은 아니다. 다수 학설과 판례는 형사소송법에서 추구해야 하는 진실은 '실체적 진실'이어야 한다고 말하지만 실체적 진실이 가능할 수 있는지, 특히 시간적·인적·물적 한계에 봉착해 있는 소송절차에서 실체적 진실을 밝힐 수 있는지에 회의적인 견해도 존재한다.31)

---

29) 이에 관해서는 베르너 마이호퍼, 심재우 (역), 『법과 존재』(삼영사, 1996) 참고.

30) 이에 관한 상세한 분석은 정성훈, "인간적 사회와의 작별: 니클라스 루만의 사회관을 통한 새로운 사회 비판의 출발점 모색", 『시대와 철학』제18권 제2호(2007. 여름), 81-116쪽 참고.

31) 이 문제를 다루는 연구로는 양천수, "형사소송법상 실체진실주의와 적정절차원칙에 대한 비판적 고찰: 법철학의 관점에서", 『경남법학』제23집(2008. 2), 125-146쪽 참고.

3) 체계이론의 주요 전제 및 개념

① 구성적 실재론

앞에서 지적한 것처럼 체계이론은 체계가 사회적으로 '실재'한다고 말한다. 체계는 개념적·분석적 도구에 그치는 것이 아니다. 그러면 체계가 사회적으로 실재한다는 것은 무슨 의미일까? 체계이론은 이를 '구성적 실재론'의 측면에서 설명한다. 구성적 실재론은 구성주의에 바탕을 둔 실재론을 말한다. 구성주의는 세계가 '실체'(Substanz)로서 실재하는 것이 아니라 세계는 만들어진 것이라고 말한다.[32] 세계는 구성된 산물이다. 이러한 구성주의는 철학사에서 볼 때 독일 관념론 철학의 초석을 놓은 칸트까지 거슬러 올라간다. 칸트는 우리가 가지는 관념은 각자가 선험적으로 지닌 판단 범주가 구성해낸 산물이라고 보기 때문이다.

체계이론에서 말하는 구성주의는 사회 또는 세계가 어떻게 구성된다고 보는가? 이미 말한 것처럼 체계이론은 사회가 다양한 사회적 체계들로 구성된다고 본다. 이러한 사회적 체계들은 '실재'한다. 그러나 사회적 체계들이 실체로서, 말하자면 우리의 육체나 물건처럼 특정한 공간을 차지하는 방식으로 실재하는 것은 아니다. 사회적 체계는 이와는 다른 방식으로 실재한다. 사회적 체계는 소통으로, 의미로 실재한다. 사회적 체계는 소통을 통해 그 의미가 부여된 사회적 구성물이지만, 단순히 허구적인 구성물에 지나지 않는 것이 아니라 사회적으로 실재하면서 영향력을 행사한다. 사회적 체계는 인간들 사이에서 이루어지는 소통을 통해 만들어지고 이러한 소통 속에서만 실재하지만, 오히려 이러한 체계가 인간들을 구속한다.

---

32) 구성주의에 관해서는 지크프리트 J. 슈미트, 박여성 (옮김), 『구성주의』(까치, 1995) 참고.

(a) 실재 개념의 예-①: 컴퓨터 프로그램

이러한 실재 개념은 컴퓨터 프로그램을 염두에 두면 이해하기 쉽다. 잘 알려진 것처럼 컴퓨터는 하드웨어와 소프트웨어로 구별된다. 컴퓨터 프로그램은 소프트웨어에 속한다. 일정한 공간을 차지하는 하드웨어와는 달리 소프트웨어는 실체처럼 공간을 차지하지는 않는다. 소프트웨어는 이진법으로 구성된 소통체계에 불과할 뿐이다. 그러나 의미체계이자 소통체계로서 소통 속에서만 존재하는 소프트웨어는 하드웨어 안에서 작동함으로써 실재로서 구현된다. 이는 단순히 가상적 존재에 불과한 것은 아니다. 소프트웨어는 작동함으로써 하드웨어뿐만 아니라 컴퓨터를 사용하는 사용자도 구속한다. 소프트웨어는 하드웨어 안에서 사이버세계를 창출하는데 이러한 사이버세계는 단순히 허구적인 세계로만 머무는 것은 아니다. 사이버세계는 실제 세계를 구속하며 영향을 미친다. 심지어 우리가 실제 세계에서 사용하는 언어의 의미를 변화시키기도 한다.[33] 이러한 점에서 사이버세계는 분명 우리 사회의 지금 여기서 '실재'한다. 소프트웨어가 구현하는 세계는 실재하며 소프트웨어 그 자체도 지금 여기서 실재하고 있는 것이다.

(b) 실재 개념의 예-②: 조직과 법인

이러한 예는 조직과 법인에서도 찾아볼 수 있다. 조직과 법인은 법의 영역뿐만 아니라 우리의 일상영역에서도 흔히 경험할 수 있는 개념이자 사회적 실재이다. 우리는 일상생활을 영위하면서 다양한 조직을 경험한다. 조직에 참여하면서 공동체적 소속감을 느끼기도 하고 갈등을 겪기도 한다. 그런데 엄밀하게 말하면 조직은 눈에 보이는 것은 아니다. 조직이 실체로서 존재하는 것은 아니기 때문이다. 동문회를 예로 들면 동문회가 일정한 실체를 가지는 것은 아니다. 물론 동문회 사무실이 있을 수는 있지만 이러한

---

33) 가장 대표적인 경우가 바로 '친구'(friend)이다. 이른바 SNS, 특히 페이스북이 등장하면서 친구의 의미는 과거 실제 세계에서 사용하던 의미와는 다른 의미를 담게 되었다.

사무실이 동문회인 것은 아니다. 사무실은 동문회의 재산에 속하는 부동산에 불과할 뿐이다. 그렇지만 이렇게 눈에 보이지는 않는 동문회가 동문회 구성원들을 구속한다. 각각의 동문회가 고유하게 갖고 있는 특성이나 논리 등이 '조직논리' 등의 이름으로 구성원들에 내면화되고 이들을 규제한다. 이러한 점에서 볼 때 동문회는 눈에 보이지는 않지만 분명 사회적으로 실재한다.

이는 법인에서도 마찬가지로 확인할 수 있다. 조직처럼 법인은 눈에 보이지도 않고 실체로서 특정한 공간을 차지하는 것도 아니다. 법인은 분명 사회적 실체는 아니다. 그렇지만 법인은 사회적으로 실재한다. 실체는 아니지만 실재하는 것이다. 법인은 사회적·법적 소통의 대상인 동시에 귀속주체이다. 이로 인해 법인은 법적 책임귀속의 주체가 된다.[34] 물론 법인의 본질에 관한 논쟁이 시사하는 것처럼 이는 단순히 우리가 사회적인 필요 때문에 의제한 것인지도 모른다(법인의제설). 그렇지만 우리 현실에서 법인이 행하는 역할 및 기능에 비추어보면 법인은 분명 의제 이상의 의미를 가진다. 법인은 실제로 우리의 행위를 구속하고 우리에게 영향을 미친다. 이 점에서 법인은 사회적으로 실재한다(법인실재설).[35]

② 《체계-환경》 구별

체계이론은 《체계-환경》 구별을 사용한다.[36] 이는 행위모델뿐만 아니라 전통적인 구조모델과도 차이가 있는 부분이다.[37] 행위모델은 《주체-객체》 구별을 사용한다. 주체와 객체를 존재론적으로 분리하고 이러한 주체와 객

---

34) 이를테면 민법 제35조 참고.
35) 이러한 점에서 보면 기존의 법인의제설과 법인실재설은 법인이라는 사회적 체계가 가지는 속성의 어느 한 쪽만을 부각시킨 것이라고 말할 수 있다.
36) Niklas Luhmann, *Soziale Systeme: Grundriß einer allgemeinen Theorie*, S. 35 ff.
37) 정성훈, 『루만의 다차원적 체계이론과 현대 사회 진단에 관한 연구』(서울대 철학박사 학위논문, 2009), 13쪽 아래.

체를 행위가 연결한다고 본다. 이와 달리 전통적인 구조모델은 《부분-전체》 구별을 사용한다. 각 부분과 전체의 관계를 규명하는 것이 구조모델의 주된 관심사였던 것이다. 이와 달리 체계이론은 '체계'(System)와 '환경'(Umwelt)의 구별을 이용하여 전체 사회를 관찰한다. 여기서 체계란 사회적 체계를 말하고 환경이란 특정한 사회적 체계를 제외한 나머지 것을 말한다. 한 사회적 체계를 기준으로 볼 때 체계의 경계선 안에 있는 것이 체계이고 체계의 밖에 있는 것이 환경이다. 특정한 체계는 체계의 경계를 통해 체계를 둘러싼 환경과 구별된다.

이때 주의해야 할 점은 환경에는 해당 체계와는 구별되는 다른 체계들도 포함된다는 점이다. 예를 들어 루만의 체계이론에 따르면 정치와 법은 각각 독자적인 사회의 부분체계를 이루는데 법체계를 기준으로 보면 정치체계는 법체계의 환경에 속한다. 반대로 정치체계를 기준으로 보면 법체계는 정치체계의 환경에 속한다.

이처럼 체계는 체계의 경계선을 구별기준으로 하여 체계와 환경으로 구분된다.[38] 이때 체계의 경계선은 각 체계가 스스로 결정한다. 예를 들어 법체계는 스스로 법적인 것과 아닌 것을 구별한다.[39] 이를 위해 법체계는 《합법-불법》이라는 이항코드(이진법)를 사용한다. 법체계가 볼 때 《합법-불법》이라는 코드를 부여할 수 있는 문제는 법적인 문제에 해당하므로 이는 법체계 내부의 문제가 된다. 이와 달리 《합법-불법》이라는 값을 부여할 수 없는 문제는 법적인 문제가 아니기에 법체계의 환경에 속하는 문제가 된다. 도덕적인 문제나 정치적인 문제가 이러한 예에 해당한다. 이는 다른 사회적 체계들에도 적용된다. 이를테면 경제체계 역시 무엇이 경제적인 문제인지를 스스로 결정한다. 환경이 이를 결정하는 것은 아니다.

사회 전체를 《체계-환경》이라는 구별로 관찰하고자 하는 시도에는 진화

---

38) 체계와 환경을 구분함으로써 양자 사이의 차이를 만들어 낸다.
39) 니클라스 루만, 윤재왕 (옮김), 『사회의 법』(새물결, 2014), 103쪽.

론적 사고가 배어 있다. 잘 알려진 것처럼 진화론적 사고는《변이 → 선택
→ 적응》이라는 도식을 사용한다.[40) 다윈의 자연선택설은 이러한 도식에
바탕을 둔 것이다. 그런데 이 같은 도식은 체계이론에도 적용할 수 있다.
《부분-전체》 구별을 사용하지 않고《체계-환경》 구별을 사용했다는 것이
이를 시사한다.《부분-전체》 구별에서는 전체에 포함되는 부분의 문제가
부각되지만《체계-환경》 구별에서는 주어진 환경에 체계가 어떻게 대응하
는지가 주로 문제가 되기 때문이다. 각각의 사회적 체계들은 주어진 환경
속에서《변이 → 선택 → 적응》이라는 과정을 거쳐 새로운 진화를 겪게 된
다. 법체계 역시 이러한 과정을 거쳐 진화한다.

③ 소통체계로서 사회적 체계

사회적 체계는 사회적으로 실재한다. 사회적 체계가 실재할 수 있는 이
유는 체계가 '소통'(Kommunikation; communication)으로 구성되기 때문이
다. 이러한 소통 덕분에 체계가 만들어지고 사회적으로 실재할 수 있게 된
다. 이 때문에 사회적 체계를 '소통체계'로 부르기도 한다. 루만에 따르면
이러한 소통은《정보(Information) → 통보(Mitteilung) → 이해(Verstehen)》
로 구성된다.[41) 체계이론에서는 소통이 사회적 체계를 구성하기에 행위가
아닌 소통이 전면에 등장한다. 파스스의 체계이론과는 달리 루만의 체계이
론에서는 행위가 독자적인 체계를 구성하지 못한다. 이는 행위의 주체인
인간이 체계이론에서는 중심적인 지위를 차지하지 못한다는 점을 시사한
다. 체계이론에서 인간은 환경에 불과할 뿐이다.

---

40) 이에 관해서는 양천수, "새로운 법진화론의 가능성", 『법철학연구』제15권 제2호(2012.
8), 163-202쪽 참고.
41) 게오르그 크네어·아민 낫세이, 『니클라스 루만으로의 초대』, 114쪽.

(a) 행위 개념과 작별

행위 그리고 이러한 행위가 귀속되는 주체 개념에 익숙한 우리에게 이러한 체계이론의 주장은 상당히 낯설어 보인다. 행위모델에 익숙한 우리에게 행위를 전제하지 않는 사회이론은 성립할 수 없는 것처럼 보인다. 그렇지만 행위 대신에 체계를 전면에 내세우는 체계이론의 주장이 전혀 설득력이 없는 것은 아니다. 이미 언급한 것처럼 행위 개념 자체가 그리 명확한 것은 아니기 때문이다. 예를 들어 형법학에서는 행위가 중심적인 개념으로 자리 잡고 있는데 이러한 행위가 과연 무엇인지, 무엇을 기준으로 하여 행위의 단일성과 동일성을 판단할 수 있는지 여전히 논란이 된다. 이는 죄수론에서 극명하게 드러난다. 범죄의 개수를 판단하려면 이에 대한 전제로 무엇이 한 개의 행위인지, 무엇을 기준으로 하여 행위의 동일성을 판단할 수 있는지 해명해야 한다. 그러나 학설과 판례가 보여주듯이 이를 해명하는 것은 결코 쉽지 않다. 이러한 문제는 형사소송법학에서도 등장한다. 형사소송법학에서는 '사건의 동일성' 문제가 이론적으로나 실무적으로 중요한 문제가 된다. 핵심은 무엇을 기준으로 하여 '사건의 동일성'을 판단할 수 있는가 여부이다.42) 하지만 이 문제를 해결하는 것은 쉽지 않다. 여전히 다양한 견해가 대립한다. 그런데 이 문제를 풀어가는 것이 어려운 이유는 사건 개념 자체가 행위와 밀접한 관련을 맺기 때문이다. 쉽게 말하면 사건이란 여러 행위들이 서로 연결된 것이라고 말할 수 있다. 행위의 연쇄과정이 사건을 구성하는 것이다. 사실이 그렇다면 만약 행위 개념이 명확하고 행위 간의 경계가 명확하게 설정될 수 있다면 이러한 행위들로 구성되는 사건 개념 역시 그 범위가 명확해질 수 있을 것이다. 그렇지만 행위 개념 자체가 명확하지 않아 사건 개념 역시 분명하지 않게 되는 것이다. 무엇을 행위로 볼 것인지는 어떤 기준으로 행위를 파악하는가에 따라 달라진다. 사건 역

---

42) 이에 관해서는 양천수, "공소사실과 일사부재리의 객관적 효력범위", 『형사소송의 이론과 실무』제11권 제1호(2019. 6), 159-192쪽 참고.

시 마찬가지이다. 이처럼 행위 개념 자체가 확고한 기반을 가지는 것은 아니기에 루만의 체계이론에서 볼 때 행위가 사회이론의 기본 토대가 될 수 없는 것일 수 있다.

(b) 인간중심적 사회와 작별

이처럼 체계이론에서는 행위 대신 소통이 전면에 등장한다. 이로 인해 행위의 귀속주체로서 전통적인 사회이론에서 중심적인 지위를 차지했던 인간의 이론적 비중도 체계이론에서는 약해진다. 체계이론에 따르면 인간은 사회적 체계의 환경에 불과하다. 물론 그렇다고 해서 체계이론이 인간을 경시하는 반인본주의적 사고를 가지는 것은 아니다.[43] 다만 인간을 사회이론의 중심점으로 삼기에는 행위처럼 인간의 개념적 의미가 명확하지 않기 때문이다.

그러면 왜 인간은 체계의 중심이 아닌 환경에 속하는가? 그 이유는 인간이 다양한 체계로 구성되어 있기 때문이다. 이를테면 인간은 정신이라는 심리적 체계와 육체라는 생명체계로 구성된다. 또한 인간은 소통을 매체로 하여 각기 다양한 사회적 체계에 참여한다. 이렇게 인간이 소통을 통해 각기 다른 사회적 체계에 참여하면서 자연스럽게 '인간'(Mensch)과 '인격'(Person)이 분리된다. 인간은 인격으로서만 사회적 체계에 참여할 수 있을 뿐이다. 예를 들어 정치체계에서는 정치적 인격으로, 경제체계에서는 경제적 인격으로 그리고 법체계에서는 법적 인격으로 참여한다. 또한 가족이라는 사회적 체계에서는 남편이나 아내 또는 아버지나 어머니라는 인격으로 참여한다. 이처럼 인간은 서로 다른 체계로 구성될 뿐만 아니라 각기 다른 인격의 모습으로 사회 각 영역에 등장한다. 한 마디로 말해 인간의 모습은 단일하지 않은 것이다. 이러한 근거에서 체계이론은 인간을 사회이론의

---

43) 이를 지적하는 정성훈, 『루만의 다차원적 체계이론과 현대 사회 진단에 관한 연구』, 81쪽 아래 참고.

중심점으로 삼지 않는다.

④ 자기생산적 체계로서 체계

루만의 체계이론에 따르면 체계는 '자기생산적 체계'(autopoietisches System)이다. 자기생산적 체계는 자기생산을 하는 체계라고 풀어 말할 수 있다. 여기서 관건이 되는 개념은 '자기생산'(Autopoiesis)이다. 자기생산이란 체계 스스로가 체계를 유지하는 데 필요한 요소, 절차, 구조, 정체성 등을 스스로 생산하는 것을 말한다. 자기생산은 본래 생물학에서 등장한 개념이다. 생물학자인 마투라나(Humberto Maturana)와 발레라(Francisco Varela)가 제안한 개념이다.[44] 마투라나에 의하면 자기생산은 다음과 같이 정의된다.[45]

> "자기생산적 조직화는 일정한 구성요소들의 네트워크를 통해 구성되는 통일체로 정의내릴 수 있다. 여기서 통일체를 구성하는 요소들은 1. 이 구성요소들의 네트워크로서 이 구성요소들 자체를 생산하는 네트워크에 재귀적으로 협력하고, 2. 이 구성요소들이 자리 잡은 공간 속에서 이 생산의 네트워크를 일정한 통일체로 실현한다."

이처럼 본래 생물학에서 제시된 자기생산 개념을 루만은 심리적 체계와 사회적 체계에 확대 적용한다. 이에 따라 심리적 체계와 사회적 체계는 모두 자기생산을 하는 체계로 파악된다. 물론 이렇게 사회적 체계에 자기생산 개념을 적용할 수 있는지에는 논란이 없지 않다. 가령 자기생산 개념을 제안한 마투라나는 이에 반대한다.[46]

특정한 체계가 자기생산을 하는 체계라는 주장은 자기생산을 하지 못하는 체계, 이를테면 기계와 비교하면 그 의미가 명확해진다. 기계는 자기생

---

44) 게오르그 크네어·아민 낫세이, 『니클라스 루만으로의 초대』, 77쪽 아래.
45) Gunther Teubner, *Recht als autopoietisches System* (Frankfurt/M., 1989), S. 32.
46) 게오르그 크네어·아민 낫세이, 『니클라스 루만으로의 초대』, 85쪽.

산을 하지 못한다. 가령 기계인 자동차는 자신에게 필요한 부품이나 오일 등을 스스로 생산하지 못한다. 이에 반해 자기생산적 체계인 생명체계는 자신에게 필요한 요소, 가령 세포 등을 스스로 생산한다. 이를 통해 자기생산을 한다는 것이 무슨 의미인지 파악할 수 있다. 루만의 체계이론에 따르면 생명체계와 마찬가지로 사회적 체계 역시 자신에게 필요한 요소나 구조, 절차 등을 스스로 생산한다. 예를 들어 사회적 체계인 법체계는 스스로를 유지하는 데 필요한 법적 개념, 법적 행위, 법적 절차와 구조 등을 스스로 생산한다. 무엇이 법인지는 법 스스로가 정하기 때문이다.[47]

⑤ 인지적 개방성과 작동적 폐쇄성

자기생산적 체계는 다양한 특징을 가지는데 그중에서 주목할 만한 것으로 '인지적 개방성'(kognitive Offenheit)과 '작동적 폐쇄성'(operative Geschlossenheit)을 들 수 있다.[48] 인지적 개방성이란 체계가 인지적인 측면에서는 환경에 개방되어 있음을 뜻한다. 이와 달리 작동적 폐쇄성은 체계가 작동이라는 측면에서는 환경에 닫혀있음을 뜻한다. 체계는 한편으로는 열려 있으면서도 다른 한편으로는 닫혀 있는 것이다. 이렇게 서로 모순되는 속성은 구체적으로 다음과 같이 이해할 수 있다. 우선 인지적인 측면에서 체계는 환경과 소통을 할 수 있다. 다시 말해 체계는 환경에서 발생하는 현상을 인지할 수 있다. 그러나 이때 주의해야 할 점은 체계는 오직 자기 스스로가 마련한 관점이나 기준을 통해서만, 비유적으로 말하면 자신이 만든 '색안경'을 통해서만 환경에서 발생하는 현상을 인지할 수 있다는 것이다. 따라서 체계는 있는 그대로의 모습, 즉 '물자체'(Ding an sich)를 인지할 수는 없다. 이러한

---

47) 이 점에서 체계이론적 법이론은 '법실증주의적'이다.

48) 이에 관해서는 Niklas Luhmann, *Einführung in die Systemtheorie*, 2. Aufl. (Heidelberg, 2004), S. 91 ff. 인지적 개방성과 작동적 폐쇄성에 관한 서술은 양천수, 『서브프라임 금융위기와 법』, 95-96쪽에 의존하였다.

이유에서 필연적으로 작동적 폐쇄성이라는 결과가 도출된다.

작동적 폐쇄성은 체계는 오직 자신이 설정한 기준과 근거에 의지해서만 작동한다는 것을 뜻한다. 말 그대로 체계는 자신의 환경에 대해 닫혀 있는 상태에서 작동할 뿐이다. 그 결과 체계의 작동은 체계가 원래 의도한 대로 환경에 전달되지 못한다. 동일한 현상을 체계와 환경은 각기 달리 이해하기 때문이다. 예를 들어 이른바 '4대강 사업' 등과 같은 대규모 환경 관련 정책을 경제체계는 '기회'로 이해하지만 환경 친화적인 시민운동체계는 이를 '환경재앙'으로 이해한다. 인지적 개방성으로 인해 각 체계들은 '4대강 사업' 등을 인지하기는 하지만 이를 각기 다른 방식으로 이해하는 것이다. 그 때문에 각 체계가 이에 대응하는 방식도 달라진다. 경제체계는 이를 긍정적으로 수용하는 '액션 플랜'(action plan)을 내놓으려 하지만 시민운동체계는 이에 반대하기 위한 투쟁 전략을 모색한다. 경제체계를 기준으로 보면 경제체계의 작동방식은 오직 경제체계 안에서만 의미를 가질 뿐이다. 이로 인해 경제체계가 의도하는 작동은 대부분 환경에 그대로 전달되지는 않는다.

이러한 근거에서 작동적 폐쇄성은 《'투입'(Input)-'산출'(Output) 모델》에서 보면 체계가 자신의 환경에 대해 자신이 의도한 대로 체계의 작동결과를 '산출'할 수 없다는 점을 뜻한다. 바꿔 말해 체계는 자신의 환경을 직접 '조종'할 수 없다. 자신이 설정한 목적에 따라 영향력을 행사할 수 없다. 오직 '간접적'으로만, 더욱 과격하게 말하면 오직 우연적으로만 환경에 영향을 미칠 수 있을 뿐이다. 자기생산 개념에 따르면 체계는 자신이 만든 '색안경'을 통해서만 환경의 현상이나 문제를 인지할 수 있을 뿐이고 이로 인해 '해법' 역시 자기 방식대로 마련할 수밖에 없기 때문이다. 이러한 이유에서 체계는 자신의 환경에 대해 정확한 함수관계를 형성할 수는 없다. 자기생산 개념에 따르면 이러한 현상은 우리가 극복해야 할 문제가 아니라 오히려 우리가 수용해야 할 필연적인 현상이다.

⑥ 기능적 분화와 기능등가주의

체계이론이 현대사회를 관찰하면서 내놓은 가장 특징적인 주장 가운데 한 가지로 기능적 분화를 들 수 있다.[49] 체계이론에 따르면 현대사회는 기능적으로 내적 분화를 겪는다. 사회가 정치, 경제, 법, 학문, 교육, 종교 등과 같은 영역으로 분화되고 있는 것이다. 체계이론에 의하면 '사회'(Gesellschaft)는 그 자체가 독자적인 사회적 체계이다. 이러한 사회가 오늘날 내적 분화를 겪으면서 정치, 경제, 법, 학문, 교육, 종교 등이 사회체계의 부분체계로서 기능적으로 독립 분화된다. 이제 정치, 경제, 법 등은 사회의 부분체계이자 독자적인 자기생산적 기능체계로서 각 영역에서 작동을 한다.

그런데 흥미로운 것은 이렇게 기능적으로 독립 분화된 사회의 부분체계들 사이에는 우열관계가 존재하지 않는다는 점이다. 이를 '기능등가주의'로 지칭하기도 한다.[50] 이는 현대사회가 탈중심화되고 있다는 점을 시사한다. 오늘날과는 달리 과거에는 사회 전체에 중심부와 주변부가 존재하였다. 이를테면 서구 중세시대에는 종교가, 근세 절대왕정시대에는 정치가 사회의 중심부였다. 이렇듯 과거 사회에서는 각 영역 간에 위계질서가 존재하고 있었다. 그렇지만 오늘날에 이르러 전체 사회가 기능적으로 분화되면서 사회의 중심점이 사라지고 있는 것이다. 정치나 종교는 과거처럼 막강한 권력을 누리지 못하고 있다는 것이 체계이론의 주장이다. 사회의 기능체계들은 서로 동등한 지위에서 각자의 기능을 수행할 뿐이다.

물론 이러한 기능등가주의에 반대하는 의견도 없지 않다.[51] 이러한 의견은 '자본주의의 총체성'을 이유로 하여 기능등가주의를 비판한다. 자본주의의 총체성 의견에 따르면 현대 자본주의사회에서는 경제체계의 힘이 다른

49) 게오르그 크네어·아민 낫세이, 『니클라스 루만으로의 초대』, 149쪽 아래.
50) 게오르그 크네어·아민 낫세이, 『니클라스 루만으로의 초대』, 68쪽.
51) 이를테면 김종길, "'기능적 분화'로서의 모더니티: 사회적 현실인가 사회학적 신화인가?", 『사회와이론』제15집 제2호(2009. 11), 39-77쪽; 고봉진, "'자본주의의 총체성'과 '사회체계의 기능적 분화'", 『법철학연구』제17권 제1호(2014. 4), 7-34쪽 등 참고.

부분체계의 힘을 압도하기에 경제체계가 사회의 중심부로서 다른 모든 체계들을 기능적으로 흡수한다. 자본의 논리가 교육체계나 학문체계까지 스며들고 있는 것이 오늘날의 현실임을 고려하면 이러한 주장이 전혀 설득력이 없는 것은 아니다.[52]

(4) 사회적 체계로서 회사

지금까지 루만이 정립한 체계이론이 무엇을 주장하는지 개괄적으로 살펴보았다. 필자는 이러한 체계이론을 원용하여 법인을 포함하는 회사, 즉 조직체를 '사회적 체계'의 한 유형으로 파악한다.[53] 이에 따르면 회사는 '소통체계'로 사회 안에서 소통을 통해 존속한다. 회사는 인간의 몸처럼 눈에 보이는 존재는 아니지만 회사에 관해 이루어지는 다양한 소통을 통해 실재한다. 따라서 회사는 사람이나 재산의 결합관계로 구성되기보다는 소통의 결합관계로 구성된다고 말할 수 있다. 달리 말하면 사단성이나 재단성보다는 소통의 결합이 더욱 본질적인 회사의 특성인 것이다. 나아가 회사는 '자기생산적 체계'로서 회사 스스로가 설정한 독자적인 기준에 따라 자신과 환경을 구별하면서 자신을 재생산한다. 더불어 자신과 구별되는 환경과 '인지적 개방성'과 '작동적 폐쇄성'에 따라 소통한다.[54] 이처럼 회사는 몸이나 물건과 같은 '실체'는 아니지만 사회에서 이루어지는 소통을 통해 실재하기에 법인실재설이 주장하는 것처럼 사회에서 실재한다고 말할 수 있다.

---

52) 이러한 자본주의의 총체성 주장에 대항하여 최근에는 현대사회의 기능적 분화를 '규범적'으로 파악하려는 시도가 '비판적 체계이론'(kritische Systemtheorie)이라는 이름으로 이루어진다. 이에 관해서는 Marc Amstutz/Andreas Fischer-Lescano (Hrsg.), *Kritische Systemtheorie: Zur Evolution einer normativen Theorie* (Bielefeld, 2013) 참고.

53) Niklas Luhmann, *Soziale Systeme: Grundriß einer allgemeinen Theorie*, S. 16.

54) Niklas Luhmann, *Organisation und Entscheidung*, 2. Aufl. (Wiesbaden, 2006), S. 39 ff.

Ⅲ. 회사의 존재 이유

회사의 존재 이유에 관한 문제는 "회사는 누구의 이익을 위해 존재하는가?"의 문제를 뜻한다. 이는 '회사의 본질'에 관한 논쟁으로 언급되기도 한다.[55] 아래에서는 회사의 본질에 관한 논의를 살펴본 후 이에 대한 필자의 주장을 간략하게 정리한다.[56]

1. 세 가지 관점

회사의 존재 이유에는 다양한 관점이 있을 수 있지만 아래에서는 이들 관점을 크게 세 가지로 구별하여 다루고자 한다. '소유자적 회사관', '계약주의적 회사관', '사회적 회사관'이 바로 그것이다.[57]

(1) 소유자적 회사관

소유자적 회사관은 회사는 그 회사를 소유하는 소유자의 이익을 위해 존재한다고 이해한다.[58] 왜냐하면 회사 역시 이를 소유하는 소유자의 재산이기에 우리 민법 제211조가 규정하는 소유권의 내용에 따라 회사라는 재산

---

55) 이동승, "기업의 사회적 책임: 법적 규제의 한계와 과제를 중심으로", 『안암법학』제29호(2009. 5), 303쪽.
56) 아래의 논의에 관해서는 양천수, 『기업의 사회적 책임(CSR)과 법준수프로그램(CP)에 관한 연구』(한국형사정책연구원, 2010) 참고.
57) 이에 관한 상세한 내용은 이동승, "회사의 사회성", 『상사판례연구』제18집 제4권(2005. 12), 117-142쪽; 신석훈, 『회사의 본질과 경영권: 경영권 방어 논쟁에 대한 법경제학적 접근』(한국경제연구원, 2008), 51쪽 아래 등 참고.
58) 물론 법적인 측면에서 엄격하게 보면 이러한 주장은 성립할 수 없다. 회사는 법인으로 소유의 대상이 아니라 그 자체 독자적인 법적 주체가 되기 때문이다. 따라서 여기서 말하는 소유자적 회사관은 법체계가 아닌 경제체계의 관점에서 회사를 파악한 것으로 보아야 한다.

은 소유자의 이익에 봉사해야 한다고 보기 때문이다. 그렇다면 회사의 소유자는 누구를 지칭하는가? 현실적으로 회사의 소유자는 회사가 주식회사의 형태를 취하는 한 당해 회사의 주식을 소유하는 주식소유자, 즉 주주가 될 것이다. 이러한 점에서 볼 때 소유자적 회사관은 아래에서 살펴볼 계약주의적 회사관과 큰 차이를 보이지는 않는다. 그렇지만 금융자본주의가 아직 본격적으로 성장하지 않은 자본주의 초창기에는 주식회사의 주식을 특정한 소수 주주가 폐쇄적으로 소유하는 경우가 많았고 이로 인해 소수 주주가 회사의 경영권을 지배하는 경우가 대부분이었다. 이러한 점을 고려하면 소유자적 회사관과 계약주의적 회사관은 차이를 보인다. 왜냐하면 계약주의적 회사관이 전제로 하는 회사는 보통 소유와 경영을 분리하는 구조를 취하기 때문이다. 이에 반해 소유자적 회사관이 염두에 두는 회사는 우리 상법학에서 흔히 문제되었던 '1인 회사'나 '폐쇄회사' 등을 예로 들 수 있다.[59] 이러한 회사에서는 소유와 경영이 분리되지 않기에 회사 주주가 곧 회사 소유자가 된다.

(2) 계약주의적 회사관

계약주의적 회사관은 회사는 회사 자신과 계약관계를 맺는 계약 상대방의 이익을 위해 존재한다고 본다.[60] 물론 여기서 계약 상대방은 주주를 말한다. 계약주의적 회사관에 따르면 회사는 주주와 경영진 사이의 계약을 통해 존속한다. 따라서 회사는 주주의 이익을 위해 존재한다고 본다. 이 점에서 계약주의적 회사관은 '주주중심주의'를 극명하게 대변한다. 또한 계약주의적 회사관은 소유자적 회사관과는 달리 회사에 대한 소유와 경영을 분리한다. 이의 연장선상에서 계약주의적 회사관은 흥미롭게도 '기업'(Firm)

---

59) 폐쇄회사에 관해서는 정동윤, 『폐쇄회사의 법리』(법문사, 1982) 참고.
60) 상세한 내용은 신석훈, 『회사의 본질과 경영권: 경영권 방어 논쟁에 대한 법경제학적 접근』, 54-55쪽 참고.

과 '회사'(Corporation)를 개념적으로 구별하기도 한다. 이에 따르면 기업은 다양한 계약관계를 통해 존속하는데 이 가운데서 특히 경영진과 주주 사이의 계약관계가 '회사'를 구성하고 나머지 계약관계가 '기업'을 구성한다.[61]

(3) 사회적 회사관

소유자적 회사관과 계약주의적 회사관이 기본적으로 주주의 이익을 중심으로 하여 회사의 본질을 파악하는 데 반해 사회적 회사관은 회사는 주주의 이익뿐만 아니라 다양한 이해관계인을 포함하는 사회 전체의 이익 역시 고려해야 한다고 말한다. 그 이유는 다양하게 제시할 수 있지만 우선적으로 세 가지 이유를 생각할 수 있다.[62]

먼저 회사, 즉 기업은 주주를 포함한 다양한 이해관계인들 사이에서 형성되는 관계망을 통해 존속한다는 것이다. 그러므로 기업은 주주뿐만 아니라 그 이외의 이해관계인들이 추구하는 이익을 고려할 수밖에 없다고 한다. 나아가 기업이 이해관계인들 사이에서 형성되는 다양한 관계망 속에서 존속한다는 것은 기업이 사회를 떠나서는 존속할 수 없음을 뜻하고, 바로 이 점에서 기업은 '공적인 성격'을 지닐 수밖에 없다고 한다. 마지막으로 오늘날 사회가 기능적으로 다원화되면서 기업은 점점 국가와 동등할 정도의, 때로는 국가를 넘어서는 권력을 획득하는데 이는 기업이 더 이상 사적

---

61) 계약주의적 회사관은 기업이 특정한 물건처럼 대상으로 존재하는 것이 아니라 다양한 계약들의 '집합체'(Nexus) 또는 '그물'(Web) 형태로 존속한다고 말한다. Stephen M. Bainbridge, "Director Primacy: The Means And Ends of Corporate Governance", *Northwestern University Law Review* 97 (2003), p. 565. 이러한 주장은 회사를 포함한 조직체를 사회적 체계로 파악하면서 사회적 체계는 소통을 통해 존속한다고 보는 체계이론과 상통하는 면이 없지 않다. 이를 보여주는 Gunther Teubner, *Netzwerk als Vertragsverbund* (Baden-Baden, 2004) 참고.

62) 이에 관해서는 이동승, "기업의 사회적 책임: 법적 규제의 한계와 과제를 중심으로", 304-305쪽; 신석훈, 『회사의 본질과 경영권: 경영권 방어 논쟁에 대한 법경제학적 접근』, 39-42쪽 등 참고.

인 소유가 아니라 사회 전체의 소유라는 점을 통해서만 정당화될 수 있다는 것이다. 이러한 주장은 다음과 같이 이론적으로 뒷받침된다. 오늘날 기업은 사적인 '재산'이 아니라 사회적 '제도'가 되고 있다는 것이다. 기업은 더 이상 소유의 대상에 불과한 재산이 아니라 그 자체 독자적인 사회적 기능을 수행하는 제도로 존속한다는 것이다. 따라서 기업은 사회적·공적인 제도로서 역할을 수행해야 한다는 것이다.[63]

2. 사적 관계와 공적 관계의 융합체로서 회사

그러면 회사는 누구를 위해 존재한다고 보아야 하는가? 아래에서는 필자의 관점을 간략하게 제시한다. 필자는 기본적으로 회사는 계약 상대방인 주주의 이익을 위해 봉사해야 한다고 생각한다. 이 점에서 필자는 원칙적으로 계약주의적 회사관에 동의한다. 따라서 주식회사 합병 등과 같이 회사의 구조변동을 다룰 때는 가장 우선적으로 회사의 계약 상대방이자 구성원인 주주의 이익을 고려해야 한다. 홍진기가 첫 번째 논문에서 상세하게 다룬 교부금도 바로 이러한 쟁점과 직결된다. 그렇지만 동시에 회사는 '기업'으로서 주주 이외의 다양한 이해관계인들이 추구하는 이익을 증진하는 데도 관심을 기울여야 한다. 이 점에서 필자는 부분적으로 사회적 회사관에 동의한다. 요컨대 필자는 회사, 더욱 넓게 말해 기업을 사적 관계와 공적 관계의 융합체로 파악한다. 이 점에서 필자의 견해는 절충적인 것이라 말할 수 있다. 그렇다면 그 이유는 무엇인가? 아래에서 그 이유를 네 가지로 언급한다.

---

63) 이는 제도경제학이 이해하는 기업의 본질이다. 이 점에서 제도경제학자들은 기업을 '사회적 실체'로 파악한다. 신석훈, 『회사의 본질과 경영권: 경영권 방어 논쟁에 대한 법경제학적 접근』, 39-40쪽 참고.

(1) 사회적 체계로서 회사

우선 이미 언급하였듯이 기업은 사회적 체계라는 점에 주목할 필요가 있다. 사회적 체계로서 기업은 사회 안에서 이루어지는 '기업에 관한 소통'을 통해 존속 및 작동한다. 이때 말하는 소통 개념에는 당연히 다양한 이해관계인들 사이에서 형성되는 계약적 소통뿐만 아니라 비계약적 소통 역시 포섭된다. 이 점에서 기업은 이해관계인들과 떼려야 뗄 수 없는 관계를 맺는다. 한편 기업은 일종의 '내적 분화'(innere Differenzierung)를 통해 '좁은 의미의 회사'와 '이해관계인'으로 분화된다.[64] 기업과는 구별되는 좁은 의미의 회사는 계약 상대방인 주주의 이익을 극대화하는 데 노력해야 하지만 좁은 의미의 회사를 포함하는 '넓은 의미의 기업'은 이해관계인의 이익 역시 고려해야 한다.

(2) 회사 권력의 확장에 따른 정당화 요청

오늘날 회사가 지닌 권력이 지속적으로 확장되면서 때로는 국가 권력과 맞먹는 회사의 권력을 정당화할 필요가 요청된다. 현대사회에서 회사의 권력이 지속적으로 확장되는 이유는 크게 두 가지로 말할 수 있다. 첫째, 현대사회가 지속적으로 기능적 분화 과정을 겪는다는 점이다. 이에 따라 국가 권력을 대변하는 정치체계가 담당하는 부분은 점차 축소되는 반면 경제체계의 주축이 되는 회사가 사회 전체에서 차지하는 비중은 지속적으로 확장된다. 둘째, 이러한 경향은 오늘날 사회 곳곳에서 흔히 찾아볼 수 있는 '공익의 사익화' 경향을 통해 강화된다. '공익의 사익화' 경향은 전통적으로 공익으로 분류되었던 각종 이익들이 사익으로 편입되는 현상을 말한다.

---

64) 이는 정치체계가 내적 분화를 거쳐 '정치'와 '행정' 및 '공중'(Publikum)으로 분화된다는 루만의 관점을 응용한 것이다. Niklas Luhmann, *Die Politik der Gesellschaft* (Frankfurt/M., 2000), S. 117; 서영조, "니클라스 루만의 정치체계론", 『한국시민윤리학회보』제21집 제1호(2008. 6), 66쪽 참고.

이러한 '공익의 사익화' 경향은 사회국가적 법제화가 '정부의 실패'라는 폐단을 낳으면서 가속화된다. 이렇게 공익이 사익으로 변모하면서 국가가 담당하던 이익들이 사적 형태를 취하는 각종 회사가 추구해야 하는 이익으로 전환되고 이에 따라 회사가 담당하는 역할 및 권력 역시 확대된다. 이렇게 회사의 권력이 확장되고 회사 자체가 '사회적 체계' 또는 제도경제학이 말하는 '제도'(institution)로 정착하면서 이를 정당화할 필요 역시 증가한다.

(3) '사익의 공익화'에 따른 회사의 공적 단체화

회사가 사적 측면뿐만 아니라 공적 측면을 지닌다는 점은 역사적으로 사익이 지속적으로 공익으로 전환되는 경향에서도 추론할 수 있다. 이를 '사익의 공익화' 경향으로 부를 수 있을 것이다.[65] '사익의 공익화' 경향은 앞에서 다룬 '공익의 사익화' 경향과 함께 현대사회에서 찾아볼 수 있는 상반되는 현상이다. 공적인 영역, 즉 '공론장'(Öffentlichkeit)이 형성되기 이전에는 공적인 영역과 사적인 영역이 분명하게 구별되지 않았다. 국왕 또는 봉건영주가 모든 것을 소유하던 시절에는 공적인 것과 사적인 것이 동일시되었다. 공적인 것이란 국왕이 소유하는 사적인 것이었다. 그러나 종교개혁을 통해 세속적인 영역과 종교적인 영역이 분화되고 시민혁명과 산업혁명 그리고 이에 뒤따른 자본주의 성장을 통해 국가 영역과 사회 영역이 분화되면서 공적인 영역과 사적인 영역이 구별되기 시작하였다. 그렇지만 전체 사회가 점점 더 복잡해지고 공론장이 더욱 확장되면서 공적인 영역과 사적인 영역의 경계가 계속해서 바뀐다. 가령 종전에는 사적인 영역에 속하던 것들이 지속적으로 공적인 영역으로 편입된다.[66] 가장 대표적인 예로 가족

---

65) 이에 관해서는 양천수, "공익과 사익의 혼융현상을 통해 본 공익 개념: 공익 개념에 대한 법사회학적 분석", 『공익과 인권』제5권 제1호(2008. 2), 3-29쪽 참고.

66) 공론장의 구조변동에 관해서는 무엇보다도 위르겐 하버마스, 한승완 (역), 『공론장의 구조변동: 부르주아 사회의 한 범주에 관한 연구』(나남출판, 2001) 참고.

법 영역을 들 수 있다. 과거 가족법 영역은 가장 내밀한 영역으로 취급되었
지만 사회구조가 변화하면서 가족법의 많은 부분들은 공적인 영역에 편입
되었다.[67] 이는 노동법 영역에서도 마찬가지라 할 수 있다. 이와 같은 경향
은 회사에서도 찾아볼 수 있다. 본래 회사는 회사소유자의 재산으로 인정
되어 사적인 성격이 강했다. 따라서 이러한 회사에 제3자, 지역사회, 시민
단체 및 국가 등이 개입하는 것은 회사소유자가 고유하게 가지는 소유권의
권한을 침해하는 것으로 허용될 수 없는 것이었다. 그러나 회사의 규모가
확대되고 대중 주주 시대를 맞아 회사의 소유가 다양한 주주로 분산되면서
회사의 사적인 성격은 퇴색되고 이에 반비례하여 회사의 공적 성격이 강화
된다. 이제 회사는 더 이상 사적인 소유에만 머물지 않는다는 점은 더 이상
피할 수 없는 현상으로 보인다.

(4) 이익기업과 사회적 기업의 준별

사실이 그렇다면 이제 회사는 전적으로 사회적인 것으로 보아야 하는가?
그러나 이러한 주장 역시 너무 성급한 것으로 볼 수 있다. 자본주의가 여전
히 경제체계의 기본구조로 기능을 수행하는 오늘날의 환경을 고려할 때 회
사는 경제적 이익을 추구하는 것을 자신의 기본 존재이유로 설정할 수밖에
없다. 이는 상법 제169조가 잘 보여준다. 이때 회사가 추구해야 하는 이익
은 우선적으로는 회사의 소유자 또는 회사의 계약 상대방인 주주를 위한
것이어야 한다. 이는 종전의 회사 또는 기업과는 구별되는 '사회적 기업'이
독자적인 회사 유형으로 자리매김하고 있다는 점에서도 분명해 보인다.[68]

---

67) 이를 근거 짓는 대표적인 예로 가족 영역에 관한 내용이 민법이라는 공적인 법규범에
편입된 것을 들 수 있다. 이를 통해 가족이라는 사적인 영역은 더 이상 각 가족 구성
원들이 자율적으로 형성할 수 있는 것이 아니라 기본적으로 국가의 통제 아래 놓이게
되었다. 이를 선언적으로 보여주는 문헌으로 포르탈리스, 양창수 (역), 『민법전 서론』
(박영사, 2003) 참고.
68) 이에 관해서는 우선 김정원, 『사회적 기업이란 무엇인가?』(아르케, 2009) 등 참고.

만약 회사가 전적으로 사회적인 성격을 띠는 것이라면 '사회적' 기업이라는 개념 자체가 성립할 필요가 없기 때문이다. 따라서 사회적 기업이 독자적인 회사 유형으로 정착되었다는 점은 반대로 회사는 오늘날에도 여전히 사적 이익을 추구하는 사회적 체계로 보아야 한다는 점을 시사한다. 다만 사회구조 자체가 과거와는 달라졌다는 점을 고려할 때 회사는 사적 이익뿐만 아니라 공적 이익 역시 염두에 두어야 할 필요가 있다. 이 점에서 회사는 바로 사적 관계와 공적 관계의 융합체로 볼 수 있는 것이다.

제2절 주식회사 합병에서 교부금 문제

I. 서론

홍진기가 회사법학에 관해 발표한 첫 번째 논문이자 첫 번째 법학 논문은 주식회사를 합병할 때 제공되는 교부금을 주제로 한 것이었다. 경성제국대학 법문학부가 발간하는 법학 학술지『경성제국대학 법학회논집』에 일본어로 발표한 논문 "회사의 합병에서 교부금"(會社の合倂における交付金)에서 홍진기는 교부금이란 무엇인지, 교부금의 유형에는 무엇이 있는지, 교부금이 가능한 경우와 그 한계는 무엇인지를 다룬다.[1] 이는 주식회사의 합병과 교부금에 관해 아주 진지하면서도 독창적인 견해를 제시하는 논문이었다. 제헌헌법을 기초하고 우리 헌법학의 토대를 마련하는 데 기여한 유진오의 평에 따르면 당시 조선인 조수가 경성제대 법문학부 교수가 주로 기고하는『경성제국대학 법학회논집』에 논문을 게재한다는 것은 아주 이례적인 일이었다.[2] 그만큼 이 논문이 대단한 학술적 수준을 갖추었음을 보

---

1) "會社の合倂における交付金",『京城帝國大學法學會論集』第十三冊 第一号(1942. 2), 103-149쪽. 이 일본어 원문은 홍진기법률연구재단 (편),『유민 홍진기 법률논문 선집』(경인문화사, 2016), 253쪽 아래에서 확인할 수 있다. 이에 대한 번역은 홍진기, "주식회사의 합병에 있어서의 교부금", 홍진기법률연구재단 (편),『유민 홍진기 법률논문 선집』(경인문화사, 2016), 23쪽 아래 참고. 참고로 언급하면 당시 이 논문을 우리말로 번역한 양승규 교수는 이를 "주식회사 합병에 있어서의 교부금"으로 번역하였다. 이는 정확한 번역이지만 '~에 있어서'라는 표현은 일본어 고유의 표현이기에 이 책에서는 '~에서'라고 번역하였다. 다만 번역 논문을 인용할 때는 원 번역을 존중하여 "주식회사 합병에 있어서의 교부금"으로 그대로 인용하였다.

2) 유진오, "하사", 홍진기법률연구재단 (편),『유민 홍진기 법률논문 선집』(경인문화사,

여준다.

　논문 "회사의 합병에서 교부금"에서 홍진기는 교부금의 가능성과 한계라는 어찌 보면 아주 기술적인 문제를 합병의 본질과 연결하여 도출한다. 여기에서 홍진기는 유형론적 사고, 비교법 방법, 본질론적 사고를 종합적으로 원용하여 교부금이 허용되는 한계를 아주 설득력 있게 근거 짓는다. 이는 당대 일본 상법학에 큰 반향을 일으켰다. 이에 교토제국대학 법학부 상법 교수를 역임한 타케다 쇼(竹田省: 1880-1954) 박사는 홍진기의 주장을 반박하는 논문을 일본의 대표적인 민사법 잡지인 『民商法雜誌』에 게재하였다.3) 그러자 당시 경성지방법원 사법관 시보로 재직하던 홍진기는 타케다 쇼 박사의 주장을 다시 반박하는 논문을 『民商法雜誌』에 기고하였다.4) 조선인 사법관 시보와 당대 일본인 상법학 권위자 사이에 일대 논쟁이 펼쳐진 것이다. 언뜻 보면 이 논쟁은 아주 기술적인 회사법 도그마틱에 관한 논쟁으로 보이지만 그 배후에는 회사라는 '법인'(juristische Person), 즉 '사회적 체계'(soziales System)가 서로 합병하는 현상을 법적으로 어떻게 파악해야 하는가의 근원적인 문제가 자리한다. 이러한 상황에서 타케다 쇼는 주식회사 합병의 본질과 교부금은 서로 무관하다는 주장을 펼친 반면 홍진기는 합병의 본질에서 교부금의 근거와 한계를 도출한다.5) 아래에서는 홍진

2016), 8쪽. "『법학회논집』이라는 것은 동 대학 법문학부 교수들을 위한 연구발표기관이므로 교수 이외의 사람의 논문이 그곳에 등재된다는 것은 이례에 속한다."

3) 竹田省, "再び會社の合併について", 『民商法雜誌』第十六卷　第六号(1942. 12), 1-19쪽. 『民商法雜誌』는 타케다 쇼가 교토제국대학 법학부 민법 교수를 역임한 스에카와 히로시(末川博)와 1935년에 창간한 일본의 권위 있는 민사법 학술잡지이다.

4) "株式會社合併の本質: 竹田博士の高教に關聯して", 『民商法雜誌』第十七卷　第五号(1943. 5), 29-55쪽. 이 일본어 논문은 홍진기법률연구재단 (편), 『유민 홍진기 법률논문 선집』(경인문화사, 2016), 325쪽 아래에 게재되어 있다. 다만 같은 책 325쪽은 이 논문이 1943년 1월에 발행된 『민상법잡지』에 게재되어 있다고 하는데 이는 1943년 5월의 오기이다.

5) 한편 홍진기가 자신의 첫 번째 법학 논문의 주제로 주식회사 합병의 교부금 문제를 다룬 것은 단순히 이론적 관심에서만 비롯한 것이 아니다. 이는 실천적 문제의식과도

기가 이를 어떻게 논증하는지 분석한다.

II. 교부금의 의의와 유형

1. 교부금의 의의와 문제

홍진기에 따르면 '교부금'(bare Zuzahlungen)이란 주식회사를 합병할 때 "해산회사의 주주가 존속회사 또는 신설회사로부터 합병에 즈음하여 급여를 받는 금전"을 말한다.6) 홍진기는 교부금에 두 가지 문제를 제기한다.

첫째는 "교부금의 지급은 주식회사 합병에 있어서 어떠한 경제적 수요에 기초를 두는 것일까"의 문제이다. 이러한 문제의식에서 "합병계약의 실제 가운데서 교부금을 검출하여 그 경제적 기능의 차이에 따른 여러 양태의 하나하나에 대하여 이 점을 생각해" 보는 것을 이 논문의 첫 번째 의도로 삼는다.7) 이러한 문제제기를 좀더 분석하면 두 가지 세부 문제를 도출할 수 있다. 우선 교부금으로 지칭되는 금전이 주식회사를 합병하는 과정에서 실제로 어떤 경제적 기능을 수행하는지 문제된다. 이때 특히 교부금

무관하지 않다. 구체적으로 말하면 당시 합병을 통한 기업결합이 집중적으로 이루어진 시대적 상황과 무관하지 않다. 당시 일제는 태평양 전쟁에 대응하기 위해 의도적으로 합병을 이용한 기업결합을 주도하였다. 이로 인해 주식회사 합병에 관해 다양한 법적 문제가 등장하였는데 교부금에 관한 문제도 여기에 해당한다. 이를 시사하는 홍진기, "주식회사의 합병에 있어서의 교부금", 24-25쪽, 42쪽 각주(35) 참고. "그것은 근자의 합병이 오직 자본운동의 필연적 논리로서의 자유경쟁에 의한 기업집중 과정의 한 바킷니로서 행해지는 평시경제(平時經濟)적 성격뿐만 아니라, 이처럼 치열해지고 있는 기업집중 경향을 더 한층 촉진시키는 전시경제(戰時經濟)적 성격을 함께 가지고 있기 때문이다." 여기서 홍진기는 다음 문헌을 인용한다. 高宮晋, "戰時統制經濟と企業集中", 『經濟學論集』第11卷 第9號(1941. 9), 1쪽 아래.

6) 홍진기, "주식회사의 합병에 있어서의 교부금", 23쪽.
7) 홍진기, "주식회사의 합병에 있어서의 교부금", 24쪽.

이 수행하는 경제적 기능이 단일한 모습을 지니는지 아니면 다원적인 모습을 지니는지 문제된다. 다음으로 교부금이 수행하는 경제적 기능을 회사법이 어떻게 취급해야 하는지 문제된다. 이를 '체계이론'(Systemtheorie)의 언어로 바꾸어 말하면 경제체계에서 교부금이 수행하는 기능을 회사법을 포함하는 법체계가 어떻게 포섭해 취급해야 하는지의 문제로 볼 수 있다. 이는 교부금을 매개로 하여 경제체계와 법체계의 관계를 어떻게 설정해야 하는지의 근원적인 문제로 재해석할 수 있다.[8]

둘째는 교부금의 한계를 어떻게 획정해야 하는가의 문제이다.[9] 홍진기는 이 점이 문제되는 이유를 다음과 같이 말한다.[10]

"주식회사 합병의 가장 순수한 사단법적 구성은, 주식과 맞바꾸는 합병(Fusion gegen Aktien)으로써 이상형으로 한다. 그러나 교부금은 해산회사의 주주가 이러한 주식에 또 그에 첨가해서 급여를 받는 금전이다. 그러므로 교부금은 이 '해산회사의 주주는 존속회사 또는 신설회사로부터 주식의 급여만을 받을 것'이라는 사단법적 원리를 깨뜨리는 것이다. 그렇다면 이 같은 일은 어떻게 해서 허용될 수 있는 것일까. 더구나 주식회사 합병의 사단법적 구성과 그러한 교부금과의 관계는 어떠한가. 여기에 교부금의 제1의 문제가 있다. 다음으로는, 만약 이 제1의 문제에 있어서 교부금에 의한 상술의 사단법적 원리의 파괴의 합법성이 증명된다고 한다면, 그것은 무제한으로 깨뜨리는 것조차도 인용하는 것일까. 이 원리를 완전히 깨뜨려 버리고, 바로 거꾸로 전혀 교부금에 의한 합병조차도 허용하는 것일까. 만일 이것이 부정되어 교부금은 한계지어져야 한다고 한다면, 무엇에 의거하여, 어디에, 이 한계를 구할 것인가, 여기에 교부금의 제2의

---

8) 이러한 문제의식은 홍진기, "주식회사의 합병에 있어서의 교부금", 47쪽 참고. 여기서 홍진기는 니시하라 교수의 다음 문헌을 인용한다. 西原寬一, "經濟的需要と商事判例", 『京城帝國大學法學會論集』第8冊(1938), 299쪽 아래 참고.
9) 홍진기, "주식회사의 합병에 있어서의 교부금", 26쪽.
10) 홍진기, "주식회사의 합병에 있어서의 교부금", 25-26쪽.

문제가 있다."

위에서 확인할 수 있듯이 교부금의 한계에 관한 문제는 근원적으로 주식
회사 합병의 본질과 관련을 맺는다. 물론 이때 말하는 합병의 본질은 사단
법설의 측면에서 이해한 합병의 본질을 말한다. 홍진기는 이를 두 가지 문
제로 분석한다. 우선 교부금을 인정하는 것은 사단법적 원리로 주식회사
합병을 구성하는 이론과 충돌한다. 왜냐하면 주식회사 합병을 순수한 사단
법적 원리로 구성하면 "해산회사의 주주에 대한 효과는 존속회사 또는 신
설회사의 주식의 급부를 받는 데 그치지 않으면" 안 되기 때문이다.[11] 말
하자면 주식회사를 구성하는 주주의 인적 결합관계는 주식회사가 합병된
이후에도 유지되어야 하기에 오직 주식의 급부만이 허용된다는 것이다. 따
라서 이에 반하는 교부금이 과연 허용될 수 있는지가 문제된다. 나아가 사
단법적 원리와 무관하게 주식회사 합병을 이해한다면 교부금은 무제한적
으로 허용되는지, 그게 아니면 여기에 다시 특정한 한계를 설정해야 하는
지 문제된다는 것이다. 달리 말해 재산법설의 측면에서 주식회사 합병을
파악하는 경우에도 교부금의 한계를 인정할 수 있는지 문제된다.

2. 교부금의 유형화

이러한 문제를 해결하기 위해 홍진기는 먼저 교부금이 실제로, 즉 경제
체계에서 어떻게 지급되는지 유형화하여 분석한다. 홍진기에 의하면 교부
금의 유형으로 다섯 가지를 인정할 수 있다. 단액조정을 위한 교부금, 이익
배당에 가름할 교부금, 준비금 배분에 의한 교부금, 불량자산의 처리에 의
한 교부금, 자본금의 환급에 의한 교부금이 그것이다.[12]

---

11) 홍진기, "주식회사의 합병에 있어서의 교부금", 25쪽.
12) 홍진기, "주식회사의 합병에 있어서의 교부금", 27쪽은 이를 "단수조정을 위한 교부

(1) 단액조정을 위한 교부금

단액조정을 위한 교부금이란 합병 당사회사의 재산관계가 주식교환비율의 기초로 하기에 충분히 적합하게 되어 있지 않은 때 간단한 교환비율을 만들어 그 단액을 조정하기 위해 지급하는 금전을 말한다.[13) 홍진기가 조사한 바에 의하면 그 당시 실제 합병을 하는 과정에서 단액조정을 위한 교부금이 흔히 지급되었다.[14) 이러한 '단액조정'(Begleicherung der Spitzen)을 위한 교부금은 '단주조정'(Spitzenausgleich)을 위해 지급되는 금전과는 구별된다고 한다. 왜냐하면 홍진기에 따르면 단주조정을 위해 지급되는 금전은 "합병계약의 내용의 실현에 기하는 것이 아니고 따라서 이 단주를 조정하기 위한 금전은 이를 합병계약서의 필요적 기재사항으로 할 필요가 없기" 때문이다. 따라서 이는 "교부금에서 배제되지 않으면 안 된다."고 한다.[15)

(2) 이익배당에 가름할 교부금

이익배당에 가름할 교부금이란 해산회사에 이익이 발생한 경우 이러한 "이익을 별도 계산으로서 합병계약에서 미리 예정해두고, 존속회사 또는 신설회사가 합병 후 해산회사의 주주에게 신주와 함께" 급여하는 금전을 말한다.[16) 홍진기에 따르면 이익배당에 가름할 교부금은 이익배당과 구별된다.[17)

금"이라고 하는데 이는 "단액조정을 위한 교부금"의 오기이다. 이를 보여주는 "會社の合併における交付金", 홍진기법률연구재단 (편), 『유민 홍진기 법률논문 선집』(경인문화사, 2016), 256쪽 참고.
13) 홍진기, "주식회사의 합병에 있어서의 교부금", 27-28쪽.
14) 홍진기, "주식회사의 합병에 있어서의 교부금", 28쪽 각주(8) 참고.
15) 홍진기, "주식회사의 합병에 있어서의 교부금", 24쪽.
16) 홍진기, "주식회사의 합병에 있어서의 교부금", 32쪽.
17) 홍진기, "주식회사의 합병에 있어서의 교부금", 33쪽.

(3) 준비금 배분에 의한 교부금

준비금 배분에 의한 교부금이란 주식회사를 합병하는 과정에서 해산회사의 주주가 "합병에 즈음하여 그 소지하는 주식수에 따라서 해산회사의 준비금이었던 재산의 배분"으로 받는 금전을 말한다.[18] 다만 홍진기에 따르면 그 당시 통설은 준비금 배분에 의해 급여되는 금전을 교부금으로 파악하지 않았다. 홍진기는 이러한 통설의 근거로 상법학자 마츠모토 죠오지(松本烝治: 1877-1954)의 저서 『일본회사법론』(日本會社法論)을 인용한다. 이에 따르면 "준비금은 해산회사의 재산은 아니고 또 채무도 아니므로 신설회사 또는 존속회사가 이를 승계하여야 할 이유는 없다." 따라서 "합병에 의한 해산에 즈음하여 준비금을 지출하여 주주 기타에게 배분하는 것도 무방하다."고 한다.[19] 그러나 홍진기는 이러한 통설에 반대하여 준비금 배분에 의해 급여되는 금전도 교부금으로 파악한다. 이러한 주장을 논증하기 위해 다음과 같은 근거를 사용한다. 준비금 개념을 이원적으로 구별하는 것이다.

홍진기는 준비금을 '추상적·이상적 수액으로서 준비금'과 '구체적·현실적 재산으로서 준비금'으로 구별한다. 달리 전자를 '준비금액'(Reservekonto)으로, 후자를 '준비금'(Reservefonds)으로 지칭한다. 그러면서 이러한 구별은 '자본금액'(Grundkapital)과 '자본금'(Grundvermögen)을 구별하는 것에 상응한다고 말한다.[20] 홍진기는 통설은 준비금이 이처럼 두 가지로 구별된

---

18) 홍진기, "주식회사의 합병에 있어서의 교부금", 33쪽.
19) 松本烝治, 『日本會社法論』(嚴松堂書店, 1929), 430쪽. 참고로 홍진기, "주식회사의 합병에 있어서의 교부금", 34쪽 각주(21) 등은 "松本"을 '마쓰다'로 지칭하는데 이는 '마츠모토' 또는 '마쓰모토'의 오기이다. 마츠모토 죠오지 교수는 도쿄제국대 법학부 상법 교수로 타나카 코나로의 스승이다. 이에 관해서는 최종고, "법률가로서 홍진기의 삶"(홍진기법률연구재단 학술 세미나 발표문, 2016), 4쪽 각주(11) 참고. 이렇게 보면 도쿄대 상법학의 계보가 마츠모토 죠오지 → 타나카 코타로 → 니시하라 칸이치 → 홍진기로 이어진다고 말할 수 있다.
20) 홍진기, "주식회사의 합병에 있어서의 교부금", 34-36쪽.

다는 점을 간과하였다고 지적한다. 홍진기에 따르면 추상적·이상적 수액인 준비금액은 회사를 합병할 때 존속회사 또는 신설회사에 승계되지 않는다. 그러나 구체적·현실적 재산인 준비금은 승계된다. 따라서 이러한 준비금은 해산회사의 주주에게 분배될 수 있다. 그런데 이때 홍진기는 통설처럼 준비금 배분을 가볍게 인정하는 것은 문제가 된다고 본다. 여기에 일정한 한계를 부여해야 한다는 것이다. 이러한 근거에서 홍진기는 그 당시의 통설과는 달리 준비금 배분에 의해 급여되는 금전을 교부금으로 파악한다. 달리 말해 주식회사가 합병할 때 이루어지는 준비금 배분에 특정한 한계를 설정하기 위해 이러한 준비금을 교부금 개념에 포섭하는 것이다. 이러한 논증은 상당히 독창적이면서도 치밀한 것으로 평가할 수 있다. 홍진기의 법적 섬세함과 독창성이 빛을 발하는 부분인 것이다.

(4) 불량자산의 처리에 의한 교부금

주식회사를 합병하면 재산법의 측면에서 볼 때 회사 재산이 포괄적으로 승계된다. 이 과정에서 해산회사가 갖고 있던 불량자산 역시 존속회사 또는 는 신설회사에 승계된다.[21] 이는 존속회사 또는 신설회사에 불리한 일이 될 수 있다.[22] 따라서 이를 해결하기 위한 방안이 논의되는데 홍진기는 이

---

21) 이때 말하는 '불량자산'이란 현행법에 따르면 '부실자산'을 말한다. 「한국자산관리공사 설립 등에 관한 법률」에 의하면 부실자산은 '부실채권'과 '비업무용자산'으로 구성된다. 부실채권이란 "금융회사등의 여신거래로 인하여 발생한 대출원리금, 지급보증 및 이에 준하는 채권으로서 대통령령으로 정하는 채권"으로, "부도 등의 사유로 정상적으로 변제되지 아니한 것으로서 회수조치나 관리방법을 마련할 필요가 있는 채권"이나 "채무자의 경영 내용, 재무상태 및 예상되는 현금의 흐름 등으로 보아 채권 회수에 상당한 위험이 발생하였거나 발생할 우려가 있는 경우로서 제22조에 따른 이사회가 인정하는 채권"을 말한다(법 제2조 제2호). 아울러 비업무용자산이란 "금융회사등이 부실채권을 변제받기 위하여 취득한 자산" 또는 "금융회사등이 재무구조 개선 및 경영정상화 등을 위하여 매각하려는 자산으로서 대통령령으로 정하는 것"을 말한다(법 제2조 제4호).

22) 홍진기, "주식회사의 합병에 있어서의 교부금", 38-39쪽.

에 대한 적절한 방법으로 불량자산의 처리에 의한 교부금을 언급한다. 홍진기에 의하면 "해산회사의 자산은 양(良)·불량(不良) 간에 존속회사 또는 신설회사에 포괄적으로 승계하나, 이것은 합병조건산정의 기초로 하지 않고 존속회사 또는 신설회사에서 이를 해산회사별로 처리하여, 우선 합병조건의 기초가 된 우량자산의 손실전보에 충당한 다음, 일정 기간의 경과 후 그 잔액은 이를 합병 실행일에 있어서의 해산회사의 주주에 대하여 각각 그 주식에 따라 분배"하는데 이렇게 분배하는 금전을 교부금으로 보는 것이다.23) 홍진기는 불량자산 처리로 지급하는 교부금은 준비금의 분배로 지급하는 교부금의 특수한 형태라고 말한다.24)

(5) 자본금의 환급에 의한 교부금

자본금의 환급에 의한 교부금은 준비금 배분에 의한 교부금과 마찬가지로 홍진기가 독창적으로 제안하는 교부금의 유형이다. 자본금의 환급에 의한 교부금은 주식회사 합병으로 획득하게 된 존속회사 또는 신설회사의 자산이 과도하게 팽창하여 당해 회사의 기업채산 단위로 적절하게 처리하지 못하게 된 경우에 사용되는 것을 말한다.25) 사실 이는 통상적으로 이루어지는 주식회사 합병에서는 찾아보기 어려운 경우이다. 왜냐하면 보통 주식회사 합병은 약육강식의 논리로 발생하는 경우가 많아 합병 이후 당해 회사가 처리할 수 없을 정도로 자산이 과도하게 팽창하는 경우는 많지 않기 때문이다. 그러나 국가가 특수한 목적에 대응하기 위해 의도적으로, 즉 '기업합리화'라는 명목으로 경영 상태가 양호한 주식회사 상호 간에 합병을 추진하는 경우 이러한 문제가 발생한다. 홍진기는 이러한 예로 그 당시 전시경제 아래에서 이루어지던 합병을 언급한다. 홍진기에 의하면 "근자의

---

23) 홍진기, "주식회사의 합병에 있어서의 교부금", 41-42쪽.
24) 홍진기, "주식회사의 합병에 있어서의 교부금", 42쪽.
25) 홍진기, "주식회사의 합병에 있어서의 교부금", 42쪽.

합병은 단순한 약육강식의 결과가 아니고, 기업합리체제 확립을 위한 행정적 종용에 의해서 건전한 기업 사이에" 행해진다.26) 자본금의 환급에 의한 교부금은 이러한 문제를 해소하기 위해 사용되는 교부금을 말한다. 구체적으로 말하면 이는 "합병계약에 있어서 주식합병의 방법에 의하여 자본금액을 기업채산 단위를 초과하는 액에 해당하는 만큼 감소시켜, 그럼으로써 자본금에서 제외된 자유로운 재산을 해산회사의 주주에게 분배"하는 금전을 뜻한다.27) 그런데 이렇게 자본금의 환급에 의한 교부금을 인정하면 이에 관해 여러 법적 문제가 제기된다. 홍진기는 이를 다음과 같이 말한다.28)

> "합병절차에 있어서의 이러한 회사 재산의 유출 과정은 법적으로 어떻게 이해되어야 하는 것인가. 먼저, 존속회사 또는 신설회사는 해산회사의 자본금액을 그대로 계승·유지하지 않아도 좋은가. 다음으로, 그러한 주식병합에 의한 자본감소는 합병에 덧붙여서 별도로 감자(減資)가 행해졌느냐, 아니면 합병의 효력으로서 합병 속에 포섭되는 것인가. 또 그 다음으로는, 이 전제하에 행해진 주식병합에 의한 자본금액 감소에 의해 생긴 현실재산을 해산회사의 주주에게 분배한다는 것은 어떠한 법적 근거에 의해서 허용되는가."

홍진기는 이 문제들에 다음과 같은 독창적인 논증으로 대응한다. 우선 앞에서도 살펴본 것처럼 홍진기는 추상적·관념적인 자본금액과 구체적·현실적인 자본금을 구별한다. 그러면서 추상적·관념적인 자본금액의 경우에는 승계회사가 해산회사의 자본금액을 그대로 승계해야 하는 것은 아니라고 말한다. 달리 말해 존속회사 또는 신설회사의 자본금액은 합병 당사회사들의 자본금액 총액과 일치할 필요가 없다는 것이다. 따라서 합병으로

---

26) 홍진기, "주식회사의 합병에 있어서의 교부금", 42쪽 각주(35).
27) 홍진기, "주식회사의 합병에 있어서의 교부금", 42-43쪽.
28) 홍진기, "주식회사의 합병에 있어서의 교부금", 43쪽.

존속 또는 신설되는 회사의 자본금액을 기업채산 단위에 맞추기 위해 증가 또는 감소시킨다고 해서 이를 "합병이외에 합병에 병합하여 증자(增資) 또는 감자(減資)가 행해진 것이라 볼 것은 아니"라고 한다.[29] 이러한 근거에서 홍진기는 주식회사를 합병하는 과정에서 필요에 의해 자본금액을 줄이는 것은 가능하고 그 결과로 해산회사의 주주에게 교부금을 급여하는 것도 법적으로 허용된다고 주장한다.[30]

(6) 문제점

이처럼 홍진기는 교부금의 유형으로 다섯 가지를 제시한다. 홍진기에 따르면 이러한 다섯 가지 유형의 교부금이 수행하는 경제적 기능은 각각 다르다. 그러나 이러한 유형의 교부금이 "각기 저마다의 독자적 법률적 의미를 가지는 것은 아니"라고 한다. 홍진기에 따르면 다섯 가지 유형의 교부금은 각기 경제적 동기나 기능이 다를지라도 모두 교부금이라는 법적 형상에 통일적으로 포섭된다. 이를 법적으로 달리 취급해야 하는 것은 아니라고 한다. 바꾸어 말하면 경제체계에서는 서로 다른 기능을 수행하는 교부금이라 할지라도 법체계에서는 단일하게 취급할 수 있다는 것이다.

그런데 홍진기가 이 논문에서 비판 대상으로 삼는 당대의 상법학자 타케다 쇼 박사나 오스미 켄이치로(大隅健一郎: 1904-1998) 교수는 다섯 가지 유형의 교부금 중에서 단액조정을 위한 교부금만을 허용되는 교부금으로 인정한다.[31] 그 외에 준비금 배분에 의한 교부금은 교부금 개념에 포섭하

---

29) 홍진기, "주식회사의 합병에 있어서의 교부금", 44-45쪽.
30) 홍진기, "주식회사의 합병에 있어서의 교부금", 45-46쪽.
31) 타케다 쇼 박사나 오스미 켄이치로 교수는 모두 교토제국대학 법학부 교수로 재직하였고 서로 친분관계도 맺고 있으며 모두 주식회사 합병을 현물출자로 파악한다. 다시 말해 주식회사의 합병을 재산법의 측면에서만 접근하는 것이다. 홍진기는 바로 이러한 타케다 박사와 오스미 교수의 견해를 비판하는 것이다. 이는 홍진기의 스승이자 홍진기에게 많은 영향을 미친 니시하라 칸이치 교수가 도쿄제국대학 법학부를 졸업

지 않는다. 그리고 이익배당에 갈음할 교부금은 허용하지 않는다. 예를 들어 홍진기가 인용하는 『회사법론』(會社法論)에 따르면 오스미 교수는 "당사회사의 재산관계가 간단한 비율에 의한 주식의 모든 배정을 허용하지 않는 경우에 있어서는 그 단액을 조정하기 위하여 금전을 지급할 필요가 생긴다. 합병에 있어 해산회사의 주주에게 금전을 지급하는 것은 이러한 경우에 또 그 한도에 있어서만 허용된다고 보아야 할 것이다."라고 말한다.32)

이에 홍진기는 과연 어떤 근거에서 단액조정을 위한 교부금만이 허용되어야 하는지 의문을 제기한다. 홍진기에 따르면 "오스미(大隅) 교수는 왜 상술한 여러 가지의 경제적 연유 가운데서 유독 '단액조정'의 수요만을 골라서 허용하고, 다른 것은 모두 위법이라고 하는가를 밝히고 있지 않다."33) 그러나 홍진기는 경제적 이유 때문에 앞에서 언급한 교부금의 유형 가운데 일부만을 허용하는 방식은 타당하지 않다고 말한다. 다시 말해 "경제적 연유의 차이에 의해서 교부금의 위법 여부를 결정하는 것은 허용될 수 없다"는 것이다. 이는 교부금이 허용되는가 여부는 경제적 관점이 아닌 법적 관점에 의해 판단되어야 함을 뜻한다.34) 홍진기에 의하면 법적으로 볼 때 둘 중의 어느 한 판단만이 존재한다. "법률적으로는 어떠한 형태의 교부금도 허용되거나, 아니면 어느 것도 허용되어서는 안 된다"는 것이다. 왜냐하면 교부금에 관해 "어떤 경제적 동기도 그것은 오직 원인으로서, 법 앞에서는 평등하기 때문"이라는 것이다.35)

한 것과 무관하지 않다. 타케다 박사와 오스미 교수의 친분관계를 증명하는 예로 오스미 교수는 타케다 박사가 세상을 떠난 후 타케다 박사의 주요 논문을 편집하여 이를 『상법의 이론과 해석』(『商法の理論と解釋』, 有斐閣, 1954)이라는 단행본으로 출간하였다는 점을 들 수 있다.

32) 大隅健一郎, 『會社法論』(巖松堂書店, 1940), 618쪽. 인용은 홍진기, "주식회사의 합병에 있어서의 교부금", 46-47쪽.
33) 홍진기, "주식회사의 합병에 있어서의 교부금", 47쪽.
34) 이러한 주장에는 경제체계에 대해 법체계가 독자성을 가진다는 주장이 포함되어 있다.
35) 홍진기, "주식회사의 합병에 있어서의 교부금", 48쪽.

그러면 홍진기는 교부금의 한계를 어떻게 설정할까? 교부금의 유형 중에서 법적으로 무엇은 허용되고 무엇은 허용되지 않는 것이 아니라면 무엇이 교부금에 대한 한계 기준이 되는 것일까? 이에 홍진기는 "교부금의 한계의 문제는 교부금의 여러 유형의 하나하나에 대한 한계는 아니고, 하나의 합병에 있어서 전(全)교부금의 총화의 한계에 관한 문제"라고 말한다. 달리 말하면 교부금의 한계는 교부금의 유형에서 찾아야 하는 것이 아니라 교부금의 총액에서 찾아야 한다는 것이다. 그러면서 "이러한 의미의 교부금의 한계는 무엇에 의거하여 어디에서 찾아야" 하는지 의문을 제기한다.36) 이러한 의문을 해명하기 위해 홍진기는 비교법 방법을 원용한다.

Ⅲ. 교부금의 한계에 대한 비교법 분석

홍진기는 비교법 방법의 일환으로 당시 일본 회사법학에 많은 영향을 미친 독일 회사법학이 교부금 문제를 어떻게 규율하는지 검토한다. 구체적으로 말하면 독일 구 상법(HGB)과 1937년에 제정된 독일 주식법을 둘러싼 학설 및 입법 태도를 검토한다.

1. 독일 상법(HGB)의 논의

주식법이 제정되기 이전의 독일 상법(HGB: Handelsgesetzbuch)은 교부금의 허용 여부, 한계 등을 규율하지 않았다. 요컨대 교부금에 관해 흠결을 갖고 있었던 것이다. 그 때문에 교부금 허용 여부 및 한계 등은 학설에서 논의가 되었다.37) 학설은 크게 다음과 같이 유형화할 수 있다. 교부금을 전

---

36) 홍진기, "주식회사의 합병에 있어서의 교부금", 48쪽.
37) 홍진기, "주식회사의 합병에 있어서의 교부금", 50쪽.

면 부인하는 학설, 이를 전면 허용하는 학설, 이러한 두 가지 관점을 절충하는 학설이 그것이다. 이때 주목해야 할 점은 이러한 학설 대립은 기본적으로 주식회사 합병의 본질 또는 법적 성질을 어떻게 파악할 것인지와 관련을 맺는다는 점이다. 달리 말해 교부금에 관한 학설 대립은 주식회사 합병의 본질에 관한 학설 대립과 연결된다.

(1) 부정설

부정설은 주식회사를 합병할 때 교부금 지급을 허용하지 않는다. 홍진기에 따르면 부정설은 주식법이 제정되기 이전에 상법(HGB)만이 시행되던 당시 독일에서 통설이었다.[38] 홍진기는 부정설의 대표적 주장자로 독일 제국법원(Reichsgericht) 판사를 역임한 브로드만(Erich Brodmann: 1855-1940)을 언급한다.[39] 브로드만은 다음과 같은 근거에서 교부금을 인정하지 않는다. 첫째, 교부금은 합병의 본질에 반한다는 것이다. 브로드만은 합병을 사단법의 측면에서 파악한다. 이에 따르면 합병은 독자적인 두 개 이상의 법인격이 융합하는 법적 과정이다. 이러한 합병으로 발생하는 재산의 양도는 "반대급부에 대한 급부(Leistung gegen Gegenleistung)·쌍무적 법률행위는 아니고, 참가를 위한 급부(Leistung auf Beteiligung)이다." 이에 따르면 "주주는 그 해산회사의 재산상의 지분을 새로운 '주식의 급여'에 대하여 양도한 것이다."[40] 달리 말해 해산회사의 주주는 존속회사 또는 신설회사의 주식을 급여로 받을 수 있을 뿐이다. 둘째, 브로드만에 의하면 교부금은 주식

---

38) 홍진기, "주식회사의 합병에 있어서의 교부금", 50쪽.

39) Erich Brodmann, "Warum sind bei Fusionen Zuzahlungen wider das Gesetz?", in: *ZBH* (1927), S. 124 ff.; 홍진기, "주식회사의 합병에 있어서의 교부금", 50쪽 각주(50)에서 다시 인용. 브로드만에 관해서는 Erich Brodmann, "Selbstdarstellung", in: Hans Planitz (Hrsg.), *Die Rechtswissenschaft der Gegenwart in Selbstdarstellungen*, Bd. 2 (Leipzig, 1925), S. 27 ff.

40) 홍진기, "주식회사의 합병에 있어서의 교부금", 50쪽.

의 급여가 아닌 자본의 환급에 해당한다. 그런데 이는 당시 상법(HGB) 제
213조가 규정하는 '출자환급금지 원칙'에 반한다.[41] 말을 바꾸면 이는 주
식회사에서 가장 중요한 원리 가운데 하나인 자본충실 원칙에 반한다는 것
이다. 요컨대 브로드만에 따르면 "합병이라는 주식회사의 해산형식의 모든
특수성은 당사회사의 재산이 실체의 손실(Substanzverlust) 없이 합일된다는
점에서 정당화"된다.[42] 바로 이러한 근거에서 브로드만은 교부금은 허용될
수 없다고 한다.

　다만 브로드만은 이러한 부정설을 철저하게 관철하지는 않는다. 왜냐하
면 브로드만은 경제적 근거에서 예외적으로 교부금을 인정하기 때문이다.
브로드만에 따르면 "교부금은 해산회사의 주주로 하여금 기꺼이 그 뜻에
따르도록 하는 것을 노리고 있다."[43] 바꿔 말해 교부금은 경제적인 측면에
서 주식회사 합병이 원활하게 이루어지는 데 기여한다는 것이다. 이러한
맥락에서 브로드만은 교부금이 예외적으로 허용되는 조건을 다음과 같이
제시한다. 첫째, "감내할 수 있는(erträglich) 교환 비율을 가능케 할 만한 조
정(Ausgleich)을 위한 것"이어야 한다. 둘째, "교부금의 총액이 당사회사의
재산총액으로 보아 사소(些少)하여 회사채권자의 손해를 끼칠 여지가 전적
으로 배제되어야" 한다. 이때 "교부금과 주식의 명목가격보다는 실질적 가
격과의 비율을 다시 당사회사의 재산의 총액과의 비율과 함께 고려"해야
한다.[44]

---

41) 홍진기, "주식회사의 합병에 있어서의 교부금", 51쪽. 여기에서 언급되는 상법 제223
　　조는 제213조의 오기이다.

42) Erich Brodmann, *Aktienrecht* (Berlin, 1928), Anm. 7 (a) Zu § 306; 홍진기, "주식회사
　　의 합병에 있어서의 교부금", 52쪽 각주(51)에서 다시 인용.

43) Erich Brodmann, "Warum sind bei Fusionen Zuzahlungen wider das Gesetz?", in: *ZBH*
　　(1927), S. 130; 홍진기, "주식회사의 합병에 있어서의 교부금", 52쪽에서 다시 인용.

44) 홍진기, "주식회사의 합병에 있어서의 교부금", 52쪽.

(2) 긍정설

이에 반해 긍정설은 주식회사를 합병할 때 교부금을 지급하는 것을 허용한다. 나아가 이에 별다른 제한을 두지 않는다. 그 점에서 긍정설은 달리 무제한설로 지칭할 수 있다. 이 점에서 긍정설은 두 가지 의미를 지닌다. 우선 주식회사 합병에서 교부금을 지급하는 것 자체는 허용된다. 나아가 이러한 교부금에 한계가 설정되지 않는다는 점이다.

이러한 긍정설은 주식회사 합병의 본질을 재산법적 측면에서 파악하는 태도와 연결된다. 이는 합병을 사단법적 측면에서 접근하여 그 결과 원칙적으로 교부금을 허용하지 않는 브로드만의 견해와 대척점에 선다. 홍진기는 이러한 긍정설을 주장하는 학자로 융크(J. Junck)를 거론한다. 다만 긍정설을 취하는 융크의 주장에는 약간의 변화가 있다. 이에 따라 융크의 견해는 첫 번째 견해와 두 번째 견해로 구별할 수 있다.

융크는 첫 번째 견해에서는 한편으로는 교부금을 거의 무제한적으로 긍정하면서도, 다른 한편으로는 여기에 약간의 제한을 둔다. "계획에 따라서 (planmässig) 해산회사의 모든 주주가 존속회사의 주주로 되도록 하는 것이 필요하다"는 것이다.[45] 그러나 이후에 제시된 두 번째 견해에서는 이러한 제한마저 풀어버린다. 주식회사를 합병하는 과정에서 교부금을 급여하는 것을 완전하게 허용하는 것이다.[46] 그러면서 융크는 교부금을 급여하는 것이 상법(HGB) 제213조가 규정하는 출자환급금지 원칙에 반하지 않는다고 말한다. 왜냐하면 교부금을 지급하는 대가로 존속회사 또는 신설회사는 해

---

45) J. Junck, "Sind bei der Fusion (Verschmelzung) zweier AGen. neben der Gewährung von Aktien auch andere Leistungen zulässig?, in: *LZ* (1924), S. 489 ff.; 홍진기, "주식회사의 합병에 있어서의 교부금", 56쪽에서 다시 인용. 결론적으로 말하면 홍진기는 바로 이러한 융크의 첫 번째 견해에 동의한다.

46) J. Junck, "Über Umwandlung von Gesellschaften", in: *Iherings Jahrbücher für die Dogmatik des bürgerlichen Rechts* 77 (1929), S. 297 ff.; 홍진기, "주식회사의 합병에 있어서의 교부금", 56쪽에서 다시 인용.

산회사의 재산을 포괄승계하는 것이기에 재산의 손실이 발생하지 않기 때문이라고 한다.[47]

(3) 절충설

철저한 부정설과 긍정설 사이에서 균형을 취하고자 하는 견해가 절충설이다. 교부금을 부정하지는 않되 제한적인 요건에서만 이를 허용하는 것이다. 이러한 절충설은 다시 두 가지 유형으로 구별할 수 있다. 이는 합병의 본질을 어떻게 파악하는지와 관련을 맺는다. 첫 번째 유형의 절충설은 합병을 사단법의 측면에서 파악하면서 교부금을 부분적으로 허용한다. 두 번째 유형의 절충설은 합병을 재산법의 측면에서 이해하면서 교부금을 제한적으로 허용한다.

1) 단액조정을 위한 교부금만 인정

홍진기는 첫 번째 유형의 절충설을 주장하는 학자로 피셔(R. Fischer)와 휙크(Alfred Hueck: 1889-1975)를 언급한다.[48] 홍진기에 따르면 피셔와 휙크는 교부금 중에서 단액조정을 위한 교부금만을 인정한다. 홍진기가 제시한 다섯 가지 유형의 교부금 중에서 한 유형만을 허용하는 것이다. 홍진기에 따르면 피셔는 이를 다음과 같이 말한다.[49]

---

47) 홍진기, "주식회사의 합병에 있어서의 교부금", 57-58쪽.

48) R. Fischer, "Die Aktiengesellschaft", in: *Ehrenbergs Handbuch des gesamten Handelsrechts* Bd. III, Abt. I (Leipzig, 1922), S. 416 ff.; Alfred Hueck, "Sind bei einer Fusion Barzahlungen an die Aktionäre der aufzunehmenden Gesellschaft zulässig?", in: *ZBH* (1930), S. 278 ff.; 홍진기, "주식회사의 합병에 있어서의 교부금", 53쪽에서 다시 인용.

49) R. Fischer, a.a.O., S. 416 ff.; 홍진기, "주식회사의 합병에 있어서의 교부금", 53쪽에서 다시 인용.

  "합병은 사단법적 행위(ein Geschäft des Korporationsrechtes)이다. 따라서 존속회사의 반대급부는 원칙적으로 그 주식의 형태에 의한 참가권(das Recht der Beteiligung in Gestalt ihrer Aktien)이어야 한다. 그렇지만 어떠한 사정 하에서도 주식 이외의 급부는 허용되어서는 안 된다고 하는 것은 옳지 않다. 즉, 당사회사의 비율평가에 따라서는 주식의 급여가 불가능할 때, 다시 말해, 이른바 단액조정을 위하여는(zur Begleichung der sog. Spitzen) 교부금은 허용된다."

휙크 역시 단액조정을 위한 교부금은 허용된다고 말한다. 이는 해산회사에 대한 채권자의 이익을 침해하지 않을 뿐만 아니라 오히려 "평명한 교환율을 가능케 하기 위한 교부금은 해산회사의 채권자를 강하게 보호하려는 법의 취지와 일치하여 허용될 수" 있다고 한다.[50] 나아가 이는 상법(HGB) 제213조가 규정하는 출자환급금지 원칙에도 반하지 않는다고 말한다. 왜냐하면 "교부금은 존속회사의 재산에서 지출되고, 다른 한편 해산회사의 재산은 조금도 감소되지 않은 채 인도되어 분리보관"되기 때문이다.[51]

2) 부수적 급부인 교부금만 인정

  두 번째 유형의 절충설은 "존속회사가 주는 총급부에서 보아 종급부(Nebenleistung)라는 성격을 갖는" 교부금은 허용한다. 이때 '종급부'는 달리 '부수적 급부'라고 말할 수 있을 것이다. 주식회사를 합병할 때 지급하는 교부금이 '주된 급부'(Hauptleistung)가 아닌 '부수적 급부'(Nebenleistung)로 인정되는 경우에는 이를 허용할 수 있다는 것이다. 이 견해는 합병을 독자적인 법적 관계로 파악하면서 이러한 법적 관계에서는 '주식의 급여'가 주된 급부가 된다고 본다. 이에 반해 교부금은 주식의 급여라는 주된 급부에 부

---

50) 홍진기, "주식회사의 합병에 있어서의 교부금", 53-54쪽.
51) 홍진기, "주식회사의 합병에 있어서의 교부금", 54쪽.

수되는 급부, 즉 종급부가 된다. 이렇게 교부금 지급이 부수적 급부라는 성격을 유지하는 한 이러한 교부금은 허용된다고 말한다.

홍진기는 이 같은 견해를 주장하는 학자로 하헨부르크(Max Hachenburg: 1860-1951)를 언급한다.[52] 홍진기에 따르면 하헨부르크는 합병을 재산법의 측면에서 접근한다. 하헨부르크는 "합병을 두 주식회사가 하나의 새로운 법인으로 합일되는 행위라고 해석하여 하나의 회사로부터 다른 회사의 주주에 대한 금전의 지급을 개념적으로 생각할 수 없다고 하는 것은 경계"해야 한다고 말한다. 하헨부르크는 합병의 본질을 사단법적으로만 이해하는 통설의 배후에는 '반신비감(半神祕感)'(halb mystisches Gefühl)이 깔려 있다고 본다.[53] 이와 달리 하헨부르크는 주식회사 합병을 "청산이 없는 해산"으로 파악한다.[54] 재산법설의 측면에서 합병을 이해하는 것이다. 이러한 맥락에서 하헨부르크는 다음과 같이 말한다.[55]

"그러므로 회사채권자의 이익으로서는 해산회사의 주주가 주식만을 취득하느냐 또는 그와 함께 금전도 취득하느냐 않느냐는 중요한 것이 아니다. 왜냐하면 그들의 채무자의 재산은 그들을 위하여 언제나 훼손되지 않고(intakt) 있기 때문이다."

다만 하헨부르크는 특정한 법적 행위가 주식회사 합병으로 인정되려면 이러한 법적 행위에 따라 이루어지는 주된 급부가 주식의 급여가 되어야

---

52) Max Hachenburg, "Sind bei der Fusion zweier AGen. neben der Gewährung von Aktien auch andere Leistungen zulässig?", in: *LZ* (1911), S. 646 ff.; 홍진기, "주식회사의 합병에 있어서의 교부금", 55쪽에서 다시 인용. 하헨부르크에 관해서는 Detlef Kleindiek, "Max Hachenburg: jüdischer Rechtsanwalt und Publizist", in: *NJW* (1993), S. 1295-1302 참고.

53) 홍진기, "주식회사의 합병에 있어서의 교부금", 56쪽.

54) 홍진기, "주식회사의 합병에 있어서의 교부금", 55쪽.

55) 홍진기, "주식회사의 합병에 있어서의 교부금", 55-56쪽.

한다고 말한다. 따라서 만약 "주식은 아주 근소한 부분에 대해서 급여하고, 대부분을 금전으로 지급하는 때"에는 합병이 아닌 영업양도에 불과하다고 말한다. 나아가 하헨부르크는 합병을 할 때 주식 급여 이외에 부수적 급부로 금전을 지급한다고 해서 출자환급금지 원칙을 잠탈하는 것은 아니라고 한다. 왜냐하면 "양수재산이 있으므로 단순한 환급은 아니기 때문"이다. 뿐만 아니라 합병으로 해산회사의 주주나 채권자의 이익은 훼손되지 않는다고 한다. 그 이유는 주식회사 합병이 이루어지면 해산회사의 재산은 상법(HGB) 제303조에 따라 분리 보관되어 합병이 이루어진 후에도 여전히 해산회사의 재산으로 간주되기 때문이다.[56] 이러한 논증을 기반으로 하여 하헨부르크는 다음과 같이 부수적 급부의 성격을 가지는 교부금을 허용한다.[57]

> "합병은 하나의 회사의 재산이 다른 회사에 양도되는 것으로써 행해진다. 주주를 수용하는 것은 오직 기업의 획득의 대가로서 주식이 급여되기 때문임에 지나지 않는다. 따라서 그 주식과 함께 금전이 급여되는 것은 이 합병의 본질에 하등 모순되는 것이 아니다."

2. 독일 주식법의 입법 태도

이처럼 독일 상법(HGB) 아래 전개되었던 견해 대립은 1937년 10월 1일부터 새롭게 「주식회사 및 주식합자회사에 관한 법률」(약칭 주식법)(Gesetz über Aktiengesellschaften und Kommanditgesellschaften auf Aktien: Aktiengesetz)이 시행되면서 정리된다. 왜냐하면 주식법 제238조 제2항은 교부금의 허용과 한계에 관해 명문 규정을 두었기 때문이다. 이에 따르면 교부금은 존속회사가 보유하는 주식 총액의 1/10을 초과하여 지급될 수 없다.[58]

---

56) 홍진기, "주식회사의 합병에 있어서의 교부금", 55쪽.
57) 홍진기, "주식회사의 합병에 있어서의 교부금", 56쪽.
58) 홍진기, "주식회사의 합병에 있어서의 교부금", 62-63쪽.

홍진기에 따르면 이러한 주식법의 입법 태도는 '제34회 독일 법률가대회를 통해 설치된 주식법 개정위원회'(die durch den 34. Juristentag zur Prüfung einer Reform des Aktienrechts eingesetzten Kommission)의 위원장을 맡은 하헨부르크의 견해를 수용한 것이다.[59] 앞에서 살펴본 것처럼 하헨부르크는 교부금이 종급부, 즉 부수적 급부의 성격을 유지하는 한 이를 허용할 수 있다고 보는데 주식법 개정위원회는 이러한 태도를 유지하면서 이에 더하여 1/10이라는 정량적인 한계를 교부금에 설정하기 때문이다. 말하자면 주식법 개정위원회, 특히 그 위원장인 하헨부르크는 주식 총액의 1/10을 유지하는 한에서 해당 교부금은 부수적 급부의 성격을 유지할 수 있다고 본 것이다. 물론 1/10이라는 기준이 어떤 이론적 근거에서 제시된 것인지에는 논란이 없지 않지만 독일은 교부금의 허용과 한계 문제를 하헨부르크의 주장을 수용한 입법적 결단으로 해결한 것이다.[60]

Ⅳ. 교부금의 한계

홍진기는 이렇게 독일 상법학에서 교부금에 관해 논의된 견해 및 입법 태도 등을 참고하여 당시 일본 상법체계에서 교부금의 한계를 어떻게 설정할 수 있는지 살펴본다.

1. 출발점

(1) 일본 상법의 태도

홍진기가 논문 "회사의 합병에서 교부금"을 발표하던 당시 교부금의 허

---

59) 홍진기, "주식회사의 합병에 있어서의 교부금", 59-60쪽.
60) 비판에 관해서는 홍진기, "주식회사의 합병에 있어서의 교부금", 60쪽.

용 여부와 한계가 문제되었던 이유는 그때 일본 상법은 교부금의 한계에 관해 명확한 입법 태도와 규정을 갖추지 않았기 때문이다. 독일 상법(HGB) 만이 시행되던 때 전개된 학설 대립을 주식법 제238조 제2항 신설이라는 입법으로 해결한 독일과는 달리 당시 일본 상법은 교부금의 허용 한계에 관해 명확한 규정을 갖추고 있지 않았다. 단지 당시 일본 상법 제409조 제3 호와 제410조 제3호를 통해 교부금을 "합병으로 인하여 소멸하는 회사의 주주에게 지급을 해야 할 금액", "각 회사의 주주에게 지급해야 할 금액"이 라고 정의하면서 이를 합병계약서의 필요적 기재사항으로 규정하였을 뿐 이었다.[61] 이러한 입법 태도를 보면 교부금 자체가 부정되는 것은 아니었 다. 그러나 교부금을 과연 어디까지 허용할 수 있는지에는 흠결이 존재하 였다.[62] 이로 인해 학설의 논의가 이루어질 수밖에 없다.

(2) 두 가지 고려 사항

홍진기는 교부금의 한계를 판단할 때 두 가지 사항을 고려해야 한다고 말한다. "필경 교부금은 합병에 있어서의 사단법적 계기에 모순되지 않는 가, 또 출자환급금지의 원칙에 위배되는 것은 없는가의 두 가지 점에 집중 할 수밖에" 없다는 것이다.[63] 달리 말해 우선 교부금은 주식회사의 자본충 실을 기하기 위해 독일 상법(HGB) 제213조가 규정하는 출자환급금지 원칙 에 위반되는지 판단해야 한다. 나아가 교부금을 지급하는 것이 주식회사 합병의 본질에 위배되는 것인지 검토해야 한다. 이 문제는 합병의 본질을 무엇으로 파악해야 하는지라는 근원적인 문제와 관련을 맺는다.

---

61) 홍진기, "주식회사의 합병에 있어서의 교부금", 23-24쪽.
62) 흠결에 관해서는 Claus-Wilhelm Canaris, *Die Feststellung von Lücken im Gesetz* (Berlin, 1964) 참고.
63) 홍진기, "주식회사의 합병에 있어서의 교부금", 64쪽.

2. 출자환급금지 원칙 위반 여부

홍진기는 우선 교부금을 지급하는 것이 출자환급금지 원칙에 위반되는
지 검토한다. 이를 위해 먼저 당시 개정된 일본 상법과 독일 상법(HGB)의
입법 태도를 비교한다. 홍진기에 따르면 일본 상법은 독일 상법(HGB)처럼
출자환급금지 원칙을 명문으로 규정하지는 않는다. 그러나 일본 상법학에
서도 실정법상 명문 규정은 없으나 출자환급은 금지된다고 본다. 또한 합
병을 하는 과정에서 해산회사의 재산을 분리 관리하도록 하는 독일 상법
(HGB) 제306조와 같은 규정을 일본 상법은 갖추고 있지 않다. 따라서 해산
회사의 재산은 "합병과 함께 존속회사 또는 신설회사의 재산과 혼합되며,
또 교부금은 이 혼합된 재산에서 하는 주주에 대한 회사재산의 유출, 바로
그것인 것"이라고 한다.[64] 그러므로 주식회사를 합병할 때 해산회사의 주
주에게 교부금을 지급하는 것은 분명 출자환급에 해당한다고 본다. 하지만
홍진기는 이러한 출자환급은 부당한 출자환급은 아니라고 말한다. 그 이유
는 교부금을 지급하는 것은 해산회사의 채권자에게 해를 가하는 것은 아니
기 때문이다. 홍진기에 의하면 당시의 일본 상법에 따르면 교부금은 합병
계약서의 필요적 기재사항이 되고(제408조 제1항) 합병계약서는 의사록에
수록되어 공시된다(제263조). 이후 회사채권자에 대한 최고가 이루어진다
(제100조, 제416조). 이러한 이유에서 주식회사를 합병할 때 지급되는 교부
금은 해산회사의 채권자를 해하지 않기에 교부금은 출자를 환급하는 것이
맞지만 부당한 출자환급은 아니라고 한다. 홍진기는 이를 다음과 같이 말
한다.[65]

"따라서 회사채권자는 교부금의 존재를 쉽게 알 수 있고, 교부금에 의

---

64) 홍진기, "주식회사의 합병에 있어서의 교부금", 64-65쪽.
65) 홍진기, "주식회사의 합병에 있어서의 교부금", 66쪽.

하여 해를 입을 채권자는 용이하게 이의를 신청할 수가 있게 되어 있는
셈이다. 교부금을 합병계약서의 필요적 기재사항으로 한 입법취지는 주주
보호 이외에도 또 여기에서 찾아야 하는 것이다. 즉, 일본상법과 같은 법
제에 있어서도 교부금은 부당한 출자환급은 아니다.”

3. 합병의 본질과 교부금의 한계

(1) 일본 상법학의 학설 대립

논문 “회사의 합병에서 교부금”에서 가장 중요한 쟁점은 합병의 본질을
어떻게 파악할 것인지, 이로부터 교부금의 한계를 어떻게 설정할 것인지의
문제라 할 수 있다. 교부금의 한계에 관해 독일에서 전개된 논의를 분석하
면서 홍진기는 주식회사 합병을 사단법의 측면에서 파악하느냐 아니면 재
산법의 측면에서 파악하느냐에 따라 교부금의 허용 여부나 한계가 달리 설
정된다는 것을 보여주었다. 그런데 홍진기에 따르면 이러한 논의는 일본
상법학에도 적용할 수 있다. 독일과 마찬가지로 일본 상법학에서도 합병의
본질에 관해 사단법설과 재산법설이 대립하기 때문이다.[66]

홍진기에 따르면 당시 “일본의 통설은 합병을 전적으로 사단법적으로
관찰”한다.[67] 사실이 그렇다면 독일에서 브로드만이나 피셔가 주장하는 것
처럼 교부금은 허용되어서는 안 되거나 극히 예외적으로만 인정해야 한다.
“합병의 본질을 오로지 사단법적(Korporationsrechtlich)으로만 생각한다면,
해산회사재산의 승계의 보상이어야 할 반대급부는 주식의 형태를 취하는
참가권(Beteiligungsrecht)이어야 한다. 적어도 Fischer가 말하는 바와 같이

---

66) 사단법설과 재산법설은 오늘날 우리 상법학에서는 인격합일설과 현물출자설로 파악
된다. 우리 상법학에서도 인격합일설이 지배적인 견해로 인정된다. 노혁준, “유민(維
民)과 상법연구: 회사합병과 교부금에 관한 논의를 중심으로”, (홍진기법률연구재단
학술 세미나 발표문, 2016), 52쪽 참고.
67) 홍진기, “주식회사의 합병에 있어서의 교부금”, 68쪽.

이것이 원칙이 아니면 안 된다. 즉, 합병에 있어 해산회사의 주주에게는 주식만을 급여하여야 한다는 원리는 이러한 합병의 사단법적 구성에 기하는 것이다. 그러므로 합병에 있어 사단법적 측면만을 본다면, 교부금은 이 원리를 깨는 것으로서 위법이거나, 아니면 Fischer가 말하는 바와 같이 예외라고 하지 않으면 안 되게 된다."[68] 그러나 홍진기는 이렇게 사단법적으로만 합병을 파악하는 것에 거리를 둔다. 합병을 사단법적으로만 이해하면 교부금은 극히 예외적으로만 인정해야 하는데 홍진기는 당시의 통설과는 달리 교부금을 다섯 가지 유형으로 상당히 넓게 허용하기 때문이다.

　그러면 합병을 재산법설의 측면에서 볼 때는 어떤가? 홍진기는 이러한 견해를 대변하는 학자로 독일의 경우에는 하헨부르크를, 일본의 경우에는 타케다 쇼 박사와 오스미 켄이치로 교수를 든다. 하헨부르크는 독일 상법(HGB)의 입법 태도를 근거로 하여 합병을 '재산의 전부 양도'(Veräußerung des Vermögens im ganzen)로 구성한다.[69] 교토대 학파를 대변하는 타케다 박사와 오스미 교수는 합병을 '현물출자를 통한 회사청산 및 설립'으로 파악한다. 예를 들어 타케다 박사는 합병을 "해산회사의 현물출자를 통한 존속회사의 증자(흡수합병) 또는 새로운 회사의 설립"으로 규정한다.[70] 나아가 오스미 교수는 합병의 제도적 존재 이유는 "말할 나위도 없이 기업의 유지, 즉 회사로 하여금 청산에 의한 기업의 해체에 따른 경제상의 불이익으로부터 면하게 하려는 데 있기" 때문이므로 "회산재산의 포괄승계야말로 합병본래의 목적으로서 법률상 회사합병의 본질"로 삼아야 한다고 말한다.[71]

---

68) 홍진기, "주식회사의 합병에 있어서의 교부금", 67쪽.
69) 홍진기, "주식회사의 합병에 있어서의 교부금", 67쪽.
70) 竹田省, "再び會社の合併について", 『民商法雜誌』第十六卷 第六号(1942. 12), 1쪽. 인용은 홍진기법률연구재단 (편), 『유민 홍진기 법률논문 선집』(경인문화사, 2016), 304쪽.
71) 大隅健一郎, 『會社法論』(嚴松堂書店, 1940), 726쪽 아래; 홍진기, "주식회사의 합병에 있어서의 교부금", 68쪽에서 다시 인용.

이러한 맥락에서 오스미 교수는 사단법설을 다음과 같이 비판한다.[72]

    "법인격을 가지는 사단으로서의 회사를 합쳐서 한 회사로 하는 것이 법리상 과연 가능한가, 또 설사 가능하다 하더라도 회사의 합병을 이러한 행위로 해석하는 것이 합병제도 본래의 목적에 비추어 타당하느냐는 의문이 없을 수 없는 것으로 생각한다."

    이렇게 회사의 합병을 재산법설의 측면에서 파악하면 "해산회사의 재산의 이전을 단순히 합병의 부수적 효과"로 보아야 하는 것이 아니라 오히려 이것이 본질적인 자리를 차지한다. 홍진기는 이러한 타케다 쇼 박사와 오스미 켄이치로 교수의 주장이야말로 "Hachenburg보다도 실질적으로 합병의 본질을 통찰하여 일본에 있어서는 최초로 합병에 있어서의 재산법적(vermögensrechtlich) 계기에 착안한 탁론(卓論)이라 하지 않을 수 없다."고 한다. 그러면서 "Brodmann, Fischer 및 통설의 합병본질관은 합병에 있어서의 이러한 재산법적 계기를 전적으로 보지 못하고 있다는 점에서 적어도 1면관(面觀)임을 면치 못한다"고 평가한다.[73]

(2) 타케다와 오스미의 견해 비판

    그러나 홍진기는 타케다 쇼 박사와 오스미 켄이치로 교수의 주장이 지닌 독창성을 인정하면서도 교부금의 한계에 대한 이들의 주장에는 비판을 가한다. 이러한 비판은 하헨부르크에도 적용된다. 홍진기는 이러한 비판의 출발점을 합병의 본질에 대한 이해 방식에서 찾는다. "이렇게 해서 Hachenburg·다케다(竹田) 박사 및 오스미(大隅) 교수처럼 합병에 있어서의 사단법적 계

---

72) 大隅健一郎, 『會社法論』, 730쪽 아래; 홍진기, "주식회사의 합병에 있어서의 교부금", 68쪽 각주(88)에서 다시 인용.
73) 홍진기, "주식회사의 합병에 있어서의 교부금", 68쪽.

기를 전적으로 사상(捨象)하여 버린다면, 교부금은 여기 완전히 자유가 되는 셈이다. 그 급여가 단지 합법이라는 것뿐 아니라 제한해야 할 이유도 없어진다. 왜냐하면 바로 그것으로써 합병에 있어 해산회사의 주주에게는 주식만을 급여하여야 한다는 원리도 전적으로 무너져버리기" 때문이다.[74] 이처럼 홍진기가 볼 때 합병의 본질을 재산법설의 측면에서 접근하면 논리 필연적으로 교부금의 한계는 사라져야 한다. 교부금의 한계는 합병의 본질과 직접 관련을 맺기 때문이다.

그렇지만 하헨부르크나 타케다, 오스미는 이러한 결론에 이르지 않는다. 예를 들어 하헨부르크는 교부금은 종급부, 즉 부수적 급부의 성격을 지녀야 한다는 한계를 설정한다. 다음으로 타케다 박사는 교부금은 "주금을 환급하는 것이 되어, 법이 인정하지 않는 것"이기에 "부득이한 경우에 한하여", 다시 말해 "합병계획 전체에서 보아 주식의 비율을 정하는 조절상의 필요가 있는 경우만으로 한정해도 큰 잘못은 없다."고 말한다.[75] 결론 면에서 하헨부르크와 유사한 주장을 하는 것이다. 나아가 오스미 교수는 단액조정을 위한 교부금만을 인정할 뿐 나머지 유형의 교부금은 인정하지 않거나 교부금으로 파악하지 않는다.[76]

홍진기는 이러한 주장을 비판한다. 두 가지 근거를 제시한다. 우선 이미 언급한 것처럼 주식회사 합병을 재산법설의 측면에서 파악하면 논리 필연적으로 교부금에 한계를 설정할 수 없는데 이들은 이와 반대로 오직 제한적으로만 교부금을 인정하므로 타당하지 않다는 것이다. 다음으로 타케다 쇼 박사나 오스미 켄이치로 교수가 주장하는 것처럼 "합병의 본질은 법률상으로도 또한 해산회사 재산의 '포괄승계'에 있는 것인데 두 분의 합병개념인

---

74) 홍진기, "주식회사의 합병에 있어서의 교부금", 68-69쪽.
75) 竹田省, "會社合併について", 『民商法雜誌』第十二卷 第五号(1940. 11), 8쪽 아래; 홍진기, "주식회사의 합병에 있어서의 교부금", 70쪽에서 다시 인용.
76) 홍진기, "주식회사의 합병에 있어서의 교부금", 70쪽.

'현물출자', '자본증가' 및 '설립'의 개념은 그 어느 것도 '포괄승계'라는 관념을 논리 필연적으로 포섭하고 있지는" 않다고 한다. 이에 따라 홍진기는 "교부금을 제한하는 제(諸) 입장은 그 제한의 태양이 어떠하든, 무엇보다 근원적인 그 제한의 필연성에 대한 이론적 근거가 없다"는 결론을 내린다.[77]

(3) 홍진기의 견해

그러면 교부금의 한계에 관해 홍진기가 주장하는 견해는 무엇인가? 먼저 홍진기는 주식회사 합병에서 사단법적 측면을 완전하게 제거하는 게 가능한지 의문을 제기한다.[78]

> "그렇다면 주식회사의 합병에 있어 교부금은 이에 전적인 자유를 향유할 수 있게 되는 것일까. 완전히 무제한적으로, 즉 1개의 주식의 급부도 없이 전적으로 교부금에 의한 주식회사합병(Fusion gegen Geld)이 합병으로서 허용되는 것일까. 이 경우 해산회사의 주주는 한 사람도 존속회사 또는 신설회사에는 승계되지 않는다. 이것은 주식회사 합병에 있어서의 사단법적 계기를 완벽하게 사상(捨象)하는 것을 의미한다. 왜냐하면 해산회사의 주주가 당연히 존속회사에 합병된다고 하는 것은 주식회사 합병에 있어서의 사단법적 계기의 가장 근원적인 요청이기 때문이다."

그러나 홍진기는 당시 일본 상법이 주식회사를 사단으로 규정하는 이상(제52조) 주식회사를 합병하는 과정에서 이러한 사단성을 포기할 수 없다고 역설한다. 따라서 "사단으로서의 주식회사의 합병을 그 요소인 주주로부터 떠나서 생각할 수는 없다."고 한다. 그러므로 "주식회사의 합병에 있어서도 역시 회사합병 일반과 같이, 합병에 의하여 해산된 회사의 주주는 당연히 존속회사 또는 신설회사에 병합되지 않으면 안 된다."고 말한다. 그

---

77) 홍진기, "주식회사의 합병에 있어서의 교부금", 70-71쪽.
78) 홍진기, "주식회사의 합병에 있어서의 교부금", 71쪽.

리고 바로 이 점에서 주식회사의 합병과 영업양도 사이의 궁극적인 차이를 찾을 수 있다고 말한다.[79] 이에 따라 홍진기는 교부금의 한계를 다음과 같이 설정한다.[80]

> "이리하여 교부금에 의하여 해산회사 주주의 존속회사 또는 신설회사 에 의한 병합까지 침범할 수는 없다고 해야 할 것이다. 교부금의 한계를 짓는 근거도 또 그 극한도, 실로 여기에 그 거점을 찾을 수 있는 것이다."

이러한 홍진기의 견해는 "교부금은 '주주의 병합'이라는 사단법적 계기 만 침해하지 않는 한에 있어서는 자유"라는 점을 뜻한다. 홍진기가 인정하 듯이 이러한 주장은 융크의 첫 번째 견해를 수용한 것이다. 요컨대 "해산회 사의 주주가 존속회사의 주주로 될 수 있을 만한 주식이 급여"되는 한에서 교부금은 허용된다는 것이다. 그 점에서 홍진기는 "주식회사 합병에 있어 서의 교부금의 '맥시멈'은 사단법적 계기의 '미니멈'이"라고 말한다.[81]

V. 논평

지금까지 홍진기가 『경성제국대학 법학회논집』에 조수 신분으로 발표한 논문 "회사의 합병에서 교부금"을 분석하였다. 이 논문을 비평하면서 반론 을 제기한 타케다 쇼 박사가 평가한 것처럼 이 논문은 상당한 학문적 수준 에 도달한 것이었다.[82] 이 논문에는 홍진기의 섬세하고 치밀한 분석 능력

---

79) 홍진기, "주식회사의 합병에 있어서의 교부금", 71-72쪽.
80) 홍진기, "주식회사의 합병에 있어서의 교부금", 72쪽.
81) 홍진기, "주식회사의 합병에 있어서의 교부금", 72쪽.
82) 竹田省, "再び會社の合併について", 『民商法雜誌』第十六卷 第六号(1942. 12), 1쪽 아래. 인용은 홍진기법률연구재단 (편), 『유민 홍진기 법률논문 선집』(경인문화사,

과 회사법 도그마틱에 대한 정확하고 깊이 있는 지식, 독일 회사법학에 대한 상당한 수준의 이해, 주식회사 합병에 대한 원리적 사고, 그 자신의 독창적 견해가 잘 드러난다. 21세기의 지금 시점에서 보더라도 상당한 수준에 도달한 법학논문으로 평가할 수 있다. 이 논문에서 눈에 띄는 점을 몇 가지 언급하면 다음과 같다.

1. 현실적 문제에 대한 관심

첫째는 현실적 문제에 대한 관심이다. 앞에서 언급한 것처럼 논문 "회사의 합병에서 교부금"은 순수한 이론적 동기에서만 출발하는 것은 아니다. 이 논문은 당시 전시에 대비하기 위한 통제경제 상황에서 '경제 합리화'라는 명목으로 빈번하게 이루어지던 주식회사 합병에서 발생하는 문제를 해결하는 것과 무관하지 않다. 달리 말해 홍진기는 교부금 논문에서 현재 있는 법적 문제 및 이에 관한 현재 있는 법을 논의의 출발점으로 삼고 있는 것이다. 그 점에서 홍진기의 논문은 현실과 유리되지 않은, 현실에서 발생하는 법적 문제 해결을 지향하는 법적 논증을 구사한다.

2. 경제적·유형론적 사고

둘째는 경제적·유형론적 사고이다.[83] 이는 교부금의 유형을 분석하는 작업에서 잘 드러난다. 홍진기는 경제적 사고를 발휘하여 실제 경제체계에서 교부금이 어떻게 이용되는지를 분석한다. 그리고 이를 다섯 가지 유형으로 구별한다. 설득력 있는 근거를 활용하여 기존의 통설이 인정하던 교

2016), 304쪽.

83) 유형론적 사고를 법이론적으로 분석하는 경우로는 Winfried Hassemer, *Tatbestand und Typus: Untersuchungen zur strafrechtlichen Hermeneutik* (Köln/Berlin, 1968) 참고. 이를 소개하는 문헌으로 양천수, 『법해석학』(한국문화사, 2017) 참고.

부금의 유형보다 더욱 넓게 이를 인정한다.

3. 비교법적 사고

셋째는 비교법적 사고이다. 이는 홍진기의 독일어 실력과도 무관하지 않다.[84] 홍진기는 독일어 독해 능력을 활용해 당시 교부금에 관해 독일 회사법학에서 이루어지던 논의를 정확하게 추적 및 소화한다. 더불어 그중에서 자신의 주장을 뒷받침할 만한 이론적 근거를 적절하게 확보한다.

4. 균형적 사고

넷째는 합병의 본질에 대한 균형적 사고이다. 홍진기는 합병의 본질에 관해 대립하던 사단법설과 재산법설 중에서 어느 한 쪽만을 선택하지 않고 양자를 균형 있게 수용한다. 두 학설의 관점을 모두 받아들여 합병의 본질을 파악한다.[85] 이에 따르면 합병은 두 층위로 구성된다. 사단법적 층위와 재산법적 층위가 그것이다. 주식회사가 합병되면 우선 사단법적인 측면에서 독자적인 두 개 이상의 법인격이 한 개의 법인격으로 통합된다.[86] 물론

---

84) 홍진기의 독일어 실력에 관해 홍진기와 친분이 있었던 전 대법원장 민복기는 다음과 같이 회고한다. "당시 니시하라 교수는 한 달에 한 번 독일법 강독회를 열었다. 그때 나는 대학을 졸업하고 경성지법 판사로 있을 때였지만 니시하라 교수의 독일법 강독회에는 빠지지 않고 참가했다. 경성제대의 일본인 학자와 현직 법관 등 30여 명이 강독회에 참가하고 있었는데 니시하라 교수의 조수 유민이 이 강독회의 진행을 맡고 있었다. 강독회의 주제와 토론 내용은 요약 정리되어 학내 잡지에 실리곤 했는데 독일어가 뛰어난 유민이 이 일을 주관해 처리했다." 김영희, 『이 사람아, 공부해』(민음사, 2011), 86쪽.

85) 이는 주식회사의 성격과 무관하지 않다. 한편으로 주식회사는 재단과는 구별되는 사단이지만 다른 한편으로 주식회사는 인적 회사와는 구별되는 물적 회사이다. 바로 이 점에서 주식회사는 사단법의 측면과 재산법의 측면을 모두 가질 수밖에 없다.

86) 다만 주식회사의 법인격과 사단법의 측면을 곧바로 연결하는 논증에는 의문이 없지

재산법설을 취하는 하헨부르크나 타케다, 오스미는 이를 '반신비적'이라고 비판하지만 홍진기는 주식회사를 사단으로 규정한 당시의 실정법에 충실하게 이러한 사단법적인 측면 역시 인정한다. 나아가 합병이 이루어지면 재산법적인 측면에서 해산회사의 재산이 존속회사나 신설회사에 '포괄승계'된다. 이 점에서 합병은 두 가지 법적 효과를 가진다고 말할 수 있다. 사단법적 효과와 재산법적 효과가 그것이다. 사단법적 효과로서 두 개 이상의 법인격은 한 개로 통합된다. 그리고 재산법적 효과로서 해산회사의 재산이 존속회사 또는 신설회사에 포괄적으로 승계된다.

5. 원리적 사고

다섯째는 원리적 사고이다. 홍진기는 교부금의 한계를 설정하기 위해 주식회사 합병의 '본질'을 탐구하고 이로부터 교부금의 한계를 논리적으로 이끌어낸다.[87] 주식회사 합병의 본질을 사단법적 성격과 재산법적 성격이 통합된 것으로 파악하면서 여기에서 "주식회사 합병에 있어서의 교부금의 '맥시멈'은 사단법적 계기의 '미니멈'"이라는 교부금 한계에 관한 명제를 도출한다. 이는 어찌 보면 19세기 독일 법학에서 융성했던 판덱텐 법학의 사고방식과 유사하다.[88] 본질적인 법원리와 법개념에서 개별적인 법개념이나 체계 등을 도출하는 것이다. 이러한 사고방식은 홍진기가 갖고 있던 철학적 관심이나 지향과도 무관하지는 않다고 추측된다.

않다. 왜냐하면 필자는 회사의 법인격이 논리 필연적으로 회사의 사단성과 연결된다고 생각하지 않기 때문이다. 이에 관해서는 제2장 제1절 참고.

87) 오늘날 우리 상법학은 이러한 접근 방식에 비판적인 태도를 보인다. 예를 들어 권기범, 『기업구조조정법』제4판(삼영사, 2011), 81쪽은 다음과 같이 말한다. "일본과 우리나라에서 다투어지고 있는 합병의 본질론은 그야말로 실제 문제 해결에 아무런 도움을 주지 못하는 실익 없는 논쟁이다. 어느 견해에 따르더라도 결과가 달라지지 아니하기 때문이다." 그러나 합병의 본질론이 전혀 의미가 없는지에는 의문이 없지 않다.

88) 판덱텐 법학에 관해서는 양천수, 『삼단논법과 법학방법』(박영사, 2021), 39쪽 아래 참고.

제3절 주식회사 합병의 본질과
교부금의 한계를 둘러싼 논쟁

Ⅰ. 타케다 쇼의 비판

1. 서론

1942년 2월『경성제국대학 법학회논집』에 게재된 논문으로 교부금의 유형과 한계를 치밀하게 다룬 홍진기의 연구는 당시 일본 상법학에 반향을 일으킨다. 이를테면 니시하라 칸이치 교수의 스승 격에 해당하는 도쿄제국대학 법학부 상법 교수인 타나카 코타로는 이 논문의 주요 내용을 인용해서 해설하는 글을 도쿄제국대학 학보에 싣기도 하였다.[1) 어쩌면 당시 주식회사의 합병에 관해 사단법설을 견지하는 타나카 코타로가 볼 때 홍진기의 논문은 사단법설의 대척점에 있는 재산법설에 대한 설득력 있는 비판, 더 나아가 도쿄대 학파와 경쟁 관계에 있던 교토대 학파에 대한 성공적인 공격으로 보였기에 그만큼 높게 평가하고 싶었을지도 모른다.

이처럼 학계의 큰 반향을 얻자 홍진기의 논문은 같은 해 12월에 공간된 일본의 대표적인 법률잡지인『민상법잡지』에서 당시 일본 상법학을 대표하는 법학자이자『민상법잡지』의 공동창간자인 타케다 쇼 박사의 분석 및 비판 대상이 된다. 타케다가 홍진기의 주장을 비판하는 논문을『민상법잡지』에 게재한 것이다.[2) 회사의 합병과 교부금에 관해 타케다 쇼가 수행한

---

1) 김영희, 『이 사람아, 공부해』(민음사, 2011), 89쪽.

선행 연구는 교부금에 관한 홍진기의 연구에서 중요한 역할을 하는 동시에 비판 대상이 되었기에 이러한 홍진기의 연구에 타케다 쇼가 반론을 제기한 것은 어찌 보면 당연하다고 말할 수 있다.3) 그러나 당대의 상법학자답게 타케다는 홍진기의 연구를 비평하는 논문 "다시 회사의 합병에 관하여"(再び會社の合併について)에서 홍진기의 논문을 비판만 하지는 않는다. 타케다는 홍진기의 연구가 실증과 이론 두 측면을 간절하게 취급하고 있어 비록 자신의 견해와 다른 점이 있지만 그 철저한 연구 태도에는 십분 경의를 표한다고 말한다.4) 비판을 하기에 앞서 상대를 인정하고 있는 것이다. 타케다가 볼 때 홍진기의 논문이 비판 대상으로 삼을 수 있을 정도의 높은 학문적 수준을 갖추었기에 이를 정면에서 비판하는 것으로 이해할 수 있다. 그러면서 타케다는 홍진기가 제시한 주식회사 합병의 본질 및 교부금의 유형과 한계에 반론을 제기한다. 당시 도쿄제국대학과 더불어 최고의 학문적 권위를 자랑하던 교토제국대학 법학부 교수를 역임한 당대 최고 수준의 상법학자가 식민지 제국대학인 경성제국대학의 조선인 조수가 쓴 논문을 정면에서 분석하고 반박을 가하는 것이다. 여기서 두 가지 점을 간취할 수 있다. 첫째는 타케다가 보여준 학문적 진지함이다. 당시 60세를 넘긴 타케다는 홍진기의 지위에 상관없이 오직 그 학문적 수준만을 보고 이를 진지하게 다루고 있는 것이다. 둘째는 이러한 타케다의 진지한 비평 대상이 될 정도로 홍진기의 논문은 높은 학문적 수준을 갖추고 있었다는 것이다.

---

2) 竹田省, "再び會社の合併について", 『民商法雜誌』第十六卷 第六号(1942. 12), 1-19쪽.
3) 타케다의 선행 연구는 竹田省, "會社合併について", 『民商法雜誌』第十二卷 第五号 (1940. 11), 1-20쪽을 말한다.
4) 竹田省, "再び會社の合併について", 『民商法雜誌』第十六卷 第六号(1942. 12), 1-2쪽.

2. 타케다 쇼의 학문적 배경

홍진기에 대한 타케다 쇼의 비판을 살펴보기에 앞서 타케다가 어떤 학문적 배경을 갖추고 있는지, 어떤 상법이론을 주장하는지 간략하게 살펴본다.

(1) 교토대의 상법학자

타케다 쇼는 주식회사 합병에 관해 유사한 견해를 주장하는 오스미 켄이치로 교수와 더불어 교토제국대학 법학부를 졸업하였다. 이후 교토제국대학 법학부 상법 담당 교수를 역임하였다. 법학부 교수를 퇴임한 이후에는 변호사로 활동하였다. 1935년에 마찬가지로 교토제국대학 법학부 교수를 역임한 당대 일본의 민법학자 스에카와 히로시(末川博: 1892-1977)와 함께 일본의 대표적 법률잡지인 『민상법잡지』를 창간하였다.[5] 이러한 경력에서 확인할 수 있듯이 타케다 쇼의 배경에는 교토대의 학풍이 자리한다. 이는 지도교수로서 홍진기에 많은 영향을 미친 니시하라 칸이치나 그의 스승 격에 해당하는 타나카 코타로가 도쿄제국대학 법학부를 졸업한 것과 차이가 있다. 그 때문에 다소 비약해서 말하면 홍진기와 타케다 쇼의 논쟁은 도쿄대 학풍의 상법학과 교토대 학풍의 상법학 사이에서 전개된 논쟁이라고도 말할 수 있다.

당시 일본의 대표적인 제국대학이던 도쿄대와 교토대는 학풍의 면에서 차이가 났을 뿐만 아니라 법학 이론의 측면에서도 서로 치열하게 경쟁을 하였다. 이를테면 도쿄대는 관료 양성을 중시하는 보수적이고 권위적인 학풍을 지녔다면 교토대는 창의성을 강조하는 자유로운 학풍과 대학의 자치를

---

5) 당시 도쿄제국대학 법학부 교수 와가츠마 사카에의 학문적 라이벌이기도 했던 스에카와 히로시는 1933년에 발생한 타키카와 사건으로 교토제국대학 법학부를 사직한다. 다치바나 다카시, 이규원 (옮김), 『천황과 도쿄대 2』(청어람미디어, 2008), 10쪽 아래 참고.

중시하였다.[6] 법학 이론의 측면에서도 대립하는 경우가 많았다. 민법학을 예로 들면 도쿄대의 경우에는 스에히로 이즈타로(末弘嚴太郎: 1888-1951)나 와가츠마 사카에(我妻榮: 1897-1973)가 물권행위의 독자성·무인성을 부인한 반면 스에카와 히로시 등은 이를 긍정하였다.[7] 나아가 형법학을 예로 보면 1933년에 발생한 교토대 사건의 장본인인 형법학자 타키카와 유키토키(瀧川幸辰: 1891-1962)가 객관주의 형법학을 지향하였다면 도쿄대의 형법학자 마키노 에이이치(牧野英一: 1878-1970)는 주관주의 형법학을 주창한 것으로 유명하다. 바로 이러한 교토대와 도쿄대 학풍 간의 차이가 타케다 쇼와 니시하라 칸이치 및 홍진기에도 영향을 미쳤다고 말할 수 있다.

(2) 교토대 학파의 상법이론

타케다 쇼와 오스미 켄이치로를 필두로 하는 상법학의 교토대 학파는 당시 통설로 자리 잡던 도쿄대 상법학과는 다른 관점에서 회사의 합병을 파악한다. 당시 통설을 대변하던 도쿄제국대학의 타나카 코타로는 회사의 합병을 사단법설의 견지에서 파악한다. 이에 따르면 독자적인 법인격을 지닌 2개 이상의 회사가 한 개의 법인격으로 합일되는 과정이 바로 회사의 합병이다.[8] 그렇지만 타케다 박사와 오스미 교수는 이러한 통설의 이해에 반대한다. 2개 이상의 독자적인 법인격이 1개의 법인격으로 합일된다는 것은 신비적인 비유로서 합리적으로 파악될 수 없다는 것이다. 예를 들어 오스미 교수는 "회사합병의 본질은 법률상으로도 회사재산의 포괄적 이전에 있는 것으로 해석해야 함이 명백하고, 말하자면 인격합병이라고 해야 할 무리한 관념을 가져와서 오히려 본체인 재산의 이전을 그 하나의 부속적 효

---

6) 이를 보여주는 다치바나 다카시, 이규원 (옮김), 『천황과 도쿄대 1』(청어람미디어, 2008), 501쪽 아래 참고.
7) 양창수, "김증한 교수의 생애와 학문 점묘", 『민법연구』제10권(박영사, 2019), 100쪽 참고.
8) 田中耕太郎, 『會社法概論』(岩波書店, 1926), 132쪽.

과라고 해야 할 이유는 추호도 없다.”고 한다.[9] 바로 이 점에서 교토대 상
법학의 실증적·분석적 접근방식이 잘 드러난다. 이는 법률행위를 채권행위
와 물권행위로 엄밀하게 구별하는 교토대 민법학의 태도에서도 어느 정도
확인할 수 있는데 교토대 상법학에서도 이러한 태도를 발견할 수 있는 것
이다. 이러한 견지에서 타케다와 오스미는 분석적이고 실증적인 재산의 측
면, 즉 재산법설의 견지에서 주식회사의 합병을 이해한다. 여기서 회사합병
에 대한 현물출자설이 도출된다. 이를테면 타케다 박사는 합병을 “해산회
사의 현물출자를 통한 존속회사의 증자(흡수합병) 또는 새로운 회사의 설
립”으로 규정한다.[10] 법인격의 합일이라는 은유적인 방식 대신 재산출자라
는 실증적인 방식으로 주식회사의 합병을 파악하는 것이다. 이때 분명히
짚고 넘어가야 할 점은 홍진기 자신은 통설과는 달리 재산법설의 관점에서
주식회사의 합병을 이해하는 이러한 주장 자체는 긍정적으로 평가한다는
것이다.[11]

3. 타케다 쇼의 비판

상법학의 교토대 학파를 대변하는 타케다 쇼 박사는 홍진기의 논문을 어
떻게 비판하는가? 이는 네 가지 측면에서 말할 수 있다.[12]

---

9) 大隅健一郎, “商法改正要綱に於ける會社合併の問題”, 『法叢』第二十六卷 第五号,
　80-88쪽; 홍진기, “주식회사 합병의 본질”, 홍진기법률연구재단 (편), 『유민 홍진기 법
　률논문 선집』(경인문화사, 2016), 84쪽에서 다시 인용. 다만 인격합병이라는 개념이
　무리한지에는 의문이 없지 않다.
10) 竹田省, “再び會社の合併について”, 『民商法雜誌』第十六卷 第六号(1942. 12). 인용
　은 홍진기법률연구재단 (편), 『유민 홍진기 법률논문 선집』(경인문화사, 2016), 304쪽.
11) 홍진기, “주식회사의 합병에 있어서의 교부금”, 홍진기법률연구재단 (편), 『유민 홍진
　기 법률논문 선집』(경인문화사, 2016), 68쪽.
12) 竹田省, “再び會社の合併について”, 『民商法雜誌』第十六卷 第六号(1942. 12),
　1-19쪽.

우선 타케다 박사는 독일에서 말하는 사단법적 의미와 재산법적 의미에 따라 자신이 전개한 주장을 분석하면 이는 재산법적인 것이 아니고 오히려 사단법적인 것으로 보아야 한다고 말한다.13) 요컨대 자신의 견해를 재산법적인 것으로 파악한 홍진기의 해석에 반대하는 것이다. 심지어 타케다는 주식회사의 합병에 관해 사단법설을 주장한 독일의 브로드만이나 피셔보다도 자신의 견해가 한층 더 순수한 사단법적인 견해로 볼 수 있다고 반박한다. 따라서 자신의 주장을 재산법적인 것으로 파악하면서 교부금의 한계에 관한 자신의 견해를 비판한 홍진기의 주장은 타당하지 않다고 말한다.

다음으로 타케다는 주식회사 합병에 관해 독일에서 융크 등에 의해 전개된 재산법설은 일본 상법학에서는 아무도 주장하지 않는다고 논평한다. 뿐만 아니라 타케다 자신도 독일의 재산법설이 일본 상법학에서 채용될 여지는 없다고 판단한다.14)

나아가 타케다는 홍진기가 정확하게 지적한 것처럼 일본 상법학의 통설은 주식회사 합병을 사단법설의 견지에서 파악한다는 점은 인정한다. 그렇지만 일본 상법학의 통설에서 주장하는 사단법설과 독일의 브로드만이나 피셔가 주장하는 사단법설은 같지 않다고 비판한다. 일본의 상법학과 독일의 상법학이 주식회사 합병에 관해 모두 사단법설을 주장하지만 그것은 결코 같은 의미를 지니는 사단법설은 아니라는 것이다.15)

마지막으로 타케다는 주식회사 합병의 본질에 관한 문제와 교부금의 한계에 관한 문제는 서로 필연적인 관계를 맺는 것이 아니라고 한다. 요컨대 "교부금의 허용 및 그 한도는 합병이 재산법적인 것이냐, 사단법적인 것이냐 따위에 따라 판단할 수 있는 것이 아니"라는 것이다.16)

---

13) 竹田省, "再び會社の合併について", 4쪽.
14) 竹田省, "再び會社の合併について", 6쪽.
15) 竹田省, "再び會社の合併について", 6쪽.
16) 竹田省, "再び會社の合併について", 3쪽 및 9쪽.

이러한 타케다의 비판을 정리하면 다음과 같다. 타케다는 주식회사 합병에 관해 당시 일본 상법학에서 주장하는 사단법설과 독일 상법학의 사단법설은 다르다고 말한다. 이러한 견지에서 볼 때 자신이 주장한 견해는 독일 상법학에서 주장하는 재산법설이 아닌 사단법설로 볼 수 있다. 주식회사 합병의 본질에 관한 문제와 교부금의 허용 및 한계에 관한 문제는 논리 필연적인 관계를 맺지 않는다.

II. 타케다 쇼의 비판에 대한 홍진기의 반론

1. 서론

앞에서 살펴본 것처럼 타케다 박사는 한편으로는 홍진기가 『경성제국대학 법학회논집』에 발표한 논문 "회사의 합병에서 교부금"의 학문적 수준을 인정하면서도 다른 한편으로는 이를 치밀하게 비판한다. 일본 민사법학을 대표하는 학술지 『민상법잡지』에서 홍진기의 논문을 정면에서 논평한 것이다. 이에 당시 경성지방법원 사법관 시보로 있던 홍진기는 같은 『민상법잡지』에 타케다의 비판을 반박하는 논문 "주식회사 합병의 본질"을 게재하였다.[17] 여기서 두 가지 점이 인상적이다. 첫째는 조선인 사법관 시보가 당대 일본 상법학 대가의 비판에 정면으로 도전을 했다는 점이다. 둘째는 이러한 반박 논문을 타케다 자신이 창간한 『민상법잡지』에서 받아들여 게재하였다는 점이다. 그만큼 홍진기의 반박 논문 역시 높은 학문적 수준과 설

---

17) "株式會社合併の本質: 竹田博士の高敎に關聯して", 『民商法雜誌』第十七卷 第五号 (1943. 5), 29-55쪽. 이 논문의 우리말 번역은 홍진기, "주식회사 합병의 본질: 다케다 (竹田) 박사의 고교(高敎)에 관련하여", 홍진기법률연구재단 (편), 『유민 홍진기 법률논문 선집』(경인문화사, 2016), 77쪽 아래 참고. 아래에서는 번역 논문으로 인용한다.

득력을 갖추었다는 점을 보여준다. 홍진기는 이 논문에서 타케다가 제기한 비판점을 일목요연하게 정리하면서 이에 차근차근 반박을 가한다.[18] 우선 주식회사 합병에서 말하는 사단법적 측면과 재산법적 측면이 뜻하는 바가 무엇인지, 이러한 기준에서 볼 때 일본 상법학에서 주식회사 합병에 관해 논의되는 학설을 어떻게 평가할 수 있는지 살펴본다. 다음으로 주식회사 합병에서 자본증가는 어떤 의미를 지니는지 검토한다. 마지막으로 주식회사 합병과 교부금은 어떤 관계를 맺는지를 분석한다.

2. 주식회사 합병에서 사단법적 측면과 재산법적 측면

(1) 주식회사 합병의 두 가지 측면

먼저 홍진기는 주식회사 합병이 지닌 사단법적 측면과 재산법적 측면이란 무엇인지, 이 중에서 무엇이 본질적인 것인지 검토한다. 홍진기에 따르면 주식회사가 합병되면 두 가지의 적극적 효과가 나타난다. 첫째, 해산회사의 주주가 존속회사 또는 신설회사에 병합된다. 둘째, 해산회사의 재산이 존속회사 또는 신설회사에 포괄승계 된다. 이때 첫 번째 효과인 "주주의 합일(Vereinigung der Mitglieder)은 그 사단법적 측면(Korporationsrechtliche Seite)을 이루고, 재산의 합일(Vereinigung der Vermögen)은 그 재산법적 측면(vermögensrechtliche Seite)을" 이룬다고 한다.[19] 이러한 두 측면 중에서 무엇이 주식회사 합병의 본질을 이루는지 문제된다. 홍진기는 이에 대한 답변이 주식회사 합병의 본질을 규정하고 이에 따라 다음 세 가지 문제도 해결된다고 말한다. 해산회사의 주주가 되는 존속회사는 해산회사의 합병 결의에서 결의권을 행사할 수 있는가, 주식 이외에 교부금을 급여하는 것은 허용되는가, 존속회사에는 반드시 자본증가가 있어야 하는가의 문제가

---

18) 홍진기, "주식회사 합병의 본질", 78-79쪽.
19) 홍진기, "주식회사 합병의 본질", 80쪽.

그것이다.[20)

홍진기에 의하면 여기서 사단법설과 재산법설이 도출된다. 사단법설은 "법인격의 이행(Übergang der Rechtspersönlichkeit)에 의한 주주의 병합을 제1차적인 것으로 보고, 재산의 이행(Übergang des Vermögens)을 부차적인 것으로 간주"한다.[21) 반대로 재산법설은 "재산의 이전이야말로 합병에 있어 본질적인 것이고 주주의 병합은 기껏해야 그 결과에 지나지 않는 것"이라고 한다.[22)

(2) 독일의 논의

1) 독일 상법전(HGB)의 태도

다음으로 홍진기는 주식회사 합병에 관한 독일의 논의를 다시 한번 상세하게 검토한다. 그 이유는 타케다의 비판과는 달리 독일에서 진행되는 사단법설 및 재산법설의 논의가 일본 상법학에서 이루어지는 논의와 서로 관련을 맺고 있음을 밝히기 위해서였다. 이러한 견지에서 홍진기는 우선 독일 상법전(HGB)이 주식회사 합병을 어떻게 파악하였는지 검토한다. 홍진기에 따르면 독일 상법전(HGB)은 재산법설의 견지에서 주식회사의 합병을 규정하였다. 왜냐하면 일반 규정인 제303조에서 회사의 재산에 대한 전부양도를 규정한 후 이어 특별 규정인 제305조 및 제306조에서 합병을 규정하였기 때문이다. 말하자면 주식회사 합병은 영업양도의 특수한 형태라는 것이다. 이에 따라 주식회사 합병에 대한 재산법의 측면이 전면에 등장한다. 이에 따르면 "주식회사의 합병이란 바로 주식과 맞바꾸는 재산의 양도

---

20) 홍진기, "주식회사 합병의 본질", 80쪽.
21) 다만 법인격의 합일과 주주의 합일, 즉 법인격의 통합과 사단의 통합이 서로 논리 필연적인 관계를 맺는지에는 의문이 없지 않다.
22) 홍진기, "주식회사 합병의 본질", 80쪽.

이고, 재산이 없어진 회사의 소멸은 그 결과에 지나지" 않는다. 결국 독일 상법전(HGB)에 따르면 "합병은 영업양도의 한 아종(亞種)으로서 그 차이는 합병이 주식과 맞바꾸는 재산양도(Vermögensveräusserung gegen Aktien)인데 대하여 영업양도는 금전과 맞바꾸는 재산양도(Vermögensveräusserung gegen Geld)일 뿐"이라고 한다.23)

2) 사단법설

이어서 독일 상법전(HGB)과는 달리 주식회사 합병을 사단법적인 측면에서 접근하는 견해를 분석한다. 이러한 견해를 대변하는 피셔, 레만(Karl Lehmann: 1858-1918), 브로드만, 하이만(Ernst Heymann: 1870-1946), 슐체-폰 라소(Hermann Schultze-von Lasaulx: 1901-1999)의 주장을 상세하게 소개 및 분석한다. 이를 통해 홍진기는 타케다가 비판하는 것처럼 독일의 사단법설과 일본의 사단법설은 전혀 별개의 주장인지 검증한다. 우선 피셔는 다음과 같이 말한다.24)

> "합병은 사단법적 행위이다. 바로 그렇기 때문에 존속회사로부터의 반대급부는 원칙적으로 그 주식이어야 한다. 더욱이 그 주식은 특히 그 때문에(ad hoc) 행해진 자본증가결의에 의해 발행된 것이 아니면 안 된다. 해산회사의 주주는 그 재산을 존속회사로 옮기고 그 때문에 해산한 회사의 사원권을 포기하는 대신에 존속회사의 사단적 행위(korporativer Akt)에 의하여 그 사원권을 부여받아 그 사원으로서 수용(aufnehmen)된다. 합병이라는 행위에 있어서는 해산된 사단은 소멸(untergehen)한다고 하기보다는 오히려 확충된 다른 사단 안으로 이행(aufgehen)하는 것이다."

---

23) 홍진기, "주식회사 합병의 본질", 81쪽.

24) R. Fischer, "Die Aktiengesellschaft", in: *Ehrenbergs Handbuch des gesamten Handelsrechts* Bd. III, Abt. I (Leipzig, 1922), S. 417; 홍진기, "주식회사 합병의 본질", 81쪽에서 다시 인용.

이러한 주장은 독일에서 말하는 사단법설이 무엇인지를 잘 보여준다. 피셔의 주장에서 눈에 띄는 것은 크게 세 가지이다. 첫째, 주식회사 합병은 사단법적 행위라는 점이다. 둘째, 주식회사가 합병될 때 해산회사의 주주가 존속회사로부터 받는 반대급부는 원칙적으로 주식, 달리 말해 사원권이어야 한다는 점이다. 셋째, 주식회사가 합병됨으로써 해산회사는 마치 청산되는 것처럼 사라지는 것이 아니라 존속회사로 이전된다는 것이다. 홍진기에 따르면 이러한 설명의 원형은 레만에서 찾아볼 수 있다. 레만은 다음과 같이 말한다.25)

> "합병이란 2개 이상의 회사가 하나의 회사로 합일되는 것이다. 이 합일의 방법은 가지가지이다. 즉, 합병은 합병하는 회사가 모두 기존의 법인격을 새로운 회사를 위하여 포기하거나 또는 그 한 회사가 다른 회사 안으로 이행(aufgehen)함으로써 행해진다."

여기서 레만은 주식회사 합병을 별개의 법인격이 한 개로 합일되는 것으로 본다. 하헨부르크나 타케다가 비판하는 반신비적인 은유를 레만의 주장에서 찾아볼 수 있는 것이다. 그 점에서 레만의 주장은 가장 순수한 사단법설의 모습을 보여준다. 물론 이미 언급한 것처럼 주식회사 합병이 이루어지면 법인격의 합일이라는 법적 효과 이외에도 재산법적 효과 역시 발생한다. 그러나 피셔가 언급한 것처럼 이는 원칙적으로 주식의 급여 형태로만 이루어져야 한다. 홍진기는 브로드만을 인용하여 이를 다음과 같이 표현한다. 사단법설에 따라 주식회사 합병을 이해하면 "합병에 의한 재산의 양도는 반대급부에 대한 급부(Leistung gegen Gegenleistung) 내지 쌍무적 법률행위는 아니고, 참가를 위한 급부(Leistung gegen Beteiligung)"가 된다는 것

---

25) Karl Lehmann, *Das Recht der Aktiengesellschaften*, Bd. 2 (Berlin, 1904), S. 523-524; 홍진기, "주식회사 합병의 본질", 82쪽에서 다시 인용.

이다.26) 영업양도의 형식으로 회사의 재산을 양도하는 것이 '반대급부에 대한 급부'라면 주식회사 합병은 '참가를 위한 급부'라는 것이다. 이러한 설명방식은 하이만에서도 찾아볼 수 있다.27)

> "합병은 사단법적 행위이다. 그러므로 여기서는 BGB 제433조·제515조의 의미에 있어서의 가격이 약속되고 수여되는 것이 아니고, 2개의 주식회사의 회사법적 합일(eine gesellschaftliche Verschmelzung)이 행해지고, 반대급부로서는 오직 회사법적 권리(gesellschaftliche Rechte)만이 주어져 해산회사는 남김없이 존속회사에 이행된다."

하이만의 주장은 주식회사 합병에 관한 사단법설의 주장을 핵심적으로 보여준다. 합병은 사단법적 행위라는 점, 이로 인해 회사가 합일된다는 점, 그에 대한 반대급부로는 회사법적 권리만이 주어진다는 것이다. 마지막으로 홍진기는 주식회사의 합병을 사단법적 합동행위로 명확하게 규정하는 슐체 폰 라소의 견해를 인용한다.28)

> "합병은 사단법적 요소와 함께 개인법적 재산법적 요소를 하나로 하고 있다. 그러나 사단법적 원리(korporationsrechtliche Grundsätze)에 압도적으로 지배받고 있다. 아니, 합병은 몇몇의 연쇄적인 개별적 행위, 즉 이른바 합병계약·당사회사의 총회결의·법원에 대한 신고와 등기 등을 통합하는 사단법적 합동행위(ein korporationsrechtlicher Gesamtakt)이다. 이 합동행

---

26) Erich Brodmann, "Warum sind bei Fusionen Zuzahlungen wider das Gesetz?", in: *ZBH* (1927), S. 124 ff.; 홍진기, "주식회사 합병의 본질", 82쪽에서 다시 인용.

27) Ernst Heymann, "Aktienrechtliche Fusion", in: *ZHR* 92, S. 220-221; 홍진기, "주식회사 합병의 본질", 82쪽에서 다시 인용.

28) Hermann Schultze-von Lasaulx, "Zur Fusion von Aktiengesellschaften und Genossenschaften", in: *Iherings Jahrbücher für die Dogmatik des bürgerlichen Rechts* 79 (1931), S. 354; 홍진기, "주식회사 합병의 본질", 82-83쪽에서 다시 인용.

위를 무조건적으로 개인법적 행위(Rechtsgeschäft des Individualrechts)에 비(比)해서는 안 된다. 왜냐하면, 합병은 개인법과는 전혀 친할 수 없는 존속회사에 의한 주주의 합병과 등기라는 점에서 사단법적 규정에 따르면서 동시에 HGB 제303조에 의한 재산의 양도행위라는 재산법적인 핵심을 가지고 있기 때문이다."

슐체 폰 라소의 주장은 다음과 같이 정리할 수 있다. 주식회사 합병은 사단법적 요소와 재산법적 요소를 모두 지닌다. 그렇지만 합병은 사단법적 원리가 압도적으로 지배하는 사단법적 합동행위이다.29) 이는 개인적 권리를 형성하는 민법의 법률행위와 구별된다.

3) 재산법설

홍진기는 이처럼 상세하게 사단법설을 인용하는 데 반해 재산법설은 간략하게 소개하는 데 그친다. 홍진기는 재산법설을 주장하는 독일의 학자로 융크, 울만(Jacob Ullmann), 브라이트(Breit)와 더불어 이전 논문에서 상세하게 소개한 바 있는 하헨부르크를 언급한다.30) 그중 하헨부르크에 의하면 주식회사 합병은 다음과 같이 파악된다.31)

---

29) 이때 말하는 '합동행위'(Gesamtakt)란 일련의 연속되는 개개 행위가 통합되어 있는 행위를 뜻한다. 이렇게 보면 합동행위는 '행위'라기보다는 '소통'(Kommunikation)의 일종으로 파악하는 게 더욱 적절하다.

30) J. Junck, "Sind bei der Fusion (Verschmelzung) zweier AGen. neben der Gewährung von Aktien auch andere Leistungen zulässig?", in: *LZ* (1924), S. 489 ff.; Jacob Ullmann, *Die Veräusserung des Vermögens einer Aktiengesellschaft im Ganzen* (München, 1915); Breit, "Fusion und Aktienrechtsreform?", in: *ZHR* 95, S. 23 ff.; Max Hachenburg, "Sind bei der Fusion zweier AGen. neben der Gewährung von Aktien auch andere Leistungen zulässig?", in: *LZ* (1911), S. 646 ff.; 홍진기, "주식회사 합병의 본질", 83쪽에서 다시 인용.

31) 홍진기, "주식회사 합병의 본질", 83쪽.

"합병을 2개의 주식회사가 하나의 새로운 법인으로 합일(vereinigen)되는 행위라고 하고, 존속회사로부터 해산회사의 주주에게 주는 교부금의 지급을 개념적으로 생각할 수 없다고 하는 것은 삼가야 한다. 이러한 반신비감(半神祕感, halbmytisches Gefühl)이 통설의 기초에 깔려 있는 것 같다. 그러나 합병은 해산회사의 재산이 다른 회사에 양도됨으로써 행하여진다. 주주를 수용하는 것은 다만 기업의 획득의 대가로서 주식이 급여되는 결과에 지나지 않는다."

이러한 하헨부르크의 주장은 재산법설이 주장하는 바를 정확하게 보여준다. 주식회사의 합병으로 인해 나타나는 법적 효과를 재산법의 측면에서만 파악한다. 2개 이상의 주식회사가 한 개의 회사로 합일된다는 것, 즉 복수의 법인격이 한 개의 법인격으로 융합된다는 것은 신비적인 것으로 받아들일 수 없다는 것이다. 합병은 회산의 재산양도와 같은 것이고 다만 그 반대급부로 금전이 아닌 주식이 지급되는 데 차이가 있을 뿐이다. 이렇게 보면 주식회사 합병에서 교부금 역시 인정할 수 있다는 것이다.

(3) 일본 상법학의 논의

1) 통설의 견해

홍진기는 독일 상법학의 논의를 치밀하게 분석한 후 일본 상법학에서는 주식회사 합병을 어떻게 파악하는지 검토한다. 홍진기는 통설을 대표하는 견해로 타나카 코타로의 주장을 인용한다. 이에 의하면 "회사의 합병이란 두 개 이상의 회사가 하나로 되는 물권적 효력을 가지는 일종의 특별한 계약으로서 주주의 병합은 그 주된 당연한 결과이고, 재산의 병합은 합병계약에 부수케 된 결과에 지나지 않는다."[32] 이를 분석하면 다음과 같다. 주

---

32) 田中耕太郎, 『會社法槪論』(岩波書店, 1926), 132쪽; 홍진기, "주식회사 합병의 본

식회사의 합병은 두 개의 회사가 한 회사로 합일되는 것이다. 이에 따른 주
된 결과는 해산회사와 존속회사의 주주가 병합되는 것이다. 합병으로 나타
나는 재산의 병합은 부수적인 결과에 불과할 뿐이다.

홍진기에 따르면 이러한 통설의 주장은 독일에서 레만이나 피셔, 하이만
이 주장한 사단법설과 동일하다. 법인격의 합일과 주주의 병합이라는 사단
법적 측면이 전면에 나오기 때문이다. 홍진기는 이러한 근거에서 타케다의
주장을 비판한다. 타케다는 독일에서 주장되는 사단법설과 일본에서 주장
되는 사단법설은 "전혀, 취지가 다르다."고 하는데 홍진기는 독일의 사단법
설을 상세하게 인용 및 분석함으로써 이 주장을 반박한다.[33]

2) 오스미와 타케다의 견해

홍진기는 타케다의 견해는 분명 사단법설이 아닌 재산법설에 속한다고
말한다. 이를 논증하기 위해 홍진기는 타케다와 유사한 주장을 펼친 오스
미의 견해를 상세하게 인용 및 검토한다. 홍진기가 볼 때 오스미는 다음과
같이 사단법설을 취하는 통설에 의문을 제기한다.[34]

> "법인격을 가진 사단으로서의 회사를 합쳐 하나의 회사로 하는 것이
> 법리상 과연 가능한가. 또 설사 가능하다 하더라도 회사의 합병을 그런
> 행위로 보는 것이 합병제도 본래의 목적으로 보아 타당한가는 의심치 않
> 을 수 없다."

질", 83-84쪽에서 다시 인용.

33) 홍진기, "주식회사 합병의 본질", 84쪽. "다케다(竹田) 박사가 일본의 통설은 독일에
서의 이른바 사단법적이라고 일컫는 것과는 '전혀, 취지가 다르다'고 하는 것은 참으
로 이해하기 곤란한 바다."

34) 大隅健一郎, "商法改正要綱に於ける會社合併の問題", 『法叢』第二十六卷 第五号,
80-88쪽; 홍진기, "주식회사 합병의 본질", 84-85쪽에서 다시 인용.

여기서 오스미는 사단법설의 핵심 주장, 즉 별개의 법인격을 지닌 회사가 한 개의 법인격으로 통합될 수 있는지에 의문을 제기한다. 마치 독일의 하헨부르크가 언급한 것처럼 법인격이 합일된다는 주장은 반신비적인 것으로 법학에서 수용하기 어렵다는 것이다. 이어서 오스미는 다음과 같이 합병의 본질을 새롭게 파악한다.35)

> "도시 법률이 회사에 대하여 특히 합병이란 제도를 인정한 이유는, 말할 나위도 없이 기업의 유지 즉 회사로서 청산에 의한 기업의 해체에 따르는 경제상의 불이익을 면하게 하고자 하는데 있다. 그리고 법률이 그 목적을 위해 채택하여온 수단이 회사재산의 포괄승계에 의한 이전이다. 우리는 다만 이 사실을 직시하면 된다. 그렇다면 회사합병의 본질은 법률상으로도 회사재산의 포괄적 이전에 있다고 해석해야 한다는 것이 명백하고, 이를테면 인격합병이라고나 해야 할 무리한 관념을 잡아와서 오히려 본체인 재산의 이전을 가지고 그 하나의 부수적 효과라고 할 이유는 추호도 없다."

위에서 확인할 수 있듯이 오스미에 의하면 주식회사의 합병이란 기업 청산이라는 방식으로 기업을 해체하는 데 수반되는 경제적 불이익을 회피하기 위한 수단에 불과하다. 이러한 근거에서 오스미는 합병의 본질은 회사재산을 포괄적으로 이전하는 데 있지 인격합병이라는 무리한 관념에 있는 것이 아니라고 한다. 이는 사단법설의 주장을 명확하게 비판하는 것인 동시에 독일에서 하헨부르크 등에 의해 주장되는 재산법설과 같은 의견을 제시하는 것으로 볼 수 있다. 나아가 오스미는 해산회사의 주주가 존속회사나 신설회사의 주주로 되는 현상은 다음과 같이 설명한다.36)

---

35) 홍진기, "주식회사 합병의 본질", 84쪽.
36) 홍진기, "주식회사 합병의 본질", 84-85쪽.

"나도 일본상법상의 합병에 있어서는 해산회사의 사원이 존속회사 또
는 신설회사의 사원이 되는 것을 요건으로 한다고 생각하나, 그것은 합
병이 법률상 사단법인을 합일하는 행위여야 하기 때문이 아니라, 상법규
정의 해석상 인정되어야 할 한 결과이고, 통설과는 그 의미가 전혀 같지
않다."

이러한 오스미의 주장을 홍진기는 다음과 같이 이해한다. 오스미는 "합
병의 본질은 재산의 병합·포괄승계에 있는 것이지, 주주의 병합·인격의 병
합에 있는 것은 아니며, 아니, 오히려 후자야말로 전자의 부수적 효과에 지
나지 않는다고 갈파하는 것"이라고 한다.37) 요컨대 오스미에 따르면 주식
회사가 합병됨으로써 발생하는 본래적 효력은 재산법적 효력, 즉 회사 재
산의 병합 또는 포괄승계이다. 주주의 병합이나 법인격의 합일은 상법이라
는 실정법의 효력에 따라 객관적으로 부여되는 것에 지나지 않는다는 것이
다. 이의 연장선상에서 오스미는 다음과 같이 말한다.38)

"회사의 합병은 회사재산을 전체로서 이전하는바 행위이고, 그런 한에
있어서는 합병도 회산의 영업 전부의 양도도, 다를 바는 없는 것이나, 그
이전이 전자에 있어서는 다른 회사에 대한 재산출자라는 의미를 가지는
데 반하여, 후자에 있어서는 매매 또는 교환으로서 행해진다는 점에 그
근본적 상이가 있다."

3) 타케다의 비판 반박

위에서 알 수 있듯이 오스미는 재산법설의 견해를 한층 더 밀고 나가 주
식회사 합병은 영업양도와 본질적으로 다르지 않다고 말한다. 다만 재산출

---

37) 홍진기, "주식회사 합병의 본질", 85쪽.
38) 大隅健一郎, "商法改正要綱に於ける會社合併の問題", 87쪽; 홍진기, "주식회사 합
병의 본질", 85쪽에서 다시 인용.

자라는 형식을 빌려 영업양도가 수행된다는 점에서 매매 또는 교환으로 영업양도가 이루어지는 경우와 차이가 날 뿐이라고 한다. 홍진기는 이러한 오스미의 견해야말로 "재산법적 계기의 강조의 극한을" 보여주는 것으로 이는 독일에서 주장되는 "합병의 재산법적 구성의 순수형"이라고 평가한다. 그러면서 "독일에 있어서의 이른바 재산법적 견지는 일본에 있어서는 누구에 의해서도 주장된 바 없다."고 말하는 타케다의 비판에 의문을 제기한다.[39] 타케다의 비판과는 달리 일본 상법학에서도 분명 그와 친분이 있는 교토제국대학의 상법학자 오스미에 의해 독일의 순수한 재산법설과 흡사한 주장이 제시되기 때문이다.

이러한 상황에서 홍진기는 문제 상황을 한 번 더 근본적으로 밀고 나간다. 주식회사 합병의 본질을 사단법적 측면에서 볼 것인가 아니면 재산법적 측면에서 볼 것인가는 하는 문제는 주식회사의 본질을 무엇으로 볼 것인가와 관련을 맺는다는 것이다. 이를 홍진기는 다음과 같이 말한다.[40] "좀 더 단적으로 말한다면, 주식회사 합병에 있어서의 사단법적·재산법적이란 문제는, 실은 주식회사 그 자체의 사단법적·재산법적이란 문제의 축도적(縮圖的) 현현(顯現)에 불과한 것이 아니겠는가."

그러면 홍진기는 주식회사의 본질을 무엇으로 보는가? 나아가 주식회사 합병의 본질을 어떻게 파악하는가? 먼저 홍진기는 그 당시 독일 나치 정권 아래서 주식회사가 어떻게 파악되는지를 분석한다. 이에 따르면 주식회사의 사단성이 퇴색되고 물적 회사, 이익회사의 성격이 강하게 드러난다.[41]

---

39) 홍진기, "주식회사 합병의 본질", 85쪽.
40) 홍진기, "주식회사 합병의 본질", 86쪽.
41) 이는 주식회사의 사단성에 대한 비판으로 이어진다. 이러한 비판은 니시하라의 스승인 스위스의 상법학자 비란트(Carl Albert Wieland)에서 찾을 수 있다. Carl Albert Wieland, *Handelsrecht, Erster Band: Das Kaufmännische Unternehmen Und Die Handelsgesellschaften* (Berlin, 1931), S. 366 ff. 참고(다만 이 책에는 'Karl'로 표기되어 있다). 비란트의 주장이 니시하라를 거쳐 홍진기로 이어진 것이다. 홍진기, "주식회사 합병의 본질", 86쪽에서 다시 인용. 여기서 홍진기는 다음 문헌도 인용한다.

홍진기는 당시 진행되는 "주식회사의 구조변혁은 그 물적 요소를 현재화하
고 인적 요소를 후퇴시키면서 사단형태로부터 재단형태로 발전하는 것으
로 생각된다."고 한다.[42] 이로 인해 새롭게 제정된 당시의 독일 주식회사법
제233조는 합병의 본질을 규정하면서 사단법적 측면과 재산법적 측면을 모
두 고려한다고 말한다.[43] 여기에는 "합병에 있어서의 사단법적 계기에다
재산법적 계기가 융연(融然)히 녹아들어" 있다고 한다. 그러면서 홍진기는
"합병의 본질은 재산의 합일·포괄승계에 있다"고 한다. 그 점에서 홍진기
는 주식회사의 합병에 관해 재산법설의 관점을 더욱 지향한다고 말할 수
있다. 이는 홍진기가 스승인 니시하라 그리고 니시하라의 스승인 비란트를
좇아 주식회사에서는 사단성이 약화된다는 주장을 따르고 있음을 고려할
때 논리 필연적인 것이라 말할 수 있다. 재단과 유사한 물적 회사로서 사단
성이 약해지는 주식회사의 본질을 고려할 때 주식회사의 합병에서도 재산
법적 측면을 더욱 중시해야 한다는 것이다.

그렇지만 홍진기는 당시 일본 상법이 주식회사를 여전히 사단으로 규정
하고 있는 점을 고려할 때 사단에 해당하는 주식회사가 합병되는 과정에서
사단적 측면을 완전히 도외시할 수 없다고 한다. 다시 말해 "주주의 병합이
라는 사단법적 계기를 전적으로 사상(捨象)해 버릴 수는 없다"고 한다.[44]
이렇게 보면 홍진기는 실정법의 태도에 충실하게 주식회사가 사단의 측면
과 재단의 측면을 모두 가지는 것으로 파악한다고 말할 수 있다.[45] 쉽게

Johannes C.D. Zahn, "Gegen den körperschaftlichen Aufbau des Aktiengesellschaft",
in: *Deutsche Justiz* 97 (1935), S. 27-29; 松田二郎, 『株式會社の基礎理論: 株式關係
を中心として』(岩波書店, 1942), 76쪽 아래 등. 다만 마츠다 지로 자신은 주식회사
의 사단성을 옹호한다. 松田二郎, 같은 책, 147쪽 아래 참고.
42) 여기서 홍진기는 西原寬一, "新刊批評 松田博士著 株式會社の基礎理論", 『法時』十
四卷 十二号, 59쪽 아래를 인용한다. 스승인 니시하라의 주장을 따르는 것이다.
43) 홍진기, "주식회사 합병의 본질", 87쪽.
44) 홍진기, "주식회사 합병의 본질", 88쪽.
45) 이 점에서 홍진기의 법실증주의적 태도를 읽을 수 있다.

말해 (재산법적 계기에 비중을 두는) 절충적인 태도를 취하는 것이다. 이러한 맥락에서 홍진기는 주식회사 합병 역시 절충적인 측면에서 파악한다.

이러한 홍진기의 관점에서 볼 때 회사재산의 포괄승계에서 합병의 본질을 찾거나 회사의 합병을 "현물출자로써 하는 회사의 자본증가(흡수합병) 또는 설립(신설합병)"과 다를 바 없다고 보는 오스미의 주장은 독일의 재산법설과 동일한 견해이다. 그렇다면 타케다 본인도 인정하는 것처럼 오스미와 거의 유사하게 주식회사 합병을 "해산회사의 영업 전부로써 존속회사의 자본증가 또는 신회사의 설립"으로 파악하는 타케다의 견해 역시 재산법설의 일종으로 파악할 수 있다.46) 뿐만 아니라 타케다는 독일의 하헨부르크처럼 주식회사 합병을 "두 개 이상의 회사가 하나로 되는 물권적 효력을 가지는 일종의 특별한 계약"으로 파악하는 것은 로맨틱한 비유에 지나지 않는다고 한다.47) 바로 이를 근거로 하여 홍진기는 타케다의 주장을 재산법설로 파악하는데 이에 반해 타케다는 자신의 주장은 독일의 브로드만이나 피셔가 주장한 사단법설과 같다고 비판한다. 이러한 타케다의 주장은 홍진기가 볼 때 분명 모순적인 것이다. 홍진기는 이를 다음과 같이 논증한다.

홍진기에 따르면 타케다는 오스미와 마찬가지로 합병을 '존속회사의 자본증가 또는 신설회사의 설립'으로 이해한다. 그러면서도 타케다는 "존속회사가 해산회사의 주주를 그 조직 속에 수용하는 것이 합병의 본체"라고 말한다. 아마 이를 근거로 하여 타케다는 자신의 주장을 사단법설로 이해하는 듯싶다. 그렇지만 홍진기가 정확하게 지적하는 것처럼 주식회사 합병을 "현물출자로써 하는 자본증가 또는 설립"이라고 보는 주장과 "존속회사가 해산회사의 주주를 그 조직 속에 수용하는 것이 합병의 본체"라는 주장 사이에는 필연적인 연관이 없다.48) 이러한 근거에서 홍진기는 타케다가 자

---

46) 홍진기, "주식회사 합병의 본질", 88쪽.
47) 홍진기, "주식회사 합병의 본질", 88쪽.
48) 홍진기, "주식회사 합병의 본질", 89쪽.

신의 주장을 사단법설이라고 주장하는 부분을 논박한다. 홍진기의 비판을 전체적으로 파악하면, 타케다의 견해가 사단법설로 이해되려면 "현물출자로써 하는 자본증가 또는 설립"이라는 주장과 "존속회사가 해산회사의 주주를 그 조직 속에 수용하는 것이 합병의 본체"라는 주장 사이에서 후자가 더 본질적이라는 점을 밝혀야 한다는 것이다. 그런데 타케다는 전자를 더 본질적인 것으로 보기에 그의 주장은 사단법설이 될 수 없다는 것이다.

3. 주식회사 합병에서 자본증가 문제

나아가 홍진기는 주식회사를 합병할 때 자본증가가 반드시 필연적인 것인지 의문을 제기한다. 이러한 의문은 합병의 본질을 "현물출자로써 하는 자본증가 또는 설립"으로 규정하는 타케다의 주장을 겨냥하는 것이기도 하다. 만약 합병의 본질을 자본증가에서 찾을 수 있다면 주식회사 합병에는 언제나 자본증가가 동반되어야 한다. 그러나 자본증가를 수반하지 않는 합병 역시 존재한다면 주식회사 합병을 "현물출자로써 하는 자본증가 또는 설립"으로 파악하는 주장은 설득력을 잃는다. 이러한 이유에서 홍진기는 주식회사를 합병할 때 자본증가가 필연적인 것인지 의문을 제기하는 것이다.49)

물론 홍진기가 인정하듯이 일반적으로 주식회사가 합병되면 존속회사 또는 신설회사의 재산은 증가한다. 이는 사단법설을 취하는 독일 상법학자의 주장에서도 발견된다. 예를 들어 레만에 따르면 흡수합병에서는 "현물출자가 등장하는 자본증가"가 나타나고 신설합병은 "현물출자가 있는 변태적(變態的) 설립(qualifizierte Gründung)"으로 볼 수 있다.50) 브로드만은

---

49) 홍진기, "주식회사 합병의 본질", 90-91쪽.
50) Karl Lehmann, *Das Recht der Aktiengesellschaften*, Bd. 2 (Berlin, 1904), S. 524 ff; 홍진기, "주식회사 합병의 본질", 90쪽에서 다시 인용. 다만 레만이 순수하게 사단법설을 취하는지는 명확하지 않다.

"HGB의 이른바 합병이란 존속회사의 입장에서 말하면, 변태적 자본증가 (qualifizierte Kapitalerhöhung) 바꾸어 말하면 오로지 현물출자만에 의한 자본증가"라고 말한다.[51]

그러나 홍진기는 합병의 본질을 자본증가에서 찾는 타케다와 오스미의 주장에 의문을 제기한다. 두 가지 근거를 제시한다. 첫째, 홍진기는 하이만의 주장을 인용하여 합병은 "현물 자본증가의 관념보다 훨씬 더 포괄적"이라고 한다.[52] 자본증가라는 개념 표지로 주식회사 합병을 완전하게 대체할 수는 없다는 것이다. 둘째, 앞에서 본 것처럼 홍진기는 "존속합병에 있어서 자본증가는 그렇게 꼭 필연적인 것일까" 의문을 제기한다. 이의 연장선상에서 "자본증가를 수반하지 않는 합병(Verschmelzung ohne Kapitalerhöhung) 같은 것은 무효인 것"인지 의문을 제기한다.[53] 이러한 의문을 해결하기 위해 홍진기는 흡수합병에서 자본증가를 수반하지 않는 네 가지 유형을 검토한다. 첫째는 존속회사가 해산회사의 주식을 가지고 있을 때이고, 둘째는 존속회사가 자기주식을 가지고 있을 때이며, 셋째는 해산회사가 존속회사의 주식을 가지고 있을 때이고, 넷째는 해산회사가 자기주식을 가지고 있을 때이다.[54]

그러면 이렇게 자본증가가 이루어지지 않는 경우 당해 흡수합병은 무효가 되는 것일까? 이에 관해 홍진기는 다시금 독일의 사단법설과 재산법설의 주장을 인용한다. 먼저 사단법설은 흡수합병에서 자본증가는 필연적이라고 말한다. 예를 들어 피셔는 다음과 같이 말한다.[55]

---

51) Erich Brodmann, "Über den Bericht der Aktienrechtskommission des Juristentags", in: ZHR 94, S. 81; 홍진기, "주식회사 합병의 본질", 90쪽에서 다시 인용.

52) Ernst Heymann, "Aktienrechtliche Fusion", in: ZHR 92, S. 222; 홍진기, "주식회사 합병의 본질", 90-91쪽에서 다시 인용.

53) 홍진기, "주식회사 합병의 본질", 91쪽.

54) 홍진기, "주식회사 합병의 본질", 91-94쪽.

55) R. Fischer, "Die Aktiengesellschaft", in: Ehrenbergs Handbuch des gesamten Handelsrechts Bd. III, Abt. I (Leipzig, 1922), S. 417; 홍진기, "주식회사 합병의 본

"합병은 사단법적 행위이다. 그러므로 존속회사의 반대급부는 그 주식
이어야만 한다. 더욱이 특히 그 때문에(ad hoc) 행한 자본증가결의에 따라
발행된 주식이 아니면 안 된다. 만일 허용될 수 있는 교부금 이외에 자기
주식이든, 개인법적 행위에 의하여 기왕의 주주로부터 단순히 유가증권으
로서 취득한 것이든, 그것을 급여한다면 다같이 개인법적·비사단법적 행
위가 있었는데 불과하다."

홍진기는 피서의 주장을 다음과 같이 이해한다. "즉, '금전과 맞바꾸는
합병(Fusion gegen Geld)'이 합병이 아닌 것은 말할 나위도 없고, 진정한 합
병이란 단지 '주식과 맞바꾸는 합병(Fusion gegen Aktien)'이어야 할 뿐 아
니라, 특히 그 때문에 한 자본증가에 의하여 발행하게 된 '새로운 주식과
맞바꾸는 합병(Fusion gegen junge Aktien)'이 아니면 안 된다. 자본증가의
필연성은 엄히 지켜지지 않으면 안 된다. 합병은 언제나 '자본증가를 수반
하는 합병(Fusion mit Kapitalerhöhung)이 아니면 안 된다"고 한다.56)

이에 반해 홍진기에 따르면 독일의 재산법설은 자본증가를 수반하지 않
는 합병도 합병으로 인정한다. "현물출자액의 일부에 대해서만 자본증가가
행해졌다 해도 역시 '완전합병(Vollverschmelzung)'임에 틀림없다."고 한
다.57) 이를 반영하듯 재산법설을 취하는 하헨부르크가 주도하여 제정된 당
시의 독일 주식법 제238조 제1항도 "존속회사는 해산회사의 주식 또는 자
기주식을 소유하는 한도만큼 자본증가를 하지 않는 합병을 할 수 있다."고
규정한다.

이러한 견해 대립을 정리하면 다음과 같다. 주식회사 합병에 관해 사단
법설을 취하는 견해는 합병은 언제나 자본증가가 수반되어야 한다고 주장
한다. 이에 반해 재산법설을 취하는 견해는 언제나 자본증가가 수반되어야

질", 93쪽에서 다시 인용.
56) 홍진기, "주식회사 합병의 본질", 95쪽.
57) 홍진기, "주식회사 합병의 본질", 96쪽.

하는 것은 아니라고 본다. 그러면 자신의 견해는 독일의 사단법설에 가깝다고 주장하는 타케다는 이에 어떤 태도를 취하는가? 홍진기에 의하면 타케다는 "존속회사가 소멸회사의 주식을 가지고 있는 경우에는 합병의 실제에 있어서는 존속회사가 그 소유의 소멸회사의 주식에 대하여 신주권을 발행하지 않는다는 뜻을 규정하는 경우가 많고, 혹은 오히려 통상의 방법이라고 생각된다. 이 방법에 대하여서도 법률에는 직접 규정은 없으나, 이것을 허용하지 않는다고 할 아무런 이유도 존재하지 않는다."고 한다. 더 나아가 "위의 방법을 인정한다고 하면, 증자(增資)를 수반하지 않는 합병도 또한 이를 인정할 수 있다는 것이 된다. 즉, 존속회사가 소멸회사의 전 주식을 가지고 있는 경우 그 주식에 대하여 신주를 발행하지 않는 것으로 하면, 자본은 전혀 증가하지 않아도 좋게 된다는 것"이라고 말한다.[58] 그러나 홍진기가 볼 때 이러한 주장은 내적으로 모순이 된다. 왜냐하면 타케다 박사의 견해는 "박사 스스로 독일에서 말하는 의미에 있어서의 사단법적이라고 하면서 그 독일에서의 재산법적이라고 하는 결론을" 따르기 때문이다.[59] 이러한 이유에서 홍진기는 자신의 견해를 사단법설로 파악하는 타케다의 견해를 반박한다.

4. 주식회사 합병과 교부금 문제

마지막으로 홍진기는 첫 번째 논문에서 상세하게 다룬 그래서 타케다의 비판을 야기한 교부금 문제를 다시 한번 다룬다. 홍진기는 주식회사를 합병할 때 반대급부로 주식 이외에 교부금을 허용할 것인지, 만약 허용한다면 이를 어디까지 허용할 것인지의 문제는 합병의 본질과 관련을 맺는다고

---

58) 竹田省, "會社合併について", 『民商法雜誌』第十二卷 第五号(1940. 11), 17쪽; 홍진기, "주식회사 합병의 본질", 96-97쪽에서 다시 인용.
59) 홍진기, "주식회사 합병의 본질", 97쪽.

본다. 다시 말해 주식회사 합병을 사단법적 측면에서 볼 것인지 아니면 재산법적 측면에서 볼 것인지와 관련을 맺는다는 것이다.[60] 이에 타케다는 "교부금의 허용 및 그 한도는 합병이 재산법적인 것이냐, 사단법적인 것이냐 따위에 따라 판단할 수 있는 것이 아니"라고 비판을 가한다.[61] 그러나 홍진기는 날카롭게도 타케다의 주장을 원용하여 그의 비판을 반박한다. 타케다는 분명 "합병은 해산회사의 수용이므로, 첫째로, 존속 또는 신설회사의 주식에 가름하여 교부금을 급여하는 것은 허용되지 않는다."고 한다.[62] 이때 "합병은 해산회사의 수용"이라는 주장은 독일의 사단법설이 주장하는 견해와 동일하다. 이에 따르면 주식회사를 합병하는 것은 별개의 법인격을 지닌 회사를 합일하는 것이고, 이로 인해 존속회사 또는 신설회사가 해산회사를 수용할 때는 오직 주식만이 반대급부로 급여되어야 하기에 교부금은 허용되지 않는다는 것이다. 여기서 두 가지 의미를 추론할 수 있다. 첫째, 타케다는 교부금 문제에서는 사단법설의 태도를 취한다는 것이다. 둘째, 홍진기에 대한 타케다의 비판과는 달리 그 자신도 교부금의 허용 문제는 주식회사 합병의 본질과 연결하고 있다는 것이다. 바로 이 점에서 홍진기는 타케다의 비판을 반박하면서 교부금 문제는 합병의 본질 문제와 관련을 맺는다는 점을 다시 확인한다. 그러면서 주식회사 합병의 본질을 판단할 때 사단법적 측면과 재산법적 측면을 동시에 고려하는 자신의 태도에 따라 홍진기는 교부금의 한계를 다음과 같이 설정한다. "합병이 되기 위해서는 주주의 병합이 최소한으로나마 역시 존재하지 않으면" 안 된다는 것이다. 이러한 의미에서 "주식회사의 합병에 있어 교부금의 '맥시멈'은 사단법적 계기의 '미니멈'"이라고 다시 한번 강조한다.[63]

---

60) 홍진기, "주식회사 합병의 본질", 98쪽.
61) 竹田省, "再び會社の合併について", 『民商法雜誌』第十六卷 第六号(1942. 12), 3쪽 및 9쪽; 홍진기, "주식회사 합병의 본질", 98쪽.
62) 竹田省, "再び會社の合併について", 9쪽.
63) 홍진기, "주식회사 합병의 본질", 102쪽.

Ⅲ. 논평

홍진기의 첫 번째 논문 "회사의 합병에서 교부금"에서는 교부금의 허용 여부 및 한계가 주로 논의되면서 주식회사 합병의 본질이 추가로 논의되었다면 두 번째 논문 "주식회사 합병의 본질"에서는 주식회사 합병의 본질 및 더 나아가 주식회사의 본질이 정면에서 다루어진다. 실천적이면서 섬세한 법도그마틱 문제에서 출발하여 근원적인 법철학적 문제로 소급하는 홍진기의 법학방법이 유감없이 드러난다. 아래에서는 홍진기와 타케다 쇼 사이에서 진행된 논쟁에서 눈에 띄는 점을 몇 가지 언급하면서 필자의 견해를 추가한다.

1. 주식회사의 본질

홍진기가 잘 지적한 것처럼 교부금의 허용 및 한계 문제는 주식회사 합병의 본질 문제와 관련을 맺고 합병의 본질 문제는 다시 주식회사의 본질 문제와 연결된다. 주식회사 합병의 본질에 관해 사단법설과 재산법설이 대립하는 이유는 주식회사가 사단과 재단의 성격을 모두 가지기 때문이다. 전통적인 견해는 주식회사를 사단으로 파악한다. 이때 사단이란 사람으로 결합되어 있는 단체, 즉 인적 결합관계를 뜻한다. 이에 따르면 주식회사는 주주라는 사람들로 결합되어 있는 단체이다. 그러나 합명회사나 합자회사와 같은 인적 회사와는 달리 주식회사는 물적 회사로 규정된다. 이는 주식회사가 사단으로만 구성되는 것이 아니라 재단처럼 특정한 물적 요건을 충족해야 함을 뜻한다. 주식회사에 자본충실 원칙이 적용되는 이유는 그 때문이다. 이러한 이유에서 주식회사는 재단과 유사한 구조를 보이기도 한다.

이러한 두 측면 중에서 무엇이 더욱 주식회사에 본질적인지가 주식회사 본질에 관한 문제이다. 사단법설은 그중에서 주식회사의 사단성을 더욱 본질적인 것으로 파악하는 데 반해 재산법설은 재산성을 더욱 강조한다. 이 같은 상황에서 홍진기는 비란트 및 니시하라의 견해를 수용하여 주식회사의 재산성을 더욱 중시한다. 홍진기가 볼 때 오늘날 주식회사는 사단에서 재단법인으로 전환되고 있다.[64] 주식회사에서 나타나는 소유와 경영의 분리, 1인 회사 등이 이를 예증한다고 본다. 바로 이 점에서 홍진기는 재산적 측면을 주식회사에서 더욱 본질적인 것으로 파악한다. 다만 당시 일본 상법 제52조 제1항이 주식회사를 사단으로 규정하는 실정법적 상황을 근거로 하여 홍진기는 주식회사가 여전히 사단성도 지닌다고 본다. 이러한 까닭에 홍진기가 볼 때 주식회사는 약한 실정법상 사단성과 강한 실질적인 재단성을 지닌다.

2. 주식회사 합병의 본질과 교부금

홍진기는 이러한 주식회사의 본질에 바탕을 두어 주식회사 합병 역시 사단법설과 재산법설 두 측면을 종합한 절충설의 관점에서 이해한다.[65] 다만 이 중에서 재산법설의 관점이 더욱 중시된다. 바로 이 점에서 홍진기는 융크의 첫 번째 견해를 수용하여 주식회사 합병의 사단성을 해하지 않는 범위에서 최대한 교부금을 허용하는 것이다.

3. 타케다 이론의 내적 비일관성

홍진기는 원리적·근원적 사고와 비교법적 방법 그리고 치밀한 분석 능

---

64) 홍진기, "주식회사 합병의 본질", 87쪽.
65) 주식회사 합병의 본질에 관한 연구로는 정희철, "주식회사합병의 본질론의 재검토", 『법학의 제문제』(유민 홍진기 선생 화갑기념논문집)(중앙일보·동양방송, 1977), 78쪽 아래; 정동윤 집필대표, 『주석상법: 회사(V)』제5판(한국사법행정학회, 2014), 296-299 쪽(정찬형 집필) 참고.

력을 활용하여 타케다가 자신에 가한 비판을 차근차근 반박한다. 이를 통해 당대 회사법학의 대가인 타케다 쇼의 이론에서 내적 비일관성을 밝혀낸다. 우선 타케다 자신은 주식회사 합병에 관해 사단법설을 취한다고 말한다. 그러면서도 주식회사 합병의 본질은 독일의 재산법설처럼 재산증가에서 찾는다. 하헨부르크와 흡사하게 합병으로 법인격이 합일된다는 주장은 비유적이고 로맨틱하다는 근거에서 거부한다. 더불어 흡수합병이 이루어지는 경우에는 재산증가가 반드시 수반되어야 한다고 주장하지 않는다. 이점에서도 사단법설이 아닌 재산법설의 견해를 따른다. 그러나 다시 교부금의 허용 문제에서는 "합병은 해산회사의 수용"이라는 근거에서 이를 허용하지 않는다. 여기서는 다시 사단법설을 취하는 것이다. 그 점에서 타케다의 주장에는 사단법설과 재산법설이 비체계적으로 섞여 있다. 홍진기는 바로 이 점을 치밀하게 비판하는 것이다.

4. 법인격의 합일 가능성

여기서 짚고 넘어가야 할 문제가 있다. 재산법설이 비판하는 것처럼 2개 이상의 법인격이 한 개로 합일되는 것은 이론적으로 가능하지 않은 비유적이고 반신비적인 것일까? 달리 말해 이는 실증적이지 않은 것일까? 이에 필자는 법인격의 합일을 주장하는 것은 신비적이거나 낭만적인 비유가 아니라 이론적으로 가능하다고 생각한다. 이를 다음과 같이 논증할 수 있다.

우선 회사의 법인격 문제와 사단성 및 재단성 문제는 구별해야 한다. 회사의 법인격 문제는 법적인 측면에서 회사를 파악한 것이라면 사단성 및 재단성 문제는 비법적인 측면, 즉 사회·경제적인 측면에서 회사를 파악한 것이기 때문이다. 이는 사단 및 재단 모두 법인격을 취득할 수 있다는 점이 잘 예증한다. 따라서 법인격의 합일 문제는 철저하게 법의 측면에서 검토해야 한다. 이를테면 법체계가 주식회사 합병을 법인격의 합일로 파악해야 할 필요가 있는 경우에는 이를 충분히 인정할 수 있는 것이다.

나아가 체계이론의 성과를 수용하여 회사를 사회적 체계로 파악하면 법인격의 합일을 비법인적인 측면에서 논증하는 것도 가능하다. 필자는 회사의 본질은 사단성에서도 재단성에서도 찾을 수 있는 게 아니라고 생각한다. 오히려 회사의 본질은 회사가 사회적 체계라는 점에서 찾아야 한다고 주장한다. 이때 회사가 사회적 체계라는 점은 회사가 사회적 소통으로 구성된다는 점을 뜻한다. 루만에 의하면 사회적 체계는 '소통'(Kommunikation)으로 구성된다. 그 때문에 사회적 체계를 '소통체계'(Kommunikationssystem)로 지칭하기도 한다. 이에 따르면 주식회사가 사회에서 회사로 존속하는 이유는 주식회사가 소통으로 구성되고 작동한다는 점에서 찾을 수 있다. 말을 바꾸면 주주라는 구성원들 사이에서 펼쳐지는 사회적 소통을 통해 주식회사라는 사회적 체계가 존속 및 작동하는 것이다. 이렇게 회사를 소통체계라는 사회적 체계로 파악하면 두 개 이상의 사회적 체계가 한 개의 사회적 체계로 합일하는 것도 가능하다. 다수의 소통체계를 통합하는 단일한 소통체계를 모색하는 것이 불가능하지는 않기 때문이다.

이렇게 회사의 법인격과 사단성·재단성을 서로 분리하여 파악하는 동시에 회사 자체를 사회적 체계로 설정하면 주식회사 합병을 법인격의 합일로 파악하는 것이 반드시 신비적·은유적 표현으로 그치는 것은 아니다. 주식회사 합병은 사회적 측면에서 보면 사회적 체계 사이의 통합으로, 법적인 측면에서 보면 법인격의 합일로 파악할 수 있기 때문이다.

5. 오늘날의 상법학에서 본 홍진기의 주장

홍진기가 타케다와 전개한 논쟁에서 주장하고 논증한 내용은 오늘날의 상법학에서 어떻게 평가할 수 있을까? 이는 크게 세 가지 측면에서 긍정적으로 평가할 수 있다.66)

첫째, 주식회사를 합병할 때 지급되는 교부금의 유형 및 허용 범위를 폭넓게 인정했다는 점이다. 엄격한 사단법설의 견지에서 주식회사 합병을 이해할 때는 오직 제한적으로만 교부금을 인정했는데 홍진기는 독일의 융크에서 연원하는 재산법설의 관점을 새롭게 수용하여 이를 광범위하게 확장하는 데 성공하고 있다. 이를 반영하듯이 우리나라의 2011년 개정상법은 제523조 제4호를 개정하여 교부금 지급을 통한 합병을 전면 인정한다.[67] 사단법설의 측면에서 교부금 지급에 최소한의 한계를 설정했던 홍진기의 견해보다 더 급진적으로 마치 융크의 두 번째 견해처럼 무제한설을 취하고 있는 것이다.

둘째, 이처럼 교부금의 허용 범위를 확장하면서도 다른 한편으로는 출자환급금지 원칙을 적절하게 고려하고 있다는 점이다. 이를 통해 홍진기는 주식회사의 자본충실 원칙을 도모하고 주식회사 합병, 특히 해산회사와 관련을 맺는 이해 당사자의 이익을 고려한다. 오늘날 회사법학에서 중요하게 생각하는 이해관계자의 이익 보호를 이미 고려하고 있었던 것이다.

셋째, 홍진기는 타케다나 오스미의 주장에 반대하여 자본이 증가하지 않는 합병도 인정하는데 이 역시 무증자 합병이라는 법리로 오늘날 제도화되고 있다는 것이다. 가령 2015년 개정상법 제523조 제2호는 종전의 "존속하는 회사의 증가할 자본금과 준비금의 총액"을 "존속하는 회사의 자본금 또는 준비금이 증가하는 경우에는 증가할 자본금 또는 준비금에 관한 사항"으로 개정함으로써 무증자 합병을 정면에서 인정한다. 홍진기가 1943년에 주장한 내용이 2015년에 비로소 반영된 것이다. 여기서 홍진기의 탁월한 선견지명을 발견할 수 있다.

---

66) 이를 보여주는 노혁준, "유민(維民)과 상법연구: 회사합병과 교부금에 관한 논의를 중심으로", (홍진기법률연구재단 학술 세미나 발표문, 2016), 5-10쪽 참고.
67) 2011년 개정상법 제523조 제4호는 다음과 같이 정한다. "존속하는 회사가 합병으로 소멸하는 회사의 주주에게 제3호에도 불구하고 그 대가의 전부 또는 일부로서 금전이나 그 밖의 재산을 제공하는 경우에는 그 내용 및 배정에 관한 사항"

제4절 새 회사법의 요강 해설

Ⅰ. 서론

미군정이 끝나고 대한민국 정부가 수립된 1948년 당시 한편으로는 법무부 조사국장으로 근무하면서 다른 한편으로는 법전편찬위원회의 위원으로 활동하던 홍진기는 "새 회사법의 요강 해설"이라는 논문을 당시 대표적인 법률잡지인 『법정(法政)』에 발표한다.[1] 이 논문에서 홍진기는 자신의 전공을 살려 당시 독자적인 회사법을 갖지 않은 우리나라가 회사법을 제정해야 한다면 이를 어떤 방향에서 어떻게 제정해야 하는지에 관한 법전편찬위원회의 요강을 해설한다. 이 논문에는 한편으로는 당시 법전 편찬에 매진하던 홍진기의 절박함이, 다른 한편으로는 회사법에 대한 탁월한 식견과 통찰력이 고스란히 담겨 있다. 먼저 법전 편찬의 절박함이 다음과 같이 표현된다.[2]

> "대한민국에는 아직 우리말로 된 법전이 없다. 우리가 현재 쓰고 있는
> 회사법도 말할 것도 없이 일본의 그것이다. 나라가 독립하고도 일본말로

---

1) 홍진기, "새 회사법의 요강 해설", 『법정』제3권 제11호(1948. 11). 인용은 홍진기법률연구재단 (편), 『유민 홍진기 법률논문 선집』(경인문화사, 2016), 185-203쪽에 의한다. 한편 법전편찬위원회는 1948년 9월 15일 대통령령 제4호로 구성되었다. 위원장은 김병로, 부위원장은 이인이었고 홍진기 이외에 권승렬, 김갑수, 민복기, 유진오, 이호, 장리욱, 장후영, 현상윤 등이 위원으로 참여하였다. 김영희, 『이 사람아, 공부해』(민음사, 2011), 128쪽.
2) 홍진기, "새 회사법의 요강 해설", 185쪽.

된 일본법에서 해방되지 못하는 이 사정은 나라로서 딱할 뿐 아니라 그
나라 백성의 하나인 우리 법률가로서 그보다 더 큰 굴욕은 또 없다. 그러
므로 이 사정에서 벗어나는 것보다 더 시급한 일은 없는 것이다. 우리는
하루 바삐 우리 법전을 편찬해야 하겠다. 시급성, 이것이 우리 법전편찬에
있어 최고이념이다. 이리하여 손쉽게 빨리 성취시키기 위하여는 현재의 일
본법전을 토대로 하고 이것을 번역하는 정도라도 속히 기초하자는 실천방
침이 법전편찬위원회에서 결정되었다. 이 점은 회사법에 대하여도 같다."

이러한 근거에서 홍진기는 당시의 일본 회사법을 모델로 하여 우리나라
의 회사법을 만들 필요가 있다고 역설한다. 그런데 홍진기는 단순히 그때
우리나라가 여전히 일본 회사법을 사용하기 때문만이 아니라 다음과 같은
이유도 제시한다. 당시 사용되던 일본 회사법은 "1938년 법률 제72호 상법
중 개정법률로써 개정된 상법 제2편 회사와 동년 법률 제74호로써 성립된
유한회사법과 이의 부속법들"을 뜻하는데 이러한 일본 회사법은 "세계의
회사법 중에서도 최신입법의 하나라는 점"이다. 그 때문에 일본 회사법은
그 시점에서 도달한 회사법학의 최신 성과를 반영하고 있었다. 따라서 홍
진기는 "일본회사법이 최신입법으로서 지니고 있는 우수성은 우리가 새 회
사법을 기초함에 있어 일본회사법을 토대로 하고 거기서부터 출발한다는
방법을 유리하게 변호하여" 준다고 말한다.[3]

그러면서도 홍진기는 일본 회사법을 참고하여 우리 회사법을 제정할 때
다음 세 가지 이념에 주의해야 한다고 말한다. 첫째, 아무리 일본 회사법이
최신의 입법이라 할지라도 완전한 것이 아니기에 이를 비판적으로 참고해
야 한다. "일본회사법 속에 입법할 때부터 벌써 학리적으로 미비 또는 오류
라고 할 규정이 혼입되어 있다면 그것을 그대로 집어 삼킬 수는 없다."는
것이다. 둘째, 그 당시에 볼 때 장차 문제가 될 외자 유입 문제는 회사법의

---

3) 홍진기, "새 회사법의 요강 해설", 186쪽.

문제가 되는데 일본 회사법은 이에 적절한 대응 장치를 마련하고 있지 않다. 따라서 이는 우리 회사법을 제정할 때 별도로 대비해야 한다고 말한다. 셋째, 후기 자본주의에서는 기업집중, 즉 콘체른(Konzern)이 필연적으로 문제가 되기에 회사법은 이에 대응해야 한다. 그런데 "일본법은 이것을 의식하면서도 철저하지 못하였다."고 한다. 바로 이 같은 이유에서 "우리 새 회사법은 적어도 이 세 가지 점에 있어 일본법보다 특이하여야 하겠다."고 말한다.4) 요컨대 일본 회사법의 부족한 점을 이론적으로 보완하고 외자 유입에 대한 대응책을 마련하며 기업집중에 관한 규정을 마련하는 것을 새 회사법 제정에 관한 핵심 이념으로 설정하는 것이다.

이외에 홍진기는 한 가지 흥미로운 문제를 언급한다. 당시 제헌헌법 제18조 후단은 "영리를 목적으로 하는 사기업에 있어서는 근로자는 법률의 정하는 바에 의하여 이익의 분배에 균점할 권리가 있다."고 하여 노동자의 이익균점권을 인정하고 있었다.5) 그러나 홍진기는 이러한 이익균점권은 "주식회사 사상에 큰 변혁을 가져온다."고 말한다. 왜냐하면 주식회사에서 노동은 자본이 되지 못하고 오직 주주만이 이익배당을 받기 때문이다. 따라서 "노동자에게 이익배당을 함은 노동은 자본이 아니라는 주식회사법의 철칙을 깨뜨리고서만 성립한다."고 말한다.6) 말하자면 노동자의 이익균점권은 주식회사의 기본원칙에 중대한 도전이 되는 것이다. 이 문제는 오늘날 회사는 누구를 위해 존재하는가의 물음과 연결된다.7) 홍진기는 이미 이러한 문제의 중대함을 깨닫고 있었던 것이다.8) 다만 홍진기는 "이 문제는

---

4) 홍진기, "새 회사법의 요강 해설", 186-187쪽.
5) 이익균점권의 입법 과정에 관해서는 이영록, 『유진오 헌법사상의 형성과 전개』(한국학술정보, 2006), 146쪽 참고.
6) 홍진기, "새 회사법의 요강 해설", 187쪽.
7) 이에 관해서는 제2장 제1절 III.1.(3) 참고.
8) 이 논문에서 홍진기가 주장하는 바의 맥락을 검토하면 홍진기는 니시하라처럼 주식회사법의 원칙과 도그마틱을 강조한다는 인상을 받는다.

상법전 속에서가 아니라 특별법으로서 규정될 것"이라는 이유로 이 논문에
서는 다루지 않는다.9)

Ⅱ. 이론적 정비

1. 요강 해설

(1) 일본 상법학의 두 가지 문제

홍진기는 우리나라가 새롭게 제정해야 할 회사법의 요강을 해설하기에
앞서 당시의 현행 회사법, 즉 일본 회사법에 이론적인 측면에서 두 가지 문
제가 있다는 점을 지적한다. 첫째는 "일본상법전이 전체적으로 취하고 있
는 어떠한 주의가 회사법에서도 투사(投射)되었고 1938년 개정회사법으로
써도 회사법만이 그 주의에서 이탈할 수 없음으로 해서 개정되지 못한 후
진성"이다. 둘째는 "국부(局部)적으로 입법의 실수, 불완전"이다.10) 여기서
첫 번째 문제는 상법이 취하는 입법주의와 관련을 맺는다. 당시 일본 상법
은 여전히 객관주의에 따라 상행위 개념을 중심으로 하여 상법의 적용영역
을 판단하였다. 주관주의를 취하는 홍진기는 바로 이 점을 문제 삼는 것이
다. 이러한 근거에서 홍진기는 "우리 새 법전은 현행 일본법의 기본적 구조
에는 터치하지 않는다고 전제하였지만", 두 번째 문제뿐만 아니라 첫 번째
문제, 즉 상행위 개념에 바탕을 둔 회사법 문제도 다루어야 한다고 말한다.
요컨대 "국부적인 입법의 미비를 수정함은 물론 이러한 다소 근본적인 주
의의 변경도 감행하지 않을 수 없다."고 말한다.11)

---

9) 홍진기, "새 회사법의 요강 해설", 188쪽. 홍진기는 이 문제를 이후에 발표된 논문
"이념으로서의 경제법"에서 계속 다룬다. 이에 관해서는 제3장 제4절 참고.
10) 홍진기, "새 회사법의 요강 해설", 188쪽.

(2) 요강 해설

홍진기는 위에서 언급한 두 가지 문제에 대응하기 위해 다음과 같은 10개의 요강이 제시되었다고 말한다.[11]

첫째는 회사를 정의할 때 상행위 개념을 배제하는 것이다.[12] 이는 홍진기의 상법학에 많은 영향을 미친 니시하라 칸이치의 주장과도 밀접한 관련을 맺기에 아래에서 상세하게 다루도록 한다. 둘째는 주식회사를 경제적 목적이 아닌 목적을 위해서도 설립할 수 있게 하는 것이다. 이는 당시의 독일 주식법 제3조 및 제219조 제3항과 스위스 채무법 제620조의 태도를 반영한 것이다. 홍진기는 "주식회사를 상행위에서 해방하더라도 다음으로 주식회사 제도를 영리적 목적에만 한정하느냐 않느냐는 또 별문제로 남는다."고 한다.[13] 셋째는 취체역회에 관한 규정을 두는 것이다.[14] 이때 말하는 취체역회란 오늘날의 이사회를 뜻한다. 넷째는 취체역(이사)의 '이익참가'(Gewinnbeteiligung)에 관한 규정을 두는 것이다. 취체역은 주주가 아니기에 원칙적으로 주식회사의 이익에 참가할 수 없다. 그러나 현실적으로는 취체역에 상여금의 형식으로 이익을 제공하므로 이를 회사법에 규정할 필요가 있다는 것이다. 홍진기는 이에 대한 비교법적 근거로 독일 주식법 제77조와 스위스 채무법 제677조를 언급한다.[15] 다섯째는 사후설립을 단속하는 규정을 두는 것이다. 이때 '사후설립'(Nachgründung)이란 회사를 설립한 이후에 회사가 유상으로 행하는 재산취득행위를 말한다. 이러한 사후설립은 회사법의 기본 원칙인 자본충실 원칙을 잠탈할 수 있기에 이를 규제할 필요가 있다고 한다.[16] 여섯째는 이익배당청구권의 단기소멸기간을 정하는

---

11) 홍진기, "새 회사법의 요강 해설", 188쪽.
12) 홍진기, "새 회사법의 요강 해설", 188-192쪽.
13) 홍진기, "새 회사법의 요강 해설", 192쪽.
14) 홍진기, "새 회사법의 요강 해설", 192-193쪽.
15) 홍진기, "새 회사법의 요강 해설", 193쪽.
16) 홍진기, "새 회사법의 요강 해설", 193쪽.

것이다.17) 일곱째는 자본증가는 주금을 전액 불입한 후에만 할 수 있게 하는 것이다.18) 여덟째는 자본증가를 무효로 하는 판결이 확정된 경우 자본증가로 말미암아 발행한 신주는 장래로 향하여 자본감소를 하도록 하는 것이다.19) 아홉째는 '인허자본'(genehmigtes Kapital)을 인정하는 것이다. 여기서 인허자본이란 "정관으로써 취체역에 대하여 신주발행에 의하여 증가할 수 있는 권한을 부여한 자본"을 뜻한다.20) 열째는 주주의 신주인수권을 인정하는 것이다. 이는 당시의 독일 주식법 제153조를 수용한 것이다.21)

2. 논평

새 회사법의 요강으로 홍진기가 소개 및 해설한 것은 현재의 시점에서 보면 대부분 타당한 것으로 볼 수 있다. 따라서 각 요강을 상세하게 검토할 필요는 적어 보인다. 다만 첫 번째 요강, 즉 상행위 개념을 배제한 채 회사를 정의하는 것은 상법에 대한 근본적인 시각과 관련을 맺기에 이를 논평하고자 한다.

홍진기가 잘 소개하고 있듯이 민법과는 구별되는 상법이 적용되는 범위를 어떻게 확정할 것인가에는 크게 두 가지 입법주의가 대립한다. 객관주의와 주관주의가 그것이다. 이는 상법의 규율 대상이 되는 '상인의 상행위' 중에서 무엇을 더 우선시 할 것인지의 문제와 관련을 맺는다. 상인의 행위는 두 가지 요소로 구성된다. '상인'과 '상행위'가 그것이다. 이는 근대법에서 핵심 역할을 하는 《주체-행위》라는 구별에 대응한다.22) 상인은 바로 주

---

17) 홍진기, "새 회사법의 요강 해설", 194쪽.
18) 홍진기, "새 회사법의 요강 해설", 194쪽.
19) 홍진기, "새 회사법의 요강 해설", 194-195쪽.
20) 홍진기, "새 회사법의 요강 해설", 195쪽.
21) 홍진기, "새 회사법의 요강 해설", 195쪽.
22) 근대법에 관해서는 양천수, "법의 근대성과 탈근대성: 하버마스와 투렌의 기획을 중심

체에 그리고 상행위는 행위에 대응한다. 이러한 두 가지 요소 중에서 객관주의는 상행위라는 객관적 측면에 주목한다. 특정한 법적 행위가 일반적인 법률행위인지 아니면 상행위인지에 따라 상법이 적용되는 영역을 확정하는 것이다. 이러한 객관주의는 1807년에 제정된 프랑스 상법전이 시초로 수용하였다. 홍진기에 따르면 "프랑스 상법의 객관주의는 중세기의 상인단체의 계급법으로서 생성한 상법을 개방하여 온 인민에게 적용한 것을 선포하는 역사적 사명을 띠고 나타난 것"이다.[23] 요컨대 객관주의는 상인들을 중심으로 하여 발전해 온 '상관습법'(lex mercatoria)의 신분법·계급법적 성격을 해체하여 상법을 보편적·기능적인 법으로 바꾼 것으로 볼 수 있다. 이에 반해 주관주의는 상인이라는 주체에 주목한다. 상인이 수행하는 법적 행위가 바로 상행위가 되기에 상인에 적용되는 법이 상법이라는 것이다. 이러한 주관주의는 상인이라는 주체를 중심으로 하여 상법의 적용범위를 판단한다는 점에서 오히려 중세의 상관습법이 지닌 신분법의 성격을 반영한다고 말할 수 있다. 그 때문에 역사적으로 보면 오히려 객관주의보다 보수적인 입법주의로 이해될 수 있다.

근대 상법은 이러한 주관주의와 객관주의의 대립 상황에서 객관주의를 기본 입법주의로 채택하였다. 이는 앞에서 언급한 프랑스 상법전에서 잘 나타난다. 이후 제정된 근대 상법은 대부분은 객관주의를 기본 입법주의로 채택한다. 이는 당시 일본 상법에서도 찾아볼 수 있다. 일본 상법은 객관주의를 기본 입법주의로 수용하면서 부분적으로 주관주의를 받아들인다. 이는 당시의 일본 상법 제4조가 규정하는 상인 개념, 제501조가 규정하는 절대적 상행위, 제502조가 규정하는 영업적 상행위, 제503조가 규정하는 부속적 상행위에서 확인할 수 있다. 우선 제4조는 "본법에 있어 상인이란 자기의 이름으로써 상행위를 함을 업으로 하는 자를 말한다."고 규정한다.[24]

으로 하여", 『법학연구』(부산대) 제50권 제1호(2009. 6), 161-191쪽 참고.
23) 홍진기, "새 회사법의 요강 해설", 190쪽.

상인이라는 개념 자체가 상행위를 통해 규정되는 것이다.

그렇다면 상행위란 무엇인가? 이에 일본 상법은 상행위 개념을 세 가지로 구별하여 대응한다. 절대적 상행위, 영업적 상행위, 부속적 상행위가 그것이다.[25] 먼저 절대적 상행위란 "열거된 일군의 행위를 영업과는 관련 없이 개별적 단독적으로, 비상인이든 상인이든 그것을 행하였으면 곧 상행위가 되는 행위"를 말한다.[26] 객관적인 행위 그 자체만으로 상행위가 된다는 점에서 '절대적' 상행위라고 부른다. 다음으로 영업적 상행위란 "영업적으로 반복·계속하여 행하여짐으로써 상행위"로 인정되는 행위를 말한다.[27] 특정한 행위에 '영업'이라는 요건이 추가됨으로써 해당 행위가 상행위로 인정되는 것이다. 그 점에서 '절대적'이 아닌 '영업적'이라는 수식어가 붙는다. 마지막으로 부속적 상행위란 "상인이 그 영업을 위하여 하는 행위"를 말한다.[28] 부속적 상행위는 객관주의가 아닌 주관주의에서 상행위 개념을 이끌어낸다. 왜냐하면 상인이 수행하는 행위를 상행위로 규정하기 때문이다.[29]

그러나 홍진기는 객관주의에 바탕을 둔 상행위 개념으로는 상법의 적용 대상 및 회사의 개념을 적절하게 포착할 수 없다고 말한다. 우선 절대적 상행위는 상법을 상인들만을 위한 신분법에서 모든 사람을 위한 평등한 법으로 해방시키기는 했지만 다음과 같은 문제를 지닌다. 요컨대 "자본주의의 발전으로 말미암아 비상인의 계통 없는 개개의 영리행위(절대적 상행위)를

---

24) 홍진기, "새 회사법의 요강 해설", 189쪽. 우리의 현행 상법 제4조도 이와 유사하게 규정한다. 제4조는 "당연상인"이라는 표제 아래 "자기명의로 상행위를 하는 자를 상인이라 한다."고 규정한다.

25) 우리의 현행 상법은 이와 유사하게 상행위를 '기본적 상행위'(제46조)와 '보조적 상행위'(제47조)로 구별하여 규정한다.

26) 홍진기, "새 회사법의 요강 해설", 190쪽.

27) 홍진기, "새 회사법의 요강 해설", 191쪽.

28) 홍진기, "새 회사법의 요강 해설", 191쪽.

29) 우리의 현행 상법은 이를 '보조적 상행위'로 규정한다(제47조 제1항).

상법의 대상으로 함은 추상적인 법률평등의 사상은 만족시켰을망정 실질적으로는 약한 비상인을 기업적 대자본가인 전문적 상인 앞에 등장시켰다고 해서 아무런 이익도 없을뿐더러 오히려 해로웠다.”는 것이다.[30] 다음으로 영업적 상행위는 무엇이 영업적 상행위인지를 열거한다는 점에서 치명적인 결함이 있다고 한다. 왜냐하면 “자본주의는 모든 사람을 상인화하고 온 경제생활을 상화(商化)한다. 공업도 원시산업(농·림·광)도 심지어는 자유직업까지도 상화하고야 만다. 이러한 자본주의의 발달대로 급격히 분화하는 기업의 대상을 법의 열거로써는 쫓아갈 수가 없다.”는 것이다.[31]

이러한 근거에서 홍진기는 상법 및 회사 개념의 입법주의를 객관주의에서 주관주의, 즉 상행위 개념에서 상인 개념으로 전환해야 한다고 주장한다. 이러한 예로 홍진기는 스위스 채무법 제934조를 언급한다. 이에 따라 “새 상법 전체계가 상행위법주의에서 상인법주의로 탈피·진화한다면 회사법에 있어 회사의 정의 규정이 구차히 상행위 개념에 사로잡혀 있을 필요는 아무 것도 없어진다.”고 한다. 결론으로 홍진기는 “새 회사법은 이러한 상법 전체의 진화를 예상하면서 그 정의 규정에서 상행위개념을 추방해야” 한다고 말한다.[32]

그런데 흥미로운 점은 이렇게 주관주의를 강조하는 것, 즉 상법을 상인법 또는 기업법으로 규정해야 한다는 주장은 홍진기의 학문적 스승에 해당하는 일본의 상법학자 니시하라 칸이치에서 찾아볼 수 있다는 것이다.[33] 도쿄제국대학 법학부 출신으로 경성제국대학 법문학부 교수를 역임한 니

---

30) 홍진기, “새 회사법의 요강 해설”, 190쪽.
31) 홍진기, “새 회사법의 요강 해설”, 191쪽.
32) 홍진기, “새 회사법의 요강 해설”, 192쪽. 이곳에서는 ‘사회’ 및 ‘사회법’이라는 표현이 사용되는데 이는 ‘회사’ 및 ‘회사법’의 오식이다. 이를 예증하는 홍진기, “새 회사법의 요강 해설”, 『유민 홍진기 선생 화갑기념논문집: 법학의 제문제』(중앙일보·동양방송, 1977), 495쪽.
33) 이에 관해서는 제1장 IV.1.(2) 참고.

시하라는 자신의 스승 격에 해당하는 도쿄제국대학 법학부의 상법학자 타나카 코타로와는 달리 상법을 기업법으로 규정한다. 철저한 주관주의, 그것도 상인이 아닌 기업의 견지에서 상법을 파악하는 것이다(기업법으로서 상법). 이러한 태도가 홍진기에도 나타나는 것이다. 니시하라의 상법학에서 많은 영향을 받은 홍진기는 '기업법으로서 상법' 구상을 우리 회사법 제정 요강에도 투영하여 회사 개념과 상행위 개념을 절연해야 한다고 주장한다.

III. 외자유입에 대한 대비

1. 외자 유입의 필요성과 유형

홍진기는 이제 막 정부가 수립된 당시의 상황에서 볼 때 "외자의 유입은 필연적"이라고 말한다.[34] 이는 크게 두 가지 방식으로 이루어질 것이라고 한다. 첫째는 차관으로 들어오는 것이고 둘째는 상법, 특히 회사법을 통해 이루어지는 것이다. 홍진기는 후자의 경우로 세 가지를 언급한다. 첫째는 "본점이 외국에 있는 회사가 그 지점을 한국 안에 설치하면서 나타나는 경우"이고, 둘째는 "한국 안에다 새로 회사를 설립하든가 또는 기성회사의 주식을 사가지고 나타나는 경우"이며, 셋째는 "한국 내국회사의 사채를 외국인이 사가지고 나타나는 경우"이다.[35] 홍진기는 새 회사법은 이러한 경우에 대응해야 한다고 말한다. 다만 첫 번째 경우는 외인법(Fremdenrecht)의 문제로 회사법에서 다룰 필요가 없다고 본다. 따라서 새 회사법 요강에서는 두 번째와 세 번째 경우를 다룬다고 말한다.

---

34) 홍진기, "새 회사법의 요강 해설", 196쪽.
35) 홍진기, "새 회사법의 요강 해설", 196쪽.

2. 주식에 관한 문제와 대응 방안

두 번째 경우, 특히 외국인이 한국에 있는 기존 회사의 주식을 매수하는 방식으로 투자하는 경우에는 다음과 같은 문제가 발생한다. 제1차 세계대전 패전 이후에 전개된 독일의 상황이 잘 보여주는 것처럼 외국 자본이 헐값으로 한국에 있는 회사의 주식뿐만 아니라 경영권을 사가는 문제가 그것이다. 따라서 한편으로는 외국 자본의 투자를 유도하면서도 다른 한편으로는 국내 회사의 경영권을 지키는 방안을 강구할 필요가 있다고 한다. 홍진기에 따르면 독일은 이러한 문제에 대응하기 위해 다음과 같은 구상을 하였다. 주식에 결부되어 있는 의결권을 조작하는 것이 그것이다. 이를 통해 독일은 주식회사의 주주총회에서 독일인이 절대다수를 확보할 수 있도록 하였다는 것이다.[36]

홍진기는 이를 구현하는 방안으로 세 가지를 언급한다. 첫째는 "외국인이 가지고 있는 주식의 의결권의 개수를 제한하는 방식"이고, 둘째는 "외국인이 관여하는 회사에 있어서 내국인이 가질 특정한 주식의 의결권의 개수를 배가하는 방식"이며, 셋째는 "외국인의 주식의 의결권을 아주 박탈하는 방식"이 그것이다.[37] 이 중에서 첫 번째 방식은 당시 독일 상법(HGB) 제252조 제1항 제2문이나 일본 상법 제241조 제1항에 따라 실행할 수 있지만 주주평등의 원칙에서 볼 때 문제가 있다고 한다. 두 번째 방식은 독일 상법 제252조 제1항 제3문 및 독일 주식법 제12조 제2항이 인정하는 것으로 타당하다고 한다. 세 번째 방식은 "의결권 없는 주식"(Aktie ohne Stimmrecht)의 문제로 본래 영미법에서 나온 것이다. 독일 상법은 제252조 제2항에 따라

---

36) 홍진기, "새 회사법의 요강 해설", 197쪽. 여기서 홍진기는 Rudolf Müller-Erzbach, *Umgestaltung der Aktiengesellschaft zur Kerngesellschaft verantwortungsvoller Großaktionäre: Entwicklung des Aktienrechts aus dem mitgliedschaftlichen Interesse* (Berlin, 1929), S. 19 ff.를 인용한다.

37) 홍진기, "새 회사법의 요강 해설", 197쪽.

이를 허용하지 않다가 주식법 제115조로 이를 수용하였다고 한다. 일본 상법도 제242조에서 이를 허용한다고 말한다. 다만 독일 주식법은 의결권 없는 주식을 우선주로 규정하는 반면 일본 상법은 그렇지 않은데 홍진기는 전자가 타당하다고 본다.[38] 홍진기는 이러한 맥락을 고려하여 새 회사법의 요강으로 다음 두 가지를 두었다고 한다. 첫째는 "의결권주(Stimmrechtsaktie)를 인용할 것"이고 둘째는 "의결권 없는 주식은 필요적으로 우선주로 할 것"이다. 이러한 요강은 오늘날 회사법에서 모두 수용되고 있기에 타당한 것으로 평가할 수 있다.

3. 사채에 관한 문제와 대응 방안

홍진기는 외국인에게 사채(회사채)를 발행하여 외자를 유치하는 것이 외자를 유치하는 방안 중에 가장 환영할 만한 것으로 평가한다. 왜냐하면 사채를 발행 및 보유하는 경우에는 일정한 이자만을 요구할 뿐 기업 경영에는 참가하지 않기에 회사 전체를 약취당할 염려가 없기 때문이다.[39] 다만 사채로 외자를 유치하려면 고율의 이자와 같은 인센티브가 있어야 한다. 이에 홍진기는 독일 주식법을 참고하여 두 가지 방안을 모색한다. 첫째는 전환사채(convertible bonds)처럼 사채를 주식으로 전환할 수 있는 전환권(Umtauschrecht)을 인정하거나 신주인수권(Bezugsrecht auf Aktien)을 부여하는 것이다. 말하자면 사채와 주식을 결합하는 것이다. 둘째는 사채권자에게도 주주처럼 이익배당청구권을 인정하는 것이다. 물론 이때 주의해야 할 점은 사채권자는 이익배당청구권만을 가질 뿐 의결권은 갖지 않는다는 것이다. 홍진기는 이러한 근거에서 새 회사법 요강으로 다음 두 가지를 언급한다. 첫째는 "주식의 인수권 있는 사채를 인정할 것"이고 둘째는 "이익배

---

38) 홍진기, "새 회사법의 요강 해설", 198쪽.
39) 홍진기, "새 회사법의 요강 해설", 198쪽.

당부사채를 인용할 것"이다. 이러한 두 가지 요강 역시 오늘날 회사법이 모두 수용하는 것이라는 점에서 타당성을 인정할 수 있다.

Ⅳ. 기업집중에 관한 규정

1. 서론

홍진기는 현대 자본주의 경제에서 기업집중, 그중에서도 '콘체른'(Konzern)은 필연적인 현상이라고 말한다.[40] 이에 반해 당시 일본 상법은 기업집중에 관한 규정을 제대로 갖추지 못하고 있었다고 한다. 예를 들어 일본 상법은 제245조를 통해 회사가 콘체른 관계에 들어가려면 주주총회의 특별결의가 있어야 한다고 규정할 뿐이었다. 뿐만 아니라 합병에 관한 규정도 불충분하다고 지적한다.[41] 이를 보완하기 위해 새 회사법은 다음과 같은 요강을 마련했다고 말한다.

2. 기업집중에 대비하기 위한 요강

(1) 콘체른에 관한 규정

첫째로 "콘체른에 관한 규정을 둘 것"을 제시한다.[42] 이에 대한 참고 법률로 홍진기는 독일의 주식법을 언급한다. 홍진기에 따르면 독일 주식법 제15조는 콘체른을 다음과 같이 규정한다.[43] "법률상 독립한 기업이 경제

---

40) 콘체른에 관해서는 노일석, 『독일주식법상의 콘체른에 관한 연구: 사실상의 콘체른을 중심으로』(서울대 법학박사 학위논문, 1992) 참고.
41) 홍진기, "새 회사법의 요강 해설", 200쪽.
42) 홍진기, "새 회사법의 요강 해설", 200쪽.
43) 홍진기, "새 회사법의 요강 해설", 200-201쪽.

적 목적을 위하여 통일적 지휘 하에 합동할 때 이것은 콘체른을 형성한 것이다. 그 각 기업은 콘체른 기업이라 일컫는다. 법률상 독립한 기업이 자본참가에 의하거나 또는 직접·간접으로 다른 기업의 지배적 영향 밑에 설 때 그 지배기업 및 종속기업을 합쳐서 콘체른으로 간주하고 각 기업은 콘체른 기업으로 간주한다." 이러한 개념 정의에서 홍진기는 콘체른 기업의 특징을 다음과 같이 도출한다. 콘체른 기업은 "법률상은 각각 자기고유의 기관을 가진 독립자이나 경제적으로는 단일체로서 종속적인 구성부분"이라는 것이다. 이로 인해 콘체른 형성에 관한 모든 위험은 "기업의 법률적 독립과 경제적 의존이란 모순에 뿌리박고 있다."고 한다.44) 따라서 콘체른에 관한 규정은 이러한 위험을 규율할 필요가 있다고 본다.

(2) 합병에 관한 규정

둘째로 "합병에 관한 규정의 정비"를 언급한다. 이는 세 가지로 구별된다.45)

우선 "양수회사가 설립 후 2년 이내에 다른 회사와 합병하는 경우에는 사후설립과 같은 단속을 할 것"을 제시한다.

다음으로 "양수회사가 양도회사의 주식 또는 자기주식을 가졌을 때 그 한도로서는 자본증가를 하지 않고서 합병을 할 수 있게 할 것"을 제시한다. 요컨대 자본이 증가하지 않는 합병(Verschmelzung ohne Kapitalerhöhung)을 인정한 것이다. 이는 홍진기가 일본의 상법학자 타케다의 비판을 반박하면서 언급한 것으로 사단법설이 아닌 재산법설의 관점에서 주식회사 합병을 파악할 때 인정할 수 있는 것이다. 사단법설의 견지에서 주식회사 합병을 파악하면 자본이 증가하지 않는 합병을 인정하기 어렵기 때문이다. 새 회사법 요강은 이를 수용한 것이다. 홍진기는 이에 대한 근거로 독일 주식법

---

44) 홍진기, "새 회사법의 요강 해설", 201쪽. 이는 콘체른 기업이 가진 내적 모순을 원리적·본질적으로 통찰한 주장이라 할 수 있다.
45) 홍진기, "새 회사법의 요강 해설", 202-203쪽.

제238조 제1항을 언급한다.[46)]

나아가 "해산회사의 주주에게 교부하는 금전은 부여된 양수회사 또는 신설회사 주식의 총권면액의 10분의 1을 초과치 않을 것"을 제시한다.[47)] 이는 홍진기가 경성제국대학 법문학부 조수 시절 많은 관심을 기울였던 교부금의 한계를 실정법 요강으로 규율한 것이다. 당시 일본 상법은 제409조 제3호 및 제410조 제3호로 교부금을 허용하고 있으나 그 한계는 규정하지 않았다. 이에 홍진기는 독일 주식법 제238조 제2항을 참고하여 위와 같은 한계를 제안한다.

그런데 흥미로운 것은 여기서 제시되는 교부금의 한계는 홍진기가 본래 내놓았던 주장과 차이가 있다는 것이다. 애초에 홍진기는 독일의 상법학자 융크의 견해를 좇아 거의 무제한설에 가깝게 교부금을 폭넓게 인정하였는데 여기에서는 하헨부르크의 견해를 따라 교부금의 허용 범위를 좁히고 있는 것이다.[48)] 말하자면 제한적 무제한설에서 절충설로 태도를 바꾸고 있는 것이다. 다만 어떤 근거에서 이렇게 태도 변화가 이루어진 것인지는 명확하지 않다. 아마도 독일 주식법의 실정법적 근거라는 비교법적 권위가 힘을 발휘한 게 아닌가 생각한다.

---

46) 홍진기, "새 회사법의 요강 해설", 203쪽.
47) 홍진기, "새 회사법의 요강 해설", 203쪽.
48) 이에 관해서는 제2장 제2절 참고.

제3장
국가의 법이론

제1절 서론

해방 이후 미군정이 시작되면서 홍진기는 미군정 산하 사법부 법률조사
국 법무관으로 공직을 시작한다. 이후 홍진기는 1960년까지 줄곧 공무원으
로 공직을 수행한다.[1] 그 때문에 이 시기 홍진기는 우리나라를 올바르게
세우고 발전시키는 데 전력을 기울인다. 이를테면 미군정 당시에는 새로운
조선을 어떤 방식으로 세울 것인지, 우리의 독자적인 법체계와 법전을 어
떻게 마련할 것인지에 관심을 기울인다. 대한민국 정부 수립 이후에는 당
시 가장 큰 법적 문제였던 귀속재산 문제를 어떻게 처리해야 하는지, 이를
둘러싼 한일 관계를 어떻게 정리할 것인지에 많은 노력을 기울인다. 이러
한 맥락에서 홍진기가 1945년 이후부터 1950년까지 발표한 논문은 국가와
관련을 맺는 것이 대부분이다. 말을 바꾸면 이때 홍진기는 이제 막 출범한
대한민국에 적합한 국가의 법이론을 정립하는 데 매진한 것이다. 그 점에
서 국가의 법이론은 회사의 법이론과 더불어 홍진가 구축한 단체의 법이론
에서 핵심 축을 구성한다.

당시 홍진기는 구체적으로 다음과 같은 국가의 법이론 문제에 집중한다.
새로운 국가 조선이 추구해야 하는 구성원리, 그중에서도 민주주의란 무엇
인지, 일본의 법제에서 벗어난 우리가 선택해야 하는 법계는 무엇인지, 우
리가 제정해야 하는 상법은 어떤 방향을 지향해야 하는지, 대한민국의 경
제 질서는 무엇을 추구해야 하는지, 이를 위해 법은 무엇을 마련해야 하는

---

1) 홍진기는 1960년까지 법무부 조사국장, 법무국장, 법무부차관, 해무청장, 법무부장관,
   내무부장관 등을 역임한다.

지 등의 문제가 그것이다. 그 결과 홍진기는 "영미법과 대륙법", "상법전 편찬에의 기본과제", "사법재판소의 법률심사", "이념으로서의 경제법", "두 개의 공사법"과 같은 논문을 발표한다. 제3장에서는 이들 논문을 분석함으로써 홍진기가 추구한 국가의 법이론이 무엇인지를 살펴본다.

제2절 법전 편찬의 기본 이론과 방향

Ⅰ. 영미법과 대륙법

1. 서론

해방 이후 홍진기는 미군정 아래에서 사법부 법률조사국의 법무관으로 근무한다. 이 시기 홍진기는 여전히 일본의 법제 아래 놓여 있는 조선의 상황에서 벗어날 수 있도록 우리만의 독자적인 법제 및 법전을 편찬하는 데 관심을 기울인다. 여기서 다음과 같은 의문이 제기된다. 앞으로 새롭게 펼쳐질 독립국가 조선에서는 어떤 법계를 선택해야 하는지의 의문이 그것이다. 홍진기가 1946년 9월호로 창간된『법정』제1권 제1호부터 1947년 1월호로 발간된 제2권 제1호에 걸쳐 세 차례로 발표한 논문 "영미법과 대륙법"은 이러한 문제의식에서 나온 것이다.[1] 비교법 방법론이 제대로 정착되지 않고 비교법 연구 역시 본격적으로 이루어지지 않았던 당시 홍진기는 지금 보더라도 그 내용이 풍부하고 설득력이 높은 비교법 연구를 수행한 것이다.[2] 이 논문에서 홍진기는 대표적인 법계인 대륙법과 영미법이 어떻게 발전해 왔는지를 조감하면서 우리가 선택해야 하는 법계는 무엇인지 검

---

1) 인용은 홍진기, "영미법과 대륙법", 홍진기법률연구재단 (편),『유민 홍진기 법률논문선집』(경인문화사, 2016), 105-147쪽에 의한다.
2) 비교법 방법에 관해서는 양천수·이동형, "문화와 법체계 그리고 비교법학: 민법상 거래안전의무를 예로 하여",『민족문화논총』제36집(2007. 9), 121-152쪽; Konrad Zweigert/Hein Kötz, 양창수 (역),『비교사법제도론』(대광문화사, 1991) 참고.

토한다.

2. 영미법의 특색

일제 강점기 그리고 해방 이후 전개된 미군정 당시 조선을 규율하는 대부분의 법은 주지하다시피 일본법이었다. 일본법은 대륙법계를 취한다. 그 점에서 홍진기를 비롯한 당시의 법률가들에게 대륙법은 아주 익숙한 것이었다. 이에 반해 영미법은 생소한 것이었다.[3] 그 점에서 홍진기는 영미법을 상세하게 분석하면서 다음과 같이 영미법의 특색을 도출한다.[4] 첫째는 판례법주의(Doctrine of Judicial Precedents for Case Law)이다.[5] 이는 영미법의 가장 본질적인 특색이라 말할 수 있다. 둘째는 판사, 변호사, 검사와 같은 실무 법률가가 중심적인 역할을 수행한다는 것이다. 법학자가 중심적인 역할을 하는 대륙법계와는 달리 영미법에서는 특히 판사가 핵심적인 역할을 한다고 말한다.[6] 셋째는 "법률지상주의"(Doctrine of Supremacy of Law), 즉 '법의 우위 원칙'이다.[7] 이는 '법의 지배'(rule of law)를 달리 표현한 것으로 볼 수 있다. 홍진기는 이러한 법률지상주의에서 "사법권 우월의 원리"(the American Doctrine of Judicial Supremacy)가 도출되고 이를 통해 사법심사, 즉 헌법재판이 가능해졌다고 말한다. 넷째는 당시 대륙법계가 볼 때 생소한 배심(Trial by Jury)이다.[8]

---

3) 당시 조선의 법률가들은 미군정의 영향으로 생소한 미국법에 관심이 많았다. 그 결과 미국법 또는 영미법에 관한 다수의 논문이 『법정』에 기고되었다. 이에 관해서는 이영록, 『유진오 헌법사상의 형성과 전개』(한국학술정보, 2006), 79쪽 참고.
4) 홍진기, "영미법과 대륙법", 113쪽 아래.
5) 홍진기, "영미법과 대륙법", 124-126쪽.
6) 홍진기, "영미법과 대륙법", 126-131쪽.
7) 홍진기, "영미법과 대륙법", 131-133쪽.
8) 홍진기, "영미법과 대륙법", 133-134쪽.

3. 영미법과 조선의 새로운 법제

홍진기는 대륙법과 영미법을 검토한 후 앞으로 조선이 선택해야 하는 법계는 무엇이 되어야 하는지 논의한다. 이에 관해 홍진기는 두 가지 과제를 제시한다. 첫째는 "새 조선은 건국과 함께 우리 스스로의 법전을 가져야 한다."는 것이다. 둘째는 "새로이 건국될 조선은 물론 민주주의 국가"이기에 "민주주의 조선의 새 법전도 또한 민주주의적 법전"이어야 한다는 것이다.9) 그런데 흥미롭게도 홍진기는 당시 민주주의의 대표 국가로 미국과 소련을 언급한다. 이는 아마도 당시 조선이 미국과 소련 군정의 지배를 받고 있었기에 이를 염두에 둔 것으로 보인다.10) 그런데 미국과 소련이 취하는 민주주의에는 차이가 있다. 홍진기에 따르면 미국은 자유민주주의를 취하는 반면 소련은 일반민주주의를 택한다.11) 이러한 두 가지 상이한 민주주의 중에서 무엇을 선택할지는 앞으로 정치가 결정할 것이라고 말한다.12) 다만 "만일 대륙법계인 소련의 법제가 새 조선법제에 계수될 진대는 지금까지의 조선의 법기구가 대륙법계이었던 만큼 법계론으로서는 별론이 적을 것"이라고 말한다. 그러나 "영미법계인 미법(美法)이 조선의 새 법전에 계수될 경우에는 전자와는 달리 법계론으로서도 논의될 점이 많다."고 말한다.13) 이러한 상황에서 홍진기는 만약 조선이 영미법계, 특히 미국의 법을 계수하는 경우에는 어떻게 해야 하는지 검토한다. 이에 관해 홍진기는 다음과 같이 법계수의 일반 원칙을 언급한다.14)

---

9) 홍진기, "영미법과 대륙법", 135쪽.
10) 홍진기, "영미법과 대륙법", 135쪽.
11) 일반민주주의는 달리 '인민민주주의'를 지칭한다고 말할 수 있다.
12) 홍진기, "영미법과 대륙법", 136쪽.
13) 홍진기, "영미법과 대륙법", 135-136쪽.
14) 홍진기, "영미법과 대륙법", 136쪽.

"무릇 계수(reception, Rezeption)란 한 나라에서 생성 발전한 법을 수입하여 다른 나라의 법으로 함을 말한다. 그리고 이 계수의 계열이 곧 법계를 이룬다. 그러나 계수하는 것은 법률이라는 형식적 기술이다. 그 법률이 계수될 실질적 기초는 그 나라의 현실 속에 있는 것이다. 그러므로 계수할 나라의 문화적·사회적·경제적 기초가 계수해 오는 나라의 그것과 같아야 한다. 만일, 이것이 전연 다르다면 계수해 온 법은 사회의 현실에서 유리하여 마침내 지상의 존재로서 그칠 것이다."

이러한 일반 원칙을 토대로 하여 홍진기는 앞으로 조선이 독자적인 법전을 만들 때 미국의 법계를 계수할 수 있는지, 특히 "미법을 포괄적으로 계수할 것이냐 또는 부분적으로 계수할 것이냐 하는 것"이 문제된다고 말한다.[15] 그러나 홍진기는 조선 법제의 현실에서 볼 때 영미법의 포괄적 계수는 안 된다고 말한다. 그 이유를 영미법 법원(法源)의 특이성에서 찾는다. "영미법의 특징으로서 가장 중요한 ① 판례법주의와 또 그의 반면(反面)이라고 할 수 있는 ② 포괄적 법전의 부존재와 ③ '커먼 로우'의 논리적 체계의 불비"라는 영미법의 내재적 난점으로 영미법계에 속하는 미국법을 조선이 계수하는 것은 어렵다는 것이다.[16]

그러면 미국법을 포함하는 영미법을 계수하는 것은 부정해야 하는가? 그렇지는 않다. 홍진기는 영미법을 포괄적으로 계수하는 것은 어렵지만 그 정신을 계수하는 것은 가능하다고 말한다. 그 근거로 당시 일본 상법이 갖고 있던 제도 중에는 영미법에서 계수한 것이 여럿 있다고 말한다. 그 예로 홍진기는 일본 상법 제14조가 규정하는 금반언, 회사법이 규정하는 사채권자 집회제도, 전환사채, 전환주식, 회사정리 및 특별청산 등을 언급한다. 이 외에도 "특히 민주주의적 법제로서 종래의 대륙법보다는 영미법에서 계수

---

15) 홍진기, "영미법과 대륙법", 137쪽.
16) 홍진기, "영미법과 대륙법", 137쪽.

해 올 것이 더 많다."고 말한다.[17] 무엇보다도 영미법 제도의 정신을 계수
할 필요가 있다고 역설한다. 홍진기는 이를 다음과 같이 요약한다.[18]

> "여기서 '커먼 로우'와 조선의 새 법제도와의 관계를 요약하면 조선의
> 새 법제로서 '커먼 로우'를 포괄적으로 계수할 수는 없다. 그의 기본 구조
> 는 여전 대륙법계여야 한다. 그러나 민주적 법제로서 우수한 '커먼 로우'
> 의 제(諸) 제도 중에서 우리는 많은 것을 계수하여야 한다. 즉, 부분적 계
> 수이다. 그리고 그것은 '커먼 로우' 그대로의 계수가 아니라 그 제도의 정
> 신의 계수이어야 한다."

Ⅱ. 상법전 편찬의 기본 과제

1. 서론

홍진기는 1947년 9월에 출간된 『법정』 제2권 제9호에 논문 "상법전 편찬
에의 기본과제"를 발표한다.[19] 당시 아직 우리의 독자적인 상법전을 갖고 있
지 않은 상황에서 홍진기는 이 논문을 통해 상법전 편찬의 기본 방향을 제시
한다. 뿐만 아니라 이 논문은 이후 홍진기가 『법정』 등에 발표하는 개별 논
문의 기본 방향 역시 충실하게 담고 있다. 그 점에서 이 논문은 당시 홍진기
가 어떤 법적 문제에 관심을 기울였는지를 잘 보여주는 핵심적인 기준점이
된다고 말할 수 있다. 홍진기의 법적 문제의식이 잘 드러나는 것이다.[20]

---

17) 홍진기, "영미법과 대륙법", 145-146쪽.
18) 홍진기, "영미법과 대륙법", 147쪽.
19) 홍진기, "상법전 편찬에의 기본과제", 『법정』 제2권 제9호(1947. 9), 24-30쪽.
20) 이 논문은 유민선생화갑기념논문집편찬위원회 (편), 『유민 홍진기 선생 화갑기념논문
집: 법학의 제문제』(중앙일보·동양방송, 1977)에도, 홍진기법률연구재단 (편), 『유민
홍진기 법률논문 선집』(경인문화사, 2016)에도 실려 있지 않다. 이 논문의 가치를 고

2. 기본 방향

여기서 홍진기는 우리만의 상법전을 편찬할 때 지향해야 하는 기본 방향을 제시한다.[21] 크게 두 가지를 제시한다. 체계이론의 관점을 원용해 말하면 이는 정치체계와 관련을 맺는 것과 법체계 자체와 관련을 맺는 것으로 구별할 수 있다. 우선 홍진기는 우리가 상법전을 편찬할 때 어떤 민주주의를 채택해야 하는지 문제된다고 말한다. 이때 홍진기는 두 가지 민주주의를 구별한다. 자유민주주의와 일반민주주의가 그것이다. 자유민주주의는 미국 등 서방세계가 채택하는 민주주의를 말한다. 이에 반해 일반민주주의는 소련 등 사회주의 국가가 채택하는 민주주의를 말한다. 이 상황에서 홍진기는 조선의 현실을 고려할 때 우리가 선택해야 하는 민주주의는 자유민주주의라고 말한다. 다만 순수한 자유민주주의라기보다는 사회주의에 의해 수정된 자유민주주의라고 말한다.[22]

다음으로 어떤 법계를 선택해야 하는지 문제된다. 이때 선택의 대상이 되는 법계는 대륙법계와 영미법계를 지칭한다. 이에 관해 홍진기는 선행 연구에서 검토한 것처럼 영미법을 포괄적으로 계수하는 것은 적절하지 않다고 하면서 조선의 상법전은 영미법의 정신을 가미한 대륙법계를 계수해야 한다고 말한다.[23]

3. 상법전의 형태와 민상법 통일론

홍진기는 독자적인 상법전을 제정할 때 이를 어떤 형태로 법전화할 것인

려하면 이는 납득이 되지 않는다.

21) 홍진기, "상법전 편찬에의 기본과제", 24-25쪽.
22) 홍진기, "상법전 편찬에의 기본과제", 24쪽.
23) 홍진기, "상법전 편찬에의 기본과제", 24-25쪽. 여기서 말하는 선행연구란 논문 "영미법과 대륙법"을 말한다.

지, 특히 민법전과 상법전의 관계를 어떻게 설정해야 하는지 문제된다고 말한다.[24] 바꾸어 말하면 민법전과 상법전을 별개로 법전화할 것인지 아니면 이를 통합해서 편찬해야 하는지 문제된다고 한다. 이른바 '민상법 통일론'을 수용할 것인지가 쟁점으로 부각된다.[25] 당시 일부에서는 민법과 상법을 통합해야 한다는 민상법 통일론이 유력하게 주장되었다. 중요한 근거로 오늘날 상당수의 민사법적 관계가 상화(商化)된다는 것을 언급한다. 이는 민법의 적용 영역이 점차 축소된다는 것을 시사한다. 오히려 상법이 민사법적 생활관계를 규율하는 기본법이 된다는 것이다. 그러나 홍진기는 이러한 민상법 통일론을 수용하지는 않는다. 오히려 앞으로는 상법전이 상법 총칙 및 상행위법, 회사법, 어음수표법, 보험법, 해상법 등으로 각각 분화될 것이라고 추측한다. 더불어 상법의 국제적 통일화가 진척될 것이라고 예측한다.[26] 이러한 이유에서 홍진기는 민법전과 상법전을 독자적으로 제정해야 한다고 말한다.[27]

4. 상인법인가 상행위법인가?

상법전을 제정할 때 무엇을 토대로 상법의 적용 영역을 결정해야 하는지 문제된다. 요컨대 민법과 상법의 적용 영역을 구별하는 기준에 관해 어떤 입법주의를 취해야 하는지 판단해야 한다. 이에는 종래 주관주의와 객관주의, 즉 상인법주의와 상행위법주의가 대립한다. 전자는 상인이라는 주관적 주체를 기준으로 하여 상법의 적용 영역을 획정한다. 이에 반해 후자는 상행위라는 객관적 행위를 기준으로 하여 상법의 적용 영역을 획정한다. 당시

---

24) 홍진기, "상법전 편찬에의 기본과제", 25-26쪽.
25) 이에 관해서는 최종고, "한국상법전의 제정과정", 『상사법연구』제9호(1991. 11), 209 -234쪽 참고.
26) 이는 현재의 법적 상황에 비추어 볼 때 타당한 예측이라고 평가할 수 있다.
27) 홍진기, "상법전 편찬에의 기본과제", 26쪽.

일본 상법은 상행위를 중심으로 하여 상법의 적용 영역을 획정하고 있었다. 객관주의를 채택하고 있었던 것이다. 그러나 홍진기는 앞으로 제정할 우리 상법전은 객관주의가 아닌 주관주의, 즉 상행위가 아닌 상인을 기준으로 하여 상법의 적용 영역을 획정해야 한다고 주장한다.[28] 이는 홍진기의 학문적 스승이라 할 수 있는 니시하라 칸이치의 주장을 수용한 것이다.[29]

5. 외자 유입과 회사법

앞으로 조선이 발전하려면 외자, 즉 외국 자본을 유치해야 한다. 이에 외자 유치를 어떻게 법으로 취급해야 하는지 문제된다. 이는 상법에서도 특히 회사법과 밀접한 관련을 맺는다. 이에 홍진기는 외국회사의 설립, 주식과 채권으로 문제 영역을 나누어 각 쟁점을 검토한다. 이에 회사법이 어떻게 대응해야 하는지 검토한다.[30]

6. 무역의 개시와 해상법

마지막으로 홍진기는 앞으로 빈번하게 이루어질 해상 무역에 대비하여 해상법을 어떻게 준비해야 하는지 살펴본다. 여기서 홍진기는 일본 해상법의 틀을 넘어서야 한다고 강조한다. 당시 시행되던 일본 상법이 담고 있던 해상법은 19세기 독일의 해상법을 수용한 것이다. 그러나 홍진기가 볼 때 독일의 해상법은 당시의 국제적 상황에 맞지 않는다. 따라서 앞으로 제정될 조선의 해상법은 일본이나 독일의 해상법 차원을 넘어 앞으로 도달할

---

28) 홍진기, "상법전 편찬에의 기본과제", 26-28쪽.
29) 이에 관해서는 제2장 제4절 참고.
30) 홍진기, "상법전 편찬에의 기본과제", 28-29쪽. 이러한 주장은 이후 발표된 논문 "새 회사법의 요강 해설", 『법정』제3권 제11호(1948. 11); 홍진기법률연구재단 (편), 『유민 홍진기 법률논문 선집』(경인문화사, 2016), 185-203쪽에서 더욱 발전되어 전개된다.

국제적인 기준을 추구해야 한다고 말한다. 뿐만 아니라 해상법은 국제적인 통일화가 진척될 것이므로 조선의 해상법은 이를 고려해야 한다고 말한다.[31] 여기서 홍진기의 미래 통찰 능력을 발견할 수 있다.

7. 논평

(1) 홍진기 상법학의 기본 방향

앞에서 언급한 것처럼 "상법전 편찬에의 기본과제"는 이후 홍진기가 발표하는 논문들의 준거점이 된다. 특히 홍진기가 법전편찬위원회의 위원으로 활동하면서 작업하게 될 새 회사법 요강 마련에 핵심적인 기준이 된다. 홍진기가 "상법전의 편찬에의 기본과제"에서 제시한 내용들은 대부분 새 회사법의 요강에 수용되기 때문이다.[32]

(2) 홍진기의 민주주의 이해

이외에 필자가 언급하고 싶은 것은 민주주의에 대한 홍진기의 이해 방식이다. 민주주의에 관해 홍진기는 지금 시점에서 보면 상당히 흥미로운 주장을 하기 때문이다. 이를 논평하려면 먼저 민주주의가 지닌 다양한 맥락을 검토할 필요가 있다.

1) 민주주의의 다양한 맥락

우리가 보통 민주주의라는 개념을 대할 때 흔히 떠올리는 내용은 민주주의란 바로 국민이 주인이 되는 정치체제라는 점이다. 그러나 국민이 주인이 되는 정치체제라는 개념 정의는 한편으로는 의미가 분명한 것처럼 보이지만 다른 한편으로 이를 면밀하게 검토하면 이 개념 정의 역시 다양한 스

---

31) 홍진기, "상법전 편찬에의 기본과제", 29-30쪽.
32) 이 책 제2장 제4절 참고.

펙트럼을 가지고 있음을 알게 된다. 가령 우리나라가 경험하기도 했으며 제3세계 국가에서 흔히 나타나는 독재국가도 그 스스로는 민주주의 국가를 표방하는 경우가 많기 때문이다. 다시 말해 어떻게 보면 민주주의와 가장 반대된다고 할 수 있는 전체주의적 정치체제가 민주주의라는 이름으로 자기 정당화를 모색하고 있는 것이다. 이처럼 민주주의 개념은 다양한 맥락에서 사용되기에 민주주의에 대한 이해는 혼란을 겪는다.[33]

그러면 무엇 때문에 민주주의에 대한 이해는 혼란을 겪는 것일까? 그 이유로는 여러 가지를 언급할 수 있겠지만 우선 민주주의 개념이 담고 있는 두 가지 측면, 즉 법적인 의미를 가지는 민주주의와 정치이념으로서 의미를 가지는 민주주의를 분명하게 구별하지 않는 데서 찾을 수 있다. 아래에서는 이러한 두 가지 측면을 살펴보고자 한다. 더불어 민주주의의 본래 의미를 명확하게 한다는 점에서 우리 헌법의 핵심 원리인 법치주의와 민주주의를 대비시키고자 한다.

2) 사람의 지배로서 민주주의

민주주의는 다수의 지배, 즉 사람의 지배를 뜻한다. 그 점에서 민주주의와 법치주의는 인치와 법치, 즉 사람의 지배와 법의 지배 문제로 바꾸어 볼 수 있다. 민주주의는 기본적으로 사람의 지배를 전제로 한다. 민주주의의 어원이 보여주는 것처럼 다수 또는 모든 사람들이 지배하는 형태가 민주주의이기 때문이다. 오늘날의 민주주의는 필연적으로 법치주의를 수반하지만 민주주의가 반드시 법치주의를 필요로 하는 것은 아니다. 아주 비효율적이기는 하지만 사람들의 지배형태인 민주주의는 법 없이도 정치적 의사결정을 할 수 있기 때문이다.[34] 우리가 사적 영역에서 법 없이도 자율적인 의

---

33) 같은 지적으로 장영수, "헌법의 기본원리로서의 민주주의", 『안암법학』제1호(1993. 9), 69쪽.
34) 공산주의가 실현되면 법은 사멸할 것이라는 역사적 유물론의 주장이 이를 잘 예증한

사결정으로 우리가 원하는 것을 하는 것처럼 말이다.35) 사람이 지배할 것인가 아니면 법이 지배할 것인가 하는 문제가 바로 민주주의인가 아니면 법치주의인가의 문제로 이어진다.36)

3) 대중주의로서 민주주의

민주주의의 어원이 잘 보여주듯이 민주주의는 대중의 지배, 즉 대중주의를 표방한다. 그 점에서 오늘날 발생하는 민주주의와 법치주의의 대립 문제는 물론 언제나 일치하는 것은 아니지만 대중주의와 전문가주의의 대립으로 바꾸어 볼 수 있다.

법치주의의 역사가 잘 보여주는 것처럼 법치, 즉 법의 지배를 국가의 구성원리로 삼는다는 것은 그 무엇보다도 이성을 우위에 놓는다는 것을 뜻한다.37) 이는 고대 그리스 및 로마 그리고 서구 중세시대에서 논의된 법치주의에서 확인할 수 있다. 이때 말하는 법은 이성을 제도화한 것이라고 볼 수 있기 때문이다. 법은 이성을 제도화한 것이라는 주장은 법개념 자체가 철학자의 관점, 달리 말해 전문가의 관점을 대변한다는 것을 시사한다. 이는 플라톤의 법개념에서 잘 드러난다.38)

이에 반해 다수의 지배를 뜻하는 민주주의는 실제로는 대중주의로 구현

다. 역사적 유물론에 관해서는 강성호, 『마르크스의 역사적 유물론과 역사발전론: 목적론적·기계론적·파국론적 해석과 비판』(참한, 1994) 참고.

35) 그 점에서 민주주의와 사적 자치는 사람의 합의에 바탕을 둔 지배와 규제를 전제로 한다는 점에서 서로 공통점을 가진다. 사회계약론을 수용하면 민주주의는 사적 자치가 공적 영역에서 구현된 것으로 볼 수도 있다.

36) 물론 인치는 부분적으로 법치와 결합될 수 있다. 법을 통치수단으로 활용하는 것이다. 이렇게 하면 인치는 법치, 더욱 정확하게 말하면 '법에 의한 지배'(rule by law)와 결합될 수 있다.

37) 김정오 외, 『법철학: 이론과 쟁점』제2판(박영사, 2017), 172-173쪽 참고.

38) 이에 관해서는 서영식, "법의 지배와 덕의 지배: 플라톤의 법이념에 관한 기초적 연구", 『철학논총』제78집 제4권(2014. 10) 참고.

되는 경우가 많다. 물론 아리스토텔레스가 지적한 것처럼 민주주의가 언제
나 대중주의로 나타나는 것은 아니다. 민주주의와 전문가주의가 결합되는
경우도 충분히 가능하고 실제로 대의제 민주주의는 이를 제도화한 것이라
고 볼 수 있다.39) 독일의 사회철학자 하버마스가 추구하는 '대화적 민주주
의'(diskursive Demokratie) 역시 전문가적 민주주의에 더욱 가깝다고 말할
수 있다.40) 그렇지만 직접 민주주의를 강조하면 할수록 그 폐단으로 민주주
의가 대중주의 또는 중우정치로 타락하는 경우도 흔히 경험할 수 있다.41)

4) 정치원리로서 민주주의

민주주의는 정치를 규율하는 기본원리이다.42) 그 점에서 민주주의와 법
치주의는 정치와 법치의 문제로 바꾸어 말할 수 있다.43) 오늘날의 입헌주
의 국가는 예외 없이 자신이 민주주의 국가라는 점을 내세운다. 오늘날 최
소한 표면적으로 볼 때 민주주의를 따르지 않는 국가는 없어 보인다. 이처
럼 민주주의는 정치의 규제원리로서 정치영역을 관할한다. 이와 달리 법치
주의는 법의 영역을 관할한다. 민주주의가 관할하는 정치영역이 존재적·경
험적 영역이라면 법치주의가 관할하는 법영역은 당위적·규범적 영역이다.
신칸트주의가 강조하는 《존재-당위 이원론》에 따르면 민주주의와 법치

---

39) 대의제 민주주의에 관해서는 정종섭, 『대의제에 관한 비판적 연구』(연세대 법학박사
    학위논문, 1989) 참고.
40) 하버마스의 민주주의 이론에 관해서는 이현아, "우리는 토론을 통해 이성적 상호성에
    도달할 수 있는가: 하버마스의 심의민주주의론에 관한 일고찰", 『한국정치학회보』제
    41집 제4호(2007. 겨울) 참고.
41) 이 문제에 관해서는 임지현·김용우 (엮음), 『대중독재: 강제와 동의 사이에서』(책세
    상, 2004); 임지현, "독재는 민주주의의 반의어(反意語)인가?: 대중독재의 모순어법과
    민주주의의 민주화", 『서양사론』제116호(2013. 3) 등 참고.
42) 물론 민주주의가 정치 영역만을 규율하는 원리인지는 논란이 없지 않다. 민주주의를
    비정치 영역에 확장하는 것을 비판하는 견해로는 허영, 『헌법이론과 헌법』신2판(박영
    사, 2008), 238-239쪽 참고.
43) 이를 보여주는 정태욱, 『정치와 법치』(책세상, 2006) 참고.

주의는 분명 그 성격이 다른 것처럼 보인다. 방법이원론을 엄격하게 고수하는 입장, 특히 한스 켈젠의 시각에서 보면 민주주의와 법치주의는 근본적으로 성격이 다른 것이기에 서로 결합될 수 없다. 다른 한편 역사적으로 보면 민주주의보다 법치주의가 더 오랜 역사를 지닌다. 물론 고대 그리스 아테네의 경우라는 예외가 있기는 하지만, 민주주의가 근대 이후 본격적으로 등장한 정치적 원리인데 반해 법치주의는 민주주의가 등장하기 이전부터 국가의 통치수단으로 활용되었기 때문이다.[44]

5) 헌법의 기본원리로서 민주주의

법치주의와 더불어 민주주의는 우리 헌법이 규율하는 기본원리이다.[45] 물론 민주주의와는 달리 법치주의는 우리 헌법이 직접 규율하지는 않는다. 그렇지만 헌법을 전체적으로 해석하면 법치주의가 우리 헌법의 기본원리가 된다는 점에는 이견이 없다.[46] 이렇게 민주주의가 법치주의와 더불어 헌법의 기본원리가 된다는 점은 동시에 양자가 우리 대한민국을 구성하는 원리라는 점을 보여준다. 대한민국은 민주주의와 법치주의에 따라 설계되고 작동되어야 한다.

6) 민주주의의 이중성

이러한 논의에 비추어 보면 민주주의가 이중적인 의미를 가진다는 점이

---

44) 중국 춘추전국시대의 진나라가 이를 잘 보여준다. 민주주의를 채택하지 않은 고대 로마제국에서 법치주의가 꽃을 피웠다는 점도 눈여겨볼 필요가 있다. 이에 관해서는 최병조, "서양 고대 로마의 법치: 이념과 현실", 김도균·최병조·최종고, 『법치주의의 기초: 역사와 이념』(서울대학교출판부, 2006), 127쪽 아래 참고.
45) 우리 헌법상 민주주의에 관해서는 조한상, "헌법상 민주주의의 실현구조", 『법학논총』(전남대) 제32집 제1호(2012. 4) 참고.
46) 헌법 제12조 제1항, 제37조 제2항, 제103조 등을 전체적으로 고려하면 우리 헌법이 법치주의를 기본원리로 수용하고 있음을 추론할 수 있다.

분명해진다. 민주주의는 한편으로는 정치이념으로 다른 한편으로는 법적
제도로 작동한다.

① 정치이념으로서 민주주의

민주주의는 정치이념의 의미를 가진다.[47] 이는 말 그대로 아직 법규범으
로 제도화되지 않은 그러나 일정한 이념으로 사회적 영향력을 발휘하는 민
주주의를 말한다. 따라서 이러한 민주주의에는 다양한, 어떤 경우에는 서로
다른 의미를 지닌 정치이념도 민주주의로 포섭될 수 있다. 예를 들어 극단
적인 자유주의를 표방하는 정치이념과 사회주의를 표방하는 정치이념이
자유민주주의와 사회민주주의라는 이름으로 모두 민주주의에 포함될 수
있다. 또한 각 개인의 다양한 견해를 모두 존중하려는 다원주의와 특정한
공동체의 일반의지 또는 정치적 통일체의 결단만을 강조하는 집단주의적
견해도 다 같이 민주주의로 인정될 수 있다. 이처럼 정치적 이념으로 의미
를 가지는 민주주의는 그 자체 다양한 의미 맥락을 포함한다. 이러한 연유
에서 우리는 민주주의에 접근할 때 때로 혼란을 겪는다.

② 법적 의미를 가지는 민주주의

법적 의미를 가지는 민주주의란 헌법 또는 법률과 같은 실정법규범으로
제도화된 민주주의를 말한다.[48] 바꿔 말해 법적인 의미의 민주주의란 정치
이념을 넘어 제도로 정착된 민주주의를 뜻한다.[49] 이러한 민주주의는 특히
우리 헌법이 명문으로 담고 있다. 가령 간접 민주주의의 대표적 형태인 대

---

47) 정치이념으로서 민주주의를 소개하는 문헌으로는 노베르트 보비오, 황주홍 (역), 『자
유주의와 민주주의』(문학과 지성사, 1992) 참고.
48) 물론 여기서 말하는 실정법규범은 반드시 성문법만을 의미한다고는 볼 수 없다. 왜냐
하면 영국과 같이 불문헌법을 통해 민주주의가 제도로 정착된 경우도 있기 때문이다.
49) 법적인 의미를 가지는 민주주의에 관해서는 우선 장영수, "헌법의 기본원리로서의 민
주주의", 67쪽 아래 참고.

의제 민주주의(헌법 제40조)나 의사표현의 자유(헌법 제21조)라는 기본권
에 바탕을 둔 다원주의 그리고 시장경제질서에 입각한 자유민주주의적 기
본질서(헌법 제8조)가 법적 의미를 가지는 민주주의의 구체적인 내용이라
할 수 있다.[50]

　　그러나 엄밀하게 따져보면 법적인 의미의 민주주의가 말 그대로 순수하
게 규범적인 의미만 가지는 것은 아니다. 물론 켈젠처럼 존재와 당위를 엄
격하게 분리하면 법규범과 법현실의 긴장관계를 인정하기 어렵겠지만, 현
실적으로 볼 때 법적인 의미의 민주주의에서는 다시 두 가지 속성이 나타
난다고 말할 수 있다. 실정법이 규율하는 민주주의(법규범으로서 민주주의)
와 이러한 규율이 실제 현실에서 구현되는 형태로서 민주주의(법현실로서
민주주의)가 바로 그것이다.[51] 바로 이러한 민주주의의 속성으로 인해 예
를 들어 비록 헌법에서는 민주적 제도를 마련하고 있지만 현실적으로는 전
체주의의 성격을 보이는 국가가 출현할 수 있는 것이다.[52]

③ 정치이념과 법 사이의 민주주의

　　이러한 상황에서 우리는 민주주의 개념을 어떻게 이해해야 할까? 혼란
을 최소화하기 위해 정치이념으로서 민주주의는 포기하고 법적인 의미의
민주주의만을 취해야 할까? 나아가 법적인 의미 가운데서도 법규범으로서
의미를 가지는 민주주의만을 선택해야 할까? 그렇지는 않다고 생각한다.

---

50) 물론 이때 말하는 다원주의란 순수한 가치상대적인 다원주의가 아니라 일정한 가치에
　　구속되는 제한된 의미의 다원주의로 보아야 한다. 이를 프랭켈(Ernst Fraenkel)은 '신다
　　원주의'로 명명하였다. 장영수, "헌법의 기본원리로서의 민주주의", 125쪽 아래 참고.
51) 이렇게 보면 민주주의는 세 가지 차원에서 구별할 수 있다. 정치이념으로서 민주주의,
　　법규범으로서 민주주의, 법현실로서 민주주의가 그것이다.
52) 이러한 현상을 칼 뢰벤슈타인(Karl Loewenstein)은 존재론적 헌법 개념이라는 이름으
　　로 정립하였다. 이에 관해서는 칼 뢰벤슈타인, 김효전 (역), "현대 헌법론 1", 『동아법
　　학』제74호(2017. 2), 195-511쪽 참고.

왜냐하면 민주주의를 법적인 의미에만 한정할 경우 법제도 자체가 안고 있는 문제점을 해결할 수 없기 때문이다. 그렇다고 정치이념의 민주주의만을 추구할 수도 없다. 그 이유는 특정한 정치이념이 현실에서 힘을 발휘하려면 필연적으로 제도화의 길을 걸어야 하기 때문이다. 이러한 이유에서 민주주의 개념은 다음과 같은 자리에 서있어야 한다. 정치이념의 민주주의와 법적인 의미의 민주주의 사이가 그것이다. 이렇게 해야만 민주주의는 한편으로 제도화의 힘을 발휘하면서도 다른 한편으로는 그 제도화가 안고 있는 문제점을 달리 해결한 여지를 가질 수 있다.

7) 홍진기의 민주주의 이해

지금까지 살펴본 맥락에서 홍진기의 민주주의 이해를 검토한다. 흥미로운 것은 홍진기가 민주주의의 유형으로 자유민주주의와 더불어 일반민주주의를 거론하고 있다는 점이다. 이를테면 당시 공산주의 국가의 대표적인 나라인 소련이 취하는 정치 이념 및 구조를 일반민주주의로 규정하는 것을 들 수 있다. 한편으로 이는 민주주의의 스펙트럼이 그만큼 넓다는 것을 보여준다. 다른 한편으로 이는 당시 우리나라가 얼마나 사회주의에 친화적이었는지를 보여주는 예가 된다고 말할 수 있다. 물론 이때 말하는 민주주의는 제도화된 민주주의가 아니라 정치이념으로서 의미를 가지는 민주주의이다. 일제 강점기에 우리 민족은 민족해방의 수단으로 민족주의 이외에 사회주의를 채택하는 경우가 많았는데 이러한 영향이 해방 이후에도 강력하게 남아 있었던 것이다. 이러한 경향을 보여주는 또 다른 예로 제헌헌법을 기초한 유진오의 헌법사상을 언급할 수 있다. 왜냐하면 유진오는 오늘날의 시각에서 볼 때는 다소 이질적인 경제적·사회적 민주주의에 기반을 두어 제헌헌법을 기초하였기 때문이다.[53] 이로 인해 제헌헌법은 자유시장

---

53) 이영록, 『유진오 헌법사상의 형성과 전개』(한국학술정보, 2006), 251쪽 아래 참고.

경제보다는 통제경제를 헌법의 기본적인 경제질서로 채택하였다. 우리나라
에서는 지난 2012년을 전후로 하여 경제민주주의가 새로운 정치적 화두로
이슈가 되었지만 이러한 경제민주주의는 이미 우리의 제헌헌법이 담고 있
었다는 점을 상기할 필요가 있다. 그 당시의 시대적·이념적 분위기가 홍진
기에게도 나타나고 있었던 것이다.

제3절 헌법이 없는 상황에서
대법원의 사법심사 가능성

Ⅰ. 서론

홍진기는 1947년 11월호로 출판된『법정』제2권 제11호에 "사법재판소의 법률심사: 민법 제14조의 무효선언판결에 관하여"라는 논문을 발표한다.[1] 이 논문은 "회사의 합병에서 교부금"과 더불어 홍진기의 학문적 독창성과 치밀함을 유감없이 보여준다.[2] 이 논문에서 홍진기는 그 당시에 도달한 가장 높은 수준의 사법심사이론을 원용하여 김병로 대법원이 이끌어낸 아주 흥미로운 대법원 판결을 분석한다.

문제가 된 사건에서 당시 김병로 대법원장이 이끌던 대법원은 아직 헌법

---

1) 홍진기, "사법재판소의 법률심사: 민법 제14조의 무효선언판결에 관하여",『법정』제2권 제11호(1947. 11). 인용은 홍진기법률연구재단 (편),『유민 홍진기 법률논문 선집』(경인문화사, 2016), 151쪽 아래에 의한다.
2) 이 논문을 분석하는 연구로는 양창수, "우리나라 최초의 헌법재판논의: 처의 행위능력 제한에 관한 1947년 대법원판결에 대하여",『서울대학교 법학』제111호(1999. 8), 125-151쪽 참고. 양창수 교수는 다른 글에서 홍진기의 이 논문을 다음과 같이 평가한다. "이 판결에 관하여 오히려 문제가 되었던 것은 아직 헌법도 마련되지 아니한 터에 과연 대법원에 위와 같은 선언을 할 권한이 있느냐 하는 점이었다(…). 이에 대하여는 찬성과 반대의 양론이 당시 가장 활동적인 법률가에 속하는 이들에 의하여 제기되었다. 그 중 가장 돋보이는 것이 내 생각에는 홍진기의 찬성론(…)이었다. 당시에 이미 이 글이 "찬성론 중의 백미편"이라고 평가하는 사람이 있었다. 나는 그 글을 쓰면서 홍진기가 당시 우리나라의 법률가로서 매우 우수한 사람이었구나 하는 생각을 하였던 것이다." 양창수,『노모스의 뜨락』(박영사, 2019), 88쪽.

이 제정되지 않았던 상황에서 엄연하게 현행법으로 시행되던 구민법의 제 14조 적용을 거부하는 판결을 내렸다.3) 이는 법이론의 측면에서 볼 때 두 가지 쟁점과 관련을 맺는다. 첫째는 법률에 반하는 법형성 문제이고 둘째 는 사법심사, 즉 헌법재판 문제이다. 그중에서 홍진기는 주로 두 번째 문제 를 다룬다. 그렇지만 이 문제는 법학방법론의 측면에서 볼 때 법률에 반하 는 법형성과도 밀접한 관련을 맺는다.4) 오늘날 국가의 구성원리로 정착된 법치주의에 따르면 법관은 법률에 엄격하게 구속되어야 하는데 당시 대법 원은 실정민법에 구속되지 않고 오히려 이를 거부하는 판단을 하였기 때문 이다. 법학방법론에서는 이를 허용할 것인지에 논란이 전개되는데 홍진기 는 이 문제를 사법심사의 문제로 보고 '생성중의 국가' 이론을 원용하여 해 결한다.5) 아래에서는 이러한 홍진기의 논의를 분석의 중심축으로 삼으면서 법률에 반하는 법형성 문제를 다루는 데 집중하고자 한다. 이에 더하여 홍 진기가 전개한 논증, 특히 '생성중의 국가' 논증이 가진 법적 의미를 살펴 보고자 한다.

---

3) 미군정 당시 군정 당국은 남조선에서 발생하는 법적 문제를 해결하고자 우선적으로 사법체계를 구축하였다. 이로 인해 남한의 독자적인 정부가 수립되지 않은 상태에서 도 대법원이 가동하고 있었다. 미군정 당시의 사법체계에 관해서는 문준영, 『법원과 검찰의 탄생: 사법의 역사로 읽는 대한민국』(역사비평사, 2010), 제10장 참고.

4) 법학방법론 문제 전반에 관해서는 양천수, 『삼단논법과 법학방법』(박영사, 2021) 참고

5) 이에 관해서는 양천수, "법률에 반하는 법형성의 정당화 가능성: 이론적-실정법적 근 거와 인정범위 그리고 한계", 『법과 사회』제52호(2016. 8), 107-142쪽.

Ⅱ. 대법원 판결과 쟁점

1. 사실관계

분석 대상이 되는 대법원 판결에서는 다음과 같은 사실관계가 문제가 되었다. 어떤 사람의 아내가 남편의 동의를 받지 않은 채 가옥인도청구에 관한 소를 제기하였다. 그런데 당시 시행되던 구민법 제14조 제1항 제1호에 따르면 아내가 적법한 소송행위를 하기 위해서는 남편의 동의를 받아야 했다. 따라서 당시의 현행 민법에 따르면 해당 사건에서 아내가 제기한 소는 남편의 동의를 받지 않은 것으로 적법하지 않다고 판단되어야 했다. 당해 가옥인도청구소송에서 피고는 바로 이 점을 문제 삼은 것이다.

2. 대법원 판결

그렇지만 김병로 대법원장이 이끈 당시 대법원은 이에 다음과 같이 판결한다.[6]

> "처에 대하여는 민법 제14조 제1항에 의하여 그에 해당한 행위에는 부의 허가를 수(受)함을 요하여 그 능력을 제한한바 이는 부부간의 화합을 위한 이유도 없지 않으나 주로 부에 대하여 우월적 지배권을 부여한 취지라고 인정치 않을 수 없다. 그런데 서기 1945년 8월 15일로 우리나라는 일본의 기반으로부터 해방되었고 우리는 **민주주의를 기초 삼아 국가를 건설할 것**이고 법률·정치·경제·문화 등 모든 제도를 민주주의 이념으로써 건설할 것은 현하 우리의 국시라 할 것이다. 그러므로 만민은 모름지기 평등할 것이고 성의 구별로 인하여 생(生)한 차별적 제도는 이미 민주주의 추세에 적응한 변화를 본 바로서 현하 여성에 대하여 선거권과 피선

---

6) 인용은 홍진기, "사법재판소의 법률심사", 151-152쪽.

거권을 인정하고 기타 관리에 임명되는 자격도 남성과 구별이 무(無)하여 남자와 동등한 공권을 향유함에 이른 바인즉 여성의 사권에 대하여도 또한 동연(同然)할 것이매 남녀평등을 부인하던 구제도로서 그 차별을 가장 현저히 한 민법 제14조는 우리 사회 상태에 적합지 아니하므로 그 적용에 있어서 적당한 변경을 가할 것은 자연의 사태이다. 자(慈)에 본원은 **사회의 진전과 법률의 해석을 조정함에 의하여** 비로소 심판의 타당성을 논할 수 있음에 감하여 동조에 의한 처의 능력제한을 인정치 아니하는 바이다."(강조는 인용자)

3. 쟁점

위 인용문에서 확인할 수 있듯이 대법원 판결은 한편으로는 법률에 반하는 법형성을 감행한 판결로 볼 수 있으면서도 다른 한편으로는 사법심사를 수행한 판결로도 볼 수 있다.[7] 전자의 근거로 대법원이 판결문에서 "사회의 진전과 법률의 해석을 조정함에 의하여" 구민법 제14조 제1항을 적용하지 않는다는 결론을 도출한다는 점을 들 수 있다. 반면 홍진기는 이미 언급한 것처럼 이 판결을 사법심사의 문제, 즉 헌법재판의 문제로 이해한다. 홍진기에 따르면 위 판결은 사법작용의 본질과 관련을 맺는다. 왜냐하면 "사법의 본질은 입법처럼 새로이 법을 정립하는 것이 아니고 또 행정처럼 법

---

7) 사실 사법심사 또는 헌법재판이 정착된 현대 민주적 법치국가에서는 법률에 반하는 법형성과 사법심사가 분리되지 않고 서로 밀접한 관련을 맺는다. 오늘날 법관은 사법심사의 일환으로 헌법에 위반되지 않는 한에서 법률에 반하는 법형성을 할 수 있는 것이다. 다만 사법심사가 제도화된 상황에서는 법관은 직접 법률에 반하는 법형성을 감행하기보다는 사법심사에 대한 권한을 갖고 있는 기관이 이를 수행하도록 하는 게 더욱 바람직하다. 이에 관해서는 양천수·우세나, "친생자 추정 논의에 관한 법학방법론적 문제", 『가족법연구』제33권 제2호(2019. 7), 77-100쪽 참고. 이외에도 대상 판결은 구법령의 승계라는, 다시 말해 일제강점기가 끝난 이후에도 여전히 일본제국의 법체계가 시행되는 흥미로운 문제를 던진다. 이에 관해서는 정인섭, "대한민국의 수립과 구법령의 승계", 『국제판례연구』제1집(박영사, 1999), 304-309쪽 참고.

을 집행하는 것도 아니고 오직 제정되어 있는 법을 적용함에 있을 것이어
늘 몽테스키외(Montesquieu)의 표현대로 '재판관이란 법의 말을 말하는
입'(『법의 정신』제1편 제6장)이라고만 생각한다면 재판관이 이렇게 법 자
체를 재판하고 하물며 그의 무효를 단정한다는 것은 이해할 수 없는 입법
권에의 침해행위같이 보일 것"이기 때문이다.[8] 이러한 문제를 해결하고자
홍진기는 다음과 같은 의문을 제기한다. "이것을 대법원의 '헌법재판'으로
볼 수 없을까. 대법원이 해방 이후 우리의 새로운 헌법으로 군림한 민주주
의 이념에 어그러지는 민법 제14조를 헌법에 저촉한 법률로 인정하고 그
무효를 선언한 것이라 볼 수 없을까."라는 것이다.[9]

이 같은 근본적인 의문 아래 홍진기는 만약 그렇다면 이에 결부되는 네
가지 세부적인 쟁점을 제기한다.[10] "첫째, 도대체 우리 대법원에 현재 그의
권한으로서 그러한 헌법재판권이 있느냐. 둘째, 현재의 남조선에 무슨 헌법
이 있느냐. 대법원에 헌법재판권이 있더라도 그 기준이 될 헌법이 있어야
한다. 이른바 민주주의 이념 따위가 그러한 헌법재판의 기준으로서 헌법이
될 수 있느냐. 셋째, 가령 대법원에 헌법재판권이 있고 또 민주주의 이념이
그러한 헌법이라손 치더라도 과연 현재 남녀동권(男女同權)이란 정치적 구
호대로 처의 무능력제도를 폐기하는 것이 옳으냐. 넷째, 이 위의 모든 문제
가 긍정된 다음 그러한 헌법재판의 효과는 어떠한가."

---

8) 홍진기, "사법재판소의 법률심사", 152쪽.
9) 홍진기, "사법재판소의 법률심사", 153쪽.
10) 홍진기, "사법재판소의 법률심사", 153쪽.

Ⅲ. 당시 조선에서 대법원에 의한 헌법재판의 가능성과 효과

1. 사법권 우월의 원칙

먼저 당시 김병로 대법원장이 이끈 대법원에 사법심사권, 즉 헌법재판권이 존재하는지가 문제된다. 이 문제를 해결하기 위해 홍진기는 일본, 독일, 프랑스, 오스트리아, 영국, 미국의 법적 논의 상황을 비교법의 견지에서 검토한다.[11] 그러면서 미국 연방대법원이 1803년 마베리 대 매디슨 사건(Marbury vs. Madison)에서 확립한 '사법권 우월'(judicial supremacy)의 원칙에서 사법심사의 근거를 발견한다. 홍진기는 이 판결에서 확립된 원칙을 다음과 같이 요약한다.[12] "① 헌법은 법률에 대하여 우위의 법이다. ② 그리고 헌법은 재판소에 의하여 강행되어야 할 법이다. ③ 그러니 법률이 헌법에 저촉하였을 때는 그 법률은 법이 아니다. ④ 따라서 재판소는 그 직무를 수행함에 있어 헌법과 법률과의 저촉을 발견하였을 때는 법률의 적용은 거부하지 않으면 안 된다. ⑤ 헌법의 사법적 해석은 해당사건의 결정에 관한 한 종국적인 것이다. ⑥ 최고재판소의 해석은 하급재판소를 구속하고 또 선례로서 동일재판소를 구속한다는 것"이다.[13]

이때 주목해야 할 것은 홍진기는 사법권 우월의 원칙 및 연방대법원의 사법심사 권한은 실정법에 의해 부여되는 것이 아니라 미국 연방대법원이

---

11) 홍진기, "사법재판소의 법률심사", 154-156쪽. 여기서 홍진기는 미노베(美濃部達吉), 타카야나기 켄조(高柳賢三: 1887-1967), 미야자와 토시요시(宮澤俊義: 1899-1976), 우카이 등의 문헌을 참고한다.

12) 홍진기, "사법재판소의 법률심사", 156-157쪽.

13) 이러한 홍진기의 주장에서는 켈젠의 유명한 법단계론적 사고를 읽을 수 있다. 이에 관해서는 Hans Kelsen, 윤재왕 (역), 『순수법학: 법학의 문제점에 대한 서론』(박영사, 2018), 96쪽 아래 참고.

"헌법의 우위성과 사법재판소의 사명을 관련시켜 거기서 자각적으로 획득한 권한"으로 본다는 것이다. 사법심사 권한을 마치 자연법적 권한으로 이해하는 것이다. 홍진기는 같은 맥락에서 당시 우리 대법원이 "해방 이후 우리의 모든 질서 위로 군림한 우리의 새로운 헌법 민주주의 이념의 우위성을 인식하고 사법재판소의 본질적 직무에 철(徹)함으로써 드디어 이 헌법재판권을 자각적으로 자기의 권한으로 발견한 것"이라고 본다.[14]

한편 여기서 왜 미국 연방대법원이 선언한 것처럼 헌법의 우위로부터 사법권 우월의 원칙이 도출되어야 하는지 의문을 제기할 수 있다. 이에 홍진기는 "헌법을 수호하고 그러기 위하여 그 나라에 있어 최고의 권위를 가지고 이 헌법을 해석하는 권한을 누구에게 맡길 것"인가에 따라 '입법권의 우월'과 '행정권의 우월' 및 '사법권의 우월'이 구별된다고 말한다.[15] 입법권의 우월(legislative supremacy)에서는 "입법권은 만능이고 어떠한 악(惡)법률이라도 그것이 의회를 통과하였다는 이유만으로써 또한 법으로서 행세"하는 문제점이 노정된다. 이에 대해 행정권의 우월(administrative supremacy)에서는 "입법권이 쥐고 있는 권한을 소위 행정권에의 수권입법이란 형식으로 백지규정을 듬뿍 담은 광범위의 위임입법을 하여 합헌적이란 보장 밑에 행정권은 위임명령으로써 자기의 하고 싶은 바를 스스로 입법하고 또 스스로 집행"한다. 이로 인해 "행정권 중심제, 다시 말하면 독재주의로의 경향"이 나타난다고 한다.[16] 홍진기는 바로 이러한 입법권의 우월과 행정권의 우월이 지닌 문제점을 해소하기 위해 사법권의 우월 및 이에 기반을 두는 헌법재판이 필요하다고 말한다.[17]

---

14) 홍진기, "사법재판소의 법률심사", 157쪽.
15) 이는 누가 헌법의 수호자가 되느냐의 문제가 된다. 이에 관해서는 Carl Schmitt/Hans Kelsen, 김효전 (역), 『헌법의 수호자 논쟁』(교육과학사, 1991); 양천수, "민주적 법치국가의 내적 갈등", 『법학연구』(연세대) 제28권 제3호(2018. 9), 271-305쪽 참고.
16) 홍진기, "사법재판소의 법률심사", 158쪽.
17) 홍진기, "사법재판소의 법률심사", 158-159쪽.

2. 남조선의 헌법

홍진기는 사법권 우월의 원칙을 기초로 삼아 당시 우리 대법원에 헌법재판을 할 권한이 있다고 판단하였다. 그런데 대법원이 헌법재판을 할 수 있으려면 그 전제로 헌법이 존재해야 한다. 마베리 대 매디슨 사건을 심판한 미국 연방대법원의 경우에는 당시 미국이 연방헌법을 지니고 있었기에 이로부터 헌법의 우위 및 사법권 우월의 원칙을 도출하는 데 문제가 없었다. 문제는 1947년 당시 미군정 아래 있던 남조선에는 독자적인 실정 헌법이 없었다는 것이다. 이 문제를 해결하기 위해 홍진기는 다음과 같은 쟁점을 논리적인 순서로 검토한다. 헌법이란 무엇인지, 당시 조선이라는 공동체의 성격은 무엇인지, 미군정 아래 있던 당시 조선에 헌법이 있는지, 만약 헌법이 있다면 그것은 무엇인지의 쟁점이 그것이다.

우선 홍진기는 독일의 공법학자 옐리네크(Georg Jellinek: 1851-1911)를 인용하여 헌법을 형식적 의미의 헌법과 실질적 의미의 헌법으로 구별한다. 그러면서 당시 남조선에는 형식적 의미의 헌법은 없지만 마치 영국처럼 실질적 의미의 헌법은 있을 수 있다고 주장한다.[18]

다음으로 홍진기는 당시 조선의 법적 상태가 무엇인지 검토한다. 여기서 홍진기의 독창성이 유감없이 발휘된다. 홍진기는 당시 조선은 독립국가는 아니지만 그렇다고 해서 국가가 아닌 것은 아니라고 말한다. 이에 홍진기는 당시 조선을 '생성중의 국가'(the state in the making)로 규정한다.[19] 마

---

18) 홍진기, "사법재판소의 법률심사", 159-160쪽. 여기서 홍진기는 宮澤俊義, 『憲法略說』(岩波書店, 1942), 4쪽을 인용한다. 엘리네크의 헌법이론에 관해서는 Georg Jellinek, *Allgemeine Staatslehre*, 3. Aufl. (Berlin, 1914); Alexander Hollerbach, "Jellinek, Georg", in: *Neue Deutsche Biographie* 10 (Berlin, 1974), S. 391-392 등 참고.

19) 비록 홍진기가 독자적으로 주장하기는 했지만 생성중의 국가 논증은 국제법학에서 찾아볼 수 있다. 이에 관해서는 James Crawford, *The Creation of States in International Law*, 2nd ed. (Oxford University Press, 2006), pp. 658-664; 정인섭, "홍진기와 정부 수립 초기 국제법 활동", 『국가와 헌법·1: 헌법총론/정치제도론』(법문사,

치 회사법학에서 말하는 '설립중의 회사'를 떠올리는 '생성중의 국가'를 홍
진기는 "장래 성취될 완전한 나라 조선의 '전생'(Vorleben)"이라고 말한
다.20) 그러면 생성중의 국가의 구체적인 법적 의미는 무엇인가? 홍진기는
이를 다음과 같이 말한다.21)

> "일본에 찬탈당하였던 주권이 해방으로 말미암아 다시금 조선인민에게
> 로 광복되었어도 남북으로 미소(美蘇)에 군사점령을 받아 그 주권은 억압
> 받고 있다. 남북의 군정이 점차로 그 군정성을 희박화하여 그 정권이 조
> 선인에게로 이양되면 되는 그만큼 그 억압이 풀리어 조선의 주권은 선명
> (鮮明)의 도(度)를 짙게 하면서 남북의 군정이 해소되는 날 조선의 주권은
> 또 완전히 하나로서 빛날 것이다. 군정과 조선의 주권의 회복과는 이러한
> 함수관계에 있다. 그러므로 분할된 남북 두 조선임에도 불구하고 이것을
> 초월하여 하나의 '생성중의 국가' 조선을 상정할 수 있는 것이다. 그러니
> 현재의 남조선은 다만 미군정의 영역으로서 확고부동으로 서있는 것이
> 아니라 항상 주권의 완전한 회복을 향하여 미동적으로 발전을 계속하고
> 있는 것이다. 생성중의 국가 조선의 일부분인 것이다. 다만 그 위에 점차
> 로 희박해가는 미군정이 덮여 있을 뿐이다."

이처럼 홍진기는 비록 완전하지는 않지만 당시 조선의 국가성을 인정한
다. 따라서 생성중의 국가인 조선, 그중에서도 남조선 역시 헌법을 가질 수
있다고 말한다. 여기서 홍진기는 다시 통찰력이 엿보이는 독창적인 주장을
한다.22) "남조선이란 다만 미군정의 영역으로서 그치는 것이 아니라 생성
중의 국가 조선의 일부분이라는 이중성을 띠고 있듯이 그곳의 헌법은 또
미군정의 몇 개의 헌법적 규정으로서 그치는 것이 아니라 생성중의 국가로

2018), 731쪽에서 다시 인용.
20) 홍진기, "사법재판소의 법률심사", 160쪽.
21) 홍진기, "사법재판소의 법률심사", 160-161쪽.
22) 홍진기, "사법재판소의 법률심사", 161쪽.

서 또 생성중의 헌법을 이중적으로 가질 것"이라는 것이다. 이를 분석하면 남조선은 한편으로는 미군정의 영역이라는 의미를 가지는 동시에 다른 한 편으로는 생성중의 국가 (통일) 조선의 일부분을 구성한다는 것이다. 그 점 에서 남조선은 이중성을 띤다는 것이다. 이에 따라 남조선의 헌법도 한편 으로는 미군정이 마련한 (형식적 의미의) 헌법적 규정뿐만 아니라 다른 한 편으로는 생성중인 국가 (통일) 조선의 생성중인 헌법으로 구성된다는 것 이다. 그 점에서 헌법 역시 이중적이다.

그러면 이때 말하는 생성중의 헌법은 무엇을 말하는가? 이에 홍진기는 "생성중의 국가가 완전한 국가로의 건설이란 동적 계기를 내포하고 있듯이 생성중의 헌법은 또 건국의 방향을 지시하는 이념"이라고 말한다.[23] 요컨 대 생성중의 헌법은 '건국이념'이라는 것이다.

홍진기에 따르면 생성중인 국가로서 남조선에는 두 가지 헌법이 존재한 다. 형식적 의미의 헌법으로 미군정의 조직을 규율하는 법규와 실질적 의 미의 헌법으로 건국이념이다. 홍진기는 전자의 경우로 "남조선의 통치권이 맥아더 장군에게 있다는 것을 선명한 포고(布告) 제1호"와 "입의(立議)를 조직하는 법령 제141호" 그리고 "종래의 총독부 조직을 원용하는 법령 제 21호"를 언급한다.[24] 그러나 홍진기는 이들 법규는 미군정 그 자체를 위한 것이 아니라 최종적으로는 조선의 독립을 위한 것이라고 말한다. 왜냐하면 "군정은 군정 그 자체를 목적으로 하는 것이 아니라 실은 조선의 독립을 적극적으로 원조함을 목적"으로 삼기 때문이다.[25] 이러한 근거에서 실질적 헌법에 해당하는 "건국이념은 생성중의 국가 조선의 생성의 원리일 뿐 아 니라 또 동시에 군정의 원리로서 군정 하 모든 질서를 규율 잡는 원리"라 고 말한다. 따라서 "건국이념은 모든 법질서 위에 군림하여 있고 모든 법은

23) 홍진기, "사법재판소의 법률심사", 161쪽.
24) 홍진기, "사법재판소의 법률심사", 161쪽.
25) 홍진기, "사법재판소의 법률심사", 161-162쪽.

이 건국이념에 합치함으로써 존재하고 또 불합치함으로써 소멸"한다고 강조한다.26)

이 같은 근거에서 홍진기는 "건국이념이야말로 현재 남조선의 실질적 의의의 헌법"이라고 말한다. 그러면 건국이념은 구체적으로 무엇인가? 이에 홍진기는 민주주의를 건국이념으로 제시한다.27) 이에 따르면 결국 생성 중인 국가인 남조선을 규율하는 실질적 헌법은 민주주의라 말할 수 있다. 이러한 민주주의에서 "인민의 기본권의 하나인 평등권" 및 "남녀평등의 이념"이 흘러나온다. 홍진기가 볼 때 당시 대법원은 실질적 헌법인 민주주의 및 여기서 도출되는 남녀평등 이념을 기준으로 하여 민법 제14조의 합헌성을 판단한 것이다.

물론 이로써 모든 문제가 해결된 것은 아니다. 이어서 홍진기는 다음과 같은 문제를 제기하기 때문이다. 명확한 실정법적 규정이 아닌 민주주의와 같은 이념이 헌법재판의 기준이 될 수 있는가의 문제가 그것이다. 이에 홍진기는 자연법에 위반된다는 이유로 법률의 무효 선언을 한 미국 연방대법원의 판례를 언급하면서 민주주의 이념이 자연법과 같은 역할을 할 수 있다고 말한다. 왜냐하면 홍진기가 볼 때 "자연법이란 것도 여러 가지 뉘앙스는 있으나 법질서는 성문법 체계에 그치는 것이 아니라 보다 높고 보다 깊고 보다 본질적인 법질서가 있다 하면서 필경 합리성(Reasonableness)을 내세우는 데 지나지" 않기 때문이다.28)

이러한 논증을 기반으로 하여 홍진기는 다음과 같은 결론을 도출한다.29)

"그렇다면 이 건국과정기의 대법원이 건국이념으로써 헌법재판의 기준을 삼은 것은 지당타 아니할 수 없다. 그리고 그 건국이념이 민주주의의

---

26) 홍진기, "사법재판소의 법률심사", 162쪽.
27) 홍진기, "사법재판소의 법률심사", 162쪽.
28) 홍진기, "사법재판소의 법률심사", 162-163쪽.
29) 홍진기, "사법재판소의 법률심사", 163쪽.

속성으로서 남녀동권이란 세목적 이념을 끌어내는 것도 또한 명백한 사
리를 좇은 것이라 아니할 수 없다."

3. 처의 무능력자 제도

홍진기는 민주주의라는 실질적 헌법의 판단 대상이 된 구민법 제14조,
즉 처의 무능력자 제도는 남녀평등에 합치하지 않는 것으로 전적으로 타당
하지 않다고 말한다. 이는 여성을 차별하는 구시대의 산물에 불과하다. 물
론 이에 "처를 무능력자로 함은 부부공동생활의 화합을 위하여 부부를 차
별함이지 남녀를 차별함이 아니라고" 주장하는 경우도 있다.30) 그러나 홍
진기는 이를 다음과 같이 반박한다. "부부의 화합만을 위주(爲主)하여 능력
을 제한한다면 거기에 세 가지 방법을 생각할 수 있다. 하나는 오히려 부의
능력을 제한하는 방식, 다음은 처의 능력을 제한하는 방식, 셋째는 부와 처
를 결혼과 동시에 함께 무능력자로 하여 서로 상대의 동의가 있어야 법률
행위를 할 수 있게 하는 방식"이 있다는 것이다. 그런데 민법은 "이 세 가
지 방식 중에서 부의 능력을 제한하는 방식이나 또는 부처 쌍방의 능력을
제한하는 방식을 취할 수 있었음에도 불구하고 처의 희생에 있어 처의 능
력만을 제한하는 방식을 취하였음은 그것이 바로 남존여비(男尊女卑)가 아
니고 무엇"이냐고 반박한다. "부처(夫妻)의 화합이란 미명(美名) 바로 뒤에
는 남녀 차별이 숨어 있는 것"이라고 한다.31) 그러면서 홍진기는 루즈벨트
대통령의 개혁 법안을 헌법재판으로 무력화했던 미국 연방대법원의 보수
적인 경향과는 달리 우리 대법원이 "헌법재판을 진보적인 데서 출발"했다
는 점을 긍정적으로 평가한다.32)

---

30) 홍진기, "사법재판소의 법률심사", 164쪽.
31) 홍진기, "사법재판소의 법률심사", 164쪽.
32) 홍진기, "사법재판소의 법률심사", 164-165쪽.

4. 헌법재판의 효과

홍진기는 마지막 쟁점으로 헌법재판의 효과, 즉 민법 제14조에 대한 위헌 판단의 효과가 언제 무엇을 대상으로 하여 발생하는지 검토한다. 홍진기는 미국 헌법학의 통설에 의하면 "어떤 법률이 위헌이라고 판결된 때에는 그 법률은 마치 아주 존재한 일이 없었던 것과 같다."고 말한다. "당초부터 무효"(void ab initio)가 된다는 것이다.33) 그러나 홍진기는 이러한 원칙을 민법 제14조에 대한 헌법재판에 그대로 적용할 수 없다고 한다. 왜냐하면 "민법 제14조가 먼저 존재하고 있는데 해방 이후 비로소 새로운 헌법 민주주의 이념이 나중 군림하게 되었으니 무효의 시기는 이 이념이 조선 위에 베풀어진 날로부터이어야 할 것"이기 때문이라는 것이다.34) 요컨대 법적 안정성을 위해 위헌판결의 효력 발생 시점을 조정하는 것이다. 달리 말하면 소급효의 범위를 제한하는 것이다. 그러면서 홍진기는 김병로 대법원과는 달리 그 시점을 일본이 항복문서에 공식 서명한 1945년 9월 2일로 본다.35)

다음으로 홍진기는 위헌판결의 효력이 미치는 대상은 민법 전체가 아니라 제14조에 국한된다고 말한다. 왜냐하면 "사법권의 본질로서 재판소는 소송사건에 대하여 이것을 재판함에 있어 이에 부수하여 이 사건에 적용될 법규가 위헌인가 아닌가를 심사결정한데 불과한 것이고 일반적으로 자진하여 어떤 법률의 위헌성을 단정해낼 권한은" 없기 때문이라고 한다. 말을 바꾸면 "사법권은 특정한 사건 및 쟁송과 그것과 불가분의 관계에 있는 것에만" 미친다는 것이다.36) 이 점에서 홍진기는 김병로 대법원이 '일부 위

---

33) 홍진기, "사법재판소의 법률심사", 165-166쪽.
34) 홍진기, "사법재판소의 법률심사", 166쪽.
35) 홍진기, "사법재판소의 법률심사", 166-167쪽. 이와 달리 김병로 대법원은 그 시점을 1945년 8월 15일로 보는 듯하다.
36) 홍진기, "사법재판소의 법률심사", 168쪽.

헌'(partial unconstitutionality)을 한 것이라고 말한다.[37]

IV. 논평

앞에서 살펴본 것처럼 홍진기의 논문 "사법재판소의 법률심사"는 여러 흥미로운 법적 쟁점을 다룬다. 이 논문이 분석하는 대법원 판결은 법률에 반하는 법형성 및 사법심사 문제와 관련을 맺는다. 홍진기는 이 중에서 후자에 논의를 집중한다. 이외에 다양한 쟁점이 홍진기의 논문에서 다루어진다. 아래에서는 홍진기가 정면에서 다루지 않은 법률에 반하는 법형성 문제를 살펴보고 이에 더하여 몇 가지 쟁점을 검토한다.

1. 성문헌법이 없는 상황에서 사법심사의 가능성

먼저 홍진기가 실정 헌법, 즉 성문헌법이 없는 상황에서 어떻게 대법원이 사법심사를 수행할 수 있는지를 논증하는지 정리한다. 홍진기는 이를 정당화하기 위해 다음과 같은 논증을 전개한다. 우선 누가 헌법을 수호해야 하는지, 달리 말해 한 국가를 지탱하는 전체 법질서를 누가 보호해야 하는지 문제를 제기하면서 그 해답으로 사법권의 우월을 제시한다. 물론 이에는 입법권의 우월이나 행정권의 우월을 언급할 수도 있지만 홍진기는 미국의 연방대법원이 그랬던 것처럼 사법권의 우월을 선택한다. 이는 영미헌법학을 지배하는 '법의 지배'(rule of law) 원리를 수용한 것이다.[38]

그런데 필자는 사법권의 우월을 중시하는 홍진기의 주장에서 오다카가

---

37) 홍진기, "사법재판소의 법률심사", 168쪽.
38) '법의 지배'에 관해서는 Brian Z. Tamanaha, *On the Rule of Law: History, Politics, Theory* (Cambridge University Press, 2004) 참고.

중시한 한스 켈젠의 영향을 읽을 수 있다고 생각한다. 이는 누가 헌법의 수
호자가 되어야 하는지에 관해 켈젠과 슈미트가 벌인 논쟁에서 확인할 수
있다.[39] 헌법이 위기에 처했을 때 누가 헌법의 수호자가 되어야 하는가?
홍진기가 던진 이 질문은 이미 당대의 공법학자인 켈젠과 슈미트 사이에서
문제가 되었다. 이 질문은 법치주의가 위기에 처했을 때 누가 법치주의의
수호자가 되어야 하는가의 질문으로 바꿀 수 있다. 이에 관해 정치와 법을
엄격하게 구분하는 켈젠은 당연히 바이마르 공화국의 국사재판소가 헌법
의 수호자가 되어야 한다고 말한다. 사법부가 바로 법치주의의 수호자가
되어야 한다고 보는 것이다. 이는 법의 순수성, 합법성을 강조하는 켈젠의
태도에서 보면 아주 일관된 주장이라 할 수 있다. 이와 달리 슈미트는 "시
기와 상황에 의거하는 특별 입법자"에 해당하는 바이마르 공화국 당시의
제국대통령이 헌법의 수호자가 되어야 한다고 말한다. 이는 제국대통령이
대변하는 동일성 민주주의와 민주적 정당성이 헌법과 법치주의의 수호자
가 되어야 함을 뜻한다. 이는 법치주의는 궁극적으로는 민주주의에 의해서
만 보장될 수 있음을 시사한다. 의회와 사법부를 중시하는 합법성이 아니
라 제국대통령으로 대변되는 민주적 정당성이 법치주의를 수호할 수 있다
는 것이다. 동시에 제국대통령이 헌법의 수호자가 된다는 주장은 실질적인
주권자가 바로 제국대통령이라는 점을 보여준다. 왜냐하면 슈미트에 따르
면 "주권자란 비상사태를 결단하는 자"인데 제국대통령이야말로 헌법이 규
정하는 특별 입법자로서 이러한 역할을 수행하기 때문이다. 주권자인 민족
의 의지와 결단을 구체화하는 자가 제국대통령이기에 그가 실질적인 주권
자가 되는 것이다. 이러한 맥락에서 슈미트는 독재를 옹호하기도 한다.[40]

---

39) 이에 관해서는 Carl Schmitt/Hans Kelsen, 김효전 (역), 『헌법의 수호자 논쟁』(교육과
학사, 1991) 참고.

40) 이에 관해서는 Carl Schmitt, *Die Diktatur: Von den Anfängen des modernen
Souveränitätgedankens bis zum proletarischen Klassenkampf*, Siebente Aufl. (Berlin,
2006); 오향미, "주권 주체와 주권의 한계: 바이마르 공화국 주권 논쟁의 한 단면",

이러한 논쟁을 정리하면 다음과 같다. 홍진기가 분석한 것처럼 누가 헌법의 수호자가 되어야 하는가에는 세 가지 해법이 가능하다. 입법권의 우월과 행정권의 우월 및 사법권의 우월이 그것이다. 이때 입법권의 우월은 의회 중심의 대의제 민주주의, 행정권의 우월은 직접민주주의, 사법권의 우월은 법치주의를 대변한다. 이 같은 해법 중에서 홍진기는 켈젠이 중시하는 사법권의 우월을 선택하는 것이다.

그러나 사법권의 우월만으로 김병로 대법원이 당연하게 사법심사를 할 수 있는 것은 아니다. 왜냐하면 앞에서 살펴본 것처럼 당시에는 실정 헌법이 존재하지 않았기 때문이다. 이 문제를 해결하기 위해 홍진기는 옐리네크를 원용하여 형식적 의미와 헌법과 실질적 의미의 헌법을 구별한다. 이에 따라 홍진기는 미군정 당시 우리나라에는 형식적 의미의 헌법은 없었지만 실질적 의미의 헌법은 있었다고 말한다. 홍진기는 이러한 실질적 의미의 헌법에 근거를 두어 김병로 대법원이 사법심사에 대한 권한을 가진다고 논증한다.

여기서 주목해야 할 점은 실질적 의미의 헌법 개념을 인정한다는 점과 이로부터 사법심사에 대한 권한을 도출한다는 점이다. 이는 순수법학을 강조하는 켈젠의 사고방식을 넘어선다. 그 점에서 홍진기는 오다카처럼 순수법학에만 머물러 있지 않는다. 후설의 현상학적 사고를 수용한 오다카 토모오처럼 홍진기는 한편으로는 옐리네크가 강조한 '사실의 규범력'을, 다른 한편으로는 합리성으로 표방되는 원리적 자연법이론을 받아들이고 있는 것이다.[41]

『법철학연구』제14권 제2호(2011. 8), 117쪽 아래 등 참고.

41) '사실의 규범력'에 관해서는 Andreas Anter (Hrsg.), *Die normative Kraft des Faktischen: das Staatsverständnis Georg Jellineks* (Baden-Baden, 2004) 참고.

2. 법률에 반하는 법형성

김병로 대법원은 문제가 된 사건에서 구민법 제14조 적용을 거부하였다. 이는 구민법 제14조가 적용되어야 할 사건에 제14조가 아닌 다른 법규범을 적용한 것이다. 그 점에서 김병로 대법원은 법해석이 아닌 법형성을, 그것도 법률에 반하는 법형성을 감행한 것이다.

(1) 법해석과 법형성

1) 법해석과 법형성에 관한 전통적 견해

먼저 법형성이란 무엇인지 살펴볼 필요가 있다. 보통 법형성은 법해석과 구별되는 개념으로 언급된다.[42] 양자는 다음과 같이 구별된다. 법해석이 이미 존재하는 법규범을 구체화하는 작업이라면 법형성은 새롭게 법규범을 만드는 작업이라는 것이다. 그러나 구체적인 법적 분쟁에서 무엇이 법해석이고 무엇이 법형성인지를 분명하게 구획하는 것은 쉽지 않다. 이 때문에 법학방법론에서는 '법문언의 가능한 의미'를 기준으로 하여 법해석과 법형성을 구별한다. 법문언의 가능한 의미 안에서 이루어지는 작업이 법해석이라면 가능한 의미 밖에서 이루어지는 작업은 법형성이라는 것이다. 이는 법관에 의한 법형성이 엄격하게 금지되는 형사법영역에서 지배적인 학설과 판례로 승인되고 있다.[43] 이에 의하면 형사법규범을 해석하는 작업은 해당 형사법문언의 가능한 의미 범위 안에서 이루어져야 한다. 이를 넘어서게 되면 이는 허용되지 않는 유추적용에 해당한다고 한다.

---

[42] 이에 관해서는 김형배, "법률의 해석과 흠결의 보충: 민사법을 중심으로", 『민법학연구』(박영사, 1986), 2쪽 아래; 김영환, "한국에서의 법학방법론의 문제점: 법발견과 법형성: 확장해석과 유추, 축소해석과 목적론적 축소 간의 관계를 중심으로", 『법철학연구』제18권 제2호(2015. 8), 133-166쪽 등 참고.

[43] 이에 관해서는 가령 대법원 1994. 12. 20. 선고 94모32 전원합의체 결정 등 참고.

2) 영미법학에서 본 법해석과 법형성

그러나 법해석과 법형성이 이렇게 분명하게 구획되는 것만은 아니다. 크게 두 가지 이유를 거론할 수 있다. 첫째, 영미 법학에서는 법해석과 함께 법형성을 넓은 의미의 해석에 포함시켜 이해하는 경향이 강하다.[44] 법해석과 법형성을 개념적으로 명확하게 구별하는 것은 주로 대륙법학, 그중에서도 독일 법학의 법학방법론에 기반을 둔 것이다.[45] 19세기에 융성했던 판덱텐 법학의 영향으로 개념적이고 자기완결적인 실정법체계를 갖춘 대륙법 전통에서는 법치주의에 따라 법률에 대한 법관의 구속이념을 강도 높게 요청하였고, 이로 인해 법관이 법규범을 형성할 수 있는 권한은 처음부터 엄격하게 통제되었다. 이러한 맥락에서 법해석과 법형성을 명확하게 구분하는 전통이 법학방법론 전반을 지배한 것이다. 이와 달리 판례법 전통에 바탕을 둔 영미 법학에서는 대륙법의 민법이나 형법처럼 개념적이고 자기완결적인 실정법체계를 갖추지 않았고, 그 대신 법관에 의해 만들어지는 판례법을 법으로 인정해 왔기에 대륙법학보다 법관의 법형성에 관대하였다. 이 때문에 법해석과 법형성을 개념적으로 명확하게 구획하지 않았고, 법형성 역시 법해석의 범주에서 파악한다. 이러한 시각에서 보면 법해석과 법형성을 개념적으로 명확하게 구별하고자 하는 시도는 이론적으로 불필요해 보일 수 있다.

3) 법해석학에서 본 법해석과 법형성

둘째, 법해석과 법형성을 개념적으로 구별하는 대륙법학에서도 '철학적 해석학'의 성과를 수용한 '법해석학'의 영향으로 양자를 본질적으로 구별

---

44) 예를 들어 '법률보충적 법형성'을 독일 법학에서는 'Rechtsfortbildung praeter legem'이라고 하지만 영미 법학에서는 'praeter legem interpretation'이라고 표현한다.
45) 이를 보여주는 Karl Larenz, *Methodenlehre der Rechtswissenschaft*, 6. Aufl. (Berlin u.a., 1991), S. 366 ff. 참고.

할 수 없다는 견해가 제시된다. 왜냐하면 법해석학은 모든 법해석과정은 해석자의 선이해가 개입하는 형성적 작업이라고 파악하기 때문이다.46) 법해석학에 따르면 모든 법해석과정은 이미 존재하는 실정법의 규범적 의미내용을 발견하는 과정이 아니라 해석자가 지닌 선이해를 기반으로 하여 실정법의 규범적 의미내용을 만들어가는 형성적 작업이다. 이 같은 근거에서 법해석학은 법을 해석하는 과정은 법을 인식 또는 발견하는 과정으로서 법형성작업과는 구별된다고 주장하는 전통적인 법학방법론의 견해를 비판한다. 법해석학에 따르면 모든 법해석은 본질적으로 법형성일 수밖에 없다. 이를테면 형사법영역에서 법해석학을 정립한 독일의 법철학자 카우프만은 모든 법해석과정은 존재와 당위가 상응하는 과정인 동시에 유추적인 과정이라고 파악한다.47) 이러한 시각에 따르면 법해석과 법형성을 본질적으로 구별하는 것은 가능하지 않다.

4) 중간결론

이러한 반론들은 이론적으로 볼 때 설득력이 있다. 법해석학의 관점을 기본적으로 수용하는 필자 역시 모든 법해석과정은 본질적으로 형성적 작업일 수밖에 없다고 생각한다. 실정법규범을 해석하는 과정은 단순히 실정법규범이 담고 있는 규범적 의미내용을 발견하는 것이 아니다. 오히려 해석자가 실정법규범을 기초로 하여 적극적으로 구체적인 의미내용을 만들어가는 것이라고 할 수 있다.48) 이 점에서 법해석과 법형성 모두 넓은 의미의 법해석으로 파악하는 영미법학의 태도에는 설득력이 없지 않다.

그런데도 필자는 이론적인 측면이 아닌 제도적인 측면에서 법해석과 법

---

46) 이에 관해서는 Josef Esser, *Vorverständnis und Methodenwahl in der Rechtsfindung* (Frankfurt/M., 1970) 참고.

47) Arthur Kaufmann, *Analogie und "Natur der Sache"* (Heidelberg, 1965) 참고.

48) 이를 지적하는 Friedrich Müller, *Juristische Methodik* (Berlin, 1997), S. 155 ff. 참고.

형성을 개념적으로 구별하는 것이 필요하다고 생각한다. 그 이유는 현대 민주적 법치국가에서 법률에 대한 법관의 구속이념은 여전히 유효성을 잃지 않았기 때문이다. 무엇보다도 유추적용이 엄격하게 금지되는 형사법영역에서는 허용되는 법해석과 금지되는 법형성을 개념적으로 구별하는 것이 필요하다. 또한 법해석과 법형성을 개념적으로 구별하는 것은 실제 법적 분쟁을 해결하는 과정에서 언제든지 법률구속이념에서 벗어날 수 있는 법관이 법해석을 하는 과정에서 자기절제와 자기반성을 수행하도록 하는 데도 도움을 줄 수 있다.49) 이 점에서 필자는 이 책에서 법해석과 법형성을 개념적으로 구분하는 종래의 태도를 견지하고자 한다.

그렇다 하더라도 한 가지 문제는 지적하려 한다. 앞에서 언급한 것처럼 다수 학설과 판례는 허용되는 법해석과 금지되는 법형성, 달리 말해 허용되는 해석과 금지되는 유추를 구별하는 기준으로 '법문언의 가능한 의미'를 제시한다. 그렇지만 몇몇 견해가 지적하는 것처럼, '법문언의 가능한 의미' 기준은 허용되는 해석과 금지되는 유추를 구별하는 '실질적인 기준'은 될 수 없다. 단지 '형식적인 기준'이 될 수 있을 뿐이다.50) 그 이유에 대해서는 여러 가지를 언급할 수 있지만, 가장 우선적인 이유로 '법문언의 가능한 의미' 자체가 해석의 대상이자 결과라는 점을 들 수 있다.51) 기준 자체가 해석을 필요로 하는 것이기에 허용되는 해석과 금지되는 유추를 구별하는 실질적인 기준이 될 수 없는 것이다. 이러한 이유에서 '법문언의 가능한 의미'를 근거로 하여 자신이 행한 법해석을 정당화하려는 시도는 문제가 있을 수 있다는 점을 의식할 필요가 있다. 물론 법문언의 가능한 의미 그

---

49) 이를 지적하는 이상돈, "형법해석의 한계: 김영환 교수와 신동운 교수의 법학방법론에 대한 비평", 신동운 외, 『법률해석의 한계』(법문사, 2000), 41쪽 아래 참고.

50) 이를 강조하는 김영환, "형법해석의 한계: 허용된 해석과 금지된 유추와의 상관관계", 신동운 외, 『법률해석의 한계』(법문사, 2000), 31쪽 아래.

51) 이를 분석하는 양천수, "형법해석의 한계: 해석논쟁을 중심으로 하여", 『인권과 정의』 제379호(2008. 3), 144-158쪽 참고.

자체가 확실한 의미를 지니고 있다면 이러한 문제는 발생하지 않을 것이다.[52] 그렇지만 법문언의 가능한 의미가 주로 문제되는 경우는 해석의 한계기준으로서 법문언의 가능한 의미가 그다지 명확하지 않은 때이다. 그때문에 자신이 행한 법해석이 법문언이 가능한 의미 안에서 이루어진 것으로서 허용되는 해석이라고 역설하는 주장 가운데는 법문언의 가능한 의미 자체를 자의적으로 확장한 경우도 여럿 존재한다. 이는 특히 이른바 '의미창조적 확장해석'에서 쉽게 발견할 수 있다.[53] 그러므로 허용되는 해석과 금지되는 유추 또는 형성을 개념적으로 구별할 때는 법문언의 가능한 의미 이외에 다른 실질적인 기준을 모색할 필요가 있다. '근거지음'(Begründung)은 이에 대한 좋은 예가 될 수 있다.[54]

(2) 법형성의 유형

법형성의 유형으로는 크게 두 가지가 거론된다. '법률보충적 법형성'과 '법률에 반하는 법형성'이 그것이다.[55]

---

52) 그러나 이러한 주장은 그 자체 역설에 빠질 수밖에 없다. 왜냐하면 그 의미가 확실하다면 그것은 법문언의 '가능한' 의미가 아니라 '확실한' 의미가 될 것이기 때문이다. 법문언의 의미는 '확실한 의미'와 '가능한 의미'로 나뉘는데, 허용되는 해석과 금지되는 유추를 구별하는 기준은 법문언의 '확실한 의미'가 아니라 '가능한 의미'라는 점을 염두에 둘 필요가 있다.

53) 이에 관해서는 양천수, "의미창조적 확장해석: 법이론의 관점에서", 『안암법학』제37호(2012. 1), 369-394쪽 참고.

54) 이에 관해서는 이상돈, "형법해석의 한계", 77쪽 아래. 이 견해는 '법문언의 가능한 의미'가 아닌 '근거지음의 가능성'으로 해석의 한계를 설정하고자 한다. 바꿔 말해 형법해석은 해석에 대한 근거지음이 가능한 데까지 허용된다는 것이다.

55) 이에 관해서는 우선 칼 엥기쉬, 안법영·윤재왕 (옮김), 『법학방법론』(세창출판사, 2011), 228쪽 아래; 이계일 외, 『법적 논증 실천론 연구』(원광대 산학협력단, 2015), 166쪽 아래(이계일 교수 집필) 등 참고.

1) 법률보충적 법형성

'법률보충적 법형성'(Rechtsfortbildung praeter legem)이란 말 그대로 실정법률을 보충하기 위해 이루어지는 법형성을 말한다. 여기서 실정법률을 보충한다는 것은 실정법률에 무엇인가 부족한 점이 있다는 것을 전제로 한다. 말하자면 실정법률이 불완전하여 법관이 법형성으로 이를 보완한다는 것을 함의한다. 법학방법론에서는 이렇게 부족한 점을 '흠결'(Lücke)이라고 부른다.56) 그렇다면 법률보충적 법형성이란 이러한 법률의 흠결을 보충하기 위한 법형성으로 실정법률을 더욱 완전하게 만드는 데 기여한다. 요컨대 법률보충적 법형성은 입법자가 본래 의도했던 규범목적과 프로그램을 일탈하는 것이 아니라 오히려 이를 더욱 완전하게 만든다. 그 점에서 이를 '법률내재적 법형성'이라고 부르기도 한다. 법형성이기는 하지만 실정법의 틀에서 벗어나지는 않는다는 것이다.

2) 법률에 반하는 법형성

이에 대해 '법률에 반하는 법형성'(Rechtsfortbildung contra legem)이란 말 그대로 실정법이 규율하는 법문언과는 다르게, 경우에 따라서는 이와는 정반대의 의미로 법규범의 의미내용을 새롭게 만들어 내는 것을 말한다. 이를테면 실정법규범에는 '부녀'에 대해서만 강간죄를 인정하는데, 이러한 실정법규범의 법문언과는 달리 '남자'에 대해서도 강간죄를 인정하는 것을 들 수 있다.57) 이를 달리 '법률초월적 법형성'이라고 한다. 이러한 법률에 반하는 법형성은 일단 외견적으로 볼 때 법률에 흠결이 있을 것을 전제로

---

56) 흠결 개념에 대한 상세한 분석은 Claus-Whilhelm Canaris, *Die Feststellung von Lücken im Gesetz: Eine methodologische Studie über Voraussetzungen und Grenzen der richterlichen Rechtsfortbildung praeter legem*, 2., überarbeitete Aufl. (Berlin, 1982) 참고.

57) 지난 2012년 12월 18일에 개정되기 이전의 형법 제297조가 강간죄의 대상을 이렇게 규정하고 있었다.

하지는 않는다는 점에서 법률보충적 법형성과는 구별된다. 나아가 법률보충적 법형성은 입법자가 간과했던 규범목적이나 규범프로그램을 더욱 완전하게 보완하는 것이라는 점에서, 달리 말해 법률내재적이라는 점에서 이를 인정하는 데 큰 논란이 없지만, 법률에 반하는 법형성은 실정법규범이 명백하게 규정하는 내용을 정면에서 위반하는 것이라는 점에서, 바로 그 때문에 법률구속이념을 정면에서 위배한다는 점에서 논란이 있다.

3) 유형구별의 상대화

이처럼 법형성은 법률보충적 법형성과 법률에 반하는 법형성으로 구별된다. 그러나 사실 이렇게 법형성이 두 유형으로 언제나 명확하게 구분되는 것은 아니다.[58] 구체적인 상황에서는 해당 법형성이 법률보충적 법형성인지 아니면 법률에 반하는 법형성인지를 명확하게 구분하기 어려운 경우도 존재한다. 그 이유는 법형성과 밀접한 관련을 맺는 흠결 개념 자체가 명확한 것만은 아니기 때문이다. 이를테면 법학방법론의 지배적인 견해는 흠결 역시 두 가지로 구분한다. '명시적 흠결'과 '은폐된 흠결'이 그것이다.[59] 명시적 흠결은 법규범의 흠결이 명확하게 외부로 드러나 있는 것을 말한다. 예를 들어 독일 민법과는 달리 우리 민법은 '대상청구권'을 명문으로 규정하지 않는다.[60] 바꿔 말해 우리 민법전에서는 대상청구권에 관한 규정을 찾아볼 수 없다. 이 점에서 우리 민법은 대상청구권에 관해서는 흠결을 갖고 있는 셈이다. 이때 말하는 흠결이 바로 명시적 흠결에 해당한다.

---

58) 이를 지적하는 칼 엥기쉬, 『법학방법론』, 229쪽 참고.
59) 이에 관해서는 Claus-Whilhelm Canaris, *Die Feststellung von Lücken im Gesetz: Eine methodologische Studie über Voraussetzungen und Grenzen der richterlichen Rechtsfortbildung praeter legem*, S. 136-137 참고.
60) 대상청구권에 관해서는 우선 양창수, "매매목적토지의 수용과 보상금에 대한 대상청구권", 『판례월보』제268호(1993. 1), 28-40쪽; 송덕수, "대상청구권", 『민사판례연구』 제16권(박영사, 1994), 19-50쪽 등 참고.

이와 달리 은폐된 흠결이란 겉으로 볼 때는 법규범에 흠결이 존재하지 않지만 내용적으로 볼 때, 더욱 정확하게 말해 입법자의 규율의도를 고려하면 흠결이 존재하는 경우를 말한다. 달리 말해 형식적인 면에서는 흠결이 존재하지 않는데 실질적 혹은 평가적인 면에서는 흠결이 존재하는 경우를 뜻한다.[61] 이를테면 법규범이 특정한 문제를 해결하는 데 필요한 법규정을 마련하고 있기는 하지만 이러한 법규정이 해당 문제를 해결하기에는 부적합한 경우를 들 수 있다. 말하자면 형식적인 면에서 볼 때 관련 법규정이 존재하기는 하지만 이러한 법규정이 관련 문제를 규율하기에는 적절하지 않아 실질적인 면에서 흠결이라고 평가할 수 있는 경우가 여기에 해당한다. 이러한 이유에서 흠결이 은폐되어 있다고 하는 것이다.[62]

그런데 문제는 이렇게 흠결 개념을 은폐된 흠결까지 확장하면, 법률보충적 법형성과 법률에 반하는 법형성의 개념적 차이가 희석된다는 것이다. 왜냐하면 법률에 반하는 법형성은 보통 명시적으로 존재하는 법규정에 내용적으로 문제가 있을 경우 이를 해소하기 위해 수행하는 법형성인데, 이렇게 법규정에 내용적으로 문제가 있는 경우는 비록 형식적으로는 법규정이 존재한다 하더라도 이를 은폐된 흠결이라고 규정할 수 있기 때문이다. 사실이 그렇다면 우리가 흔히 법률에 반하는 법형성이라고 알고 있는 경우도 은폐된 흠결 개념을 적용하면 오히려 법률보충적 법형성이라고 규정할 수 있다. 달리 말해 형식적으로는 법률에 반하는 법형성이지만, 실질적으로

---

61) 이 점에서 은폐된 흠결은 '평가상 흠결'과 내용 면에서 연결된다. 평가상 흠결에 관해서는 김형배, "법률의 해석과 흠결의 보충: 민사법을 중심으로", 20-21쪽 참고.

62) 이렇게 흠결을 명시적 흠결과 은폐된 흠결로 구분하는 것은 법규범의 체계를 '외적 체계'와 '내적 체계'로 구분하는 것에 상응한다. 요컨대 외적 체계에 흠결이 존재하는 경우가 명시적 흠결에 해당하고, 내적 체계에 흠결이 존재하는 경우가 은폐된 흠결에 해당하는 것이다. 이러한 외적 체계와 내적 체계에 관해서는 Claus-Whilhelm Canaris, *Systemdenken und Systembegriff in der Jurisprudenz, entwickelt am Beispiel des deutschen Privatrechts* (Berlin, 1969) 참고.

는 법률보충적 법형성이 될 수 있는 것이다. 그렇게 되면 형식적으로는 법률에 반하는 법형성이라 할지라도 은폐된 흠결 개념을 사용함으로써 이를 인정할 수 있는 여지가 확장된다. 그렇다면 이제 문제는 은폐된 흠결 개념을 구체적으로 어떻게 확정할 것인지가 될 것이다.

그러나 필자는 은폐된 흠결 개념을 도입하여 법형성의 인정범위를 확장하는 논증방식은 적절하지 않다고 생각한다. 물론 이를 인정함으로써 법형성의 허용범위를 법률에 반하는 법형성까지 확장하는 것에 대해서는 결과라는 측면에서는 동의한다. 아래에서 살펴보는 것처럼 필자 역시 일정한 범위 안에서는 법률에 반하는 법형성 역시 정당화할 수 있다고 보기 때문이다. 그러나 이는 은폐된 흠결 개념이 아닌 다른 논증방식을 사용함으로써 실현하는 것이 더욱 적절하다고 생각한다. 흠결 개념을 이렇게 확장하면, 법률보충적 법형성과 법률에 반하는 법형성 사이에 존재하는 규범적 차이가 희석될 뿐만 아니라 법형성을 이렇게 구분함으로써 달성하고자 하는 법관의 법률구속이념 역시 침해될 수 있기 때문이다. 흠결 개념을 과도하게 확장하게 되면, 궁극적으로는 입법작용과 사법작용의 기능적 차이 역시 사라질 수 있다.

4) 보론: 법률교정적 법수정

이처럼 법형성은 법률보충적 법형성과 법률에 반하는 법형성으로 구분할 수 있다. 이때 한편으로는 법해석과 구별되면서도 다른 한편으로는 실질적으로 법형성에 포함시키기 어려운 제3의 경우를 언급할 필요가 있다. 필자는 이를 '법률교정적 법수정'으로 부르고자 한다. 법률교정적 법수정은 말 그대로 법률에 명백한 실수가 있을 때 이를 교정하기 위해 이루어지는 것을 말한다. 법률문언을 수정한다는 점에서 이 역시 넓은 의미의 법형성, 그중에서도 법률에 반하는 법형성에 포함시킬 수 있다. 그러나 법률에 반하는 법형성이 주로 법률의 규범적 내용에 중대한 결함이나 하자가 있는 경우, 가령 법률내용이 헌법에 위반되거나 반도덕적인 경우에 이러한 결함을 제거하기 위해 이루어지는 것이라면, 법률교정적 법수정은 법률에 명백한 형식적 하자가 있는 경우, 이를테면 편집상 오류가 존재하는 경우 이를 교정하기 위해 이루어진다.[63] 그 점에서 법률교정적 법수정과 법률에 반하는 법형성은 개념적으로 서로 구분하는 것이 적절하다. 규범적인 측면에서도 양자를 구분하는 것이 필요하다. 왜냐하면 법률에 반하는 법형성은 권력분립원리 및 법관의 법률구속이념에 비추어볼 때 엄격하게 인정할 필요가 있는 반면, 법률교정적 법수정은 법률의 명백한 오류를 교정한다는 점에서 손쉽게 인정할 수 있기 때문이다.

(3) 법률에 반하는 법형성으로서 민법 제14조 적용 거부

법해석과 법형성 그리고 법형성의 유형에 관한 논의에 비추어 볼 때 김병로 대법원이 구민법 제14조에 관해 내린 판결은 한편으로는 사법심사를 수행한 것이면서 다른 한편으로는 법률에 반하는 법형성을 시도한 것으로 볼 수 있다. 그 이유를 다음과 같이 말할 수 있다.

일단 김병로 대법원은 민법 제14조가 규율하는 법문언의 의미내용을 구체화한 것이 아니다. 말을 바꾸면 민법 제14조를 해석한 것이 아니다. 그 점에서 김병로 대법원은 당해 사건에서 법규범을 새롭게 형성한 것으로 볼 수 있다.

나아가 김병로 대법원이 수행한 법형성은 법률을 보충하는 법형성이 아

---

63) 편집상 오류 문제에 관해서는 신동운, "형벌법규의 흠결과 해석에 의한 보정의 한계", 신동운 외, 『법률해석의 한계』(법문사, 2000), 12쪽 아래; 최봉경, "편집상의 오류", 『서울대학교 법학』제48권 제1호(2007. 3), 338쪽 아래 등 참고. 편집상의 오류에 대한 예로 민사소송법 제19조를 들 수 있다. 제19조는 "해난구조(海難救助)에 관한 소를 제기하는 경우에는 구제된 곳 또는 구제된 선박이 맨 처음 도착한 곳의 법원에 제기할 수 있다."고 규정하는데 이때 말하는 '구제'는 '구조'를 잘못 표기한 것으로 이는 명백한 편집상 오류이다. 그런데도 이 규정은 개정되지 않은 채 여전히 유지되고 있다.

닌 법률에 반하는 법형성으로 보아야 한다. 왜냐하면 이는 민법 제14조에 흠결이 있어 이를 보충하기 위해 수행한 법형성은 아니기 때문이다. 오히려 민법 제14조에 표현된 입법자의 의사를 거부하기 위해 제14조의 적용을 거부하고 다른 법규범, 즉 아내와 남편을 평등하게 취급하는 법규범을 형성하여 적용한 것이다. 그 점에서 이는 민법 제14조에 명백하게 반하는 법형성으로 법률에 반하는 법형성으로 보아야 한다.

(4) 법률에 반하는 법형성의 이론적 근거

법률에 반하는 법형성은 어떻게 정당화할 수 있을까? 이러한 문제제기가 필요한 이유는 법률에 반하는 법형성은 법관의 법률에 대한 구속이라는 법치주의의 요청에 명백하게 반하는 것처럼 보이기 때문이다. 그 점에서 이를 어떻게 정당화할 수 있는지를 검토해야 한다. 이는 크게 두 가지로 구별할 수 있다. 이론적 정당화와 법규범적 정당화가 그것이다. 법률에 반하는 법형성은 이론적 차원에서 정당화될 수 있어야 할 뿐만 아니라 실정법을 포함하는 법규범의 차원에서도 근거를 지녀야 한다.

우선 법률에 반하는 법형성을 어떻게 이론적으로 정당화할 수 있는가? 그러나 사실 이 문제는 그렇게 어렵지는 않다. 왜냐하면 그동안 법이론과 법철학 영역에서 법관의 법률구속이념과 이에 바탕이 되는 법치주의를 새롭게 정초하고자 하는 이론적 노력이 상당 부분 이루어졌기 때문이다. 이를 단순화해서 정리하면 다음과 같이 표현할 수 있다. '사법소극주의에서 사법적극주의로' 그리고 '형식적 법치주의에서 실질적 법치주의로'가 그것이다.

1) 사법적극주의

법관의 법률구속이념을 철저하게 관철하면 법관은 "법률을 말하는 입"이 되어야 한다. 몽테스키외의 주장으로 거슬러 올라가는 이 언명에 따르면, 법관은 국민의 대표자로 구성된 의회가 제정한 법률을 철저하게 따라야 하는, 달리 말해 "법률을 말하는 입"이 되어야 한다. 따라서 법률에 반하는 법형성은 이러한 주장을 거스르는 것으로서 허용될 수 없다. 그렇지만 법이론과 법사학의 최근 성과를 수용하면 이렇게 철저한 사법소극주의, 가령 법관을 '자동포섭장치'로 파악하는 견해가 역사적·제도적으로 구현된 경우는 없었다는 점을 확인할 수 있다.64) 만약 법관이 "법률을 말하는 입"으로만 존재해야 한다면, 법률을 형성하는 것뿐만 아니라 이를 해석하는 것도 허용될 수 없다. 이러한 이유에서 심지어 '해석금지령'이 공포된 경우도 있었다.65) 그렇지만 실제 실무에서 해석금지령은 관철될 수 없었다. 아무리 법률을 명확하게 만들었다 하더라도, 법관은 언제나 해석을 필요로 하였다. 법적 분쟁을 해결하는 실제 실무에서 법관은 단순한 '자동포섭장치'가 아니었던 것이다. 같은 맥락에서 "법률을 말하는 입"을 언급한 몽테스키외도 사법작용을 이렇게 단순하게 파악하지는 않았다. 이는 몽테스키외가 염두에 둔 사법작용의 세 가지 유형 가운데 한 유형에 불과했던 것이다.66)

　법관의 법률구속이념은 자유법론이나 문제변증론, 법해석학, 법수사학 등이 등장하면서 더욱 약화된다. 아니 더욱 정확하게 말하면 이러한 새로운 이론을 통해 법관의 법률구속이념은 새롭게 정립된다. 자유법론은 법관이 소극적인 자동포섭장치의 모습에서 벗어나 자유롭게 법을 창조할 것을 요청한다.67) 문제변증론은 법관이 구속되어야 하는 법률은 절대적인 기준

---

64) 이를 지적하는 Regina Ogorek, *Richterkönig oder Subsumtionsautomat?: Zur Justiztheorie im 19. Jahrhundert* (Frankfurt/M., 2008) 참고.

65) 이를 보여주는 Bernd Mertens, *Gesetzgebungskunst im Zeitalter der Kodifikationen: Theorie und Praxis der Gesetzgebungstechnik aus historisch-vergleichender Sicht* (Tübingen, 2004), S. 260.

66) 이를 상세하게 분석하는 윤재왕, "'법관은 법률의 입'?: 몽테스키외에 관한 이해와 오해", 『안암법학』제30호(2009. 9), 124쪽 아래.

67) 자유법론에 관해서는 헤르만 칸토로비츠, 윤철홍 (옮김), 『법학을 위한 투쟁』(책세상, 2006) 참고.

점이 아니라 문제를 해결하는 데 원용되는 논거의 일종이라고 함으로써 그 위상을 축소한다.[68] 법해석학이나 법수사학은 법규범을 해석하는 과정 자체가 법을 새롭게 만들어내는 과정이라고 한다.[69] 이러한 주장에 따르면 법규범을 해석하는 것과 형성하는 것 사이의 본질적인 차이는 사라진다. 그렇다면 법관에게 법규범을 해석할 수 있는 권한을 부여하는 이상, 이러한 해석과 본질적으로 차이가 없는 법형성 권한을 부여하지 못할 이유는 없다.

이처럼 지난 19세기 말부터 서구 법학의 법이론 영역에서 등장한 새로운 이론들은 철저한 사법소극주의 혹은 기계적·형식적인 법률구속이념을 비판하면서 법규범을 구체화하는 데 개입할 수 있는 법관의 권한을 확장하였다. 이를 통해 이른바 사법적극주의가 자연스럽게 사법소극주의를 대신하게 되었다.[70] 이에 따라 이제는 법관이 법적 분쟁을 해결하는 과정에서 법률을 얼마나 잘 준수하는지가 논의의 초점이 되기보다는 법적 분쟁을 정의롭게 해결하기 위해 얼마나 법률을 잘 활용하고 있는지가 논의의 초점으로 자리 잡게 되었다. 이러한 사법적극주의의 시각에서 보면, 법관은 법적 분쟁을 정의롭게 해결하기 위해 경우에 따라서는 해석을 넘어서 형성을, 그것도 법률의 문언에 반하는 형성을 할 수 있는 것이다.

2) 실질적 법치주의

형식적 법치주의를 대신하여 등장한 실질적 법치주의도 법률에 반하는

---

68) 문제변증론에 관해서는 Theodor Viehweg, *Topik und Jurisprudenz* (München, 1974) 참고.

69) 법수사학에 관해서는 우선 이계일, "수사학적 법이론의 관점에서 본 법적 논증의 구조", 『법철학연구』제13권 제1호(2010. 4), 35-88쪽 참고.

70) 사법적극주의에 관해서는 임지봉, "사법적극주의·사법소극주의의 개념에 관한 새로운 모색과 그 적용: 전두환·노태우 두 전직대통령에 관한 사건의 분석을 중심으로", 『경희법학』제34권 제1호(1999. 12), 353-370쪽 참고.

법형성을 이론적으로 뒷받침하는 데 기여한다.[71] 특히 법관의 법률구속이
념을 새롭게 이해하는 데 도움을 준다. 법실증주의에 바탕을 둔 형식적 법
치주의는 실정법의 절차를 통해 제정된 법률만을 법으로 인정한다. 따라서
법관이 구속되어야 하는 것은 이러한 법률, 즉 실정법이다. 법관은 실정법
의 테두리 안에서 이를 해석하고 적용해야 한다. 이때 법관은 해당 실정법
이 어떤 내용을 담고 있는지를 문제 삼을 필요가 없다. 법관은 "법률을 말
하는 입"으로서 형식적으로 적법한 절차를 통해 하자 없이 제정된 법률을
따르기만 하면 될 뿐이다. 이러한 형식적 법치주의를 통해 법관의 법률구
속이념은 철저하게 형식적·법실증주의적으로 파악된다.

그러나 법관이 구속되어야 하는 규범을 법률로만 한정하는 법실증주의
의 시각은 실제 법적 문제를 해결하는 과정에서 여러 어려움을 야기한다.
이를테면 법률이 명백하게 정의롭지 못한 내용을 담고 있는데도 법관은 이
를 그대로 따라야 한다고 보아야 하는가? 예를 들어 실정법인 민법이 명백
하게 남녀를 차별하는 내용을 담고 있는데도 법관은 이에 따라 민사분쟁을
처리해야 하는가? 더 나아가 법률이 정면에서 불법을 명령하고 있는데도
법관은 여기에 구속되어야 하는가? 그러나 '참을 수 없는 부정의'가 존재하
는 경우에는 정의가 법적 안정성에 우선한다고 보는 '라드브루흐 공식'을
고려하면 이 같은 주장은 받아들일 수 없다.[72] 불법을 명령하는 법률은 이
미 그 자체 법이 아니기 때문이다. 라드브루흐(Gustav Radbruch)의 개념으
로 달리 말하면 이는 '법률'이기는 하지만 '불법적인' 법률인 것이다. 이러
한 법률은 '법률적 불법'을 저지르는 것이기에 법관은 이를 따라서는 안 된
다. 오히려 이를 무시하고 다른 기준에 따라 법적 분쟁을 해결해야 한다.

---

71) 이에 관해서는 무엇보다도 Werner Maihofer, 심재우 (역), 『법치국가와 인간의 존엄』
    (삼영사, 1994) 참고.
72) 라드브루흐 공식에 관해서는 프랑크 잘리거, 윤재왕 (옮김), 『라드브루흐 공식과 법치
    국가』(세창출판사, 2011) 참고.

실질적 법치주의는 바로 이러한 맥락에서 등장한 것이다. 실질적 법치주의는 법관이 단순히 법률에만 구속되어야 하는 것이 아니라 이를 넘어서 법에 구속되어야 한다고 말한다. 이때 말하는 '법'(Recht)은 '실정법률'(Gesetz)과는 구별되는 것으로 정당한 내용을 담고 있는 법규범을 말한다. 전통적인 자연법론에서 말하는 '자연법'이 바로 이러한 법에 해당한다.73) 무엇보다도 독일 법학과 법체계가 이렇게 법과 법률을 개념적으로 구별한다. 물론 그렇다고 해서 법과 법률이 전적으로 별개의 것이 되는 것은 아니다. 실정법률이라 할지라도 내용적으로 정당하다면 이 역시 법이 될 수 있기 때문이다. 말하자면 법과 법률은 서로 일치할 수도 있고 그렇지 않을 수도 있는 것이다.

이렇게 실질적 법치주의는 법관의 법률구속이념을 '법구속이념'으로 재해석한다. 법관이 구속되어야 하는 것은 법률이 아닌 법인 것이다. 이러한 맥락에서 보면 법률에 반하는 법형성 역시 이론적으로 가능해진다. 왜냐하면 특정한 법률이 내용적으로 정의롭지 못하여 법이 아니라고 판단되는 경우에는 법관은 해당 법률이 아닌 정당한 법에 구속되어야 하기 때문이다. 이는 법관이 해당 법률의 문언과는 다른 법적 판단, 즉 법률에 반하는 법형성을 할 수 있다는 점을 보여준다.

(5) 법률에 반하는 법형성의 법규범적 정당화

1) 실정법적 근거로서 헌법

법률에 반하는 법형성은 법규범의 차원에서는 어떻게 정당화할 수 있을까? 다시 말해 법률에 반하는 법형성은 무엇을 규범적 근거로 하여 이루어

---

73) 헌법재판이 제도화된 오늘날에는 헌법이 바로 이러한 역할을 수행한다고 말할 수 있다. 이러한 측면에서 헌법을 '제도화된 자연법'이라고 부르기도 한다.

질 수 있을까? 이에 필자는 오늘날의 법적 상황에서는 헌법, 그중에서도 "법관은 헌법과 법률에 의하여 그 양심에 따라 독립하여 심판한다."고 정하는 헌법 제103조가 실정법적 근거가 된다고 생각한다. 법관은 실정법 가운데 최고법에 해당하는 헌법에 따라 법적 판단을 해야 한다. 따라서 만약 특정한 법률이 헌법에 합치하지 않다면 법관은 헌법에 합치할 수 있도록 당해 법률을 적용하지 않거나 수정해서 적용할 수 있다고 보아야 한다. 그 점에서 헌법은 법률에 반하는 법형성의 실정법적 근거가 될 뿐만 아니라 법률에 반하는 법형성의 한계 기준이 된다. 바로 이 점에서 법률에 반하는 법형성은 법원이 수행하는 사법심사와 본질적으로 동일한 성격을 지닌다. 더욱 정확하게 말하면 법률에 반하는 법형성은 사법심사를 수행하는 데 원용할 수 있는 한 가지 방법에 해당한다. 이로 인해 법률에 반하는 법형성 문제는 많은 경우 사법심사 문제와 중첩된다.

2) 초실정법적 근거의 가능성

그러면 만약 헌법이 없는 상황에서는 무엇을 법규범적 근거로 삼아야 할까? 만약 김병로 대법원이 헌법이 제정된 상황에서 법률 적용을 거부하는 판단을 했다면 이는 그나마 정당화될 여지가 더 많았을 것이다. 그러나 김병로 대법원은 아직 헌법이 제정되지 않은 상황에서 당시 현행법으로 엄연히 시행되던 구민법 제14조의 적용을 거부한 것이다. 이러한 상황에서는 법률에 반하는 법형성 또는 사법심사의 실정법적 근거로 헌법을 원용할 수 없다. 그러면 이러한 경우에는 무엇을 법규범적 근거로 활용할 수 있을까? 이를테면 초실정법적 근거를 원용하여 법률에 반하는 법형성을 감행하는 것은 가능할까?

결론부터 말하면 필자는 초실정법적 근거를 원용하여 법률에 반하는 법형성 또는 사법심사를 수행하는 것은 가능하다고 생각한다. 다만 이는 극히 제한적으로만 인정해야 한다. 이때 초실정법적 근거로 두 가지를 언급할 수 있다. 첫째는 자연법이고 둘째는 살아 있는 헌법이다. '자연법'(Naturrecht)은 시간과 공간을 초월해 존재하는 정당한 법을 뜻한다. 자연법은 이미 고대 그리스 때부터 주장되었을 정도로 오랜 역사를 지닌다. 그러나 복잡성이 엄청나게 증가하고 사회 전체적으로 다원화와 전문화가 강도 높게 진행되는 오늘날 이러한 자연법을 인정할 수 있는지에는 의문이 없지 않다.[74]

살아 있는 헌법은 독일의 법사회학자 에를리히(Eugen Ehrlich)가 제시한 '살아 있는 법'(lebendes Recht)을 헌법에 적용한 것이다.[75] 실정화되지는 않았지만 정치체계에서 실정헌법과 같은 실질적 구속력을 가지는 규범을 살아 있는 헌법으로 규정할 수 있을 것이다. 이는 달리 관습헌법 또는 실질적 의미의 헌법으로 규정할 수 있을 것이다. 이외에 살아 있는 헌법은 정치체계에서 강력한 영향력을 발휘하는 정치적 소통의 일종으로도 파악할 수 있을 것이다. 다만 우리나라에서 전개된 관습헌법 논란이 시사하는 것처럼 살아 있는 헌법 또는 관습헌법을 근거로 하여 법률에 반하는 법형성이나 사법심사를 감행하는 것에는 의문을 제기할 수 있을 것이다.[76]

이렇게 보면 자연법이나 살아 있는 헌법과 같은 초실정법적 근거를 원용하여 법률에 반하는 법형성이나 사법심사를 수행하는 것은 어려워 보인다. 자연법이나 살아 있는 헌법 모두 규범적 확실성이 충분하지 않기 때문이다. 그렇지만 극히 예외적인 경우, 이를테면 특정 법률이 심히 불합리한 내용을 담고 있는 경우에는 마치 '라드브루흐 공식'이 시사하는 것처럼 초실정법적 근거, 특히 살아 있는 헌법이나 실질적 헌법을 근거로 하여 법률에

---

74) 이 문제에 관해서는 양천수, "현대 사회에서 '처분불가능성'의 새로운 논증 가능성", 『법학논총』(국민대) 제25권 제3호(2013. 2), 35-74쪽 참고.

75) '살아 있는 법'에 관해서는 Eugen Ehrlich, *Grundlegung der Soziologie des Rechts* (Berlin, 1989) 참고.

76) 관습헌법 문제에 관해서는 정태호, "성문헌법국가에서의 불문헌법규범과 관습헌법", 『경희법학』제45권 제3호(2010. 9), 299-334쪽; 김주환, "'대한민국의 수도는 서울이다'라는 관습헌법의 허구성", 『홍익법학』제22권 제1호(2021. 2), 227-252쪽 참고.

반하는 법형성이나 사법심사를 감행할 수 있지 않을까 한다.[77]

홍진기 역시 이와 유사한 맥락에서 생성중의 국가와 실질적 헌법으로서 건국이념 그리고 자연법을 근거로 삼아 김병로 대법원의 판단을 지지한다. 다만 이때 주목해야 할 점은 한편으로 홍진기는 자연법을 거론하면서도 다른 한편으로는 이를 합리성의 일종으로 파악한다는 점이다.[78] 말하자면 홍진기는 옐리네크가 제시한 실질적 헌법과 자연법 및 합리성을 거의 같은 의미로 새기는 것이다. 이는 아마도 홍진기가 마치 라드브루흐처럼 자연법 이론보다 법실증주의에 더 친화적이었기 때문이라고 말할 수 있다.[79] 순수 법학과 법현상학을 강조한 오다카 토모오의 영향이 여기에서 나타나고 있는 것이다.[80]

3. 생성중의 국가 논증이 가진 법적 의미

홍진기의 논문 "사법재판소의 법률심사"는 사법심사나 법률에 반하는 법형성 이외에도 흥미로운 부분을 담고 있다. 그중 하나로 홍진기가 김병로 대법원이 감행한 사법심사를 정당화하는 과정에서 회사법 도그마틱을 독창적으로 원용한다는 것이다. 생성중의 국가 논증이 그것이다. 필자가 볼 때 이는 회사법학에서 논의되는 설립중의 회사 도그마틱을 국가이론에 응용한 것이다.[81] 회사법학의 논의를 국가법학에 창의적으로 원용하는 것이

---

77) 구스타프 라드브루흐, 윤재왕 (옮김), "법률적 불법과 초법률적 법", 『법철학』(박영사, 2021), 361쪽 아래 참고.

78) 홍진기, "사법재판소의 법률심사", 162-163쪽.

79) 라드브루흐의 법철학에 관해서는 구스타프 라드브루흐, 윤재왕 (옮김), 『법철학』(박영사, 2021); 심재우, "상대주의 법철학의 의의와 그 한계", 『열정으로서의 법철학』(박영사, 2020), 121쪽 아래 참고.

80) 오다카 토모오가 홍진기에 미친 영향에 관해서는 제1장 IV.1.(3) 참고.

81) 설립중의 회사에 관해서는 정동윤, "설립중의 회사: 그 수수께끼의 해결을 위하여", 『법학논집』(고려대) 제22집(1984. 12), 31-62쪽 참고.

다. 그런데 홍진기가 전개한 생성중의 국가 논증이 가진 법적 의미는 여기에 그치는 것이 아니다. 이외에도 생성중의 국가 논증은 다양한 법적 의미를 지닌다. 그 점에서 홍진기가 제시한 생성중의 국가 논증은 홍진기의 법이론에서 매우 중요한 지위를 차지한다고 말할 수 있다.

(1) 회사법 도그마틱의 유추적용

우선 생성중의 국가 논증은 위에서 언급한 것처럼 회사법학에서 논의되는 설립중의 회사 도그마틱을 원용한 것이다. 홍진기가 주된 전공으로 하는 회사법학의 도그마틱을 유추적용하여 도출한 것이다. 그런데 사실 독일 법학을 예로 보면 이러한 작업이 드문 것은 아니다. 왜냐하면 독일 공법학은 어찌 보면 회사법학의 성과를 수용하여 발전했다고 말할 수 있기 때문이다.[82] 이는 특히 19세기에 발전했던 법실증주의 공법학에서 발견된다. 예를 들어 '형식적 의미의 법률'과 '실질적 의미의 법률'을 구별한 독일의 공법학자 라반트(Paul Laband: 1838-1918)는 공법학자로 본격적으로 활동하기 전에는 상법학자로 활약하였다.[83] 라반트는 민사법학에서 사용하는 개념적·논리적 방법을 공법학에 원용하여 엄밀한 법실증주의 공법학을 정립하였다.[84]

이는 미노베 타츠키치에게 많은 영향을 미친 독일의 공법학자 옐리네크에서도 찾아볼 수 있다. 옐리네크는 회사법학에서 사용되는 법인과 기관이론을 원용하여 국가를 해명한다. 옐리네크에 의하면 국가는 회사와 같은

---

82) 예를 들어 헌법을 뜻하는 독일어 'Verfassung'은 회사의 '정관'을 뜻하기도 한다.

83) 유명한 '형식적 의미의 법률'과 '실질적 의미의 법률'을 제시하는 문헌으로는 Paul Laband, *Das Budgetrecht nach den Bestimmungen der preußischen Verfassungsurkunde* (Berlin, 1871) 참고.

84) Werner Frotscher/Bodo Pieroth, *Verfassungsgeschichte*, 2. Aufl. (München, 1999), Rn. 446, 447 참고. 라반트에 관해서는 Reinhard Mußgnug, "Paul Laband (1838-1918)", in: Peter Häberle/Michael Kilian/Heinrich Amadeus Wolff (Hrsg.), *Staatsrechtslehrer des 20. Jahrhunderts* (Berlin, 2014) 참고.

법인이고 이러한 공법인인 국가를 움직이는 것은 공무원으로 구성되는 기관이다. 이러한 사고방식은 옐리네크의 공법학을 충실하게 수용한 미노베에도 이어진다. 이에 따라 미노베는 당시 일본제국을 법인으로, 천황을 기관으로 파악한다. 이른바 나중에 문제가 되는 천황기관설을 제시한 것이다. 더불어 미노베는 우에스기 신키치(上杉愼吉: 1878-1929)의 천황주권설에 대항하여 국가주권설을 제시한다. 주권 자체는 공법인인 국가가 보유하고 천황은 주권자인 국가를 움직이는 기관이 된다는 것이다.[85]

이렇게 보면 회사법학의 도그마틱을 원용하여 헌법학이나 국가법학을 논증하고자 하는 시도를 완전히 생소한 것으로 파악할 수는 없다. 오히려 창의적인 유추로 볼 수 있다. 회사법학에 정통했던 홍진기는 아마도 이러한 배경을 익히 알고 있기에 생성중의 국가라는 독창적인 사유를 전개한 것이 아닐까 한다.

(2) 한반도의 주권 회복 시점

생성중의 국가 논증은 국제법의 측면에서도 중대한 의미를 가진다.[86] 먼저 생성중의 국가 논증은 국제법의 측면에서 한반도가 언제 일본에서 해방되었는지, 달리 말해 한반도가 언제 주권을 회복했는지에 유익한 시사점을 제공한다. 법체계의 시각에서 볼 때 한반도가 언제 주권을 회복했는지에는 견해가 일치하지 않는다. 무엇보다도 국내법학과 국제법학 사이에 논란이 없지 않다. 전통적인 국제법학 가운데는 1948년 남북한의 정부가 수립되었을 때 비로소 한반도의 주권이 회복되었다고 주장하는 견해도 없지 않다.[87] 이에 홍진기가 제시한 생성중의 국가 논증은 1945년 8·15 해방 직후

---

85) 이에 관해서는 美濃部達吉, 『憲法講話』(岩波文庫, 2018) 참고.

86) 이를 보여주는 정인섭, "홍진기와 정부 수립 초기 국제법 활동", 『국가와 헌법·1: 헌법총론/정치제도론』(법문사, 2018), 732쪽 아래 참고.

87) 나인균, "한반도 점령정책의 국제법적 고찰", 『국제법학회논총』제48권 제1호(2003. 6), 120-121쪽 참고. 이에 반해 일제 강점기에도 대한제국이 존속했다고 보는 국내법학 및

한반도가 생성중의 국가로서 불완전하지만 주권을 회복했다는 주장을 가능케 한다. 이를테면 생성중의 국가 논증에서 이러한 해석을 이끌어내는 국제법학자 정인섭 교수는 다음과 같이 말한다.[88]

　　"홍진기의 '생성중의 국가'론은 군정기의 한반도의 주권자 문제를 해결한다. 1945년부터 1948년 사이 3년간 한반도는 미·소의 군정 하에 있었지만 이들 시정국이 한반도에 대해 주권을 획득한 것은 물론 아니었다. 전시점령만으로는 점령지에 대한 주권을 획득하지는 못하기 때문이다. 일단 일제의 한반도 식민지배관계는 1945년 8월 15일 종전(또는 9월 2일 항복문서 서명)으로 종료되었고, 한반도는 예정된 독립국가 수립의 과정에 들어가게 되었다. 그렇다면 군정기 한반도의 주권은 생성중의 국가인 한국(남북한)에 있고, 다만 그 완전한 발현이 미·소 군정에 의해 통제되고 있을 뿐이라고 해석할 수 있다."

(3) 한민족의 국적 회복 시점

　마찬가지 맥락에서 생성중의 국가 논증은 당시 한반도와 일본 본토에 거주하던 한민족의 국적이 언제 회복되었는지에 의미 있는 실마리를 제공한다. 주권 회복 시점 문제와 마찬가지로 한민족의 국적, 특히 1945년 8월부터 1948년 8월 사이 한민족의 국적을 어떻게 판단해야 하는지에 논란이 없지 않다. 만약 1948년 8월에 한반도가 비로소 주권을 회복했다고 보면 그 기간 동안 한민족의 국적은 여전히 일본이었다고 볼 여지가 있다. 그렇지만 홍진기처럼 생성중의 국가 논증을 원용하여 해방 직후 한반도가 주권을 회복했다고 보면 해방 직후부터 한민족의 국적 역시 회복되었다고 해석할 수 있다. 정인섭 교수 역시 같은 맥락에서 다음과 같이 말한다.[89]

역사학의 주류적 견해에 따르면 한반도의 주권 회복 자체가 성립하지 않을 수 있다.
88) 정인섭, "홍진기와 정부 수립 초기 국제법 활동", 732쪽.
89) 정인섭, "홍진기와 정부 수립 초기 국제법 활동", 733쪽.

"홍진기의 '생성중의 국가론'은 한국인이 군정 기간 중 이미 일본의 국
적을 이탈하여 독자의 국적을 보유했었다는 이론 구성을 가능하게 한다.
비록 생성중의 국가가 국제법상 완전한 의미의 주권을 행사할 수는 없어
도 자신에게 소속될 국민의 범위는 독자적으로 확정할 수 있다고 해석되
기 때문이다."

(4) 사회적 체계 형성 과정의 법적 문제

이외에도 생성중의 국가 논증은 기초법학을 전공하는 필자의 시각에서
볼 때 무척 흥미로운 관점을 제공한다. 그것은 사회적 체계(soziales System)
형성 과정에 관한 법적 문제이다. 앞에서 언급한 것처럼 생성중의 국가 논
증은 회사법학에서 논의되는 설립중의 회사 도그마틱을 유추적용한 것이다.
그런데 체계이론의 견지에서 볼 때 회사나 국가는 조직체로서 모두 사회적
체계에 속한다. 회사나 국가는 한편으로는 독자적인 권리주체가 되는 법인
이면서 다른 한편으로는 스스로 고유한 작동을 하는 사회적 체계인 것이
다. 그런데 우리 법학은 아직 완전하게 구조화되지 않은 그래서 완전하게
법인격을 취득하지 못한 회사나 국가에 제한적이나마 권리와 의무를 부여
한다. 설립중인 회사나 생성중인 국가를 일정 부분 법체계 안으로 포섭하
고 있는 것이다. 이는 법인격이 부여되어야만 비로소 권리와 의무가 귀속
될 수 있는 자격을 인정하는 전통적인, 말하자면 개념법학적 도그마틱에
합치하지 않는다. 오히려 예링(Rudolf von Jhering: 1818-1892)이 강조한 목
적법학이나 카나리스(Claus-Whilhelm Canaris: 1937-2021)가 정립한 신뢰책
임 도그마틱에 가깝다.[90] 이와 비슷한 경우를 우리 민법이 규정하는 태아
의 법적 지위나 계약체결상의 과실 책임에서 찾아볼 수 있다. 그중 예링으

---

[90] 목적법학에 관해서는 Rudolf von Jhering, *Der Zweck im Recht I*. (Leipzig, 1877)
참고. 신뢰책임에 관해서는 Claus-Whilhelm Canaris, *Die Vertrauenshaftung im
deutschen Privatrecht* (München, 1971) 참고.

로 거슬러 올라가는 계약체결상의 과실(Culpa in Contrahendo) 책임은 설립 중의 회사나 생성중의 국가와 유사한 구조를 가진다.[91] 왜냐하면 회사나 국가와 마찬가지로 계약관계 역시 사회적 체계의 일종으로 파악할 수 있기 때문이다. 계약체결상의 과실은 아직 완성되지 않은, 달리 말해 안정적인 구조를 획득하지 못한 계약관계에도 특정한 경우에 법적 의미를 부여한다. 이 점에서 계약체결상의 과실은 설립중의 회사나 생성중의 국가처럼 형성 과정에 있는 사회적 체계에 일정한 법적 의미를 부여한다. 이는 우리 법체계 와 법학이 은연중에 인정하는 홍미로운 부분이자 원리라 말할 수 있는데 홍 진기는 바로 창의적인 통찰과 직관을 발휘하여 이를 활용하고 있는 것이다.

4. 사법심사에 대한 긍정적 시각

한편 "사법재판소의 법률심사"에서 홍진기는 사법부가 수행하는 사법심사 를 긍정적으로 평가한다. 무엇보다도 김병로 대법원이 구민법 제14조 적용을 거부함으로써 보수적 잔재를 소탕한 것을 환영한다. 홍진기는 말한다.[92] "대 법원이 이러한 보수성이 가장 농후한 신분법의 분야에서 봉건적 잔재 소탕 의 선편(先鞭)을 가한 것은 더욱이 반가운 일이다. 대법원의 헌법재판이 앞으 로도 더욱 이러한 진보적인 방향으로 걸어가길 기대하여 마지않는다." 이러 한 주장은 당시 제헌헌법 기초 작업을 주도했던 유진오의 태도와 차이가 있 다. 왜냐하면 유진오는 사법부를 불신하여 제헌헌법에서 대법원에 사법심사 권을 부여하기보다 별도의 헌법위원회를 마련했기 때문이다.[93]

---

91) 계약체결상의 과실에 관해서는 김형배, "계약체결상의 과실책임과 계약관계", 『법학 논집』(고려대) 제29집(1993. 12), 1-38쪽 참고.
92) 홍진기, "사법재판소의 법률심사", 165쪽.
93) 이영록, 『유진오 헌법사상의 형성과 전개』(한국학술정보, 2006), 246-249쪽.

5. 건국으로서 대한민국 정부수립

마지막으로 홍진기는 그 당시 이루어지던 정부수립 과정을 건국으로 지칭한다는 점이 흥미롭다. 이는 당시 남조선에 적용되는 실질적 헌법으로 건국이념을 언급한 점에서 확인할 수 있다. 홍진기가 볼 때 대한민국 정부수립은 새로운 국가 대한민국이 건국된 것을 뜻한다. 아마도 이러한 주장은 그 당시의 시대적 분위기와 의견을 반영한 것이 아닌가 한다. 그러나 대한민국 정부가 수립된 것이 말 그대로 정부수립에 지나지 않은 것인지 아니면 대한민국이라는 국가가 새롭게 건국된 것인지에는 논란이 진행된다.94) 이 문제는 여기에서는 다루지 않고자 한다.95)

---

94) 이 논란에 관해서는 우선 김창록, "법적 관점에서 본 대한민국의 정체성", 『법과 사회』 제59호(2018. 12), 273-295쪽 참고.

95) 생성중의 국가 논증은 1948년 8월 15일을 대한민국 정부가 수립된 시점이 아니라 새로운 국가가 건국된 시점으로 볼 여지를 제공한다. 달리 말해 생성중의 국가 논증은 대한제국이 일제에 의해 소멸되었다는 것을 전제로 한다는 것이다. 이를 지적하는 이근관, "1948년 이후 남북한의 국가승계의 법적 검토", 『서울국제법연구』제16권 제1호(2009. 6), 150쪽 참고. 이와 관련하여 제헌헌법을 '건국헌법'으로 지칭하는 경우로는 이영록, 『유진오 헌법사상의 형성과 전개』, 13쪽 참고.

제4절 이념으로서 경제법

Ⅰ. 서론

홍진기는 1949년 9월에 발간된 『법정』 제4권 제9호에 "이념으로서의 경제법"이라는 논문을 발표한다.[1] 이 논문에서 홍진기는 경제법이란 무엇인지, 당시 제헌헌법이 담고 있던 경제헌법과 경제법은 어떤 관계를 맺는지, 이에 따르면 우리 경제법의 이념은 무엇인지를 규명한다. 우리 법학의 역사에서 경제법에 관한 논의가 비교적 최근에 이루어진 것을 고려하면 이러한 홍진기의 연구는 놀라울 정도로 선구적이라 평가할 수 있다.[2]

이처럼 홍진기가 일찍부터 경제법에 관심을 기울인 이유로 크게 세 가지를 언급할 수 있다. 첫째, 당시의 시대적 상황에서 볼 때 시장의 자율성을 강조하는 자유시장경제보다 국가가 정책적 목적을 실현하기 위해 시장에 적극 개입하는 통제경제가 '경제민주주의'라는 이름 아래 정당화되고 있었다는 것이다. 둘째, 이러한 시대적 상황을 반영하듯 유진오를 중심으로 하여 제정된 제헌헌법은 경제헌법 부분에서 시장에 대한 국가의 적극적인 개입을 규율하고 있었다는 것이다.[3] 셋째, 경제법에 관한 논문을 쓴 홍진기는 상법뿐만 아니라 헌법 등과 같은 다양한 법 분야에 통합적인 관심과 통

---

1) 홍진기, "이념으로서의 경제법", 『법정』 제4권 제9호(1949. 9); 인용은 홍진기법률연구재단 (편), 『유민 홍진기 법률논문 선집』(경인문화사, 2016), 207쪽 아래에 의한다.

2) 이를 보여주는 권오승, "경제법의 의의와 본질", 『경희법학』 제23권 제1호(1988. 10), 93-106쪽 참고.

3) 이영록, 『유진오 헌법사상의 형성과 전개』(한국학술정보, 2006), 251쪽 아래 참고.

찰을 보여주고 있었다는 점이다. 특히 새로운 국가 건설과 이를 제도적으로 뒷받침하는 법전 편찬에 매진하던 당시의 법무부 조사국장 홍진기에게 시장과 경제체계 자체를 거시적인 안목에서 규율해야 하는 경제법은 아마도 상당히 흥미롭게 보였을 것이다. 이러한 배경에서 홍진기는 경제법이 무엇인지를 다루는데 이를 위해 경제법 및 헌법에 관한 독일 문헌과 일본 문헌을 풍부하고 심도 깊게 분석한다.

II. 경제법의 의의

1. 20세기의 법으로서 경제법

홍진기에 따르면 경제법은 "실로 20세기의 법"이다.[4] 20세기에 접어들면서 형성되기 시작한 법이 경제법이라는 것이다. 체계이론의 관점에서 말하면 경제법은 법체계가 사회변화에 대응하여 내적 분화를 거치면서 출현한 법영역이라 말할 수 있다. 홍진기는 '일반조항으로 도피'라는 테제로 유명한 독일의 민사법학자 헤데만(Justus Wilhelm Hedemann: 1878-1963)을 인용하여 경제법은 1918년에 칸(Richard Kahn)이 "전쟁경제의 법적 개념"(Rechtsbegriffe der Kriegswirtschaft)이라는 논문의 부제인 "전쟁경제법의 제창"(Ein Versuch der Grundlegung des Kriegswirtschaftsrechts)에서 연원한다고 말한다.[5]

---

4) 홍진기, "이념으로서의 경제법", 207쪽.
5) Justus Wilhelm Hedemann, "Wirtschaftsrecht", in: Fritz Stier-Somlo (Hrsg.), *Handwörterbuch der Rechtswissenschaft*, Bd. VI (Berlin, 1929), S. 932; 홍진기, "이념으로서의 경제법", 207쪽에서 다시 인용. 유명한 '일반조항으로 도피'에 관해서는 Justus Wilhelm Hedemann, *Die Flucht in die Generalklauseln: Eine Gefahr für Recht und Staat* (Tübingen, 1933) 참고. 한편 헤데만이 인용하는 문헌은 Richard Kahn, *Rechtsbegriffe*

홍진기는 경제법이라는 새로운 법영역이 등장하는 데는 다음과 같은 이유가 영향을 미쳤다고 말한다. 첫째는 "온 세계형상의 경제화"(Verwirtschaftlichung des ganzen Weltbildes)이다. 급속하게 진보하는 과학기술로 인해 경제가 발전하면서 세상의 모든 것이 경제화되고 이로 인해 경제를 규율하는 게 중요한 과제가 된다는 것이다.6) 둘째는 칸의 논문이 보여주는 것처럼 제1차 세계대전과 같은 거대한 전쟁이 야기한 경제적 구조개혁이다. "전쟁수행의 필요에 의한 갖가지 전시 비상입법뿐 아니라 전후 평화가 와도 인플레이션에 대한 선후대책, 산업의 사회화, 경제적 약자에 대한 각종 보호시설 등 무수한 단편적 입법에 의하여 경제생활에 대한 나라의 간섭이 시작"되었다는 것이다.7) 셋째는 자본주의가 발달하면서 출현한 독점자본주의의 폐해를 해결하기 위해 경제법이 출현했다는 것이다. "독점자본주의 밑에 모든 사람을 위한 소유권이나 계약의 자유가 있을 수 없다. 이리하여 독점자본주의제 밑에서 다시금 자유를 찾기 위하여는 신의 '보이지 않는 손'에 경제를 방임할 것이 아니라, 나라의 손(Öffentliche Hand)이 경제 속으로 뻗어 들어가야 했다. 이른바 통제경제 또는 계획경제이다. 그러려면 자유로운 소유권이나 계약은 그대로 있을 수 없다. 자유자본주의를 토대로 하는 18, 19세기의 민법이나 상법을 그대로 둘 수 없다. 나라의 손이, 즉 법이 그 속으로 뻗어 들어가 모든 사람을 위한 진정한 자유가 참말로 현현하도록 통제를 하여야 한다. 여기 자본주의 경제를 통제하는 법으로서의 '경제법'이 등장하는 것이다."8) 이 점에서 홍진기는 경제법은 독점자본주의의 산아로 20세기가 낳은 법이라고 한다.9)

그런데 흥미로운 것은 당시 제헌헌법은 이러한 경제법에 친화적이었다

---

der Kriegswirtschaft: ein Versuch der Grundlegung des Kriegswirtschaftsrechts (München [u.a.], 1918)이다.
6) 홍진기, "이념으로서의 경제법", 208쪽.
7) 홍진기, "이념으로서의 경제법", 208쪽.
8) 홍진기, "이념으로서의 경제법", 209쪽.
9) 홍진기, "이념으로서의 경제법", 210쪽.

는 것이다.[10] 왜냐하면 제헌헌법은 제84조에서 경제민주주의를 천명함으로써 경제에 대한 국가의 개입을 헌법적으로 정당화하였기 때문이다. 지난 2012년을 전후로 하여 우리나라 정치 영역에서 이슈가 되었던 경제민주주의가 이미 1940년대 당시부터 지배적인 이념이 되어 제헌헌법에 수용되었다는 점이 상당히 흥미롭다.

2. 기업법으로서 경제법

그러면 경제법이란 무엇일까? 홍진기는 헤데만을 참고하여 경제법의 개념에 관한 세 가지 견해를 다룬다. 수집설, 세계관설, 대상설이 그것이다.[11]

수집설(Sammeltheorie)은 누스바움(Arthur Nussbaum: 1877-1964)이 대표하는 견해로 "국민경제에 직접으로 영향하는 것을 목적으로 하는 제 규범은 경제법적(Wirtschftsrechtlich)인 것"으로 파악한다. 다시 말해 실정법 중에서 국민경제와 직접 관련을 맺는 부분이 있다면 그것이 바로 경제법을 구성한다고 본다. 여기서 주목해야 할 점은 수집설은 경제법을 독자적인 법영역으로 파악하지는 않는다는 것이다. 경제현상과 관련을 맺는 법규범을 경제법이라는 이름 아래 수집하고 있을 뿐이다.[12]

세계관설(weltanschauliche Theorie)은 헤데만이 주장하는 견해로 경제법을 독자적인 법영역으로 파악하기보다는 법에 대한 독자적인 원리나 세계관으로 이해한다. 이를테면 헤데만은 "경제법은 마치 18세기를 지배하던

---

10) 홍진기, "이념으로서의 경제법", 211쪽.

11) Justus Wilhelm Hedemann, "Wirtschaftsrecht", S. 932-934; 홍진기, "이념으로서의 경제법", 211-216쪽.

12) Arthur Nussbaum, *Das neue deutsche Wirtschaftsrecht: eine systematische Übersicht über die Entwicklung des Privatrechts und der benachbarten Rechtsgebiete seit Ausbruch des Weltkrieges*, 2., völlig umgearb. Aufl. (Berlin, 1922), S. 1; 홍진기, "이념으로서의 경제법", 212쪽에서 다시 인용.

자연법 같이 대상적 자료적으로 한정할 수 없는 것이고 일종의 정신적 기조(Grundstimmung)이고 일절의 것을 침투하는 원리(prinzip)이고, 하나의 세계관(Weltanschauung)"이라고 한다.13) 이를 가일러(Karl Hermann Geiler: 1878-1953)는 법에 적용되는 사회과학적 방법론의 일종으로 파악하기도 한다.14)

대상설(gegenständliche Theorie)은 경제라는 독자적인 대상을 규율하는 법을 경제법으로 이해한다. 이러한 대상설은 다시 크게 두 가지로 구별된다. 경제주체를 규율대상으로 보는 견해와 경제주체를 포괄하는 경제 그 자체를 규율대상으로 보는 견해가 그것이다. 홍진기는 전자의 견해를 주장하는 학자로 카스켈(Walter Kaskel: 1882-1928)을 언급한다. 카스켈에 의하면 "경제법은 경제적 기업자의 그 기업경영에 관한 특별법"을 뜻한다.15) 후자를 주장하는 학자로 홍진기는 골드슈미트(Hans Walter Goldschmidt: 1881-1940)를 언급한다. 골드슈미트에 의하면 "경제법은 조직화된 경제에 고유한 법"을 뜻한다. 이때 '조직화된 경제'(organisierte Wirtschaft)란 '규정된 거래경제'(geregelte Verkehrswirtschaft)와 '공동경제'(Gemeinwirtschaft)를 지칭한다.16)

홍진기는 "이 대상설에 이르러 비로소 경제법의 성격이 분명"해진다고 말한다. 다만 여기서 다음과 같은 문제가 제기된다고 한다. 기존의 민상법과 새로운 경제법은 어떤 관계를 맺는가의 문제가 그것이다. 다시 말해 "자

---

13) Justus Wilhelm Hedemann, "Wirtschaftsrecht", S. 933 ff.; 홍진기, "이념으로서의 경제법", 212쪽에서 다시 인용.

14) Karl Hermann Geiler, *Die wirtschaftliche Methode im Gesellschaftsrecht* (Berlin, 1933), S. 35 ff.; 홍진기, "이념으로서의 경제법", 213쪽에서 다시 인용.

15) Walter Kaskel, "Gegenstand und systematischer Aufbau des Wirtschafsrechts als Rechtsdisziplin und Lehrfach", in: *Juristische Wochenschrift* (1926), S. 11 ff.; 홍진기, "이념으로서의 경제법", 213쪽에서 다시 인용.

16) Hans Walter Goldschmidt, *Reichswirtscahftsrecht* (Berlin, 1923), S. 12; 홍진기, "이념으로서의 경제법", 213쪽에서 다시 인용.

유자본주의 경제의 법적 기초인 자유로운 소유권과 자유로운 계약을 토대로 하는 민상법과 그것을 수정하는 경제법과의 관계는 어떠한가"의 문제가 제기된다는 것이다.[17]

홍진기는 당시 경제법에 관해 가장 권위가 있던 클라우징(Friedrich Hermann Klausing: 1887-1944)의 견해를 참고하여 이 문제에 대응한다. 클라우징에 따르면 당시 경제 영역에서 서로 다른 이념에 지배되는 경제 질서들이 충돌한다. 자유시장주의에 바탕을 둔 경제 질서와 독점자본주의를 수정하는 경제 질서가 그것이다. "이 두 체계는 지금 아직 그 지배적 지위를 다투고 있다. 새 것이 아직 승리하지도 못하고 그렇다고 해서 또 양자의 종합도 되지 않고 있다."고 한다. 바로 이 점에서 클라우징은 경제법의 본질적 성격을 발견한다. "이 독특하고 갈등하는 '경제의 법(Recht der Wirtschaft)'이 바로 이른바 '경제법'"이라는 것이다.[18] 그러면서도 홍진기에 따르면 클라우징은 두 경제 질서가 서로 단절되어 있지 않다고 본다. 홍진기에 따르면 클라우징의 태도는 "경제법을 상법의 발전적 형태로서 상법과 동일선상에서 파악하려는 것"이다.[19]

홍진기는 경제법에 관해서는 이러한 클라우징의 견해가 타당하다고 본다. 홍진기에 따르면 기존의 민상법과 경제법을 지배하는 이념은 서로 다르지만 그렇다고 양자가 단절되는 것은 아니다. "경제법이 하나의 법역을 이루는 것도 그것이 민상법과는 전연 독자적인 분야로서가 아니라 자유자본주의의 민상법이 독점자본주의를 조정할만한 민상법으로 그 자체 발전하여 올 것을 앞서서 기다리고 있는 선행적·과도적 존재"라고 한다.[20] 그러면서 홍진기는 결론으로 자신의 스승에 해당하는 니시하라 칸이치의 견해

---

17) 홍진기, "이념으로서의 경제법", 214쪽.
18) 홍진기, "이념으로서의 경제법", 214쪽.
19) Friedrich Hermann Klausing, *Wirtschaftsrecht: Beiträge zum Wirtschaftsrecht*, Bd. II (Hamburg, 1932), S. 74-74; 홍진기, "이념으로서의 경제법", 215쪽에서 다시 인용.
20) 홍진기, "이념으로서의 경제법", 215쪽.

를 수용한다.[21] 상법을 기업법으로 규정하는 니시하라의 주장을 따라 경제법을 기업을 그 대상으로 하는 상법의 선발부대로 보는 것이다. 요컨대 "경제법은 상법의 내재적 발전을 대기하는 과도적 성격의 법"이라고 한다.[22]

III. 경제헌법과 경제법

1. 제헌헌법의 경제헌법

홍진기는 앞에서 살펴본 경제법 개념을 기반으로 하여 당시 우리나라에서는 경제법이 어떻게 구현되고 있는지 검토한다. 이를 위해 먼저 모든 실정법질서의 근간이 되는 헌법을 살펴본다.[23] 홍진기는 당시 제헌헌법은 "경제적 민주주의의 색채가 짙다."고 평한다.[24] 같은 맥락에서 제헌헌법은 제6장에서 '경제헌법'(Wirtschaftsverfassung)을 담고 있다고 말한다. 그 예로 홍진기는 제헌헌법 제84조를 언급한다. 이에 따르면 "대한민국의 경제질서는 모든 국민에게 생활의 기본적 수요를 충족할 수 있게 하는 사회정의의 실현과 균형 있는 국민경제의 발전을 기함을 기본으로 삼는다. 각인의 경제상 자유는 이 한계 내에서 보장된다."고 한다. 홍진기에 따르면 제84조는 바이마르 헌법 제151조 제1항을 계수한 것이다.[25]

---

21) 西原寬一, 『日本商法論』第1卷(日本評論社, 1950), 3쪽 아래; 홍진기, "이념으로서의 경제법", 215쪽에서 다시 인용.
22) 홍진기, "이념으로서의 경제법", 215-216쪽.
23) 이에 관해 홍진기는 유진오, "우리 헌법의 윤곽", 『법정』제12호(1947. 9), 12쪽 및 유진오, "국가의 사회적 기능", 『법정』제17호(1948), 10쪽 등을 인용한다.
24) 홍진기, "이념으로서의 경제법", 216쪽.
25) 이에 반해 이영록 교수는 제헌헌법 제84조는 중화민국헌법초안 제116조 및 제121조에 더 친화적이라고 평가한다. 이영록, 『유진오 헌법사상의 형성과 전개』(한국학술정보, 2006), 259-260쪽.

홍진기는 제헌헌법의 경제헌법 중에서 주목할 만한 것으로 다음을 꼽는다. 제86조가 규정하는 농지개혁, 제18조 제2항이 규정하는 이익균점권, 공공성을 가진 중요기업의 국영 또는 공영을 규정하는 제87조 및 사영기업의 국유 또는 공유로 이전 및 그 경영의 통제 관리를 규정하는 제88조이다. 이외에도 경제헌법은 다양한 규정을 담는데 홍진기는 이는 대부분 "계획규정(Programmvorschrift)이므로 우리의 경제법은 뚜렷한 모습을 가지고 자꾸 탄생될 것"이라고 진단한다.26)

2. 농지개혁

그중에서 홍진기는 제헌헌법의 경제헌법이 규정하는 농지개혁에 주목한다. 농지개혁에서 핵심이 되는 내용은 소작계약을 철폐하는 것이다. 말하자면 농민을 소작인의 지위에서 해방시키는 것이다. 이는 해방 이후 정치적 논의의 초점이 되었는데 제헌헌법이 규정하는 농지개혁 및 이를 구체화한 「농지개혁법」으로 구현되었다.27) 그 때문에 홍진기는 논문 "이념으로서의 경제법"을 쓸 당시 "대한민국 수립 이후의 경제법으로서는 아직 농지개혁법 밖에 없다."고 진단한다.28)

3. 이익균점권

이외에도 홍진기는 제헌헌법 제18조 후단이 규정하는 이익균점권, 즉 "영리를 목적으로 하는 사기업에 있어서는 근로자는 법률의 정하는 바에 의하여 이익의 분배에 균점할 권리"에 주목한다. 그 이유는 본령이 회사법

---

26) 홍진기, "이념으로서의 경제법", 219쪽.
27) 「농지개혁법」은 1950년 3월 10일 시행되었다.
28) 홍진기, "이념으로서의 경제법", 221쪽.

학자라 할 수 있는 홍진기가 볼 때 "노동자에게 이익배당을 함은 노동은 자본이 아니라는 주식회사법의 철칙을 깨뜨리고서 비로소 성립"하기 때문이다.[29] 홍진기는 이러한 예로 1917년에 제정된 프랑스의 '노동자참가주식회사법'을 언급한다. 그러나 홍진기는 이 문제를 상세히 다루는 것은 다음 기회로 미룬다. 다만 한 가지 이익균점권의 성격에 문제를 제기한다. 홍진기에 따르면 당시 한국 헌법학의 최고 권위를 자랑하는 유진오 교수는 이익균점권을 기본권 가운데 하나인 수익권으로 이해한다.[30] 이에 홍진기는 "이 이익은 나라로부터가 아니라 '영리를 목적으로 하는 사기업'으로부터이니 어찌 이 권리가 공권이 될 수 있을까" 의문을 제기한다. 그러면서 홍진기는 독일의 공법학자 옐리네크의 주장, 즉 "공권의 특징 중의 하나는 권리보호의 보장자와 직접 또는 간접의 의무자가 국가라는 동일한 인격자인 데 있다"는 주장을 인용한다.[31] 더불어 이는 유진오 교수도 인정한다고 지적한다.[32] 여기서 홍진기는 유진오 교수의 주장들 안에 있는 이론적 모순을 드러내어 완곡하게 유진오 교수를 비판하는 것이다. 더불어 이러한 날카로운 홍진기의 논증에서 회사법학 및 경제법학과 더불어 헌법학에 대한 홍진기의 식견을 확인할 수 있다.[33]

---

29) 홍진기, "이념으로서의 경제법", 220쪽.

30) 유진오, 『헌법해의』(명세당, 1949), 32쪽; 홍진기, "이념으로서의 경제법", 220쪽에서 다시 인용.

31) 옐리네크의 기본권 이론에 관해서는 Georg Jellinek, *System der subjektiven öffentlichen Rechte* (Freiburg, 1892) 참고.

32) 유진오, 『헌법해의』, 32쪽; 홍진기, "이념으로서의 경제법", 220쪽에서 다시 인용.

33) 홍진기가 헌법학에 높은 식견을 보여준다는 점은 한편으로 그가 헌법학에도 관심이 있는 동시에 다른 한편으로는 그가 공법학자 우카이 노부시게의 장서를 물려받았다는 점과도 무관하지 않을 것이다. 이에 관해서는 제1장 IV.1.(4) 참고.

4. 제헌헌법 제87조 "국영 공영"의 해석 문제

마지막으로 홍진기는 제헌헌법 제87조가 규정하는 국영 및 공영이 무엇을 뜻하는지 다룬다. 여기서 홍진기는 다시금 유진오 교수의 주장과 견해를 달리한다. 유진오 교수는 이를 "국유국영, 공유공영"으로 해석한다.[34] 이때 홍진기는 "국유"를 문제 삼는다. 홍진기는 이를 반드시 "국유"로 해석해야 하는지 의문을 제기한다. 제87조를 문언 그대로 해석하여 '국영 또는 공영'으로 이해하는 것으로 충분하지 않나 의문을 제기한다. 이는 소유에 관해서는 반드시 국유를 고집할 것이 아니라 민간 투자도 고려해야 한다는 주장이 된다. 가령 홍진기는 "제87조의 국영 또는 공영은 모두 문자 그대로 새겨 경영에만 국한시킴으로써 민유(民有)도 될 수 있게 하여 현존의, 예(例)하면 조선은행, 경전(京電) 같은 것도 주식은 공모할 수 있게 함이 외자를 구하려 할 때 편치 않을까"라는 근거를 제시한다. 요컨대 유진오 교수가 제헌헌법 제87조와 제88조의 체계를 고려한 체계적 해석을 시도한다면, 홍진기는 문법적 해석과 목적론적 해석을 원용하여 제87조를 설득력 있게 해석하는 것이다. 여기서 두 가지 측면을 발견할 수 있다. 첫째는 섬세한 법률가의 면모이다. 둘째는 유진오 교수에 비해 홍진기는 통제경제보다는 자유시장경제를 더욱 지향하고 있다는 것이다.

Ⅳ. 논평

홍진기의 논문 "이념으로서의 경제법"은 길지 않지만 여러 의미 있는 내용을 담고 있다. 그중 필자에게 인상적인 부분 몇 가지를 아래에서 논평한다.

---

34) 유진오, 『헌법해의』, 184쪽; 홍진기, "이념으로서의 경제법", 221쪽에서 다시 인용.

1. 사회의 기능적 분화

그 전에 짚고 넘어가고픈 부분이 있다. 과연 어떤 이유에서 경제법이라는 새로운 법영역이 출현했는가 하는 점이다. 다양한 이유를 제시할 수 있는데 여기에서 필자는 사회의 기능적 분화를 한 가지 중요한 이유로 언급하고자 한다. 사회 전체가 기능적으로 분화되면서, 특히 경제 영역이 사회의 독자적인 기능체계로 독립 분화되면서 이에 발맞추어 법체계도 내적 분화를 거쳐 경제법이라는 새로운 법영역이 등장하게 되었다는 것이다. 다시 말해 종래 민법과 상법이 규율하던 시민사회가 기능적 분화 과정을 거치면서 경제체계라는 독자적 영역이 출현하자 이를 규율하기 위한 일환으로 민법 및 상법에 더하여 경제법이 새롭게 자리매김하게 되었다는 것이다. 아래에서는 이러한 사회의 기능적 분화를 이론적으로 좀더 살펴보고자 한다. 특히 경제법의 출현을 설득력 있게 해명하는 데 도움이 되는 이원적 사회이론을 소개 및 검토한다.

(1) 이원적 관점

종래 시민사회를 포함한 전체 공동체를 바라보는 시각으로는 주로 이원적 관점이 지배하였다. 가장 대표적인 예로 '국가-사회 이원론'을 들 수 있다. 고대 로마법으로 거슬러 올라가는 이 시각은 전체 공동체를 국가 영역과 사회 영역으로 구별한다. 삼단계 법모델 중에서 근대법의 바탕이 되는 자유주의 법모델은 이 시각을 채택하여 국가의 역할을 규정하였다. 그러나 이원적 관점으로 국가-사회 이원론만 존재했던 것은 아니다. 예를 들어 칼 마르크스(Karl Marx: 1818-1883)는 국가-사회 이원론과는 다른 이원적 관점을 제시하기도 하였다. 유명한 '토대-상부구조론'이 그것이다. 이에 따르면 전체 사회는 생산력과 생산관계로 구성되는 '토대'(Basis)와 이러한 토대에 종속적인 '상부구조'(Überbau)로 구조화된다.[35] 그러나 토대-상부구조론은

국가-사회 이원론과 비교할 때 차이점이 있다. 국가-사회 이원론이 국가 영
역과 사회 영역을 서로 동등하면서 자율적인 영역으로 이해하는 데 반해,
토대-상부구조론은 토대에 중점을 두면서 상부구조는 단지 토대의 '반영
물'에 지나지 않는다고 보기 때문이다. 요컨대 전자가 수평적인 관계에 기
반을 둔다면 후자는 수직적인 관계에 기반을 둔다. 이외에도 우리에게 잘
알려진 퇴니스(Ferdinand Tönnies: 1855-1936)의 '공동사회'(Gemeinschaft)-'이
익사회'(Gesellschaft) 구상 역시 전형적인 이원적 관점으로 언급할 수 있
다.36) 헤겔의 영향을 받은 이 구상은 '연대성'이 지배하는 영역을 공동사회
로, 이익과 거래가 지배하는 영역을 이익사회로 규정한다.

　그러나 다수의 사회이론가들이나 법학자들은 전체 공동체를 이렇게 이
원적 관점에서만 파악하지는 않았다. 이보다 더욱 세분화하여 전체 공동체
를 이해하려 하였다. 국가 영역을 '행정규칙'이 적용되는 국가 '내부'와 '법
규명령'이 적용되는 국가 '외부'로 구별하고자 했던 특별권력관계이론이
좋은 예가 된다. 이에 따르면 국가 영역은 다시 국가 내부와 국가 외부로
분화된다. 나아가 국가 영역과 대별되는 사회 영역을 다시 이원화하는 시
도도 있었다. 가장 대표적인 예로 '생존배려'(Daseinsvorsorge) 개념을 최초
로 제안한 독일의 공법학자 에른스트 포르스트호프(Ernst Forsthoff: 1902
-1974)의 구상을 거론할 수 있다.37)

(2) 포르스트호프의 '지배영역'과 '기능영역'

　포르스트호프는 사회영역을 '지배영역'(beherrschter Raum)과 '기능영
역'(effektiver Raum)으로 이원화하여 파악한다. 이는 포르스트호프가 "급부

---

35) 이에 관한 간략한 설명은 양건, 『법사회학』제2판(아르케, 2004), 57-66쪽.

36) Ferdinand Tönnies, *Gemeinschaft und Gesellschaft*, 4., unveränderte Aufl. (Darmstadt, 2005) 참고.

37) 이를 간략하게 소개하는 양천수, "생존배려 개념의 기원: 법철학의 시각에서 본 포르스트호프(E. Forsthoff)의 사회보장법체계", 『영남법학』제26호(2008. 4), 116-117쪽 참고.

주체로서 행정"(Verwaltung als Leistungsträger)이라는 논문에서 '생존배려' 개념을 이끌어내기 위해 사용한 개념이다.38) 포르스트호프에 따르면 지배영역과 기능영역은 인간이 자신의 생존(Dasein)을 영위해 나가는 데 필요한 두 가지 상이한 생활공간이다. 여기서 지배영역이란 인간 주체가 독립적인 주체로서 생존을 영위할 수 있는 공간을 말한다. 그 예로 포르스트호프는 '농장'(Hof), '경작지'(Acker), '집'(Haus) 등을 언급한다. 이에 반해 기능영역이란 이러한 지배영역을 넘어 생활이 이루어지는 공간으로 기능성 또는 효율성이 지배하는 영역을 말한다. 이러한 기능영역은 산업화의 결과로 등장한 영역이다.

포르스트호프에 따르면 산업화가 본격적으로 이루어지기 이전의 유럽에서는 주로 지배영역이 존재하였다. 하지만 19세기에 이르러 산업화가 본격화되면서 유럽의 생활공간이 변했다고 한다. 산업화가 진행되면서 노동에 대한 수요가 증가하였고, 이에 따라 도시의 인구가 늘어나면서 전통적인 지배영역 대신에 기능영역이 등장하기 시작하였다고 한다. 그런데 문제는 이러한 기능영역에서는 인간이 자율적인 존재로서, 즉 독립된 주체로서 자신의 생존을 책임질 수 없다는 것이다. 이 때문에 기능영역에서는 사회가 개인을 대신해서 생존을 영위할 수 있도록 도와줄 필요성이 대두한다. 포르스트호프는 이를 '사회적 수요'(soziale Bedürftigkeit)라고 말한다.39) 포르스트호프에 따르면 전통적인 지배영역에서는 이러한 사회적 수요가 별로 존재하지 않았다. 사회적 수요는 산업화가 진행되고 기능영역이 출현하면서 등장한 개념이다. 그리고 '생존배려'는 이러한 사회적 수요에 대응하기 위해 포르스트호프가 고안한 개념이라고 말할 수 있다.40)

---

38) Ernst Forsthoff, *Verwaltung als Leistungsträger* (Stuttgart/Berlin, 1938), S. 4 ff.

39) Ernst Forsthoff, *Verwaltung als Leistungsträger*, S. 5.

40) 포르스트호프의 이원적 시각은 행정법의 관할영역을 확정하는 데 의미 있는 시사를 한다. 위에서 언급한 것처럼 포르스트호프는 인간의 생존영역을 지배영역과 기능영역으로 이원화하면서 기능영역에서 사회적 수요 및 생존배려 개념을 이끌어낸다. 이는

(3) 하버마스의 이원적 사회이론

그러나 전통적인 민사법에서 경제법의 독자적인 분화를 설명하는 데 가
장 유익한 이론이 될 수 있는 것은 전체 공동체를 '생활세계'(Lebenswelt)와
'체계'(System)로 구별한 하버마스의 이원적 사회이론이라고 말할 수 있
다.41) 하버마스가 1981년에 출간한 자신의 대표작 『의사소통행위이론』
(Theorie des kommunikativen Handelns) 제2권에서 제안한 이원적 사회이론
은 '국가-사회 이원론'이나 '토대-상부구조론'처럼 전체 공동체를 생활세계
와 체계로 이원화한다. 하버마스에 따르면 사회가 진화하면서 전체 사회는
생활세계와 체계로 분화한다.42) 현상학자 후설(Edmund Husserl: 1859-1938)
로 거슬러 올라가는 생활세계는 하버마스에 따르면 인격, 문화, 시민사회로
구성되는 영역(혹은 공동체구성 메커니즘)으로, "문화를 통해 전승되고 언
어를 통해 조직된 해석준거틀의 저장소"이다.43) 생활세계는 '참여자 관점'
과 관련을 맺는 영역으로, 참여자들이 상호이해를 지향하는 의사소통행위

무엇을 뜻하는가? 기능영역이 생존배려와 관련을 맺는다고 보면 생존배려를 수행하
는 급부행정법이 담당하는 관할영역은 기능영역이라고 말할 수 있다. 그리고 전체 행
정법 영역을 크게 경찰행정법과 급부행정법으로 이원화할 수 있다면 여기서 우리는
다음과 같은 결론을 도출할 수 있다. 경찰행정법이 관할하는 영역이 지배영역이라면
급부행정법은 기능영역을 관할한다는 것이다. 이와 같은 결론은 다소 심중한 의미를
가진다. 왜냐하면 만약 우리가 지배영역을 '생활세계' 또는 '일상영역'에 상응하는 것
으로 그리고 기능영역을 '체계'에 상응하는 것으로 볼 수 있다면, 행정법이 관할하는
영역은 생활세계와 체계를 모두 아우른다고 말할 수 있기 때문이다.

41) 하버마스의 이원적 사회이론에 대한 개관으로는 이상돈·홍성수, 『법사회학』(박영사,
2000), 108쪽 아래; 양천수, "절차주의적 인권구상의 이론적 기초: 하버마스와 토이브
너의 이론을 중심으로 하여", 『인권이론과 실천』제7호(2010. 6), 37-73쪽; 양화식, "생
활세계, 체계 그리고 법: 하버마스의 『의사소통행위이론』을 중심으로", 『법철학연구』
제11권 제2호(2008. 12), 329-360쪽 등 참고.
42) Jürgen Habermas, *Theorie des kommunikativen Handelns*, Bd. 2 (Frankfurt/M., 1981),
S. 230.
43) Jürgen Habermas, *Theorie des kommunikativen Handelns*, S. 189; 번역은 이상돈·홍성
수, 『법사회학』, 113쪽.

를 수행하는 데 필요한 배후근거가 된다. 이러한 생활세계는 "말하는 사람과 듣는 사람이 만나 자신들의 진술이 세계에 합당한 것이라고 주장할 수 있는 장소이며, 그들이 그러한 타당성의 주장들을 비판하고 확증하는 장소"라고 할 수 있다.44) 이처럼 생활세계에서는 '언어'가 매체로 작동한다. 이와 달리 사회학자 파슨스(Talcott Parsons: 1902-1979)로 거슬러 올라가는 체계는 목적합리성 또는 기능적 합리성이 지배하는 영역이다. 하버마스는 체계를 관찰자 관점과 연결한다. 상호이해를 지향하는 언어가 매체로 작동하는 생활세계와는 달리 체계에서는 권력이나 자본이 매체로 작동한다. 이 점이 시사하듯이 정치체계와 경제체계가 현대사회의 가장 대표적인 체계로 자리매김한다.

공동사회와 이익사회 또는 지배영역과 기능영역을 현대적으로 발전시킨 생활세계-체계 이원론은 무엇보다도 현대 사회국가에서 발생하는 각종 사회적 병리현상이나 근대화의 역설을 해명하는 데 도움을 준다. 뿐만 아니라 이 구상은 사회국가가 등장하면서 왜 경제법이라는 독자적인 법영역이 출현했는지를 해명하는 데도 유익한 이론적 근거를 제공한다.

2. 경제법의 개념 규정

그러면 홍진기의 논문 "이념으로서의 경제법"에서 인상적인 부분은 무엇인가? 먼저 눈에 띄는 점은 홍진기가 당시 도달한 가장 최고 수준의 독일 경제법학 성과를 원용하여 경제법이란 무엇인지 그 개념을 규정하고 있다는 점이다. 이 과정에서 홍진기는 헤데만이나 클라우징의 저작과 같은 독일어 원전을 직접 분석한다. 그러면서 다음과 같은 결론에 도달한다. 한편으로 홍진기는 수집설, 세계관설, 대상설 중에서 대상설을 취하면서도 다른 한편으로는 클라우징과 니시하라를 좇아 민상법과 경제법은 완전히 절

---

44) 이상돈·홍성수, 『법사회학』, 113쪽.

연된 것은 아니라고 본다. 클라우징을 원용하여 민상법을 지배하는 법질서와 경제법을 지배하는 법질서는 서로 갈등을 빚는다고 보면서도 이는 과도기적 현상에 불과하다고 이해하는 것이다. 홍진기는 니시하라를 원용하여 "경제법은 상법의 내재적 발전을 대기하는 과도적 성격의 법"이라고 한다.45) 이는 민상법이 앞으로 경제법이 지향하는 법원리 및 법질서를 수용하여 발전할 것이라는 견해로 파악할 수 있다. 이렇게 보면 홍진기는 궁극적으로는 민상법과 경제법의 통합을 주장하는 학자로 볼 수 있다.

3. 자유시장경제와 통제경제의 균형을 지향하는 회사법학

이러한 측면에서 보면 홍진기가 추구하는 회사법학은 자유시장경제와 통제경제, 다시 말해 자유주의를 지향하는 회사법학과 사회국가를 지향하는 회사법학의 균형을 모색한다고 말할 수 있다. 위에서 본 것처럼 홍진기는 자유주의에 기반을 둔 민상법과 사회국가에 바탕을 둔 경제법의 통합을 주장하기 때문이다. 물론 홍진기는 기본적으로 자유주의를 포기하지 않는 회사법학자이다. 이는 두 가지 근거에서 확인할 수 있다. 첫째, 홍진기는 자유주의 회사법학의 기본 개념 및 원리, 도그마틱에 충실하다. 외자 유치에 대한 정책을 펼칠 때도, 귀속재산 문제를 풀어갈 때도 홍진기는 치밀한 회사법 도그마틱에 의지한다. 둘째, 홍진기는 유진오와는 달리 과도한 경제적 민주주의에 거리를 둔다. 예를 들어 제헌헌법이 규정하는 국영이나 공영을 유진오처럼 국유국영 또는 공유공영으로 해석하지 않는다. 그러나 다른 한편으로 홍진기는 클라우징의 견해를 받아들여 민상법과 경제법이 절연된 것은 아니라고 본다. 민상법이 경제법의 이념과 법원리 및 법질서를 수용할 필요가 있다고 보는 것이다. 이 점에서 홍진기는 자유주의 회사법학과 사회국가적 회사법학 사이에서 절묘한 균형을 추구하는 회사법학자

---

45) 홍진기, "이념으로서의 경제법", 215-216쪽.

로 볼 수 있다.

4. 기본권 이해

(1) 홍진기의 기본권 이해

마지막으로 홍진기의 기본권 이해를 살펴본다. 옐리네크의 기본권 이론을 원용하여 홍진기는 이익균점권을 기본권으로 파악하는 유진오의 견해에 반대한다. 이익균점권은 회사와 노동자, 즉 사인 간에 문제되는 권리라는 이유 때문이다. 이는 기본권을 국가에 대한 주관적 공권으로만 파악하던 당시의 이론적 상황에서 볼 때는 타당하다. 이에 따르면 기본권은 오직 국가와 개인 사이에서만 문제될 뿐이다.

(2) 기본권 이론의 발전

다만 이후 헌법학에서 기본권 이론이 여러 차원으로 발전했다는 점을 고려하면 홍진기의 기본권 이해는 더 이상 시대에 적합한 것으로 볼 수 없다. 옐리네크의 기본권 이론 이후 다양한 기본권 이론이 전개되었기 때문이다.[46)]

1) 옐리네크의 기본권 이론

홍진기가 인용하는 옐리네크는 지위(Position)의 측면에서 기본권을 파악한다.[47)] 이때 옐리네크는 지위를 네 가지, 즉 소극적 지위와 적극적 지위, 능동적 지위와 수동적 지위로 구별한다. 이러한 옐리네크의 기본권 이론에 의하면 기본권은 홍진기가 보여주듯이 국가에 대한 권리로 의미를 가진다.

---

46) 이에 관해서는 계희열, "헌법관과 기본권이론: 기본권의 성격변천에 관한 고찰", 『공법연구』제11호(1983. 7), 11-58쪽 참고.

47) Georg Jellinek, *System der subjektiven öffentlichen Rechte* (Freiburg, 1892) 참고. 이를 긍정적으로 재해석하는 경우로는 로베르트 알렉시, 이준일 (옮김), 『기본권이론』(한길사, 2007) 참고.

2) 켈젠의 기본권 이론

옐리네크처럼 법실증주의를 추구하면서도 이를 더 순수하게 극단화한 켈젠은 기본권을 포함한 주관적 권리의 독자적 의미를 거부한다. 켈젠에 의하면 기본권의 법적 효력은 기본권 자체에서 나오는 것이 아니라 기본권의 근거가 되는 객관적 법규범에서 나온다. 우선 켈젠은 법질서에서 기본권 같은 권리보다 의무를 더욱 본질적인 것으로 파악한다. 켈젠은 말한다. "그렇기 때문에 법의무는 객관적 법이 갖고 있는 유일한 본질적 기능이다. 모든 법명제는 필연적으로 법의무를 정립해야 하고, 이에 반해 법적 권한(권리)은 정립할 수도 있고 정립하지 않을 수도 있다."48) 이러한 맥락에서 켈젠은 권리, 즉 주관적 법은 객관적 법에서 도출된다고 말한다. "그렇기 때문에 주관적 법은 법질서가 부여한 권한으로서 객관적 법과 무관한 것이 아니다. 왜냐하면 객관적 법이 주관적 법을 규범화하는 범위 내에서만 그리고 규범화하기 때문에 비로소 주관적 법이 존재하게 되기 때문이다."49) 말하자면 켈젠이 볼 때 주관적 권리는 객관적 법규범으로 환원된다. 주관적 권리의 규범적 의미는 객관적 법규범이 국가에 특정한 법적 의무를 부과함으로써 반사되는 것에 불과하다. 달리 말해 법규범이 법적 주체들에 부과하는 법적 의무에 따른 반사작용이 바로 기본권이라는 것이다.50) 여하간 이러한 켈젠의 기본권 이해에 의할 때도 기본권은 국가와 개인의 관계에서 문제가 된다.

3) 슈미트의 기본권 이론

법실증주의를 거부하고 결단주의에 따라 헌법을 파악한 칼 슈미트는 기본권을 자연권으로 이해한다.51) 이러한 슈미트의 기본권 이해는 국가의 존

---

48) 한스 켈젠, 윤재왕 (옮김), 『순수법학: 법학의 문제점에 대한 서론』(박영사, 2018), 69쪽.
49) 한스 켈젠, 윤재왕 (옮김), 『순수법학: 법학의 문제점에 대한 서론』, 70쪽.
50) 한스 켈젠, 윤재왕 (옮김), 『순수법학: 법학의 문제점에 대한 서론』, 67쪽.

재 이유를 어떻게 파악하는지와 관련을 맺는다. 슈미트에 의하면 국가는 자기 목적적인 존재가 아니다. 오히려 국가는 개인, 바꿔 말해 시민의 기본 권을 보장하기 위해 존재하는 도구적·수단적 존재이다. 따라서 국가는 개인의 기본권을 보장하는 데 봉사해야 한다. 이러한 점에서 슈미트의 국가이론은 국가절대주의나 국가지상주의와는 차이가 있어 보인다. 그런데 이때 슈미트가 말하는 기본권이란 엄밀한 의미에서 볼 때 현대 공법학에서 말하는 기본권과 동일한 것은 아니다. 왜냐하면 슈미트는 기본권을 국가이전에 선재하는 천부적이고 초국가적인 자연권으로 파악하는데, 이때 슈미트는 자연권을 국가에 대한 방어권의 성질을 지닌 자유권에만 한정하기 때문이다. 따라서 오늘날 공법학에서 기본권의 영역에 포함시키는 정치적 기본권이나 사회적 기본권 등은 칼 슈미트가 말하는 기본권의 영역에 포섭되지 않는다. 여기서 확인할 수 있는 것처럼 슈미트에서도 기본권은 국가에 대한 방어권으로 의미를 가질 뿐이다.

4) 스멘트의 기본권 이론

기본권을 한편으로는 주관적 권리로 다른 한편으로는 국가에 대한 방어권으로 설정하는 이해 방식은 스멘트(Rudolf Smend)의 기본권 이론이 제시되면서 도전을 맞는다. 통합론에 따라 헌법과 국가를 이해한 스멘트는 기본권을 객관적 가치질서로 파악한다.[52] 기본권이 가진 객관적 측면을 발견한 것이다. 이에 따라 기본권은 국가에 대한 방어권의 의미를 넘어 시민과 시민, 사인과 사인의 관계를 규율하는 객관적 규범질서로 자리매김한다.

---

51) 슈미트의 기본권 이론에 관해서는 Carl Schmitt, *Verfassungslehre* (Berlin, 1954) 참고. 슈미트의 국가철학 및 헌법이론 전반에 관해서는 양천수, "합법성과 정당성: 칼 슈미트의 이론을 중심으로 하여", 『영남법학』제25호(2007. 10), 91-115쪽 참고.

52) 이에 관해서는 서경석, 『스멘트학파와 기본권이론: 스멘트, 헷세, 해벌레를 중심으로』(인하대 법학박사 학위논문, 1999) 참고.

5) 콘라드 헤세의 기본권 이론

이러한 이해 방식은 스멘트의 제자인 콘라드 헤세(Konrad Hesse)에 의해 한층 더 발전한다. 헤세는 기본권이 이중적 의미, 즉 주관적 측면과 객관적 측면을 모두 가진다고 보기 때문이다.[53] 이는 마치 법을 뜻하는 독일어 'Recht'가 객관적 규범과 주관적 권리라는 두 가지 의미를 모두 가지는 것에 상응한다.[54] 이에 따라 이제 기본권이 이중적인 성격을 가진다는 점이 지배적인 견해로 승인된다. 이에 따르면 기본권은 한편으로는 주관적 권리로 다른 한편으로는 객관적 가치질서로 자리매김한다. 이 같은 기본권 이해에 따라 이제 기본권은 국가와 개인의 관계에서만 문제되는 것이 아니라 개인과 개인, 사인과 사인에서도 문제된다. 기본권의 대국가적 효력뿐만 아니라 대사인적 효력도 승인이 된 것이다.

(3) 평가

이처럼 기본권의 대사인적 효력이 인정되는 요즘 상황에서 보면 이익균점권의 기본권성을 비판하는 홍진기의 주장은 타당하지 않다. 기본권은 사인 사이에서도 직접 또는 간접으로 효력을 미치기에 이익균점권이라는 기본권을 인정할 수 없는 것은 아니기 때문이다. 물론 기본권의 대사인적 효력을 인정하는 기본권 도그마틱은 독일 공법학에서도 1950년대 이후에 제기되었다는 점을 고려하면 홍진기의 기본권 이해를 비판만 할 수는 없을 것이다. 오히려 당시에 도달한 기본권 이론을 정확하게 파악하고 유진오의 견해를 비판한 것 자체는 긍정적으로 평가할 수 있다.

---

53) 이 점에 관해서는 Konrad Hesse, *Grundzüge des Verfassungsrechts der Bundesrepublik Deutschland*, 20. Auflage (Heidelberg, 1999); Konrad Hesse, *Verfassungsrecht und Privatrecht* (Heidelberg, 1988) 참고.

54) 이를 지적하는 루돌프 폰 예링, 심재우·윤재왕 (옮김), 『권리를 위한 투쟁/법감정의 형성에 관하여』(새물결, 2016), 35쪽 참고.

제5절 두 개의 공사법과 국영의 본질

Ⅰ. 서론

제4절에서 살펴본 것처럼 홍진기는 제헌헌법 제87조가 규정하는 국영 및 공영이 무엇을 뜻하는지에 관해 유진오와 견해를 달리한다. 그러나 1949년에 발표한 논문 "이념으로서의 경제법"에서는 이 문제를 상세하게 다루지 않는다. 홍진기는 이 문제를 『법정』제5권 제7호(1950년 7월호)에 게재된 논문 "두 개의 공사법(公社法): 국영의 본질에 관련하여"에서 상세하게 다룬다.[1]

이 논문은 당시 제정된 두 개의 공사법, 즉 「대한해운공사법」과 「대한조선공사법」을 논의의 출발점으로 삼는다.[2] 여기서 홍진기는 두 개의 질문을 던진다. 첫째, 이때 말하는 공사의 법적 성질은 무엇인가 하는 점이다. 여기서 지칭하는 공사는 이미 존재하던 일제의 국책회사와 다른 것인지, 그것은 영미의 '공유회사'(public corporation)나 전후 일본이 새롭게 도입한 공사 및 공단과 동일한 것인지 문제를 제기한다.[3] 둘째, 「대한해운공사법」과 「대한조선공사법」은 각각 제1조에서 대한해운공사 및 대한조선공사를 주식회사로 규정한다. 이를테면 「대한해운공사법」 제1조는 "대한해운공사

---

1) 홍진기, "두 개의 공사법(公社法): 국영의 본질에 관련하여", 『법정』제5권 제7호 (1950. 7). 인용은 홍진기법률연구재단 (편), 『유민 홍진기 법률논문 선집』(경인문화사, 2016), 239쪽 아래에 의한다.
2) 홍진기, "두 개의 공사법", 239쪽은 「대한조선공사법」을 「대한조선·해운공사법」으로 지칭한다. 그러나 이는 「대한조선공사법」의 오기인 것으로 보인다.
3) 홍진기, "두 개의 공사법", 240쪽.

는 해운에 관한 국책을 수행함으로써 해운의 진흥발전을 기도함을 목적으로 하는 주식회사로 한다."고 정한다. 「대한조선공사법」 제1조도 "대한조선공사는 조선에 관한 국책을 수행함으로써 조선사업의 진흥발전을 기도함을 목적으로 하는 주식회사로 한다."고 정한다. 그러면서 공사의 주식을 민간에서 보유하는 것을 허용한다. 발행주식을 국가가 모두 소유하는 순수한 국유 형태가 아닌 것이다. 이를 홍진기는 "소유의 면에 있어 100% 국유가 아니다. 국유 민간 공유로 되어 있다."고 말한다.[4] 한편 당시 제헌헌법은 제87조에서 "중요한 운수·통신·금융·보험·전기·수리·수도·가스 및 공공성을 가진 기업은 국영 또는 공영으로 한다."고 정한다. 이때 말하는 '국영' 또는 '공영'을 어떻게 해석해야 하는지에 관해 유진오는 "국영 또는 공영이라 함은 국유국영 또는 공유공영을 의미하는 것으로 해석하여야 할 것이다."고 한다.[5] 그렇다면 홍진기가 볼 때 민간자본의 투자를 허용하는 「대한해운공사법」과 「대한조선공사법」은 제헌헌법 제87조에 위반하여 위헌이 아닌지 문제가 제기된다는 것이다.[6]

---

4) 홍진기, "두 개의 공사법", 240쪽.
5) 유진오, 『헌법해의』(명세당, 1949), 184쪽; 홍진기, "두 개의 공사법", 240쪽. 한편 유민선생화갑기념논문집편찬위원회 (편), 『유민 홍진기 선생 화갑기념논문집: 법학의 제문제』(중앙일보·동양방송, 1977), 535쪽 각주(1) 및 홍진기법률연구재단 (편), 『유민 홍진기 법률논문 선집』(경인문화사, 2016), 240쪽 각주(1)는 이를 '헌법대의'로 표기하는데 이는 '헌법해의'의 오기이다.
6) 홍진기, "두 개의 공사법", 240쪽. 바로 이 점에서 기본적으로 상법학자인 홍진기의 헌법에 대한 감각 및 지식을 확인할 수 있다.

Ⅱ. 국책회사로서 공사

1. 두 개의 공사법에 따른 공사의 특징

홍진기는 「대한해운공사법」과 「대한조선공사법」이 규정하는 대한해운공사와 대한조선공사는 전후 일본이 도입한 공사와는 다른 회사로 전전 일본이 태평양 전쟁에 대비하기 위해 설립한 국책회사의 일종이라고 한다. 홍진기는 니시하라의 주장을 참고하여 국책회사란 "그 사업이 국가목적 달성에 지대한 관계에 있어서 특수한 법규에 의거하여 설립된 회사"를 뜻한다고 본다.[7] 홍진기는 이러한 주장을 논증하기 위해 먼저 두 개의 공사법이 규정하는 공사가 어떤 특징을 지니는지 분석한다.

홍진기에 따르면 두 개의 공사법이 규정하는 공사는 다음과 같은 특징을 지닌다.[8] 첫째, 정부가 공사에 자본 원조를 하고 주주 자격을 제한한다. 둘째, 민간이 보유하는 주식을 우선주로 하여 재산적으로 우대한다. 셋째, 사채발행에 특례를 인정한다. 넷째, 공사의 이사를 준공무원으로 규정한다. 다섯째, 공사에 대한 국가의 감독권을 강화한다.

2. 국책회사로서 공사

이처럼 홍진기는 두 개의 공사법에 따른 대한해운공사와 대한조선공사의 특징을 규명하면서 이들 공사를 경영하는 데 국가가 강도 높게 개입한

---

7) 西原寬一, "國策會社法の發展と最近の立法", 『法律時報』第13卷 第5号(1941. 5), 23-29쪽 참고; 홍진기, "두 개의 공사법", 241쪽에서 다시 인용. 이외에 홍진기는 오스미 켄이치로의 다음 문헌을 인용한다. 大隅健一郎, "統制經濟下の會社法", 『法律時報』第13卷 第7号(1941. 7), 2-6쪽; 大隅健一郎, "會社法の發展と營團法", 『法律時報』第14卷 第11号(1942. 11), 2-5쪽.
8) 홍진기, "두 개의 공사법", 241-245쪽.

다는 점을 밝힌다. "법은 공사에 대하여 일반주식회사와 차별하여 나타나게 강한 보호와 간섭의 손을 뻗치고 있다. 그러나 그 공사의 기본 구조는 각 공사법 제1조의 명문과 같이 의연히 하나의 주식회사로 머물고 있고 나라의 보호나 간섭을 하기 위하여 그 본질까지 수정시키지는 못하였다."고 한다. 이 점에서 홍진기는 이들 공사는 일제가 태평양 전쟁에 대비하기 위해 무수히 만든 국책회사에 불과하다고 평가한다.[9] 이는 전후 일본이 새로 도입한 공사나 공단과는 차이가 있다고 말한다. 왜냐하면 일본이 도입한 공사나 공단은 국가가 전액 출자한 공법인 또는 특수법인이기 때문이다. 일본의 공사나 공단은 영미의 공유회사를 계수한 것이라고 한다.[10] 그러나 우리 법이 도입한 공사는 영미의 공유회사와 상관이 없는 국책회사에 불과하다고 말한다.[11]

Ⅲ. 국영형태로서 공사

1. 회사의 소유와 경영 분리

두 개의 공사법에 따라 도입된 공사가 영미의 공유회사나 전후 일본의 공사와는 달리 국책회사, 즉 민간 자본이 참여하는 주식회사라면 이들 공사는 제헌헌법 제87조를 위반하는지 문제된다. 왜냐하면 당시의 지배적인 견해는 제87조가 규정하는 국영 및 공영을 '국유국영 및 공유공영'으로 해석하기 때문이다. 이를테면 유진오는 그 이유를 다음과 같이 말한다.[12] "기

---

9) 홍진기, "두 개의 공사법", 243쪽.
10) 홍진기, "두 개의 공사법", 244쪽.
11) 홍진기, "두 개의 공사법", 245쪽. 여기서 홍진기는 영미의 공유회사에 관한 문헌으로 關道雄, "米國のガヴァンメント・コーポレーション: 企業的官廳の形態", 『法律時報』第20卷 第4号(1948. 4), 11-16쪽을 인용한다.

업의 사유(私有)는 허하고 그 경영만을 국가 관리로 하는 경우도 포함되는 것 같이 생각할 사람도 있을 것이나 사기업의 국가 관리는 제88조의 규정이 있으므로 본 항의 국영 또는 공영이라 함은 국유국영 또는 공유공영을 의미하는 것으로 해석하여야 할 것"이라고 한다. 그러나 이러한 해석을 고집하면 당시 제정된 두 개의 공사법은 위헌임을 면치 못할 것이다.

이 문제를 해결하기 위해 홍진기는 독일의 경제학자 리프만(Robert Liefmann: 1874-1941)을 인용하여 기업소유(Unternehmungsbesitz)와 기업경영(Unternehmungsleitung)을 구별한다.[13] 이러한 구별에 따라 홍진기는 두 개의 공사법에 의한 공사를 기업소유의 측면에서는 완전한 국유는 아니지만 기업경영의 측면에서는 국영으로 파악한다.[14] 그러면서 홍진기는 "국유와 국영 사이에 아무런 결합의 필요성이 없다."고 한다. 이에 따라 "국유국영·민유국영·민유국유국영" 등과 같은 다양한 조합이 가능하다고 말한다.[15]

이 같은 분석을 토대로 하여 홍진기는 제헌헌법 제87조가 규정하는 국영과 공영은 문자 그대로 "나라의 경영"으로 해석해야 한다고 말한다. 그 근거로 홍진기는 제헌헌법 제87조와 제88조가 규정한 요건과 대상이 다르기 때문이라고 한다. 요컨대 제87조는 대상 기업을 열거하여 한정하는 반면 제88조는 "국방상 또는 국민생활상 긴절한 필요"라는 요건 아래 모든 기업을 대상으로 한다는 것이다.[16] 이를 상행위 개념에 대응시켜 말하면 마치 제87조가 절대적 상행위를 규정하는 것이라면 제88조는 영업적 상행위를 규정하는 것으로 볼 수 있다.

---

12) 유진오, 『헌법해의』, 184쪽; 홍진기, "두 개의 공사법", 247쪽에서 다시 인용.
13) Robert Liefmann, *Die Unternehmungsformen mit Einschluss der Genossenschaften und der Sozialisierung*, 4., umgearb. Aufl. (Stuttgart, 1928), S. 43 ff.; 홍진기, "두 개의 공사법", 246쪽에서 다시 인용.
14) 홍진기, "두 개의 공사법", 247쪽.
15) 홍진기, "두 개의 공사법", 247쪽.
16) 홍진기, "두 개의 공사법", 247-248쪽.

여하간 이 같은 근거에서 홍진기는 제헌헌법 제87조가 규정하는 국영은 문자 그대로 국가의 경영으로 해석해야 하기에 당시 제정된 두 개의 공사법은 헌법에 위반되지 않는다고 말한다.[17]

IV. 논평

논문 "두 개의 공사법"은 짧지만 홍진기의 법적 사고방식 및 회사법학과 헌법학에 관한 날카로운 통찰과 지식을 보여준다. 먼저 이 논문에서 실천을 지향하는 홍진기의 법적 사고방식을 발견할 수 있다. 홍진기는 단순히 이론적 차원에서 두 개의 공사법이 규정하는 공사를 살펴보는 것이 아니라 해당 공사, 즉 대한해운공사와 대한조선공사의 법적 성격이 무엇인지, 이러한 공사가 당시의 제헌헌법 제87조에 위반되는 것은 아닌지의 실천적인 문제를 해결하기 위해 이 주제에 접근한 것이다.

다음으로 이 논문은 홍진기가 공사를 포함한 회사법학에 얼마나 정통한지를 잘 보여준다. 회사법학으로 법학을 본격적으로 시작한 홍진기는 이미 그 당시 전전 일제가 만든 국책회사와 전후 일본에서 등장한 공사 및 영미의 공유회사가 어떻게 구별되는지를 비교법의 차원에서 명확하게 파악하고 있었던 것이다.

나아가 홍진기는 헌법에도 정통하다는 점을 보여준다. 여기서 홍진기는 당시의 제헌헌법 제87조 및 제88조가 규정하는 국영 및 공영이 무엇을 뜻하는지를 하위 법령들과 체계적으로 연관지어 설득력 있게 해석하고 있는 것이다.

---

17) 홍진기, "두 개의 공사법", 248쪽.

제4장

국제법의 법이론

홍진기가 전개한 단체의 법이론 중에서 마지막 부분을 구성하는 것은 국가와 국가의 관계를 규율하는 법, 즉 국제법에 관한 법이론이다. 회사의 법이론이 국가로 확장되고 마지막에는 국가와 국가, 달리 말해 국제공동체의 법이론으로 귀결되는 것이다. 이러한 국제법 영역에서도 홍진기의 독창적인 사유를 발견할 수 있다. 해방 이후 본의 아니게 관료로 투신한 홍진기는 자의반 타의반으로 한일 관계를 비롯한 여러 국제법 문제에 참여한다.[1] 이를 통해 한국과 일본 사이의 국제법 문제를 해결하는 데 결정적인 역할을 수행하고 남북한 평화통일 방안에 관해 지금도 여전히 유효한 해법을 제시한다. 이뿐만 아니라 흥미롭게도 그 자신이 국제법 전공자가 아닌데도 대한국제법학회 창립에 관여해 오랜 기간 부회장직을 맡기도 하였다.[2]

당시 홍진기는 실무가로 한일 관계를 국제법의 차원에서 어떻게 풀어야 하는지를 우선적으로 고민하였다.[3] 무엇보다도 일본인들이 한국에 남겨 놓은 재산에 대한 청구권 문제, 즉 일본의 대한청구권 문제가 골치 아픈 문제로 떠올랐다. '적산'이라는 재산의 귀속문제를 어떻게 처리해야 하는지가

---

1) 이에 관해서는 정인섭, "홍진기와 정부 수립 초기 국제법 활동", 『국가와 헌법·1: 헌법총론/정치제도론』(법문사, 2018), 727-749쪽 참고.
2) 정인섭, 위의 논문, 727쪽은 다음과 같이 말한다. "그러나 홍진기가 1953년 6월 부산 피난시절 대한국제법학회에 창립부터 관여해 초대 이사로 선임되었고, 1956년 봄부터 부회장으로 피선되어 4.19 직후까지 이 직을 맡고 있었다는 사실을 아는 이는 많지 않다."
3) 홍진기는 본래 대학교수를 희망하였지만 여러 사정으로 좌절되었다고 한다. 이에 관해서는 김영희, 『이 사람아, 공부해』(민음사, 2011), 88쪽 및 123쪽 참고.

국제법적으로 이슈가 된 것이다. 이에 홍진기는 우리 한국을 위해 '해방의 법리'라는 독창적인 견해를 내놓는다.[4] 이러한 법리는 대법원의 일제 강점기 강제징용 판결 이후 점점 심해지는 한일 간의 갈등상황에 대한 돌파구를 모색하는 데 유익한 시사점을 제공할 수 있을 것이다.[5]

---

[4] 홍진기는 1951년부터 1953년까지 진행된 제1차, 제2차, 제3차 한일회담 대표 재산청구권분과 위원장을 맡아 활동하였다. 이 시기 홍진기는 일본이 제기하는 대한청구권 문제를 해결하기 위해 노력하였다. 홍진기법률연구재단 (편), 『유민 홍진기 법률논문 선집』(경인문화사, 2016), 362쪽 참고.

[5] 대법원의 일제 강점기 강제징용 판결에 관해서는 남효순 외, 『일제강점기 강제징용사건 판결의 종합적 연구』(박영사, 2014) 참고.

제1절 적산회사의 회사적 성격

Ⅰ. 서론

홍진기는 1948년 7월에 발간된 『법정』 제3권 제7호에 "적산회사(敵産會社)의 회사적 성격"이라는 논문을 발표한다.[6] 이 논문에서 홍진기는 미 군정청에 귀속된 적산회사의 법적 성격을 분석한다. 여기서 적산회사란 "적성(敵性)을 띤 회사"를 뜻한다.[7] 이때 적이란 일본을 말한다. 미국에 태평양 전쟁을 벌인 일본이기에 미국에서 볼 때 일본은 적인 것이다. 따라서 적산회사란 일본회사를 지칭한다. 그중에서도 여기서 말하는 적산회사란 "일본자본계의 회사로서 남조선에 설립된 것"을 가리킨다.[8] 홍진기에 따르면 해방 이후 미국은 남조선에 군정을 펴면서 "법령 제2호와 제33호로써 다른 모든 일본인 재산과 함께 이러한 회사에 대한 일본인의 모든 권리도 군정청에 귀속(vest)"시켰다(법령 제33호 제2조).[9] 이러한 적산회사에는 크게 두 가지 법적 문제가 얽혀 있다. 첫째는 국제법적인 문제이다. 미 군정청에 귀속된 적산회사는 최종적으로 누구에게 귀속되어야 하는지가 문제된다. 둘째는 회사법적인 문제이다. 적산회사를 단순히 미 군정청이 몰수한 재산(assets)으로 보아야 하는지 아니면 독자적인 법인이자 회사로 취급해야 하

---

6) 홍진기, "적산회사(敵産會社)의 회사적 성격", 『법정』제3권 제7호(1948. 7). 인용은 홍진기법률연구재단 (편), 『유민 홍진기 법률논문 선집』(경인문화사, 2016), 171쪽 아래에 의한다.
7) 홍진기, "적산회사의 회사적 성격", 171쪽.
8) 홍진기, "적산회사의 회사적 성격", 171쪽.
9) 홍진기, "적산회사의 회사적 성격", 171쪽.

는지 문제된다. 이 논문에서 홍진기는 이러한 두 가지 문제를 다룬다. 여기서 홍진기의 법적 시야가 회사법의 차원에서 국제법의 차원으로 확장되고 있음을 확인할 수 있다.

II. 적산회사의 법적 성격

1. 적산회사의 법적 성격 변화

적산회사는 말 그대로 회사이다. 그리고 당시 상법에 의하면 회사는 법인이다(상법 제54조).[10] 그렇지만 홍진기에 따르면 미군정은 자신들이 접수한 적산회사의 이 같은 성격을 명확하게 고려하지 않았다. 이에 따라 적산회사의 법적 성격이 다음과 같이 변화되었다. 《물적 재산 → 법인 → 회사》가 그것이다. 이는 적산회사가 단순한 객체인 재산에서 독자적인 법인인 회사로 변모했다는 점을 보여준다.[11]

2. 물적 재산으로서 적산회사

홍진기에 의하면 처음에 적산회사는 "한낱 물적재산(physical assets)의 집합체로서만 대우되었다. 복잡한 기구를 갖는 회사로서의 성격이 인정되지 않은 것은 물론 그의 법인성, 즉 권리주체로서의 성격까지도 인식되지 않았다. 그러므로 거기에는 현행 상법전의 회사법이 개입할 여지는 전연

---

10) 이때 말하는 상법은 당시 여전히 시행되던 일본 상법을 말한다.
11) 여기서 법인과 회사는 다음과 같이 구별된다. 법인은 법적 자격을 갖춘 단체를 지칭한다면 회사는 회사로서 기능을 수행하는 단체를 뜻한다. 특정한 단체를 법체계의 관점에서 파악한 게 법인이라면 회사는 특정한 단체를 조직 및 경제체계의 관점에서 파악한 것이다.

없었다."[12] 미군정은 초기에는 적산회사를 물적 재산으로만, 달리 말해 소유의 대상으로만 파악한 것이다.

3. 법인으로서 적산회사

그러나 독자적인 법인격을 지닌 회사를 단순한 물적 재산, 즉 객체로 취급하는 것은 법적으로 볼 때 중대한 문제를 야기한다. 이에 1946년 4월 27일부 군정장관대리 지시인 「법령 제33조에 의하여 일본인 재산을 취득함으로 인한 법인채무의 지불에 관한 건」은 적산회사의 법인성을 인정하였다. 이 지시에서 당시 법제장관(General Counsel)은 "일본 또는 일본인(자연인이고 법인이고)이 가졌던 주식 또는 그 외의 소유권(Other Ownership Interest)은 군정청에 귀속되었으나 회사재산에 대한 권리는 그 법인에 남아 있다."는 의견을 제시함으로써 적산회사가 독자적인 '법인'(juristische Person)이라는 점을 승인하였다.[13] 마찬가지 맥락에서 1946년 8월 26일부 재산관리관(The Property Custodian)의 「정책과 선례」 제8호도 "귀속재산을 더욱 잘 관리하여 그것을 운용·지배·이용·보존하기 위하여 재산관리관들은 귀속재산을 단순히 건물·공장설비 같은 물적재산(physical assets)으로서 취급할 것이 아니라 회사의 주식을 통하여 관리할 것"이라고 하여 귀속된 적산회사의 법인성을 인정하였다.[14]

4. 회사로서 적산회사

그러나 홍진기는 이러한 조치만으로는 적산회사의 회사적 성격이 되살

---

12) 홍진기, "적산회사의 회사적 성격", 172쪽.
13) 홍진기, "적산회사의 회사적 성격", 173-174쪽.
14) 홍진기, "적산회사의 회사적 성격", 174쪽.

아나지 않았다고 지적한다. "회사경영에 관한 일체의 권능은 재신관리관에게 전속되고 회사가 회사로서 작용하려면 필수적 기관인 취체역·감사역·주주총회는 설치되지 않고 있다."고 한다.15) 이러한 상황은 1947년 9월 17일부 군정장관대리의 재산관리관에 대한 지시인「조선 내에서 창립된 법인 관리에 관한 건」(Control of Judicial Persons Organized in Korea)을 통해 변화를 맞는다.16) 홍진기는 이 지시의 핵심 내용을 다음과 같이 요약한다.17)

첫째, "적산회사에 대한 이 신조치는 주식회사만을 대상으로 하였다는 것"이다. 이에 따라 다른 유형의 회사, 즉 합명회사나 합자회사, 유한회사에는 신조치가 적용되지 않는다.18)

둘째, "적산회사에 대한 적산관리는 주주로서의 권한으로써 하겠다는 것"이다.

셋째, "적산회사의 주주총회를 승인하여 거기에 조선인 주주를 참여시키는 것"이다. 이를 통해 주식회사인 적산회사의 회사적 성격이 분명하게 드러난다. 왜냐하면 주식회사는 주주로 구성되는 주주총회를 통해 운영되기 때문이다.19) 말을 바꾸면 주식회사의 대표적인 기관이 바로 주주총회인 것이다. 따라서 주주총회를 인정한다는 것은 적산회사를 주식회사로 인정한다는 것을 뜻한다.

넷째, "주주총회에서 선임된 중역회(Board of Directors)를 승인하여 거기다가 회사의 운영권을 주는 것"이다. 이때 주목해야 할 점은 홍진기는 영어 'Board of Directors'를 '중역회'로 번역한다는 것이다. 이는 독일법을 중심으로 하는 대륙법계의 회사법과 영미법의 회사법 사이의 차이를 고려한 것이다. 홍진기에 의하면 "영미법에는 독일법계의 감사역제도가 없다"고 한

---

15) 홍진기, "적산회사의 회사적 성격", 174쪽.
16) 홍진기, "적산회사의 회사적 성격", 176-177쪽.
17) 홍진기, "적산회사의 회사적 성격", 178쪽.
18) 홍진기, "적산회사의 회사적 성격", 178-179쪽.
19) 홍진기, "적산회사의 회사적 성격", 179쪽.

다.20) 이를 감안하면 'Board of Directors'는 일본 회사법의 '취체역회'를 뜻한다고 말한다. 다만 영미법의 'Board of Directors'는 대륙법의 취체역회와 감사역회의 기능을 모두 수행하기에 이를 '중역회'로 번역한다는 것이다.21) 여기서 홍진기의 섬세한 법적 사고 및 번역 능력을 읽을 수 있다.

다섯째, "귀속주식이 소수(not substantial)인 적산회사는 조선인 주주를 대표하는 중역회에다 거의 전적으로 회사 운영을 넘긴다는 것"이다. 여기서 주목해야 할 점은 홍진기는 '귀속회사'(vested company)와 '접수회사'(requisitioned company)를 구별한다는 점이다. 홍진기는 그 근거를 1946년 4월 27일부 군정장관대리의 지시에서 찾는다. 이에 따르면 귀속회사란 "북위 38도 이남 조선 지방법원에 등기된 법인으로서 그 주식 또는 기타 이익 전부 또는 대다수가 군정청에 귀속된 것"을 뜻한다. 이에 대해 접수회사란 "북위 38도 이남 조선에 등기된 법인으로서 그 주식 또는 기타 이익의 소수가 군정청에 귀속되었으나 그 경영관리를 군정청이 하고 있는 것"을 뜻한다.22) 그렇다면 위에서 말하는 "귀속주식이 소수(not substantial)인 적산회사"는 접수회사를 지칭하고 이러한 접수회사를 경영하는 과정에서는 조선인이 중심이 될 수 있음을 시사한다. 요컨대 "적산회사 중에 귀속주식이 소수(not substantial)인 때는 조선인 주주를 대표하는, 즉 조선인의 주식이 대다수면 중역은 조선인의 의사에 의하여서만 선임될 중역에게 법적 전(全) 권한을 주고 군정청은 그 회사를 순전한 조선인 회사처럼 대할 것이고 소수 주식의 선량한 수탁자로서 행세"해야 한다는 것이다.23)

---

20) 홍진기, "적산회사의 회사적 성격", 180쪽. 여기서 홍진기는 Arthur Curti, *Die englische Aktien-Gesellschaft nach neuem Recht: systematische Darstellung und Gesetz vom 10. Mai 1929* (Berlin, 1929), S. 7 ff.를 인용한다.
21) 홍진기, "적산회사의 회사적 성격", 180쪽.
22) 홍진기, "적산회사의 회사적 성격", 180쪽.
23) 홍진기, "적산회사의 회사적 성격", 180쪽. 다만 홍진기에 따르면 이 지시는 관재령 제10호에는 반영되지 않았다.

재산관리관은 이러한 군정장관대리의 지시에 따라 1947년 12월 6일부로 관재령(Custody Order) 제10호인 「재산관리관이 그 주식 또는 기타 이익을 가진 조선 내에 설립된 각종 법인의 운영에 관한 건」을 발령하였다. 관재령 제10호는 군정장관대리의 지시를 구체화한 것이다. 이를 통해 비로소 적산회사는 법인으로뿐만 아니라 회사로 자리매김 한다.24)

Ⅲ. 적산회사의 귀속관계

여기서 다음과 같은 의문을 제기할 수 있다. 왜 홍진기는 적산회사의 회사적 성격에 주목한 것일까? 그 이유는 홍진기가 볼 때 적산회사는 조선에 있는 회사로 궁극적으로 그것은 미국도 일본도 아닌 조선에 귀속되어야 하기 때문이다. 달리 말해 적산회사는 조선이라는 해방국가의 재산이라는 것이다. 홍진기는 다음과 같이 말한다.25)

> "그러나 남조선에 있는 일본인 재산을 미군정청이 관리하는 것은 이것과는 특이하다. 미군의 남조선 점령은 국제법상 전시점령이긴 하되 일본과의 교전에 그 목적이 있었던 것이 아니라 정전 후 오히려 그 무장해제와 아울러 일본의 기반에서 조선을 해방하는 데 목적이 있는 것이다(포고제1호). 그러므로 남조선에 있는 일본인 재산은 미국에 대하여 적산이긴 하되 자기 영역 내에 있는 재산이 아니라 이른바 해방국가에 있는 재산이다. 그리고 미군정청이 이러한 적산을 관리함은 통상의 적산관리에서와 같이 자기의 배상담보를 목적으로 삼아서는 안 될 것이다."

---

24) 홍진기, "적산회사의 회사적 성격", 178쪽.
25) 홍진기, "적산회사의 회사적 성격", 174-175쪽.

　이러한 주장에서 나중에 홍진기가 발전시킬 '해방의 법리'에 대한 원형을 발견할 수 있다. 적산회사는 해방의 법리에 따라 조선에 그것도 매각처분 방식이 아닌 경영 방식으로 귀속되어야 한다는 것이다. 홍진기는 적산회사를 포함하는 적산 혹은 귀속재산은 "어떠한 경로를 밟아서든 해방국인 조선에 귀속되어야 할 운명"이라고 말한다. 또한 당시 적산회사가 조선 경제에서 차지하는 비중을 고려할 때 "조선에 있어서의 적산관리는 다만 소극적으로 강화회의 때까지 그것을 보관하여야 할 뿐 아니라 적극적으로 현재 당장에서부터 조선의 경제적 복리를 위하도록 시급히 또 그 최고 능률을 다하여 운용하여야" 한다고 주장한다.[26]

　이 같은 근거에서 홍진기는 미 군정청에 귀속된 적산회사의 회사적 성격을 복원해야 한다고 주장하는 것이다. 조선에 자리한 적산회사의 회사 기능을 하루 빨리 복원함으로써 조선 경제가 회복되는 데 기여하자는 것이다. 그 점에서 홍진기는 적산회사에 대한 미군정의 관리방식은 특이하다고 진단한다. 당시의 일본 적산관리법 제2조에 따르면 적산에 대한 통상적인 관리 방식으로는 적산관리인에 의한 관리보다는 매각처분이 더욱 활용된다고 한다.[27] 그 이유는 "기업체를 환가하여 금전으로서 관리함이 편리할 뿐 아니라 위의 비몰수의 원칙을 정면으로 깨뜨리지는 않게 유상으로는 하되 국내에서 적의 기업을 소통하자는 계략" 때문이라고 한다.[28] 그러나 조선에 있는 적산, 특히 적산기업에는 이러한 방식을 적용하는 것보다 오히

---

26) 홍진기, "적산회사의 회사적 성격", 175쪽.
27) 홍진기, "적산회사의 회사적 성격", 175쪽. 여기서 홍진기는 일본의 적산관리법 제2조 및 野田卯一, "敵產管理法解說", 『法律時報』第14卷 第2号(1942. 2), 79-81쪽을 인용한다.
28) 홍진기, "적산회사의 회사적 성격", 175쪽. 당시의 국제관습법 및 영국의 대적거래법 (Trading with the Enemy Act) 제7조에 따르면 적산 중에서 개인의 사유재산은 몰수할 수 없다는 비몰수의 원칙이 확립되어 있었다고 한다. 이에 관해 홍진기는 內田弘文, "英國の對敵取引法及敵彦管理法について", 『法律時報』第14卷 第1号(1942. 1), 74-77쪽을 인용한다.

려 조선 경제에 기여할 수 있는 "가장 능률적인 운용"을 꾀해야 한다고 강조한다. 바로 이 점에서 홍진기는 적산회사의 회사적 성격을 강조하는 것이다.[29]

Ⅳ. 논평

논문 "적산회사의 회사적 성격"에서는 다음과 같은 의미를 찾을 수 있다. 먼저 이 논문은 홍진기가 나중에 정립하는 '해방의 법리'에 대한 이론적 단서를 제공한다. 적산회사를 어떻게 처리할 것인지를 모색하는 과정에서 홍진기는 당시의 적산처리 방식과는 다른 방식을 제시하는데 이러한 주장을 이론적으로 근거 짓기 위해 홍진기는 추후 해방의 법리를 정립하는 것이다. 다음으로 이 논문은 홍진기가 그 얼마나 치밀하게 회사법 도그마틱을 구사하는지를 잘 보여준다. 홍진기는 적산회사 문제 해소라는 시급한 과제 앞에서도 성급하게 정치적 판단을 하기 보다는 이를 법학, 그중에서도 회사법학에 충실하게 풀어간다. 그 점에서 홍진기가 제시하는 해법은 설득력이 높다. 나아가 홍진기는 적산회사 문제를 해결하기 위해 그 당시에 제시된 적산관리법학의 성과를 충실히 참고한다. 지금 시점에 보아도 생소한 적산관리법 영역에도 홍진기는 관심을 보이면서 이를 충실하게 커버하고 있는 것이다. 홍진기의 지적 관심과 영역이 얼마나 넓었는지를 잘 보여주는 예라 말할 수 있다.

---

29) 홍진기, "적산회사의 회사적 성격", 175-176쪽.

제2절 귀속재산에 대한 법적 과제

Ⅰ. 서론

홍진기는 1950년 3월, 그러니까 6·25가 발발하기 불과 몇 달 전에 출간된 잡지 『신천지』 제5권 제3호에 "귀속재산에 대한 법적 과제: 귀속성의 불식의 시급성"이라는 논문을 발표한다.[1] 이 논문은 앞에서 다룬 논문 "적산회사의 회사적 성격"과 밀접한 관련을 맺는다. 왜냐하면 이 논문에서도 귀속재산, 즉 미 군정청에 귀속되어 한국 정부에 이양된 '적산'(일본인 재산)의 취급 문제를 다루기 때문이다. 더불어 흥미로운 점은 논문 "적산회사의 회사적 성격"에서 단서가 마련된 '해방의 법리'가 이 논문에서 구체화되고 있다는 점이다.

여기서 홍진기는 당시 해방이 된지 4년이 지난 시점에, 독자적인 정부가 수립된 지 2년차가 된 시점에 귀속재산 문제가 여전히 해소되지 않은 상황을 지적한다. 귀속재산이 "해방 후 이미 4년이 지난 오늘날까지 귀속재산인 채로 그대로 있다는 것은 확실히 정치의 빈곤이 아닐 수 없다."는 것이다.[2] 그런데 이것이 문제가 되는 이유는 당시 "귀속재산이 우리나라 총재산에 있어 차지하는바 비중이 막대"했기 때문이다. 이 같은 근거에서 당시 법무부 조사국장의 자리에 있던 홍진기는 귀속재산 문제를 어떻게 해소하

---

1) 홍진기, "귀속재산에 대한 법적 과제: 귀속성의 불식의 시급성", 『신천지』 제5권 제3호(1950. 3). 인용은 홍진기법률연구재단 (편), 『유민 홍진기 법률논문 선집』(경인문화사, 2016), 225쪽 아래에 의한다.
2) 홍진기, "귀속재산에 대한 법적 과제", 225쪽.

는 것이 바람직한지 논한다.

Ⅱ. 귀속재산의 법적 성격 변화

1. 적산에서 귀속재산으로

귀속재산이란 애초에 미 군정청이 접수한 적산을 말한다. 적산이란 적의 재산, 즉 일본인의 재산으로 조선에 있던 재산을 지칭한다. 미군정은 통상적인 적산과는 달리 조선에 있던 적산은 별도로 취급하였다. 우선 군정을 시작한 직후인 1945년 12월 16일자 법령 제33호 제2조로 조선에 있던 모든 일본인 재산을 군정청에 귀속(vest)시킨다고 선명하고 이를 통해 적산은 미 군정청이 소유(own)한다고 선언하였다.[3] 조선에 있던 적산의 귀속주체가 일본국 또는 일본인에서 미 군정청으로 바뀐 것이다. 이후 1948년 대한민국 정부가 수립되고 같은 해 9월 11일 「대한민국 정부 및 미국 정부 간의 재정 및 재산에 관한 최초협정」(Initial Financial and Property Settlement Agreement between the Government of the Republic of Korea and the Government of the United States of America)이 체결되면서 협정 제5조에 따라 미 군정청이 소유하던 귀속재산(vested property)은 대한민국 정부에 이양된다. 귀속재산이 대한민국의 국유재산이 된 것이다.[4]

---

3) 홍진기, "귀속재산에 대한 법적 과제", 227쪽. 한편 흥미롭게도 최근 '재조선 일본인 재산의 처리 및 귀속에 관한 미군정청 법령 조항 사건'에서 재조선미국육군사령부군정청 법령 제2호 제4조 등이 위헌인지가 문제되었는데 이에 헌법재판소는 헌재 2021. 1. 28. 2018헌바88 결정에서 이를 합헌으로 판단하였다.
4) 홍진기, "귀속재산에 대한 법적 과제", 227쪽. 이 협정은 우리나라에서는 1948년 9월 20일에 발효되었다.

2. 귀속재산의 국제법상 문제

그러나 홍진기는 귀속재산의 국유재산 인정 문제가 생각보다 쉽지 않다고 말한다. 이에 두 가지 문제를 언급한다. 첫째, 당시 국제법, 특히 「육전의 법 및 관습에 관한 협약(헤이그 제2협약)」(Convention with Respect to the Laws and Customs of War on Land (Hague II)) 제46조에 따르면 개인의 사유재산은 점령군이 몰수할 수 없다는 '개인재산 불몰수의 원칙'이 자리매김하고 있다는 것이다.[5] 이에 따르면 미 군정청에 귀속된 일본인 사유재산은 처음부터 귀속될 수 없는 것이고 따라서 이는 대한민국 정부의 국유재산이 될 수 없다는 주장을 도출할 수 있다.[6] 이러한 원칙을 관철하면 이는 원래의 소유자인 일본인 개개인에게 반환해야 한다는 결론이 나온다.

둘째, 이러한 문제를 의식한 듯 「대한민국 정부 및 미국 정부 간의 재정 및 재산에 관한 최초협정」 제5조에 따르면 우리 정부는 "귀속재산을 '접수 및 관리할 별개의 정부기관'을 설치할 의무"를 부담한다. 이에 따라 임시관리국이 설치된다. 이에 홍진기는 "귀속재산은 대한민국에 이양된 후에도 의연히 일반 국유재산과 구별하여 관리될 특수성을 보유하고 있는 것이 분명"하다고 평가한다.[7] 귀속재산의 소유관계가 명확하지만은 않다는 것이다.

3. 해방국가의 특수성

그러면 대한민국 정부가 관리하는 귀속재산은 국제법상 개인재산 비몰

---

5) 이 협약은 흔히 '헤이그 육전규칙'으로 약칭된다. 제46조는 다음과 같이 정한다. "가문의 명예 및 권리, 개인의 생명 및 사유재산과 종교적 신념 및 자유는 존중되어야 한다. 사유재산은 몰수될 수 없다." 이에 관해서는 (https://www.law.go.kr/LSW/trtyInfoP.do?mode=4&trtySeq=287&chrClsCd=010202) 참고.
6) 홍진기, "귀속재산에 대한 법적 과제", 227-228쪽.
7) 홍진기, "귀속재산에 대한 법적 과제", 227쪽.

수의 원칙에 따라 대한민국의 소유가 될 수는 없는 것이기에 일본에 반환
해야 할까? 홍진기는 이 문제를 '해방국가의 특수성'이라는 근거를 활용하
여 다음과 같이 해명한다.[8]

> "그러나 우리의, 더구나 해방국가로서의 우리의 입장은 그러한 통상적
> 인 옛 원칙을 묵수(墨守)할 수는 없는 것이고 오히려 그것을 깨뜨리고 나
> 서서 제2차 대전 이후 새로운 현상으로 나타난 '해방국가'의 특수성을 살
> 리는 새 원칙을 발견하여 주장하여야 할 것이니, 상술한 '귀속재산, 즉 국
> 유재산'의 논리는 그러한 사명을 띤 이치로서 성립하여야 하는 것이다.
> 즉, 귀속재산 곧 국유재산이라는 논리는 이미 고정된 결론이 아니라 이제
> 부터 앞으로 닥쳐올 강화회의를 통하여 새로 전취하여야 할 하나의 과제
> 인 것이다."

이에 의하면 귀속재산은 당위이자 목표로서 대한민국 정부의 국유재산
이 되어야 한다. 다만 이는 현실이 아닌 과제, 달리 말해 '현재 있는 법'이
아닌 '앞으로 있어야 할 법'이라고 한다.[9]

4. 미군정에서 귀속재산의 법적 성격 변화

이 같은 문제의식에서 홍진기는 미군정에서 귀속재산, 특히 적산회사의
법적 성격이 어떻게 변화했는지 검토한다. 여기서 홍진기는 이전의 논문
"적산회사의 회사적 성격"에서 전개했던 논증의 기본 골격을 유지하면서
이를 구체화한다. 적산회사가 물적 재산에서 법인, 회사로 변모한 과정을
보여준다. 따라서 이러한 논의를 여기서 반복할 필요는 없어 보인다.[10]

---

8) 홍진기, "귀속재산에 대한 법적 과제", 228쪽. 이 논문을 쓸 당시에는 아직 한일회담
   이 공식적으로 시작되지 않았다. 한일회담은 1951년부터 시작된다.
9) 홍진기, "귀속재산에 대한 법적 과제", 228쪽.

5. 군정법령 연구의 필요성

여기서 한 가지 주목할 점은 홍진기가 군정법령 연구의 필요성을 역설한다는 것이다. 미군정 3년 동안 귀속재산에 관해 법령 제33호를 출발점으로 하여 군정장관대리 지시, 관재령, 정책, 수속규정, 통첩 등과 같은 다양한 법령이 축적되었고 이는 귀속재산에 중대한 법적 영향을 미쳤는데도 제대로 연구되지 않았다는 것이다.[11] 홍진기는 이를 일본의 경우와 비교한다. 왜냐하면 일본에서는 도쿄대학 교수들을 중심으로 하여 미군정법령을 상세하게 연구하는 『일본관리법연구』가 당시 30권 이상 축적되었기 때문이다.[12] 홍진기는 이를 다음과 같이 안타깝게 평가한다.[13]

> "그러나 우리나라에서는 그 시절 일반적으로 지배하던 반군정적 분위기 속에서 한인법률가들은 군정법령의 연구를 즐겨하지 않았다. 그러나 이 때문에 전술한 바와 같이 우리나라 재산의 90%를 차지하는 귀속재산을 규율하는 군정법령, 더욱이 관재령은 캄캄해지고 말았다. 현실적으로는 한인법률가들이 소중히 여기는 민상법은 그 실효의 비중에 있어 이 관재령에 당할 바 아닌데도 불구하고 여기에는 돌아보질 않았다. 여기서 귀속재산의 불행의 원인이 하나 생겼던 것이다."

이러한 홍진기의 발언에서는 현실에 직접 영향을 미치는 특별법 연구에

---

10) 이에 관해서는 제4장 제1절 참고.
11) 미군정법령에 관한 최근의 연구로는 최경옥, "미군정법령에 관한 연구: 조선국방경비법과 조선해안경비법의 자료 발굴에 즈음하여", 『법사학연구』제29호(2004. 4), 135-173쪽 참고. 한편 미군정법령이 어떤 규범적 지위를 가지는지는 실제 재판에서 문제되기도 하였다. 이를 보여주는 헌법위원회 1954. 2. 27. 1953헌위1; 헌재 2001. 4. 26. 98헌바79; 헌재 2021. 1. 28. 2018헌바88 등 참고.
12) 홍진기, "귀속재산에 대한 법적 과제", 230쪽.
13) 홍진기, "귀속재산에 대한 법적 과제", 231쪽.

는 무관심한 채 민상법 연구에만 몰두하는 당시 한일 법률가들에 대한 비판을 읽을 수 있다. 그런데 안타까운 것은 이러한 연구 행태는 지금도 크게 변하지 않은 채 지속되고 있다는 것이다.

III. 귀속성의 불식 방안

1. 문제 상황

홍진기에 따르면 미군정에서 귀속재산으로 묶였던 적산회사는 1947년 12월 6일 관재령 제10호인 「재산관리관이 그 주식 또는 기타 이익을 가진 조선 내에 설립된 각종 법인의 운영에 관한 건」이 발령되면서 더 이상 작동하지 못하는 물적 객체가 아니라 독자적인 회사로 작동할 수 있게 되었다. 그런데 문제는 1948년 8월 15일 군정이 막을 내리면서 관재령 제10호의 의미가 상실되고 말았다는 것이다.[14] 이후 홍진기가 논문 "귀속재산에 대한 법적 과제"를 쓸 당시까지 귀속재산에 관해 아무 것도 하지 못했다고 진단한다. "귀속재산은 귀속재산인 채로 방임"되어 있다는 것이다.[15]

2. 귀속성의 불식 방안

이후 이승만 정부는 1949년 12월 19일에 「귀속재산처리법」을 제정 및 시행한다. 이 법은 "귀속재산을 유효적절히 처리함으로써 산업부흥과 국민경제의 안정을 기함을 목적"으로 한다(제1조). 그러나 홍진기가 볼 때 귀속재산처리법은 문제가 없지 않다. 왜냐하면 "우리나라 귀속재산처리법이 이

---

14) 홍진기, "귀속재산에 대한 법적 과제", 233-234쪽.
15) 홍진기, "귀속재산에 대한 법적 과제", 234쪽.

관재령 제10호에 의한 회사적 운영의 방식을 명문으로 써 받지" 않았기 때문이다.[16) 이 같은 문제의식에서 홍진기는 귀속성의 불식 방안으로 세 가지를 제시한다.

첫째, "종래 주식회사이었던 귀속사업체는 전부 관재령 제10호를 적용하여 조속히 회사적 구성을 회복시켜야" 한다는 것이다. 이를 위해 홍진기는 귀속재산인 기업체를 매각하는 방안보다는 주식을 매각하는 방안(귀속재산법 제8조 제4항)을 선택할 것을 주장한다. 이렇게 해야 한인주주에게 이익이 되기 때문이다.[17)

둘째, 제헌헌법 제87조가 열거한 중요기업, 즉 "운수·통신·금융·보험·전기·수리·수도·가스 및 그 외의 공공성을 가진 기업"은 국영 또는 공영으로 해야 하므로 귀속재산법 제3조에 따르면 매각 대상에서 제외된다.[18) 당시의 귀속재산법에 의하면 이러한 중요기업은 정부가 관리하는 것을 원칙으로 하면서 임대 또는 관리인에 의한 관리가 허용된다(제24조 및 제25조). 그러나 홍진기는 이러한 중요기업 역시 주식회사의 운영 방법에 따라 운영되어야 한다고 역설한다.[19)

셋째, 이러한 중요기업은 "조속히 순수한 한국법인으로 조직변경"해야 한다고 말한다. 그렇게 해야만 중요기업이 기업으로 발전할 수 있기 때문이다. 따라서 "이러한 중요기업의 국영화를 위한 입법조치가 시급히 계속 행하여져서 그러한 국책회사가 시급히 연달아 나타나야" 한다고 강조한다.[20)

---

16) 홍진기, "귀속재산에 대한 법적 과제", 235쪽.
17) 홍진기, "귀속재산에 대한 법적 과제", 235쪽.
18) 귀속재산법 제3조에 따르면 "귀속재산은 본법과 본법의 규정에 의하여 발하는 명령의 정하는 바에 의하여 국유 또는 공유재산, 국영 또는 공영기업체로 지정되는 것을 제한 외에는 대한민국의 국민 또는 법인에게 매각한다."
19) 홍진기, "귀속재산에 대한 법적 과제", 235-236쪽.
20) 홍진기, "귀속재산에 대한 법적 과제", 236쪽.

Ⅳ. 논평

"적산회사의 회사적 성격"과 연장선상에 있는 논문 "귀속재산에 대한 법적 과제"는 다음과 같은 점에서 의미가 있다. 우선 "적산회사의 회사적 성격"에서 그 단서가 마련된 해방의 법리가 여기서 구체화되었다는 것이다. 다만 그 근거가 무엇인지는 이론적으로 탄탄하게 제시되지는 않는다. 나아가 "귀속재산에 대한 법적 과제"에서도 귀속재산 처리에 관해 회사법 원리 및 도그마틱이 강조되고 있다는 것이다. 홍진기는 섬세한 회사법학의 시각을 활용하여 어떻게 하면 당시 주어진 실정법의 테두리 안에서 귀속재산을 우리나라에 유리하게 처리할 수 있는지를 설득력 있게 논증한 것이다.

제3절 해방의 법리

Ⅰ. 서론

1977년 홍진기는 중화민국 중국문화학원으로부터 명예박사 학위를 받는다. 이때 박사 학위 수여를 기념하여 홍진기가 한 연설인 "해방의 국제법적 성격"에는 해방 이후부터 1950년대 초반까지 홍진기가 관심을 기울이던 귀속재산 처리 문제, 이를 해결하기 위해 홍진기가 독창적으로 전개한 해방의 법리가 잘 정리되어 소개된다.[1] "해방의 국제법적 성격"은 논문이 아닌 연설문이지만 해방 이후 홍진기가 발표한 일련의 논문에서 발전했던 해방의 법리가 완성되어 표현된 곳이라고 말할 수 있다. 요컨대 식민지 청산에 관한 홍진기의 독창적인 법적 사고와 구상이 응축되어 나타난다. 그 점에서 이 연설문이 담고 있는 해방의 법리를 다룰 필요가 있다.

Ⅱ. 귀속재산 처리 문제

1. 개관

해방의 법리가 지닌 법이론적 의미를 파악하려면 그 직접적인 대상이 되

---

[1] 홍진기, "해방의 국제법적 성격", 홍진기법률연구재단 (편), 『유민 홍진기 법률논문 선집』(경인문화사, 2016), 351쪽 아래.

는 귀속재산의 법적 문제기 무엇인지 살펴볼 필요가 있다. 앞에서 살펴본 것처럼 귀속재산은 조선에 있던 일본인 재산, 즉 적산을 말한다. 적산은 미 군정 아래에서 법령 제33호에 따라 1945년 9월 25일자로 미 군정청에 귀속 되었다가 1948년 9월 11일에 체결된 「대한민국 정부 및 미국 정부 간의 재 정 및 재산에 관한 최초협정」에 따라 대한민국 정부에 이양되었다. 이후 1951년 9월 8일 미일 간에 체결된 「샌프란시스코 강화조약」(Treaty of San Francisco) 제4조 b에 따라 "미군정 또는 그 지령에 의해 일본의 전 식민지 에서 행해진 일본과 일본 국민의 재산 처리의 효력을 일본 정부가 승인"함 으로써 최종적으로 대한민국 정부의 국유재산이 되었다.[2] 소유권의 견지에 서 보면 귀속재산의 소유권 귀속주체가 일본에서 미군정 그리고 최종적으 로 대한민국 정부가 된 것이다.

2. 귀속재산에 관한 법적 문제

문제는 귀속재산에 대한 이 같은 처리가 국제법의 원칙에서 볼 때 반드 시 명확하게 타당한 것만은 아니라는 것이다. 그 이유는 1910년에 발효된 「육전의 법 및 관습에 관한 협약(헤이그 제2협약)」 제46조에 따르면 점령 군이 점령지역에 있는 민간인의 사유재산을 몰수하는 것은 허용되지 않기 때문이다. 이러한 민간재산 비몰수 원칙을 귀속재산에 적용하면 해방 당시 조선에 있던 일본인의 민간재산을 미 군정청이 몰수한 것은 위법한 행위가 된다. 따라서 이러한 귀속재산이 대한민국 정부에 이양된 것도 허용되지 않는다. 바로 이 같은 근거에서 제3차 한일회담에서 당시 일본의 수석대표 였던 구보타는 이를 문제 삼는 이른바 '구보타 망언'을 한 것이다.[3]

2) 홍진기, "해방의 국제법적 성격", 356쪽. 샌프란시스코 강화조약은 샌프란시스코 평화 조약, 대일강화조약 등으로도 불린다.
3) 홍진기, "해방의 국제법적 성격", 354쪽.

Ⅲ. 해방의 법리

1. 의의

해방의 법리는 바로 구보타 망언이 정면에서 제기하는 귀속재산의 법적 문제를 새로운 차원에서 해소하기 위해 제시된 것이다.[4] 홍진기에 따르면 이때 해방이란 "당연히 어떠한 상태로부터 해방"을 의미한다. 더욱 구체적으로 말하면 "과거 제국주의자들의 폭력에 기초를 둔 식민 통치나 적국의 점령 상태가 전적으로 불법이라는 것을 전제로 하여, 이에서 벗어나 자유로워진다는" 것을 뜻한다. 한마디로 말해 "불법에서 벗어나 정상 상태를 회복한다는" 것이 바로 해방이다.[5]

해방의 법리란 이러한 해방의 의미를 법의 차원, 특히 국제법의 차원에서 구현하는 것을 말한다. 구체적으로 말하면 식민 강점 국가와 해방 국가 사이에서는 헤이그 협약과 같이 식민 강대국들 사이에서 형성된 전통적인 국제법 법리를 적용할 수 없다는 것이다. 이러한 해방의 법리를 귀속재산 문제에 적용하면 귀속재산 자체는 일제 강점기라는 불법 상태에서 형성된 것이므로 이에는 재산 비몰수 원칙이 적용될 수 없다는 것이다. 요컨대 귀속재산의 소유권은 대한민국 정부에 최종적으로 귀속된다는 것이다.[6]

---

4) 구보타 망언에 홍진기는 다음과 같이 말한다. "이에 대해 본인은 한국 대표단의 일원으로서 이러한 일본 수석대표의 언동이 해방이란 새로운 사상과, 무조건 항복으로 끝난 2차 세계대전 전후 처리 과정에서 변화를 겪고 있는 국제법의 새로운 추세를 바로 보지 못한 망발임을 조목조목 반박했습니다." 홍진기, "해방의 국제법적 성격", 355쪽.
5) 홍진기, "해방의 국제법적 성격", 355쪽.
6) 이러한 주장의 원형은 구보타 망언이 이슈가 된 제3차 한일회담에서 찾아볼 수 있다. 제3차 한일회담을 공식적으로 기록한 보고서는 아마도 홍진기로 추측되는 한일회담 참여자가 당시 다음과 같은 발언을 한 것으로 보고한다. "제2차 대전 이후에는 해방이라는 새로운 국제정치적 현상이 발생했다. 그러므로 연합국의 전후 처리에 있어서 제1차 대전 이후와는 다르다. 즉 샌프란시스코 평화조약 체결 이전에 재산처리보다

2. '있어야 할 법'으로서 해방의 법리

그러나 당시 홍진기가 볼 때 해방의 법리는 여전히 '현재 있는 법'(de lege lata)이 아니라 '앞으로 있어야 할 법'(de lege ferenda)에 머물러 있다. 국제법이 오직 부분적으로만 해방의 법리를 수용하고 있다는 것이다.7) 왜 냐하면 홍진기가 볼 때 "해방이란 정치 현상은 기존의 국제법 체계를 초월 하는 새로운 사상"이었기 때문이다. 이러한 연유에서 홍진기는 "해방이란 새로운 사상을 국제법이 적절히 포섭할 수 있도록 전통 국제법에 해방이란 새로운 '챕터'가 추가되어야 한다는 것"을 제창한다.8) 그 이유를 다음과 같 이 말한다.9)

> "국제법이건 국내법이건 간에 법이 목적하는 바는 정의이며, 그 정의 를 실현시키는 작용이 다름 아닌 정치일 것입니다. 그렇다면 억압받던 민 족과 나라의 해방보다 더한 정의가 과연 또 어디 있겠습니까?
> 이 해방이란 지고(至高)의 정의(正義)가 국제법의 밖에서 법초월적 정 의로 방치되어 있다면 이를 법내재적 정의로 끌어올리는 것(Erheben)이야

더 중요한 영토처리를 일본의 동의 없이 실시했다. 즉 노예상태에 있던 한인을 일본 으로부터 해방시키기 위해 한국을 독립시키고, 그에 살던 일인(日人) 60만을 일시에 추방하고, 그 재산을 몰수하여 한국에 귀속시켰다. 이 재산의 몰수라는 것은 이러한 해방이라는 커다란 처리의 하나의 현상에 불과하다. (…) 이번 전후에 있어서 연합국 의 일본인 재산 처리상황을 보면 일본 국내 영토 내에 있는 사유재산은 의연히 존중 했으며 오직 재외(在外) 일인재산을 처리한 것이다. 한국, 즉 노예상태의 지역에 소재 하던 일인(日人) 재산은 원래 권력적 착취에 의해 불법하게 취득했던 것이라고 해서 몰수한 것이니 해(該)지역을 해방시킨다는 제2차 대전 후의 새로운 고차원적 이상 즉 사소유권 존중보다도 더 고차적이고 더 강한 이상을 실현시키기 위하여 취해진 것이 다." 정인섭, "홍진기와 정부 수립 초기 국제법 활동", 『국가와 헌법·1: 헌법총론/정치 제도론』(법문사, 2018), 744쪽에서 인용.
7) 홍진기, "해방의 국제법적 성격", 354쪽.
8) 홍진기, "해방의 국제법적 성격", 358쪽.
9) 홍진기, "해방의 국제법적 성격", 358쪽.

말로 현대 국제정치가 풀어야 할 시대적 숙제라 아니할 수 없습니다.

　무릇 모든 법이 사실 관계로부터 연원(淵源)·형성되는 것이지만 국제 법에 있어선 특히 국제사회의 현실과 유리된 법 원리는 당장 법으로서의 기능을 상실하고 맙니다. 이토록 국제법은 국제적 사실 관계와의 친근성 (familiarity)을 그 생명으로 한다 하겠습니다."

Ⅳ. 논평

이처럼 "해방의 국제법적 성격"은 연설이지만 홍진기가 지속적으로 발전시켰던 해방의 법리를 완성하고 있다는 점에서 의미가 있다. 여기서 홍진기는 식민지 강점 국가와 해방 국가 사이에서는 전통적인 국제법 법리가 적용될 수 없다고 주장한다. 왜냐하면 식민 상태야말로 불법상태이고 해방은 이러한 불법상태에서 벗어나는 것이기에 이러한 해방에는 전통적인 국제법 법리가 아닌 새로운 차원의 법리, 즉 해방의 법리가 적용되어야 하기 때문이다. 홍진기는 이러한 해방의 법리를 원용하여 적산이 대한민국 정부에 귀속되는 것을 정당화한다. 다만 이 글이 연설문이라는 한계로 해방의 법리가 좀더 구체화되지 않은 점은 아쉽다. 이는 국제법학에서 앞으로 더욱 관심을 기울여야 할 주제라 생각한다. 다만 홍진기가 여러 저작을 통해 그동안 발전시킨 해방의 법리 및 그 이면을 분석하면 해방의 법리가 가진 논증 구조를 다음과 같이 구체화할 수 있을 것이다.

1. 두 차례 세계대전의 전후 처리 사이의 차이

먼저 홍진기는 두 차례의 세계대전, 즉 제1차 세계대전과 제2차 세계대전이 종전된 후에 진행된 전후 처리 과정의 차이점에 주목한다. 양자 사이에는 공통점도 있지만 차이점이 더욱 부각된다. 특히 홍진기는 제2차 세계대전이 종진된 이후 '해방'이라는 현상이 전 세계를 휩쓸게 된 점에 주목한다.[10] 물론 홍진기는 해방이라는 현상이 제2차 세계대전 이후에 비로소 출현한 것은 아니라고 말한다. 홍진기에 따르면 해방이라는 용어가 "민족과 국가의 차원에서 정치적 조명을 본격적으로 받게 된 것은 제1차 세계대전 이후"이다. 홍진기는 말한다.[11]

> "1차 세계대전은 실로 민족 자결이란 새로운 이상에 힘입어 억압받던 민족들이 타민족 통치의 굴레에서 해방을 이룩하는 효시가 되었던 것입니다. 유럽의 정치 지도를 바꾼 베르사유 강화 조약과 터키를 상대로 한 세불 강화 조약에 따라 유럽에서 폴란드, 헝가리, 체코슬로바키아, 유고슬라비아가 해방되거나 더 큰 나라로 탈바꿈했고, 중동에서 헤자스 왕국이 해방의 기쁨을 맛보았습니다."

다만 제1차 세계대전이 끝난 후에 체결된 베르사유 조약에서는 이처럼 민족자결 논의도 있었지만 강대국 사이의 배상 문제가 논의의 중심이 되었다.[12] 반면 제2차 세계대전이 끝난 후에는 강대국 간의 배상 문제뿐만 아니라 식민 강점 국가에 대한 피식민 국가의 해방 문제 역시 논의의 초점으로 부각되었다. 홍진기가 전개한 논증에 따르면 해방이 문제되는 식민 강점 국가와 피식민 국가 사이에는 수평적인 관계를 전제로 하는 강대국 간의 배상 논리가 적용될 수 없다. 오히려 식민 강점 국가와 피식민 국가의 관계에서는 불법에 기반을 둔 수직적인 관계에서 벗어나야 한다는 논리,

---

10) 홍진기, "해방의 국제법적 성격", 353쪽.
11) 홍진기, "해방의 국제법적 성격", 352쪽.
12) 그러나 베르사유 조약과 샌프란시스코 강화조약의 성격과 차이점에 관해서는 다양한 해석이 존재한다. 따라서 양자의 성격과 차이를 일률적으로 규정하는 것은 쉽지 않다. 이를 보여주는 김승배, 『베르사유평화체제와 샌프란시스코평화체제 속의 한일관계』 (연세대 박사학위 논문, 2016); 김성원, "베르사유조약과의 비교를 통한 샌프란시스코 조약의 비판적 검토", 『동아법학』제85호(2019. 11), 197-221쪽 참고.

즉 "불법에서 벗어나 정상 상태를 회복한다는" 해방의 논리가 적용되어야 한다.13) 바로 이 점에서 제2차 세계대전이 종전된 후에 이루어진 전후 처리 과정의 고유한 특징을 찾아볼 수 있다.

2. 강대국 사이의 논리로서 헤이그 협약

이처럼 해방의 논리가 적용되는 식민 강점 국가와 피식민 국가 사이에는 강대국을 중심으로 하여 형성된 국제법의 논리가 적용될 수 없다. 이 같은 이유에서 홍진기는 민간인의 사유재산 몰수를 금지하는 헤이그 협약을 해방이 문제되는 식민 강점 국가와 피식민 국가의 관계에는 적용할 수 없다고 말한다. 헤이그 협약 역시 해방의 논리가 부각되기 이전에 형성된 것으로 대부분 식민지를 거느렸던 강대국들의 이익을 반영한 것이기 때문이다.

3. 귀속재산 처리의 정당성

이러한 근거에서 홍진기는 해방 이후 조선에 남아 있던 일본인의 재산을 미군정이 몰수한 후 이를 다시 대한민국 정부에 양도한 것은 정당하다고 말한다. 이는 조선의 해방에 따른 결과물이기에 민간인의 사유재산 몰수를 금지하는 헤이그 협약이 적용될 수 없다는 것이다. 설사 그것이 사유재산이라 할지라도 이는 일제 강점기라는 불법 상태를 기반으로 하여 형성된 것이므로 여기에는 재산 비몰수 원칙이 적용될 수 없다고 한다. 따라서 대한민국 정부가 최종적으로 귀속재산을 소유하는 것은 정당하고 이를 일본에 반환할 필요는 없다고 한다.

---

13) 홍진기, "해방의 국제법적 성격", 355쪽.

4. 국제법의 이원화

한편 해방의 법리에서 필자는 다음과 같은 홍진기의 통찰도 발견할 수 있다고 생각한다. 국제법의 이원화에 관한 통찰이 그것이다. 이때 국제법의 이원화란 국제법이 내적 분화를 거쳐 서로 다른 이념에 바탕을 둔 두 가지의 국제법으로 구별된다는 것을 뜻한다. 예를 들어 헤이그 협약은 식민지를 거느렸던 강대국들의 이익 또는 이와 연결된 자유주의 이념을 대변한다면 해방의 법리에 바탕을 둔 샌프란시스코 강화조약은 식민지에서 해방된 국가들의 이익 또는 사회국가 이념을 대변한다는 것이다. 이처럼 모두 국제법에 속하는 국제규범이라 할지라도 해당 규범이 지향하는 이념이나 이익에 따라 서로 다른 두 가지 하위규범으로 구별된다는 것이다. 홍진기가 역설한 해방의 법리는 이렇게 국제법이 이원화되어야 함을 시사한 것으로 볼 수 있다. 사실 이러한 해석이 전혀 근거가 없는 것은 아니다. 왜냐하면 국제인권규약은 서로 다른 이념에 기반을 둔 국제인권규범, 이를테면 자유주의를 지향하는 시민적·정치적 권리와 사회국가를 지향하는 경제·사회·문화적 권리로 이원화되어 있기 때문이다.14)

5. 보론: 헌법재판소 2021. 1. 28. 선고 2018헌바88 결정

최근 헌법재판소는 귀속재산 처리에 관해 흥미로운 판단을 하였다. 재조선미국육군사령부군정청 법령 제2호 제4조 등 위헌소원 사건을 다룬 헌법재판소 2021. 1. 28. 선고 2018헌바88 결정은 미군정의 귀속재산 처리가 헌법에 위반되지 않는다고 결정하였다. 이는 홍진기가 강조한 귀속재산 처리 및 해방의 법리와 적지 않은 관련을 맺기에 필요한 범위에서 간략하게 살

---

14) 국제인권규약에 관해서는 정인섭, "국제인권규약 가입 10년의 회고",『국제인권법』제 3호(2000. 10), 1-34쪽 참고.

펴본다.

(1) 사실 관계

이 사건에서는 다음과 같은 사실이 문제되었다.[15]

청구인들은 2016년 11월 24일 이 사건 토지를 경매절차에서 낙찰 받아 그 소유권을 취득한 사람들이다. 청구인들은 2017년 4월 3일 울산광역시 중구가 아무런 권원 없이 이 사건 토지를 도로 포장 등의 방법으로 점유·사용하고 있으므로 그로 인한 부당이득금을 지급할 의무가 있다고 주장하면서 울산광역시 중구를 상대로 부당이득금 반환청구의 소를 제기하였다(울산지방법원 2017가소205205).

이에 울산광역시 중구는 다음과 같은 사실을 주장하였다. 우선 이 사건 토지의 전 소유자인 A의 부친 B가 1945년 8월 10일 조선에 있던 일본 국민(이하 '일본인'으로 한다) C로부터 이 사건 토지를 매수하고 1945년 9월 7일 소유권이전등기를 마쳤다. 그런데 1945년 9월 25일 공포된 재조선미국육군사령부군정청 법령(이하 '미 군정청 법령'이라 한다) 제2호는 일본인의 모든 재산권 이전 행위를 금지함(제1조)과 동시에 1945년 8월 9일 이후에 체결한 재산권 이전을 목적으로 한 법률행위를 무효로 하였다(제4조). 더불어 1945년 12월 6일 공포된 미 군정청 법령 제33호 제2조는 1945년 8월 9일 이후 일본인의 모든 재산은 미 군정청이 취득한다고 규정하였다. 이후 1948년 9월 11일경 체결된 '대한민국 정부와 미합중국 정부 간의 재정 및 재산에 관한 최초협정'(이하 '한·미간 최초협정'이라 한다) 제5조는 미 군정청에 귀속되었던 일본인의 재산 중 그때까지 불하되지 않은 귀속재산은 대한민국 정부에 이양된다고 규정하였다. 마지막으로 구 '귀속재산처리에 관한 특별조치법' 제2조 제1호 및 같은 법 부칙 제5조에 의하여 1964년 12

---

15) 아래 사실 관계는 결정문의 사건개요를 바탕으로 하여 이를 수정 및 정리한 것이다.

월 말일까지 매매계약이 체결되지 않은 재산은 무상으로 국유화되었다. 따라서 이 사건 토지는 1964년 12월 말일까지 매매계약이 체결된 사실이 없으므로 국유의 재산이고 청구인들은 소유권 없는 자들로부터 이를 승계하였으므로 청구인들 명의의 소유권이전등기가 유효함을 전제로 한 청구인들의 부당이득금 반환 청구는 기각되어야 한다고 항변하였다.

이에 청구인들은 위 소송 계속 중인 2017년 6월 19일 미 군정청 법령 제2호 제4조, 미 군정청 법령 제33호 제2조, 구 귀속재산처리법 제2조, 구 '귀속재산처리에 관한 특별조치법' 제2조 제1호 및 같은 법 부칙 제5조 제1항에 대하여 위헌법률심판 제청신청을 하였으나 2018년 1월 2일 기각되자(울산지방법원 2017카기10033) 2018년 1월 23일 위 조항들의 위헌확인을 구하는 이 사건 헌법소원심판을 청구하였다.

(2) 쟁점

이 사건에서는 귀속재산 처리에 관해 다음과 같은 쟁점이 문제되었다. 우선 미 군정청 법령 제2호 및 제33호 등은 진정소급입법에 해당하는지 문제된다. 만약 그렇다면 다음으로 이는 우리 헌법 제13조 제2항이 규정하는 소급입법금지 원칙에 위반하여 무효가 되는지 문제된다. 이에 관해 다시 두 가지가 문제된다. 첫째, 이 사건 토지를 일본인으로부터 최초로 매수한 B가 자신의 매매행위가 유효하다고 신뢰한 점이 헌법으로 보호할 만한 가치가 있는가 하는 점이다. 둘째, 이러한 신뢰가 헌법으로 보호할 만한 가치가 있다 하더라도 이것이 이 사건 토지 몰수로 얻게 되는 공익보다 더 큰 것인가 하는 점이다.

(3) 헌법재판소의 판단

헌법재판소는 이러한 쟁점을 다음과 같이 판단한다.

먼저 미 군정청 법령 제2호 및 제33호 등이 진정소급입법에 해당한다는 점은 인정한다. 그러면서 헌법재판소는 "진정소급입법은 개인의 신뢰보호와 법적 안정성을 내용으로 하는 법치국가원리에 의하여 특단의 사정이 없는 한 헌법적으로 허용되지 아니하는 것이 원칙이나 예외적으로 법적 상태가 불확실하고 혼란스러웠거나 하여 보호할 만한 신뢰의 이익이 적은 경우, 신뢰보호의 요청에 우선하는 심히 중대한 공익상의 사유가 소급입법을 정당화하는 경우에는 예외적으로 허용될 수 있다."고 한다.[16]

그렇다면 이 사건에서 진정소급입법을 허용할 만한 두 가지 사유가 있는지가 문제된다. 이에 관해 헌법재판소는 다음과 같이 논증한다. "1945. 8. 9.은 일본의 패망이 기정사실화된 시점으로, 그 이후 남한 내에 미군정이 수립되고 일본인의 사유재산에 대한 동결 및 귀속조치가 이루어지기까지 법적 상태는 매우 불확실하고 혼란스러웠으므로 1945. 8. 9. 이후 조선에 남아 있던 일본인들이 일본의 패망과 미군정의 수립에도 불구하고 그들이 한반도 내에서 소유하거나 관리하던 재산을 자유롭게 거래하거나 처분할 수 있다고 신뢰하였다 하더라도 그러한 신뢰가 헌법적으로 보호할 만한 가치가 있는 신뢰라고 보기 어렵다."는 것이다. 요컨대 진정소급입법을 정당화할 수 있는 첫 번째 요건이 충족된다는 것이다.

나아가 헌법재판소는 다음과 같이 말한다. "일본인들이 불법적인 한일병합조약을 통하여 조선 내에서 축적한 재산을 1945. 8. 9. 상태 그대로 일괄 동결시키고 그 산일과 훼손을 방지하여 향후 수립될 대한민국에 이양한다는 공익은, 한반도 내의 사유재산을 자유롭게 처분하고 일본 본토로 철수하고자 하였던 일본인이나, 일본의 패망 직후 일본인으로부터 재산을 매수한 한국인들에 대한 신뢰보호의 요청보다 훨씬 더 중대하다."는 것이다. 말하자면 매수인의 토지 거래행위에 대한 신뢰를 보호해야 하는 요청보다 이 사건 토지를 몰수함으로써 얻게 되는 공익이 더욱 크다는 것이다.

---

16) 강조는 인용자가 추가한다. 여기서 헌법재판소는 헌재 1996. 2. 16. 96헌가2; 헌재 2011. 3. 31. 2008헌바141등을 원용한다.

결국 헌법재판소는 이러한 논증을 통해 이 사건에서 문제된 미 군정청 법령 제2호 및 제33호 등은 헌법에 위반되지 않는다고 판시한다.

(4) 논평

위 헌법재판소 결정은 홍진기가 역설한 해방의 법리를 직접 원용하지는 않는다. 헌법재판소는 귀속재산 처리가 정당했다는 점을 논증하기 위해 국제법이 아닌 국내법의 도그마틱을, 그것도 재산권 제한의 법리보다는 진정소급입법의 예외적 허용 법리를 다룰 뿐이다. 그렇지만 방론으로 제기한 논증에서 주목할 만한 세 가지를 찾아볼 수 있다.

첫째, 헌법재판소는 한일병합조약을 불법으로 본다는 것이다. 이에 따라 일본인들이 조선에 진출하여 축적한 재산은 보호할 가치가 적다고 판단한다. 여기서 "조선을 침탈하는 과정에서 일본인들이 조선에 진출하여 축적한 재산을 보전하고 이양한다는 공익은, 한반도 내의 사유재산을 자유롭게 처분하고 일본 본토로 철수하고자 하였던 재조선 일본인이나 일본의 패망 직후 일본인으로부터 재산을 매수한 사람들에 대한 신뢰보호의 요청보다 훨씬 더 중대하다."는 결론을 도출한다.

둘째, 미 군정청 포고 제1호를 원용함으로써 일제 강점기 동안 "한민족이 노예상태에 있었다는 사실"을 확인한다.

셋째, 가장 주목할 만한 주장으로 헤이그 협약은 귀속재산에는 적용되지 않는다고 한 것이다. 헌법재판소는 다음과 같이 말한다. "1945. 8. 9.자로 동결된 재조선 일본인의 사유재산의 처리와 귀속에 대하여서는 당시 명확한 국제법규가 존재하지 아니하였다. 점령국에 관한 국제법규인 '육전의 법 및 관례에 관한 협약'(1907. 10. 18. 서명, 1910. 1. 26. 발효) 제46조는 '가문의 명예 및 권리, 개인의 생명 및 사유재산과 종교적 신념 및 그 행사는 존중되어야 한다. 사유재산은 이를 몰수할 수 없다.'고 규정하였으나, 일본 본토와 달리 **한반도는 점령국인 일본으로부터 분리·독립된 지역이어서**

한반도에 남아 있는 일본인에게도 점령국에 관한 국제법 조항이 그대로 준용된다고 보기 어려웠다. 무엇보다도 한반도에 남아 있는 일본인 재산은 불법적인 한일병합조약에 따라 일본이 조선을 침탈하는 과정에서 일본인들이 조선에 진출하여 축적한 재산으로서, 일제의 조선 침략과 식민지 통치의 유산이므로 미군정에 의하여 일본인이 소유·관리하던 재산에 대한 **보전 및 귀속 조치가 불가피하였다.**"17)

　이러한 헌법재판소의 논증은 비록 홍진기의 주장을 직접 원용하지는 않지만 해방의 법리와 결을 같이한다는 점에서 눈여겨 볼 필요가 있다.

---

17) 강조는 인용자가 추가한 것이다.

제5장

홍진기의 법이론

　지금까지 "단체의 법이론"을 대주제로 하여 홍진기가 어떤 법적 문제에 어떤 법적 사고와 논증을 전개하였는지 살펴보았다. 이제 제5장에서는 결론으로 홍진기가 개별 논문에서 전개한 법철학과 실정법이론을 정리하고자 한다.

Ⅰ. 법철학의 일종으로서 홍진기의 법이론

　엄밀하게 말하면 홍진기는 실정법학자이지 법철학자는 아니다. 따라서 홍진기가 제시한 주장이나 이론을 법철학에 포섭하는 게 적절하지 않을 수 있다. 그러나 법철학을 철학에서 연원하는 이른바 정통 법철학에 한정하지 않고 실정법에 관한 철학으로, 말하자면 '철학적 실정법학'으로 그 외연을 확장하면 홍진기가 여러 논문에서 전개한 독창적인 법적 사유를 법철학에 포섭하는 것도 가능하다고 생각한다. 아래에서는 이를 먼저 논증하는 것으로 논의를 시작한다.

1. 법학의 의의와 유형

(1) 법학의 의의
　홍진기가 전개한 법적 주장 및 이론을 법철학의 범주에 포섭하려면 법철학을 포괄하는 법학이란 무엇인지 먼저 검토할 필요가 있다. 법학은 쉽게 말해 법규범을 연구 대상으로 삼는 학문으로 정의할 수 있다. 다만 법학의 역사가 보여주듯이 법학이 학문이 될 수 있는지에는 논란이 없지 않다.[1) 일단 법학을 독자적인 학문으로 인정하면, 법학은 한편으로는 법규범을 관찰하고 다른 한편으로는 사회에서 발생하는 법적 분쟁을 정의롭게 해결할 수 있도록 법규범을 새롭게 정립하거나 해석 및 적용하는 것을 다루는 학문으로 정의할 수 있다. 이러한 개념 정의가 시사하는 것처럼 법학이 연구 대상으로 삼는 법규범은 자기목적적인 존재는 아니다. 법규범은 사회에서 발생하는 법적 분쟁을 정의롭게 해결하는 데 기여하는 수단적 존재이다. 법학은 이러한 법규범을 다루는 학문이기에 단순히 법규범을 관찰하는 데만 그쳐서는 안 된다. 이를 넘어 법규범이 사회에서 발생하는 갈등을 정의롭게 해결하는 기능을 수행할 수 있도록 실천적으로 기여해야 한다. 이 점에서 법학은 사회에서 발생하는 법적 분쟁을 해결할 수 있는 역량을 갖춘 학문이 되어야 한다.

(2) 법학의 유형

많은 학문이 그런 것처럼 법학은 단일한 모습으로 존재하지는 않는다. 법학은 다양한 유형으로 구별된다. 먼저 법학은 기초법학과 실정법학으로 구별할 수 있다. 실정법학이 실정법 해석 및 체계화에 주된 관심을 가지는 법학이라면 기초법학은 실정법 자체를 원리적·비판적으로 고찰하는 데 주된 관심을 둔다. '체계내재적 사유'와 '체계비판적 사유'라는 구별을 원용

---

1) 이에 관해서는 우선 심헌섭, "법학의 학문성: 도전과 응답의 자취", 『서울대학교 법학』 제51호(1982. 10), 17-45쪽; 김성룡, "법이론과 실무에 던지는 물음, '법학의 학문성': 법학의 학문성에 관한 논의가 우리에게 던지는 과제", 『형사소송의 이론과 실무』제7권 제1호(2015. 6), 1-31쪽; Arthur Kaufmann, 이덕연 (역), "법학의 학문성 문제에 대한 몇 가지 단상", 『연세 공공거버넌스와 법』제6권 제2호(2015. 8), 181-190쪽; 이계일, "법학의 학문성에 대한 반성적 고찰", 『공법학연구』제19권 제1호(2018. 2), 133-185쪽 등 참고.

하면 실정법학이 '체계내재적 법학'이라면 기초법학은 '체계비판적 법학'이라고 말할 수 있다.2) 체계비판적 법학은 달리 '체계초월적 법학'으로 규정되기도 한다. 헌법학, 민법학, 형법학 등과 같은 실정법학을 체계내재적 법학으로 언급할 수 있다면 법철학, 법사학, 법사회학 등을 체계비판적인 기초법학으로 언급할 수 있다. 실정법학이 체계내재적 법학으로 규정되는 이유는 실정법학은 기본적으로 실정법을 도그마(dogma)로, 즉 반박할 수 없는 것으로 전제해야 하기 때문이다. 이에 반해 기초법학은 실정법 자체의 타당성이나 실효성, 역사성을 문제 삼기에 실정법을 도그마로 전제하지 않는다. 기초법학의 견지에서 보면 실정법은 반박될 수 있는 잠정적인 규범에 불과하다.

실정법학은 다시 다음과 같이 구별된다. 우선 기본법학과 전문법학을 들 수 있다. 기본법학은 흔히 '기본 삼법'으로 지칭되는 공법, 민사법, 형사법을 연구 대상으로 하는 실정법학을 말한다. 기본 삼법은 '리걸 마인드'(legal mind), 즉 '법률가처럼 생각하기'를 배우는 데 기본이 되기에 이러한 기본 삼법을 다루는 법학은 기본법학으로 인정된다. 그중에서도 민법학이 기본법학의 중심을 이룬다.3) 이에 대해 전문법학은 현대사회의 전문화에 발맞추어 법체계가 내적 분화를 거치면서 출현한 다양한 전문법을 대상으로 하는 실정법학이라 말할 수 있다.4) 환경법학, 금융법학, 도산법학, 지식재산법학 등을 전문법학으로 언급할 수 있다.

실정법학은 이론법학과 실무법학으로도 구별된다. 이는 법학전문대학원

---

2) 이는 독일의 형법학자이자 법이론가인 하쎄머(Winfried Hassemer)가 제시한 구별에 바탕을 둔 것이다. 이에 관해서는 Winfried Hassemer, *Theorie und Soziologie des Verbrechens: Ansätze zu einer praxisorientierten Rechtsgutslehre* (Frankfurt/M., 1973) 참고.

3) 민사법학이 변호사시험에서 가장 중요한 시험 과목이 되면서 이는 법학전문대학원 교육 체제에서 더욱 심화된다.

4) 전문법에 관해서는 이상돈, "전문법: 이성의 지역화된 실천", 『고려법학』제39호(2002. 11), 113-151쪽 참고.

체제가 도입되면서 새롭게 등장한 구별이라 말할 수 있다.5) 이론적인 관점에서 실정법을 다루는 것이 이론법학이라면 실무법학은 실무적인 관점에서 실정법에 접근한다. 그러나 "법정보조사"나 "법문서작성", "모의재판" 등과 같은 기초 실무법학 영역을 제외하면 과연 무엇을 기준으로 하여 이론법학과 실무법학을 구별할 수 있는지, 과연 양자를 명확하게 구별할 수 있는지 의문이 없지 않다. 이는 실무법학이란 과연 무엇인지의 문제와도 연결된다.6) 만약 구체적인 법적 분쟁을 해결하는 데 필요한 역량을 다루는 것이 실무법학이라면, 이론법학은 이러한 문제해결 역량과 무관한 것인지 의문을 제기할 수 있다. 이 때문에 이론 교수가 담당하는 것이 이론법학이라면 실무 교수가 담당하는 것이 실무법학이라는 구별이 흔히 받아들여진다.7) 최근에는 이론법학과 실무법학이라는 구별에 더하여 '임상법학'이라는 유형이 추가된다.

이외에 입법과 적용, 즉 법규범 창설과 법규범 적용이라는 구별을 원용하면 법학은 입법학과 해석법학으로 구별할 수 있다.8)

2. 기초법학의 의의

(1) 기초법학으로서 법철학

앞에서 언급한 것처럼 법철학은 법사학과 더불어 가장 대표적인 기초법학에 속한다. 그렇다면 기초법학이란 무엇인가? 그러나 기초법학이란 무엇

---

5) 법학교육의 측면에서 이론법학과 실무법학을 다루는 경우로는 박준, "법학전문대학원에서의 이론교육과 실무교육", 『근대법학교육 120년』(박영사, 2021), 238쪽 아래 참고

6) 이러한 문제의식을 보여주는 박준, 위의 글, 248쪽 참고.

7) 이는 상법이 적용되는 영역에 대한 기준을 무엇으로 보아야 하는지에 이른바 주관설이 제시하는 해법과 유사하다. 주관설은 상인이 관련되는 법영역을 상법이 적용되어야 하는 영역으로 본다.

8) 입법학에 관해서는 홍완식, 『입법학 연구』(피앤씨미디어, 2014) 참고.

인지를 정면에서 본격적으로 다루는 것은 매우 쉽지 않은 문제이다.[9] 왜냐하면 기초법학이란 무엇인가의 질문은 기초법학을 구성하는 법철학이나 법사학은 무엇인가의 문제가 되기도 하기 때문이다.[10] 따라서 아래에서는 대략적인 차원에서 기초법학이란 무엇인지에 답하고자 한다.

(2) 기초법학의 개념

일단 기초법학은 실정법학의 기초가 되는 법학을 뜻한다. 이때 '기초'란 이론적 기초를 뜻한다. 독일 법학에서는 기초법학을 "Grundlagen des Rechts"(법의 기초)로 지칭한다. 이에 대응하는 영미법학의 용어로 'jurisprudence'가 언급된다. 그렇지만 'jurisprudence'는 흔히 '법리학'으로 번역된다는 점을 감안하면 기초법학은 이보다 그 외연이 넓다고 말할 수 있다.

가장 오랜 역사를 지닌 대표적인 기초법학으로 법철학과 법사학이 언급된다. 법철학은 법학과 철학이 결합된 기초법학을, 법사학은 법학과 역사학이 결합된 기초법학을 뜻한다. 법철학과 법사학은 법학이 학문으로 등장하던 시점부터, 아니 그 이전부터 존재하던 학문으로 볼 수 있다. 예를 들어 법철학은 법학이 아직 본격적으로 학문으로 자리매김하기 전인 고대 그리스 시대부터 플라톤이나 아리스토텔레스 등에 의해 제시되었다.

이에 더하여 19세기에 사회학이 독자적인 학문 영역으로 분화되면서 사회학의 관점에서 법을 관찰하는 법사회학이 새로운 기초법학 영역으로 출현한다. 이를 통해 대표적인 기초법학의 세 영역이 자리매김한다. 실정법의 이념, 가치 등을 다루는 법철학, 실정법의 역사를 다루는 법사학 그리고 실정법의 사회적 현실을 다루는 법사회학이 그것이다.[11]

---

9) 기초법학에 관해서는 최종고, "기초법학의 과제와 방법", 『서울대학교 법학』제69호 (1987. 4), 33-45쪽 참고.
10) 이에 관한 많은 논의 중에 법철학에 관해서는 강희원, "「법철학」이라는 말에 대한 법철학적 일고찰", 『경희법학』제39권 제3호(2005. 2), 237-261쪽. 법사학에 관해서는 이영록, "법사학의 의의와 과제", 『법학논총』(조선대) 제7집(2001. 11), 147-158쪽 참고.

(3) 다른 학문 영역에 속했던 기초법학

기초법학이 처음부터 법학에 속했던 것은 아니다.[12] 법학의 역사가 잘 보여주듯이 법학에서는 오랫동안 실정법학이 주류를 이루었다.[13] 법철학이나 법사학과 같은 기초법학은 법학이 아닌 다른 학문 영역, 그러니까 철학이나 역사학의 한 부분을 이루었다. 칸트나 헤겔과 같은 철학자들이 대학에서 법철학 강의를 담당했다는 사실이 이를 잘 예증한다. 이러한 근거에서 이를테면 라드브루흐는 법철학을 철학의 분과로 규정한다.[14]

이러한 경향은 19세기에 접어들면서 변화한다. 가장 결정적인 이유는 법학이 독자적인 학문으로 자리매김하기 위해 철학이나 역사학, 사회학의 관점이나 방법을 적극 수용했다는 점에서 찾을 수 있다. 이는 우선적으로 사비니(Friedrich Carl von Savigny: 1779-1861)에서 찾아볼 수 있다. 역사법학을 창시한 사비니는 체계적 방법과 더불어 역사적 방법을 법학에 적극 수용한다.[15] 이에 따라 실정법의 역사적 연원을 추적하는 방법은 비교법 방법과 더불어 실정법학, 특히 민사법학이 즐겨 사용하는 방법으로 자리 잡는다. 이에 더하여 법사학이 법학의 독자적인 분야로 분화해 간다.

자연과학이 비약적으로 발전하면서 새롭게 출현한 사회학의 실증주의 방법 역시 법학에 수용된다. 이는 형법학에서는 자연과학적 실증주의의 형식으로 도입된다. 신파 혹은 주관주의 형법학으로 지칭되는 리스트(Franz von Liszt)의 총체적 형법학이 이를 잘 예증한다.[16] 이러한 실증주의는 옐

---

11) 최종고 교수는 이외에 법인류학, 법심리학, 법경제학, 법정책학, 입법학을 기초법학의 분과로 언급한다. 최종고, "기초법학의 과제와 방법", 39쪽 아래 참고.

12) 법철학의 소속 변경 과정을 인상 깊게 지적하는 경우로는 Jürgen Habermas, *Faktizität und Geltung* (Frankfurt/M., 1992), Vorwort 참고.

13) 이는 지금도 마찬가지이다.

14) 구스타프 라드브루흐, 윤재왕 (옮김), 『법철학』(박영사, 2021), 15쪽.

15) 이에 관해서는 양천수, "개념법학: 형성, 철학적·정치적 기초, 영향", 『법철학연구』제10권 제1호(2007. 5), 233-258쪽 참고.

16) 리스트의 총체적 형법학에 관해서는 양천수, "법존재론과 형법상 행위론: 베르너 마이

리네크에 의해 공법학에도 수용된다.[17] 이를 통해 이원적 국가이론, 사실의 규범력 이론, 실질적 헌법과 같은 개념 및 이론들이 정립된다. 이러한 과정을 거쳐 이제 법사회학이 에를리히(Eugen Ehrlich) 등을 통해 법학의 독자적인 분과로 정착한다.[18]

법철학은 신칸트학파 및 신혜겔주의를 통해 법학에 깊이 스며든다. 특히 칸트 철학을 방법론적으로 재해석한 신칸트학파에 의해 라드브루흐의 상대주의 법철학이나 켈젠의 순수법학이라는 걸출한 법철학이 형성된다. 다만 라드브루흐의 법철학이 예증하듯이 20세기 초반까지도 법철학은 여전히 법학이 아닌 철학에 속하는 것으로 인식되었다. 그렇지만 제2차 세계대전 이후 법철학은 이제 철학의 품을 떠나 법학의 영역으로 안착한다.

(4) 기초법학에 대한 두 가지 관점

이처럼 기초법학은 본래 철학이나 역사학과 같은 다른 학문 분과에 속했다가 법학에 포섭되었다. 이로 인해 기초법학은 두 가지 관점으로 파악되는 경우가 많다. 이때 두 가지 관점이란 기초법학이 소속된 법학의 관점과 원래 기초법학이 포함되어 있던 학문의 관점을 말한다. 《내부-외부》라는 구별을 사용하면 이는 '내부적 관점'과 '외부적 관점'으로 구별할 수 있다. 기초법학은 법학이라는 학문의 내부적 관점과 철학이나 역사학, 사회학과 같은 다른 학문 영역의 외부적 관점으로 접근할 수 있는 것이다. 이는 다음과 같이 구체화된다. 법철학의 경우에는 '철학적 법학과 법의 철학', 법사학의 경우에는 '역사적 법학과 법의 역사학', 법사회학의 경우에는 '사회학적 법학과 법의 사회학'으로 각각 구체화되어 접근할 수 있다.[19]

호퍼를 통해 본 형법철학의 가능성", 『법철학연구』제9권 제1호(2006. 5), 145-174쪽 참고.

17) 이에 관해서는 Stanley L. Paulson (Hrsg.), *Georg Jellinek: Beiträge zu Leben und Werk* (Tübingen, 2000) 참고.

18) Eugen Ehrlich, *Grundlegung der Soziologie des Rechts*, 4. Aufl. (Berlin, 1989) 참고.

이러한 두 가지 관점 중에서 무엇을 더 중시하는가에 따라 기초법학의 연구 방향이 달라진다. 예를 들어 내부적 관점을 중시하여 법철학에 접근하면 법학, 특히 실정법학의 법철학적 문제를 다루는 데 좀더 비중을 둔다. 반면 외부적 관점을 중시하면 칸트나 헤겔이 그랬던 것처럼 철학의 관점에서 법학을 관찰한다. 철학의 전체 영역 가운데 한 부분으로 법철학을 이해하는 것이다.[20] 그에 따라 법철학에서 철학적 논의가 좀더 많은 비중을 차지한다.

(5) 기초법학 상호 간의 충돌

법철학, 법사학, 법사회학과 같은 기초법학은 실정법학이 주축이 되는 법학을 체계비판적으로 성찰하는 데 기여한다. 그러나 주의해야 할 점은 이들 기초법학이 서로 조화를 이루며 원만하게 역할을 수행하는 것만은 아니라는 것이다. 이들은 때로 충돌하기도 한다. 다음과 같은 이유 때문이다.

우선 법철학과 법사학 및 법사회학의 관계를 설정할 필요가 있다. 이들 기초법학은 모두 법학이라는 당위의 학문이자 정신과학에 속하지만 좀더 섬세하게 살펴보면 다음과 같은 차이를 보인다. 《존재-당위》라는 구별을 사용하면, 법철학이 당위를 추구하는 학문이라면 법사학과 법사회학은 기본적으로 존재를 추구하는 학문으로 구별할 수 있다. 더욱 구체적으로 말하면 법철학은 정의처럼 실정법학이 추구해야 하는 당위적 이념이나 가치가 무엇인지 탐구한다. 그 점에서 법철학은 '현재 있는 법'이 아닌 '앞으로 있어야 하는 법'이 무엇인지 모색한다.

이에 반해 법사학이나 법사회학은 과거 또는 현재 '있는' 법이 무엇인지 탐구한다. 과거에 법이 실제로 어떤 모습으로 존재했는지, 현재의 사회 안

---

19) 그중 법사회학에 관해서는 이철우, "사회과학으로서의 법학인가, 법에 대한 사회과학적 분석인가", 『법철학연구』제9권 제1호(2006. 5), 59-94쪽 참고.
20) 이를 보여주는 헤겔, 임석진 (옮김), 『법철학』(한길사, 2008) 참고.

에서 법이 실제로 어떻게 살아 움직이는지 연구한다. 이처럼 실제로 있는 법을 연구 대상으로 삼는다는 점에서 법사학과 법사회학은 공통점을 지닌다. 다만 시간이라는 지평의 측면에서 법사학과 법사회학은 차이를 보인다. 법사학이 과거의 지평을 추구한다면 법사회학은 현재의 지평을 추구한다. 사실이 그렇다면 법철학과 법사학 및 법사회학의 학문적 성격을 다음과 같이 규정할 수 있다. 법철학이 당위적 이념을 지향한다면 법사학은 통시적 현실을, 법사회학은 공시적 현실을 지향한다는 것이다.

이러한 관계에서 볼 때 기초법학은 다음과 같이 갈등을 빚을 수 있다. 우선 당위적 이념을 추구하는 법철학과 현실을 탐구하는 법사학이나 법사회학이 충돌할 수 있다. 이는 19세기 독일에서 티보(Anton Friedrich Justus Thibaut: 1772-1840)와 사비니 사이에 전개된 법제정 논쟁이 잘 예증한다.21) 이를테면 티보는 자유주의를 지향하는 사회계약론 이념을 바탕으로 하여 독일 민법전을 제정할 것을 주장한 반면, 사비니는 독일 법학의 역사적 현실이 아직 독자적인 민법전을 제정할 시기를 맞지 않았다는 이유로 이에 반대한다. 법철학적 관점과 법사학적 관점이 사회계약론과 역사법학으로 투영되어 서로 충돌한 것이다. 이밖에도 법철학과 법사학의 충돌은 베를린대학에서 같이 근무했던 헤겔과 사비니의 대립에서도 찾아볼 수 있다. 공동체주의적 철학 이념에 기반을 두어 독자적인 법철학을 전개했던 헤겔과 로마법에 바탕을 두어 자유주의 민법학을 구축했던 사비니는 서로 대립하는 경우가 많았다.

법사학과 법사회학 역시 충돌할 수 있다. 과거와 현재라는 지평은 전통과 현대라는 이름 아래 언제나 충돌 가능성을 내포하는 것처럼 서로 충돌할 수 있다. 가령 법사학이 관습법이라는 명분으로 특정한 법제도를 정당화할 것을 요청한다면 법사회학은 현실의 변화를 근거로 하여 이에 반대할

---

21) 이에 관해서는 프리드리히 카를 폰 사비니, 남기윤 (옮기고 씀), 『(입법과 법학에 대한 현대의) 사명』(고려대학교출판문화원, 2020) 참고.

수 있는 것이다.

(6) 확장되는 기초법학

기초법학의 역사가 보여주는 것처럼 기초법학으로는 흔히 법철학, 법사학, 법사회학 등이 거론된다. 그런데 최근 들어 기초법학의 영역은 지속적으로 확장된다. 법경제학, 법심리학, 법정책학, 법인류학, 젠더법학, 법문학 등이 새로운 기초법학으로 포섭된다. 다만 최근 새롭게 등장하는 기초법학들을 본래 의미의 기초법학으로 보아야 하는지 그게 아니면 법과 경제학, 법과 심리학, 법과 정책학, 법과 젠더 등과 같은 융합법학 또는 전문법학으로 보아야 하는지 문제가 제기된다.

이 문제는 기초법학이란 본질적으로 무엇인가, 라는 근본적인 문제와 관련을 맺기에 이 책에서 본격적으로 다루기는 어렵다. 다만 이 문제는 다음과 같은 또다른 문제와 연결된다는 점은 지적하고자 한다. 실정법학과 구별되는 기초법학이라는 학문은 본래 융합법학의 성격을 가지는 것이 아닌가의 문제가 그것이다. 예를 들어 법철학이나 법사학, 법사회학도 법과 철학, 법과 역사학, 법과 사회학으로 분해할 수 있다. 이들 전통적인 기초법학들도 융합법학의 성격을 가진 것이다. 그렇다면 전통적인 기초법학과 새롭게 등장하는 융합법학을 구별하는 본질적인 기준이 무엇인지 의문을 제기할 수 있다. 아마도 해당 학문의 역사 정도가 아닐까 추측한다. 사실이 그렇다면 최근 출현하는 새로운 융합법학들도 기초법학에 포섭할 수 있고 따라서 기초법학은 지속적으로 확장된다고 말할 수 있다.

3. 법철학의 의의

지금까지 전개한 논의에 비추어 보면 법철학은 다음과 같이 정의할 수 있다. 먼저 여러 번 언급한 것처럼 법철학은 법사학과 더불어 가장 오랜 역사를 가진 대표적인 기초법학에 속한다. 따라서 실정법학과는 달리 법철학에서는 실정법에 대한 체계비판적 사고가 그 무엇보다 중요하다. 다음으로 법철학은 법학과 철학이 결합된 학문이다. 그 점에서 가장 오래된 융합학문으로 볼 수 있다. 이에 따라 법철학은 두 가지 관점에서 접근할 수 있다. 법학 내부에서 접근하는 내부적 관점과 법학 외부, 즉 철학에서 접근하는 외부적 관점이 그것이다. 물론 법철학의 역사를 보면 애초에는 이러한 외부와 내부가 지금과는 정반대였다는 것을 알 수 있다. 왜냐하면 법철학은 본래 법학이 아닌 철학의 한 분과로 존재했기 때문이다. 여하간 법철학은 내부와 외부라는 관점에 따라 '철학적 법학'이나 '법의 철학'이라는 모습으로 구체화된다. 이에 따라 실정법학에 중점을 두면서 실정법의 철학적 원리 등을 추구하는 법철학이 제시될 수 있다. 반대로 헤겔이나 칸트처럼 철학에 중심을 두면서 실정법을 철학화하는 것도 가능하다. 둘 다 법철학의 범주에 포섭할 수 있다.

4. 법철학의 일종으로서 홍진기의 법이론

이러한 논증을 고려하면 홍진기가 독창적으로 전개한 법이론 역시 법철학, 그중에서도 철학적 법학에 포함시킬 수 있다. 왜냐하면 홍진기는 단순히 상법 또는 회사법이라는 실정법에 체계내재적으로 안주하지 않고 상법 또는 회사법을 규율하는 일반 원리를 추구하였기 때문이다. 뿐만 아니라 홍진기는 전공영역주의에 매몰되지 않고 헌법과 상법, 상법과 경제법, 상법과 국제법을 통합적으로 사고하는 통합과학을 지향하였기 때문이다.

Ⅱ. 학문 방법으로서 법적 삼단논법

홍진기의 법이론을 법철학의 일종으로 파악할 수 있다면 홍진기의 법철학으로 무엇을 가장 먼저 꼽을 수 있을까? 이에 필자는 홍진기가 법적 삼단논법을 법학이라는 학문의 방법으로 사용했다는 점을 언급하고자 한다.

1. 법학의 학문적 의의

법학이 법에 대한 학문으로 자리매김하기 위해서는 크게 두 가지 기능을 수행할 수 있어야 한다. 이론적 기능과 실천적 기능이 그것이다. 먼저 법학은 법규범 및 법체계에 대한 설득력 있는 이론을 구축할 수 있어야 한다. 법규범에 대한 개념, 체계와 원리 등을 객관적으로 정립할 수 있어야 한다. 다음으로 법학은 사회에서 발생하는 법적 분쟁, 인권 침해 등을 정의롭게 해결하는 데 기여할 수 있어야 한다. 물론 법적 분쟁을 해결하는 데 직접적으로 기여하는 것은 실정법을 중심으로 하는 법규범이다. 그러나 실정법만으로는 법적 분쟁, 인권 침해 문제를 정의롭게 해결하는 데 한계가 있기에 이러한 실천적인 문제에 법학이 관심을 가져야 한다. 현실 문제에, 실천적인 문제에 관심을 기울이지 않은 법학은 학문으로서 존재의의를 상실하고 말 것이다.

2. 법학의 학문성 비판

(1) 키르히만의 비판

그러나 법학이 학문으로서 이러한 역할을 제대로 수행하는지에는 논란이 없지 않았다. 법학의 학문성에 대한 가장 대표적인 비판은 19세기 프로이센의 법률가이자 재야철학자였던 키르히만(Julius Hermann von Kirchmann:

1802-1884)에서 찾아볼 수 있다. 키르히만은 1847년에 프로이센의 베를린 법률가협회 주최로 행한 강연 "법학의 학문으로서 무가치성"(Die Wertlosigkeit der Jurisprudenz als Wissenschaft)에서 법학의 학문성을 신랄하게 비판하였다.[22] 키르히만은 법학이 학문이 될 수 없는 근거로 다음을 제시한다. 이론적 무가치성과 실천적 무가치성이 그것이다. 키르히만은 법학이 이론적으로뿐만 아니라 실천적으로 허약한 이유를 우선적으로는 법학이 학문적 대상으로 삼는 법, 더욱 정확하게 말하면 '자연적인 법'(natürliches Recht)과 '실정법'(positives Recht)에서 찾는다.

1) 자연적인 법과 실정법

키르히만은 법학의 대상이 되는 법을 자연적인 법과 실정법으로 구별한다.[23] 이때 말하는 자연적인 법(natürliches Recht)이란 지금 여기의 현실세계에 있는 올바른 법을 말한다. 이는 전통적인 자연법인 이념적 자연법, 추상적 자연법, 초월적 자연법과 구별된다. 예를 들어 중세시대에는 영구법과 자연법 및 인정법을 구별하였는데, 이때 영구법은 신의 법을 말하고 자연법(Naturrecht)은 자연세계와 인간세계를 규율하는 초월적 법을 말하며 인정법은 실정법을 말한다. 그러나 경험적 실재론자인 키르히만은 전통적인 자연법을 거부하고 경험적으로 실재하는 법인 자연적인 법을 올바른 법으로 파악한다. 이때 경험적 실재론이란 오직 경험할 수 있는 것만이 실재한다고 보는 이론을 말한다. 키르히만은 이러한 자연적인 법으로 관행, 관습법, 민중의 '법감정'을 언급한다.

키르히만은 자연적인 법이 실정법으로 전환되는 과정, 즉 실정법화 또는

---

22) 이 강연문은 1848년에 소책자로 출판되었다. 이에 대한 우리말 번역으로는 율리우스 헤르만 폰 키르히만, 윤재왕 (옮김), 『법학의 학문으로서의 무가치성』(박영사, 2019) 참고. 키르히만의 생애와 학문에 관해서는 같은 책, 77쪽 아래(옮긴이 후기) 참고.

23) 율리우스 헤르만 폰 키르히만, 『법학의 학문으로서의 무가치성』, 31쪽 아래 참고.

법제화를 필연적인 과정으로 인정한다.[24] 자연적인 법과 실정법이 분화되고 실정법이 점점 증가하는 현상에는 가치중립적인 태도를 보인다. 사실 사회의 복잡성이 증가하면서 이를 줄이기 위해 고정성과 확정성에 대한 수요가 증가하고 그 결과 실정법은 늘어날 수밖에 없다. 다만 이때 주의해야 할 점은 키르히만은 실정법화 현상을 어쩔 수 없는 현상으로 인정하지만 그렇다고 해서 이에 긍정적인 평가를 내리는 것은 아니라는 점이다. 가치평가의 측면에서 볼 때 키르히만은 자연적인 법이 실정법보다 우월하다고 보기 때문이다.

키르히만에 의하면 자연적인 법과 실정법은 다음과 같이 구별된다. 우선 실정법은 자연적인 법에 대한 앎의 정도에 좌우된다. 이는 자연적인 법이 실정법보다 우월하다는 점을 전제로 한다. 이로 인해 실정법은 진리뿐만 아니라 진리가 아닌 것도 담는다. 동시에 실정법은 자연적인 법과 대립한다.

다음으로 실정법은 진리를 담고 있는 경우에도 그 형식으로 말미암아 문제를 가진다. 이때 말하는 문제란 실정법의 흠결, 모순, 불명확성, 의문을 들 수 있다. 사실 이는 지금도 찾아볼 수 있다. 흠결의 예로는 민법에서 판례가 인정하는 대상청구권, 모순으로는 민법 제48조와 제186조·제188조의 관계, 불명확성으로는 민법 제2조가 규정하는 신의칙이나 민법 제103조가 규정하는 공서양속 규정, 의문으로는 가치평가의 측면에서 볼 때 실정법에 의문이 제기로는 경우로서 형법에서 재물을 유체물로 한정하는 것이나 민법의 물건 규정 등을 들 수 있다.

나아가 실정법은 고정되고 경직되어 있는 반면 자연적인 법은 앞으로 나아간다. 그 때문에 키르히만에 따르면 실정법의 진리는 시간이 흐르면서 거짓이 된다. 실정법은 자연적인 법과 같은 지속적이고 부드러운 전환을 알지 못한다.

---

24) 율리우스 헤르만 폰 키르히만, 『법학의 학문으로서의 무가치성』, 31쪽.

뿐만 아니라 실정법은 추상적이다. 그 때문에 개별적 현상이 갖고 있는 풍부하고 다양한 측면을 소멸시킨다. 그리고 실정법을 해석하는 과정에서 형평과 법관의 재량이 필요할 수밖에 없다.

이어서 키르히만은 실정법은 노골적인 자의라고 말한다.[25] 필연에 지배되는 자연법칙과는 달리 실정법은 우연적이라고 한다.

마지막으로 실정법은 그 자체로 의지를 갖지 않는다. 그 때문에 실정법은 입법자의 지혜를 위한 무기가 될 수도, 독재자의 격정을 위한 무기가 될 수도 있다. 어쩌면 이는 양날의 칼이라는 법이라는 규범이 가질 수밖에 없는 숙명일지도 모른다.

2) 이론적 무가치성

키르히만은 법학이 자연적인 법과 실정법을 그 대상으로 함으로써 학문으로서 문제가 등장한다고 본다. 가장 중요한 이유는 자연과학이 대상으로 삼는 자연과는 달리 법은 끊임없이 변한다는 것이다. 더불어 키르히만은 법학이 대상인 법, 특히 자연적인 법에도 커다란 해악을 미친다고 한다. 그 때문에 법학은 학문이 될 수 없다. 이를 좀더 살펴본다.

먼저 키르히만은 법학은 이론적인 측면에서 무가치하다고 말한다. 이는 가장 대표적인 학문인 자연과학과 비교할 때 명확해진다. 키르히만은 법학의 대상과 다른 학문, 그중에서도 자연과학의 대상을 비교함으로써 법학의 이론적 허약성을 공격하는 것이다. 키르히만에 따르면 법학의 대상인 법은 감정과 우연에 지배되는 자의적인 것인 데 반해 자연과학의 대상인 자연은 객관적인 법칙, 즉 필연성에 지배된다.[26]

 "다른 학문들의 대상이 갖고 있는 고도의 법칙성에도 불구하고 개별적

---

25) 율리우스 헤르만 폰 키르히만, 『법학의 학문으로서의 무가치성』, 33쪽.
26) 율리우스 헤르만 폰 키르히만, 『법학의 학문으로서의 무가치성』, 54쪽.

인 것들이 풍부하게 발현되고 다양성을 갖고 있으며, 대상이 고도의 확징
성을 갖고 있음에도 불구하고 그 어느 곳에서도 자의의 흔적을 찾아볼 수
없으며, 오로지 예외가 없는 필연성이 지배한다."

이러한 법학의 이론적 무가치성은 법학이 대상으로 삼는 법, 특히 실정
법이라는 대상이 법학의 학문성에 해악을 미치는 경우라 말할 수 있다.

3) 실천적 무가치성

뿐만 아니라 키르히만은 법학이 실천적인 측면에서도 무가치하다고 말
한다. 왜냐하면 법학은 민중이 요구하는 바를 제때에 적절하게 충족하지
못하기 때문이다. 그런데 이러한 실천적 무가치성은 법학이 겪는 또다른
해악에 기인한다. 그것은 법학이 대상, 즉 자연적인 법에 해악을 미친다는
것이다. 키르히만은 말한다.[27]

> "학문 자체도 대상을 자신의 형식 안으로 수용함으로써 대상을 파괴하
> 는 힘을 발휘한다는 것을 알 수 있다. 마치 법학 자체가 대상이 드러내는
> 완강한 저항에 대해 대상의 본질을 파괴하는 형벌로 대응하고자 하는 것
> 처럼 보일 정도이다."

키르히만에 의하면 법은 지식과 감정, 즉 이성과 감성으로 구성된다.[28]
이때 말하는 법은 자연적인 법으로 볼 수 있다. 그런데 법학은 이 중에서
이성을 중시하는 경향이 강하다. 하지만 키르히만은 법으로부터 감정적인
요소를 박탈해버리면 "법은 위대한 예술작품은 될지는 모르지만 그것은 죽
은 법일 뿐, 더 이상 법이 아니"라고 말한다.[29] 자연적인 법에서 감정이라

---

27) 율리우스 헤르만 폰 키르히만, 『법학의 학문으로서의 무가치성』, 54쪽.
28) 율리우스 헤르만 폰 키르히만, 『법학의 학문으로서의 무가치성』, 54쪽.
29) 율리우스 헤르만 폰 키르히만, 『법학의 학문으로서의 무가치성』, 55쪽.

는 요소, 즉 욕망을 제거하면 법은 개념과 논리, 체계로 구성된 아름다운 이성의 예술작품은 될 수 있어도 민중의 욕망을 충족하는 법은 될 수 없다는 것이다. 이를 법철학의 이념으로 바꾸어 보면 민중이 원하는 것은 법적 분쟁에 대한 구체적 타당성이다. 이에 반해 법학은 법적 안정성을 더 중시한다. 이로 인해 구체적 타당성과 법적 안정성이 대립하고 결국 법적 안정성이 승리한다는 것이다. 이게 바로 키르히만이 말하는 법학이 대상을 파괴한다는 것의 의미이다.

이 때문에 "민중은 자신들의 법에 관한 지식 및 법과의 밀접한 관계를 상실하게 된다. 그리하여 법은 특수한 신분의 전유물이 되고 만다." 이로 인해 "법학은 자신의 자연적인 기반을 박탈당한 채 너무나도 쉽게 궤변, 쓸데없는 사변이라는 잘못된 길로 빠져든다."[30] 바로 이러한 근거에서 법학은 실천적 무가치성의 문제에 빠져들고 만다.

(2) 분석 및 평가

법학에 대한 키르히만의 문제제기는 다음과 같이 분석할 수 있다. 먼저 이론적 무가치성은 자연과학처럼 법학도 객관적인 법칙을 추구해야 하는데 그렇게 하지 못한다는 점과 관련을 맺는다. 그 점에서 키르히만은 마치 개념법학의 방법을 옹호하는 것처럼 보인다. 개념법학처럼 투입과 법적 안정성을 지향한다고 말할 수 있다. 이에 대해 실천적 무가치성은 법학은 자연적인 법, 민중의 요구에 봉사해야 하는데 그렇게 하지 못한다는 점과 관련을 맺는다. 이 점에서 키르히만은 예링과 문제의식을 공유한다. 마치 목적법학처럼 산출과 구체적 타당성을 지향하는 것처럼 보인다.

그러나 이러한 비판은 분명 서로 모순된다. 이는 개념법학과 목적법학의 관계가 잘 보여준다. 이론적 무가치성과 실천적 무가치성에 대한 비판은

---

30) 율리우스 헤르만 폰 키르히만, 『법학의 학문으로서의 무가치성』, 55쪽.

마치 법적 안정성과 구체적 타당성처럼 동시에 구현하기 어려운 역실적인 관계를 형성한다. 그 점에서 법학의 학문성에 대한 키르히만의 비판은 온당한 비판이라고 말하기 어렵다.

그런데 달리 생각하면 이러한 비판을 모순적이라고만 보아야 하는 것은 아니다. 왜냐하면 법학은 이러한 모순적인 두 임무를 모두 추구해야 하는 운명을 부여받았기 때문이다. 그 점에서 다른 학문에 비해 법학의 학문성이 더 빛을 낸다고 말할 수 있지 않을까?

3. 학문 방법으로서 법적 삼단논법

이처럼 법학이 독자적인 학문으로 자리매김하려면 이론적 가치와 실천적 가치를 획득할 수 있어야 한다. 그러면 어떻게 하면 법학이 이렇게 서로 대립하는 가치를 가질 수 있을까? 이에 대한 한 가지 대답으로 필자는 법적 삼단논법을 제시하고자 한다. 법적 삼단논법은 단순히 법적 추론 및 적용을 위한 방법에 그치는 것이 아니라 그 자체 독자적인 법학의 학문 방법이 될 수 있는 것이다. 이는 홍진기가 잘 보여준다. 홍진기는 대부분의 저작에서 현재 주어진 법적 문제를 해결하기 위해 법적 논의를 전개한다. 이를 위해 현재 무엇이 문제되는지를 포착하고 이를 해결하기 위해 관련 법규범을 철저하게 탐색 및 분석한다. 방법론의 측면에서 보면 이는 법적 삼단논법의 사고 틀과 상당히 유사하다. 그 점에서 홍진기는 법적 삼단논법을 학문 방법으로 사용한다고 말할 수 있다.

(1) 법적 분쟁에 대한 해결 방법으로서 법적 삼단논법

법적 삼단논법은 흔히 법적 분쟁을 해결하는 데 사용되는 대표적인 법학 방법으로 언급된다.[31] 이러한 법적 삼단논법에 따르면 법적 분쟁은 다음과 같은 순서로 해결된다. 먼저 법적 분쟁의 전제가 되는 사실을 인정하고, 다

음으로 이러한 사실과 관련을 맺는 법규범을 탐색 및 해석하며, 마지막으
로는 해석으로 구체화된 법규범을 사실에 적용함으로써 분쟁을 해결한다
는 것이다. 그런데 위에서 언급한 것처럼 법적 삼단논법은 단순히 법적 분
쟁을 해결하는 데 사용되는 법학방법의 차원을 넘어 학문적 방법으로도 그
의미를 가진다. 법적 삼단논법은 법학의 학문성을 정립하는 데 사용되는
학문적 방법이라는 것이다. 그 근거를 다음과 같이 말할 수 있다.

(2) 분쟁해결학문으로서 법학

주지하다시피 법학은 법규범을 연구대상으로 삼는다. 루만이 정립한 체
계이론의 언어로 바꾸어 말하면 법학은 법체계를 관찰하는 학문이다. 법체
계는 자기목적적인 존재가 아니라 사회에서 발생하는 갈등을 법체계의 프
로그램과 코드로 해결하여 복잡성을 감축하기 위해 존재한다. 쉽게 말해
법체계는 수단적 존재인 것이다. 이러한 법체계를 연구대상으로 삼기에 법
학은 단순히 법체계를 관찰하는 데만 그치는 것이 아니라 법체계가 사회에
서 발생하는 갈등을 원활하게 해결하는 기능을 수행할 수 있도록 실천적으
로 기여해야 한다. 요컨대 법학은 사회에서 발생하는 법적 분쟁을 해결할
수 있는 역량을 갖춘 학문이 되어야 한다.

(3) 법학의 학문적 출발점으로서 현재 있는 법

이러한 근거에서 법학, 특히 민법학과 같은 실정법학은 우리 사회에서
어떤 법적 갈등이 발생하는지를 면밀하게 관찰해야 한다. 나아가 이러한
법적 갈등을 해결하기 위해 어떤 법이 실제로 원용 및 적용되는지 파악해
야 한다. 달리 말해 법학은 우리 사회에서 현재 있는 법이 무엇인지를 탐색
하는 것에서 출발해야 하는 것이다. 이러한 관점은 우리 민법학에 한 획을

---

31) 이를 보여주는 양천수, 『삼단논법과 법학방법』(박영사, 2021) 참고.

그은 양창수 교수의 민법학 방법론에서 찾아볼 수 있다.[32] 이를테면 양창수 교수는 이미 학문 초기부터 법학은 '현재 있는 법'을 인식하는 것에서 출발해야 한다고 강조하였다. 이를 다음과 같이 말한다.[33]

> "그런데 이것은 또한 그 나름대로 독특한 문제를 제기한다. 즉 그와 같은 외국법에의 주목, 그리고 그와 필연적으로 연결될 '도입' 주장은 우리 민법전 자체의 규범 구조에는 들어맞지 않는, 또는 그 구조에 비추어서는 불필요한 새로운 법제도를 수입하게 될 위험과 연결되어 있다. (…) 이러한 바람직스럽지 않은 사태를 피하기 위하여는 무엇보다도 '현재 행해지고 있는 법'을 정확하게 인식하는 것이 요구되며, 그러한 인식의 기반 위에서야말로 우리가 노력을 쏟아 해결하여야 할 문제의 확인과, 나아가서는 그 문제의 해결방법의 올바른 선택이 가능할 것이다."

이러한 주장은 그 당시 우리 법학이 과도하게 외국, 특히 일본과 독일의 법학에 의존하고 있던 상황을 극복하기 위해 제시된 것이다. 양창수 교수에 따르면 일제 강점기의 영향으로 우리 법학은 오랫동안 일본 법학의 영향에서 벗어나지 못하고 있었는데, 한국 민법학의 기초를 놓은 김증한 교수는 이러한 일본 법학의 영향에서 벗어나 한국 민법학의 독자성을 획득하기 위해 독일 민법학에 의지하였다. 그렇지만 양창수 교수가 볼 때 이러한 학문적 태도는 또다른 외국법학 의존성을 낳았을 뿐이다. 현재 있는 우리

---

32) 이에 관해서는 양천수, "법학과 방법: 민법학을 예로 하여", 『인권이론과 실천』제28호 (2020. 12), 1-31쪽 참고.

33) 양창수, "한국사회의 변화와 민법학의 과제", 『민법연구』제1권(박영사, 1991), 17쪽. 이렇게 '현재 있는 법'을 강조하는 태도는 일본의 민법학자이자 법사회학의 태두라 할 수 있는 스에히로 이즈타로(末弘嚴太郎)에서 찾아볼 수 있다. 이에 관해서는 末弘嚴太郎, 『新裝版 法學入門』(日本評論社, 2018), "第三話 社會の法律と國家の法律" 참고. 양창수 교수 역시 이 점을 지적한다. 양창수, "에른스트 폰 케머러 소묘: 우리 민법학에 대한 약간의 시사를 덧붙여", 『민법연구』제1권(박영사, 1991), 56쪽 각주(46) 참고.

민법을 제대로 파악하지 않고 독일의 민법이론, 가령 무인적 물권행위 이론이나 물권적 기대권 이론을 수용함으로써 민법이론과 민법현실 사이에서 괴리가 발생하는 문제를 야기한 것이다. 또한 과도하게 독일 법학을 지향함으로써 우리 현실에서는 그다지 문제되지 않는 법적 문제에 법학이 불필요한 관심을 기울이는 문제도 나타나게 되었다는 것이다. 바로 이 같은 문제를 해결하고자 양창수 교수는 우리 민법학의 출발점으로 '현재 있는 법'을 강조하였다.

(4) 학문 방법으로서 법적 삼단논법

양창수 교수의 주장을 수용하면 법적 삼단논법에 새로운 의미를 부여할 수 있다. 종래 법적 삼단논법은 법적 분쟁을 해결하는 데 사용하는 대표적인 방법으로 이해된다. 말을 바꾸면 법적 삼단논법은 법을 적용하는 데 원용되는 방법인 것이다. 그러나 이에 더하여 법적 삼단논법은 다음과 같은 의미도 지닐 수 있다. 법적 삼단논법은 법학이 사용하는 대표적인 학문 방법이 된다는 것이다. 이러한 법적 삼단논법에 의하면 학문으로서 법학은 다음과 같은 점에서 학문적 논의를 시작해야 한다. 현재 우리 사회에서 어떤 법적 문제가 제기되는지, 이러한 법적 문제를 해결하는 데 적용할 수 있는 현재 우리의 법은 무엇인지를 탐색하는 것이 그것이다.

(5) 홍진기의 학문 방법으로서 법적 삼단논법

홍진기야말로 법적 삼단논법을 학문 방법으로 잘 활용한 대표적인 경우라 말할 수 있다. 홍진기가 발표한 모든 논문은 순수한 이론 탐구를 목표로 하는 것이 아니다. 모든 논문에서 홍진기는 현재 주어진 문제를 풀기 위해 논의를 전개한다. 무엇이 문제인지, 이러한 문제는 어떤 쟁점으로 구성되는지, 이러한 쟁점을 해결하기 위해 어떤 실정법을 해석 및 적용해야 하는지를 다룬다. 이를테면 홍진기의 첫 번째 학문적 저작인 "회사의 합병에서 교부금"은 당시 빈번하게 이루어지던 주식회사 합병에서 현실적으로 발생하는 교부금 문제를 회사법적으로 해결하기 위해 집필된 것이다. 그 점에서 홍진기야말로 법적 삼단논법을 학문 방법으로 사용한 선구적인 법학자로 말할 수 있다.

Ⅲ. 온건한 법실증주의

1. 법실증주의

법적 삼단논법을 학문 방법으로 원용하는 만큼 홍진기는 현재 주어진 법적 문제를 풀 때 문제와 관련된 실정법을 철저하게 분석한다. 더불어 해당 실정법에 관해 정립된 개념과 원리, 도그마틱을 존중한다. 문제를 해결한다는 명목 아래 성급하게 실정법 원리나 도그마틱을 무시하는 경우는 거의 보이지 않는다.[34] 예를 들어 홍진기는 적산회사나 귀속재산 문제를 풀어갈 때도 성급한 정책적 판단에 의지하기보다는 회사법학의 원리와 도그마틱을 철저하게 존중한다. 공사법에 따라 설립된 공사의 법적 성격을 규명할 때도 회사와 공사에 관한 도그마틱을 충실하게 고려한다. 그 점에서 홍진기는 기본적으로 법실증주의를 충실하게 따르는 법학자로 평가할 수 있다. 법적 문제를 다룰 때 섬세하고 실증적인 법적 논증을 구사하는 것이다.

이러한 맥락에서 홍진기는 법적 논의를 시작할 때 '현재 있는 법'(de lege lata)이 무엇인지를 점검한다. 현재 있는 법이 무엇인지를 확인하고 이를 치밀하게 검토한 후, 주어진 법적 현실에 대응할 수 있는 법은 무엇인지, 즉

---

34) 이를 예전 우리 민법학의 문제로 지적하는 경우로는 김형석, "양창수 선생님의 삶과 학문: 한 제자의 관점에서", 『자율과 정의의 민법학: 양창수교수 고희기념논문집』(박영사, 2021), 1423쪽 참고.

'앞으로 있어야 할 법'(de lege ferenda)이 무엇인지를 모색하는 것이다.

2. 온건한 법실증주의

하지만 그렇다고 해서 홍진기가 마치 한스 켈젠처럼 엄격한 법실증주의를 고수하는 것은 아니다. 헌법이 아직 제정되지 않은 상황에서도 생성중의 국가 이론이나 실질적 의미의 헌법, 합리성으로서 자연법을 원용하여 대법원의 사법심사를 긍정한 홍진기의 태도가 시사하듯이 홍진기는 일정 부분 법실증주의에서 벗어나는 법적 사고와 논증도 구사한다. 그 점에서 홍진기는 온건한 법실증주의, 달리 말해 포용적 법실증주의를 취한다고 평가할 수 있다.35)

Ⅳ. 본질주의적 사유

1. 홍진기의 본질주의적 사유

홍진기는 기본적으로 회사법학자였지만 오다카 토모오의 영향으로 법철학에도 많은 관심을 가졌다. 이를 반영하듯 홍진기의 주장에서는 자연법적 사고와 비슷한 본질주의적 사유가 발견되기도 한다. 하지만 그렇다고 해서 홍진기가 자연법론자였다고 말하기는 어렵다. 물론 홍진기는 구민법 제14조의 적용을 배제한 김병로 대법원의 판결을 정당화하기 위해 자연법을 일정 부분 받아들인다. 하지만 이때 주의해야 할 점은 홍진기가 수용하는 자연법은 전통적인 실체적 자연법이 아니라 합리성으로서 의미를 가지는 자

---

35) 포용적 법실증주의에 관해서는 심헌섭, "권위에 관하여: 배제적 법실증주의에서 포용적 법실증주의에로", 『서울대학교 법학』제107호(1998. 8), 103-123쪽 참고.

연법이라는 것이다. 요컨대 홍진기는 원리로서 의미를 가지는 지언법을 받아들이는 것이다.

오히려 위에서 언급한 것처럼 홍진기에게는 본질주의적 사유 방식과 더불어 법실증주의자의 면모도 뚜렷하게 드러난다. 온건한 법실증주의자였던 홍진기는 법적 논의를 할 때 기본적으로는 철저하게 실정법의 개념과 원리, 도그마틱에 충실하였다. 그러나 홍진기는 단순히 실정법이라는 체계 안에 피상적으로 머물지는 않았다. 홍진기는 개별 문제에 대한 논의를 할 때도 궁극적으로 그 본질까지 논의를 심화시키는 경우가 많았다. 또 경우에 따라서 실정법의 한계를 넘어 체계초월적으로 논의를 전개하기도 하였다.

2. 개념법학적 사유

이러한 점을 고려하면 홍진기가 구사한 본질주의적 사유는 19세기 독일 법학을 풍미한 개념법학적 사유 방식, 즉 판덱텐 법학의 사유 방식과 유사하다고 평가할 수 있다. 여기서 판덱텐 법학이란 사비니에 의해 촉발된 법학을 말한다.[36] 잘 알려져 있는 것처럼 판덱텐 법학은 완결된 법의 개념과 체계를 구축하는 것을 법학의 목표로 삼았다. 특히 상위의 법개념에서 하위의 법개념이 논리적으로 도출되는 개념의 피라미드를 구축하고자 하였다. 이를 잘 보여주는 예가 우리 민법의 총칙이 규정하는 법률행위 체계이다. 우리 민법은 법률행위를 상위 개념으로 하여 여기에서 계약 등과 같은 법률행위의 하위 개념을 이끌어낸다. 이를 반대로 말하면 판덱텐 법학을 추구하는 법학자는 개별적인 법적 현상을 접할 때 이것이 법률행위로 귀결될 수 있는지 검토해야 한다. 이를 잘 구사한 법학자가 바로 사비니였다. 예링의 평가에 따르면 사비니는 "로마법률가의 사고과정을 극도로 엉클어진 부분까지 파고들어서 개별적인 점이나 징조로부터 이론의 기본적인 노

---

36) 판덱텐 법학에 관해서는 양천수, 『삼단논법과 법학방법』(박영사, 2021), 제3장 참고.

선이나 근본이념을 재발견하는 능력"을 가지고 있었다.[37) 홍진기 역시 이러한 법적 사고를 구사한 것이다.

3. 본질주의적 사유의 예

이러한 예로 주식회사 합병 과정에서 홍진기가 논증한 교부금의 허용 문제를 들 수 있다. 주식회사를 합병하는 과정에서 주식 이외에 교부금을 합병되는 주식회사의 주주에게 급여할 수 있는지, 만약 그렇다면 그 한계는 어디까지인지에 관해 치열한 논쟁이 전개되었다. 홍진기는 이 문제를 풀기 위해 주식회사 합병의 본질은 무엇인지, 더 나아가 주식회사의 본질은 무엇인지라는 근원적인 문제까지 사고를 전개한다.

나아가 홍진기는 헌법이 제정되지 않은 상황에서 과연 대법원이 사법심사 또는 헌법재판을 감행할 수 있는지를 지지하기 위해 실정법의 차원을 넘어서는 초실정법적 근거를 원용한다. 옐리네크가 제시한 실질적 헌법, 미국 연방대법원이 내세운 자연법 이론 또는 합리성을 원용하여 당시 김병로 대법원이 감행한 구민법 제14조 적용 거부를 지지한다. 물론 홍진기는 전통적인 의미의 자연법 이론을 따르지는 않는다. 그 점에서 법실증주의의 태도를 벗어나지는 않는다. 그렇지만 현실의 법적 문제를 좀더 설득력 있게 풀기 위해 홍진기는 본질주의적 사유를, 경우에 따라서는 초실정법적 논증을 구사한다. 그 점에서 홍진기는 마치 독일의 법철학자 라드브루흐처럼 법실증주의와 자연법 이론의 긴장과 균형을 적절하게 활용한 법학자로 볼 수 있지 않을까 한다.

이외에도 홍진기의 본질주의적 사유는 1954년에 개최된 제네바 회담에 한국이 제안할 남북통일 방안을 마련하는 과정에서도 발휘된다. 당시 법무부 차관으로 근무하던 홍진기는 제네바 회담 대한민국 대표단의 한 사람으

---

37) 양창수, "예링의 사비니 추도문", 『민법산책』(박영사, 2006), 6쪽.

로 참여하게 된다.[38] 이때 홍진기에게 한국이 제안할 남북동일 방안을 만들라는 임무가 주어진다. 남북통일 방안에 관한 연구나 자료가 거의 전무하던 당시 홍진기는 독창적인 사유 능력을 발휘하여 이후 다양하게 제시되는 남북통일 방안의 기초가 되는 평화통일 방안을 만들어 낸다. 이 과정에서 홍진기의 본질주의적 사유가 힘을 발휘한다. 이는 다음과 같은 홍진기의 발언에서 확인된다.[39]

> "나는 평화통일 방안을 만들 때 의지해야 할 이념이 무엇이냐를 찾느라 상당 기간 방황했다. 그러다가 대한민국의 법적 동일성(Identity)을 유지하는 통일이라는 목표가 파악되었다. 대한민국은 국제적으로나 국내적으로 합법성이 공인되어 있었고, 따라서 대한민국의 합법성을 상징하는 대한민국 헌법의 동일성을 유지하는 통일이 기본 이념이자 평화통일의 목표로 파악되었다. 대한민국은 통일의 주체이고 따라서 대한민국 헌법의 동일성이 유지되는 통일이 아니면 대한민국이 주체적으로 하는 통일이 아니다. 대한민국 헌법의 동일성을 유지하는 통일이란 당연한 원칙이라는 기본 방향을 정리했다.
> 이러한 기본 이념을 세우고 나니 문제의 남북 총선거나, 통일 후에 가질 헌법의 문제나 정부 형태, 인구 비례 원칙 등의 부수 문제가 저절로 풀려 나갔다. 이리하여 제네바 회담에 제안할 14개 조항의 남북통일안 기초를 끝냈다. 평화통일안의 기초는 유엔 감시 하의 총선거다."

여기서 확인할 수 있듯이 홍진기는 평화통일 방안을 수립하는 과정에서 먼저 대한민국 법적 동일성 유지라는 본질적인 목표를 설정한 후 이에 따라 개별적인 평화통일 방안을 수립한다. 본질적인 사유에서 개별적인 해법을 찾아내는 것이다.

---

38) 김영희, 『이 사람아, 공부해』(민음사, 2011), 183쪽 아래.
39) 김영희, 『이 사람아, 공부해』, 185-186쪽.

V. 목적법학적 사유

물론 그렇다고 해서 홍진기가 본질적인 원리에서 개별 개념이나 도그마틱을 도출하는 이른바 개념법학적 사유만을 구사한 것은 아니었다. 홍진기의 저작에서는 목적법학적 사유도 발견할 수 있기 때문이다.

1. 예링의 목적법학

이때 말하는 목적법학적 사유란 무엇인가? 이를 파악하려면 서로 다른 방법을 지향한 개념법학과 목적법학을 대비시킬 필요가 있다. 19세기 이후 독일 법학에서 성장한 법학방법의 흐름을 정리하면 물론 일반화의 오류 위험이 있기는 하지만 크게 두 가지로 구별할 수 있다. 개념법학과 목적법학이 그것이다.[40] 개념법학은 앞에서 말한 것처럼 사비니에 의해 촉발된 '판덱텐 법학'을 지칭한다. 판덱텐 법학은 완결된 법의 개념과 체계를 구축하는 것을 법학의 목표로 삼았다. 이와 달리 예링에서 촉발된 목적법학은 완결된 개념과 체계, 즉 '개념의 피라미드'를 정립하는 것보다 법의 목적, 즉 법적 분쟁을 적절하게 해결할 수 있는 법학을 구축하고자 하였다. 물론 그렇다고 해서 예링이 법에서 개념과 체계를 완전히 부정한 것은 아니다. 단지 개념과 체계 그 자체를 목적으로 삼기보다는 법의 목적을 실현하는 데 사용되는 수단으로 이를 파악한 것이다. 이러한 연유에서 특정한 개념과 체계가 더 이상 법의 목적을 실현하는 데 적합하지 않다면 이는 기꺼이 변경될 수 있는 것이다.[41]

---

40) 양천수, "개념법학: 형성, 철학적·정치적 기초, 영향", 『법철학연구』제10권 제1호 (2007. 5), 233-258쪽 참고.
41) Rudolf von Jhering, 양창수 (역), "다시 지상에서: 어떻게 개선할 것인가?", 양창수 (편역), 『독일민법학논문선』(박영사, 2005), 31쪽 아래.

2. 체계이론의 관점에서 본 목적법학

독자적인 체계이론을 정립한 루만은 '자기생산' 개념을 수용하기 이전에는 《투입-산출 모델》을 원용하여 사회적 체계와 환경의 관계를 설명하였다. 루만에 따르면 법 역시 사회적 체계이자 사회의 부분체계에 속한다. 이러한 법체계와 환경의 관계 역시 투입과 산출이라는 구별 기준으로 관찰된다. 이 같은 《투입-산출 모델》에 따라 루만은 개념법학을 '투입지향적 법학'으로, 목적법학은 '산출지향적 법학'으로 규정한다. 그 이유는 개념법학은 환경의 정보가 어떻게 법체계에 잘 투입될 수 있는지에 관심을 기울이는 반면 목적법학은 법체계가 어떻게 자신의 기능을 환경에 성공적으로 산출할 수 있는지에 관심을 기울였기 때문이다.

3. 홍진기의 목적법학적 사유

홍진기는 바로 이러한 목적법학적 사유, 산출지향적 법학 역시 구사하였다. 지금 여기에 제기된 현실적 문제를 해결하기 위해 법리를 전개하거나 새로운 독창적인 해법을 제시하는 것이다. 가장 대표적인 경우로 실정민법의 적용을 거부한 대법원 판결을 이론적으로 정당화하거나 일제가 남긴 재산의 귀속문제를 해결하기 위해 새롭게 해방의 법리를 전개한 것을 들 수 있다. 그 점에서 볼 때 홍진기의 법적 사고와 논증에서는 개념법학적 사유에 해당하는 본질주의적 사유와 목적법학적 사유가 절묘하게 균형을 이루며 병존한다.

Ⅵ. 유형론적 사유

뿐만 아니라 홍진기는 법적 논증을 할 때 유형론적 사고, 즉 유형론 역시 곧잘 활용한다.

1. 유형론적 사유의 의의

유형론적 사유란 구체적인 현실과 추상적인 개념을 매개하고자 하는 사고방식을 말한다.[42] 추상적인 개념만으로는 포착하기 어려운 구체적인 현실을 현실 속에 내재하는 사물논리에 따라 유형화함으로써 현실과 개념 사이의 '상응'(Entsprechung)을 용이하게 하려는 것이 유형론적 사고인 것이다. 바로 이 점에서 유형론적 사고는 산출지향적인 목적법학에 적합한 사고방식에 해당한다.

2. 하쎄머의 유형론적 사유

유형론적 사유를 이론적으로 정립한 대표적인 학자로 독일의 형법학자이자 연방헌법재판소 부소장을 역임한 하쎄머를 언급할 수 있다. 하쎄머는 자신의 박사학위 논문인 『구성요건과 유형』에서 유형 및 유형론적 사유란 무엇인지를 치밀하게 규명한다.[43] 하쎄머는 형법학에서 매우 중요한 개념인 구성요건을 분석하는 과정에서 유형이란 무엇인지 해명한다. 하쎄머에 의하면 범죄체계론에서 매우 중요한 지위를 차지하는 구성요건은 언어적 구성물이다. 이러한 구성요건은 현실성에 개방적이며 그 때문에 아직 완성

---

42) 이에 관해서는 남기윤, 『유형론적 방법론과 회사법의 신이론』(학우, 1999); 최봉경, "개념과 유형", 『법철학연구』제6권 제1호(2003. 5), 7-26쪽; 양천수, 『법해석학』(한국문화사, 2017) 참고.

43) Winfried Hassemer, *Tatbestand und Typus* (Köln/Berlin/Bonn/München, 1968) 참고.

되지 않은 잠재적인 그 무엇이다. 그 때문에 하쎄머는 구성요건을 추상적인 개념이 아닌 '유형'(Typus)으로 지칭한다.[44] 그렇다면 이때 말하는 유형이란 무엇을 뜻하는가?

하쎄머는 유형이란 개별적인 이름과 개념적인 추상 사이에 있는 것으로, 개념적인 추상의 관점에 따라 정돈된 것을 뜻한다고 한다.[45] 이를 더욱 구체적으로 말하면 구체적인 존재자와 추상적인 개념 중간에 있는 그 무엇으로 개념적인 관점에 의해 체계화된 것을 의미한다고 할 수 있다. 그런데 하쎄머는 지금까지 유형에 관해 이루어진 연구들을 종합적으로 검토한 후 이러한 유형에는 두 가지 특징이 있음을 지적한다.[46] 첫째, 유형은 현실관련적이라는 점이다. 둘째, 유형의 한계는 유동적이라는 점이다. 하쎄머는 이러한 유형의 특성으로부터 한편으로는 유형이 일정한 체계적 관점에 따라 정돈되지만 다른 한편으로는 유형이 이러한 체계 밖에 있는 현실성을 지향함으로써 체계를 넘어선다는 결론을 도출한다.

3. 양창수 교수의 유형론적 사유

독일에서 전개된 유형론적 사유는 1990년대 이후 우리 법학에서 본격적으로 구사되기 시작하였다. 이러한 예로 두 학자를 언급할 수 있다. 민법학의 양창수 교수와 형법학의 이상돈 교수다. 양창수 교수는 민법 해석론을 전개하는 과정에서 유형론적 사고를 곧잘 활용하였다. 유형론적 사고가 가장 대표적으로 드러나는 지점으로 민법상 부당이득(제741조), 신의칙(제2조), 채무불이행(제390조)에 관한 연구를 거론할 수 있다.

---

44) Winfried Hassemer, *Tatbestand und Typus*, S. 111.
45) Winfried Hassemer, *Tatbestand und Typus*, S. 111.
46) Winfried Hassemer, *Tatbestand und Typus*, S. 112.

(1) 부당이득

민법 도그마틱에서 가장 어려운 부분 중 하나에 속하는 부당이득은 양창수 교수가 박사학위논문에서 정면으로 다룬 영역이다.47) 부당이득에 관한 연구에서는 양창수 교수의 민법학 방법론, 특히 유형론적 사고와 역사적 방법이 잘 드러난다. 여기에서 양창수 교수는 기존의 통일설에 반대하여 부당이득을 각 성질에 맞게 유형화해야 한다고 말한다. 왜냐하면 부당이득의 경우에는 각각 성질이 다른, 이를테면 계약법을 보충하는 급부부당이득, 불법행위법을 보충하는 침해부당이득, 사무관리법을 보충하는 비용부당이득 등과 같이 서로 법적 성질을 달리하는 부당이득이 일반조항으로 한데 묶여있기 때문이다. 따라서 부당이득법 도그마틱을 각 성격에 맞게 체계화하기 위해서는 유형론을 도입하는 것이 필요하다고 말한다. 이 과정에서 양창수 교수는 독일의 비교사법학자이자 에른스트 라벨(Ernst Rabel)의 제자인 케머러(Ernst von Caemmerer: 1908-1985)의 부당이득 유형론과 방법론을 수용한다.48) 케머러의 민법학 방법론은 양창수 교수가 자신의 학문 초기에 별도로 다룰 만큼 양창수 교수의 민법학 방법론에 많은 영향을 미쳤다. 양창수 교수는 케머러가 구사한 비교법학적·사물논리적·평가법학적 사고를 긍정적으로 평가하면서 이를 수용한다. 이러한 사고를 통해 선험적으로 타당한 개념과 체계를 전제로 하는 개념법학적 사고에서 벗어나 현실에 존재하는 '사물논리'(Sachlogik)를 고려하는 유연하고 산출지향적인 법학을 구사한다.

---

47) 양창수, 『일반부당이득법의 연구』(서울대 법학박사 학위논문, 1987). 부당이득법의 학문적 난이도를 간접적으로 예증하는 경우로는 김형배, 『채권각론 II: 사무관리·부당이득』(박영사, 2003), 서문 참고.

48) 양창수, "에른스트 폰 케머러 소묘: 우리 민법학에 대한 약간의 시사를 덧붙여", 『민법연구』제1권(박영사, 1991), 29쪽 아래.

(2) 신의칙

민법 제2조가 규정하는 신의칙은 전형적인 일반조항 형태를 띤다. 이 때문에 신의칙을 원용해 민사문제를 해결하는 것은 독일의 사법학자 헤데만이 지적한 것처럼 '일반조항으로 도피'하는 것이라는 비판을 받는 경우가 많다.49) 그렇지만 판례는 기존의 민사법 도그마틱이 적절하게 해결할 수 없는 문제를 해결하기 위해 다양한 영역에서 신의칙을 원용한다. 일반조항은 법체계와 사회체계 사이의 소통을 가능하게 하는 통로라고 하면서 긍정적으로 평가하는 독일의 법사회학자 토이브너(Gunther Teubner)의 주장을 되새기면 이러한 법원의 태도에 수긍할 만한 점이 없는 것은 아니다. 따라서 문제는 어떻게 하면 신의칙과 같은 일반조항이 한편으로는 섬세한 사고를 필요로 하는 법적 사고를 연약하게 하지 않으면서도, 다른 한편으로는 기존 법도그마틱의 경직성을 해소할 수 있는 방법을 모색하는 것이다. 이는 바로 신의칙과 같은 일반조항을 유형화하는 방법에서 찾을 수 있다. 이를 위해서는 한편으로는 기존에 축적된 판례를 입체적으로 분석하면서도 다른 한편으로는 이를 독창적인 방식으로 유형화할 수 있는 법적 사고능력이 필요하다. 이는 상당한 창의성을 필요로 하는 것으로 제1급의 실정법학자에게 요청되는 능력이라 할 수 있다. 그렇지만 지금까지 상당수의 실정법학자들은 판례가 수행해야 하는 임무라는 이유에서 이를 등한시 하였다. 이에 반해 양창수 교수는 『민법주해』에서 민법 제2조가 규정하는 신의칙에 대한 주해를 하면서 설득력 있는 방법으로 신의칙이 구체화되는 모습을 유형화한다. 산출지향적 민법학 방법이 신의칙을 유형화하는 과정에서 빛을 발하는 것이다.50)

---

49) Justus Wilhelm Hedemann, *Die Flucht in die Generalklauseln: Eine Gefahr für Recht und Staat* (Tübingen, 1933).
50) 곽윤직 (편), 『민법주해 I』(박영사, 1992) 참고.

(3) 채무불이행

채무불이행에 관한 연구에서도 양창수 교수의 유형론적 사고가 빛을 발한다. 곽윤직 교수가 편집대표를 맡아 출간한『민법주해』에서 양창수 교수는 민법 제390조가 규정하는 채무불이행 주해도 담당한다. 여기서 양창수 교수는 독일 민법학에서 유래하는 종전의 채무불이행 유형론, 즉 이행지체, 이행불능, 적극적 채권침해를 넘어서는 새로운 채무불이행 유형을 제안한다. 이행거절이 바로 그것이다.[51] 양창수 교수는 기존의 채무불이행 3유형론이 현실에서 발생하는 채무불이행의 유형들을 적확하게 반영하지 못한다고 지적하면서 채무불이행 도그마틱과 현실 사이의 괴리를 좁히고자 새로운 유형을 제안하는 것이다. 이를 위해 양창수 교수는 그동안 축적된 판례를 분석하면서 이를 이행거절이라는 유형 안에 포섭한다. 현재 있는 우리 법에서 논의를 시작하여 현실에서 발생하는 채무불이행 문제를 적절하게 해결할 수 있는 유형을 포착한 후 이를 일반조항으로 구성된 민법 제390조 채무불이행 규정에 포섭시키는 양창수 교수의 논증방식은 산출지향적 민법학 방법론을 극명하게 보여준다. 산출지향적 민법학이 어떤 성과를 낳는지를 잘 예시하는 사례라고 말할 수 있다.

4. 이상돈 교수의 유형론적 사유

법학에서 유형론적 사유를 탁월하게 구사하는 또다른 예로 이상돈 교수를 들 수 있다. 이상돈 교수는 법학에 관한 다양한 저작에서 유형론적 사유의 전형을 잘 보여주는데 그중 필자는 구조기능적 해석을 언급하고자 한다.[52] 구조기능적 해석은 이상돈 교수가 독일의 형법학자이자 법수사학자

---

51) 이는 독자적인 논문으로도 발표되었다. 양창수, "독자적인 채무불이행유형으로서의 이행거절",『민법학논총 第二: 곽윤직 박사 고희기념논문집』(박영사, 1995), 162쪽 아래 참고.

인 하프트(Fritjof Haft)의 '구조시고'(Strukturdenken)를 수용하여 제안한 것이다.[53] 이상돈 교수는 1999년에 출간한 연구서 『형법학: 형법이론과 형법정책』에서 형법 제261조가 규정하는 '위험한 물건을 휴대하여'라는 법문언을 예로 하여 어떻게 구조기능적 해석을 수행할 수 있는지를 보여준다. '위험한 물건'과 '휴대하여'라는 법문언을 각각 유형화한 후 이를 기능적으로 결합시켜 그 총체적 위험성을 평가한다. 이상돈 교수에 따르면 구조기능적 해석은 다음과 같은 점에서 유용하다. 첫째, 구조기능적 해석은 총체적이면서 동시에 세분화된 사안 비교를 할 수 있도록 해준다. 둘째, 구조기능적 해석을 통해 해석과 도그마틱의 정합성을 실현할 수 있다. 셋째, 구조기능적 해석은 규범적 가치를 결정하는 데 영향을 미치는 주관성을 통제하는 데 기여한다. 넷째, 구조기능적 해석은 형법규범을 해석하는 과정에서 길잡이 역할을 수행한다.[54] 바로 이와 같은 이유에서 구조기능적 해석은 유용하고 필요하다고 말한다.

5. 홍진기의 유형론적 사유

이러한 유형론적 사유를 홍진기는 1940년대에 발표한 논문에서 이미 잘 보여준다. 유형을 강조하는 사유는 홍진기의 법적 논증에서 쉽게 발견된다. 교부금에 관한 논의를 예로 언급할 수 있다. 홍진기는 교부금에 관한 법적 문제를 검토할 때 획일적인 판단을 하기보다는 '사물논리'에 적합하게 교부금이 지급되는 유형을 섬세하게 구별한 후 각 유형에 적합한 판단을 한다. 더불어 이러한 유형론에서 독창적인 일반론을 도출한다. 이를테면 주식

---

52) 이상돈, 『형법학: 형법이론과 형법정책』(법문사, 1999), 단락번호 [9] "'위험한 물건을 휴대하여'의 해석과 구조사고" 참고.
53) 하프트의 구조사고에 관해서는 우선 프리트요프 하프트, 김성룡 (옮김), 『법수사학』(고려대학교출판부, 2009), 31쪽 아래 참고.
54) 이상돈, 『형법학: 형법이론과 형법정책』, 300-302쪽.

회사 합병의 본질에 관해 사단법설과 재산법설의 관점을 결합한 토대 위에서 교부금이 어디까지 허용되는지를 논증하는 것이다.

Ⅶ. 유추적 사유

홍진기의 법학 논문에서는 탁월한 유추적 사유도 발견할 수 있다. 이는 홍진기의 법이론이 법철학의 일종임을 보여주는 강력한 근거가 된다.

1. 유추의 개념

'유추'(Analogie), 더욱 정확하게 말해 '유비추론'이란 구체적인 사실관계를 직접 규율하는 법규범이 존재하지 않는 경우 "같은 것은 같게"라는 정의원칙에 따라 이 사실관계와 유사한 그러나 꼭 같지는 않은 사실관계를 규율하는 법규범을 이 사실관계에 확대 적용하는 논증방법을 말한다.27) 이 개념정의에서 알 수 있듯이 유추는 특정한 사실관계를 직접 규율하는 법규범이 없는 경우, 달리 말해 법규범이 '흠결'된 경우를 전제로 한다. 바로 이 점에서 유추는 관련 법규범이 존재한다는 것을 전제로 하여 이 규범을 구체화하는 '해석'과 구별된다. 그러므로 유추'해석'이라는 표현은 정확한 것이라고 말할 수 없다.

한편 유추는 그 방식에 따라 '개별유추'(Einzelanalogie)와 '전체유추'(Gesamtanalogie)로 구별할 수 있다.28) 개별유추란 특정한 사실관계를

---

27) 이에 관해서는 김영환, 『법철학의 근본문제』(홍문사, 2006), 274쪽 참고. 이외에 유추에 대한 상세한 연구로는 우선 김영환, "법학방법론의 관점에서 본 유추와 목적론적 축소", 『법철학연구』제12권 제2호(2009. 12), 7-34쪽; 김성룡, "유추의 구조와 유추금지", 『법철학연구』제12권 제2호(2009. 12), 35-78쪽; 최봉경, "민법에서의 유추와 해석: 판례를 거울삼아", 『법철학연구』제12권 제2호(2009. 12), 131-170쪽 등 참고.

직접 규율하는 법규범이 존재하지 않는 경우 이 사실관계와 유사한 사실관계를 직접 규율하는 개별 법규범을 끌어와 확대 적용하는 방법을 말한다. 이에 대해 전체유추란 특정한 사실관계를 직접 규율하는 법규범이 존재하지 않는 경우 이 사실관계와 유사한 사실관계들을 규율하는 다수의 법규범에서 추론할 수 있는 법원리를 이 사실관계에 확대 적용하는 방법을 말한다.

유추는 형법 영역에서는 죄형법정주의에 따라 엄격하게 금지된다. 유추는 형법해석의 한계를 넘어서는 것으로 허용되지 않는다. 그러나 민사법 영역에서 유추는 법의 흠결을 보충하는 방법으로 널리 사용된다. 가령 개별유추의 경우로 민법상 사단법인에 관한 규정을 권리능력 없는 사단에 유추적용하는 것을 들 수 있다.[29] 민법에 따르면 사단은 원칙적으로 법인등기를 해야만 법인격을 취득할 수 있다. 그러나 현실에서는 법인등기를 하지는 않았지만 사단의 모습을 갖춘 단체가 다수 존재한다. 이를 민법학에서는 '권리능력 없는 사단'이라고 말한다. 우리 민법은 이러한 권리능력 없는 사단을 직접 규율하는 규정은 갖고 있지 않다. 그러나 권리능력 없는 사단은 법인등기만 하지 않았을 뿐 그 속성은 사단법인과 다를 바 없다는 점에서 통설과 판례는 사단법인에 관한 규정을 권리능력 없는 사단에도 확대 적용하는 것을 인정한다. 한편 전체유추의 경우로는 물건에 숨어 있는 하자로 매수인에게 부가적 손해가 발생한 경우 이에 대해 민법 제390조 등이 규정하는 과책주의에 따라 매도인에게 귀책사유가 있는 경우 채무불이행 책임을 인정하는 경우를 들 수 있다.[30]

28) 이에 관해서는 김형배, "법률의 해석과 흠결의 보충: 민사법을 중심으로", 『민법학연구』(박영사, 1986), 22-25쪽 참고.
29) 김형배, 『민법학강의』제7판(신조사, 2008), 112쪽 아래.
30) 김형배, "법률의 해석과 흠결의 보충: 민사법을 중심으로", 23-24쪽.

2. 법실현 과정으로서 유추

법철학의 견지에서 보면 유추는 단순히 법형성 방법으로만 의미를 가지는 것은 아니다. 유추는 이를 넘어 법을 실현하는 과정에서 필수적으로 수반되는 사유 방식에 해당한다. 이를 잘 보여주는 예로 독일의 법철학자 카우프만(Arthur Kaufmann: 1923-2001)이 1965년에 출간한 『유추와 사물의 본성』에서 전개한 논의를 들 수 있다.[31]

카우프만은 법이 실현되는 과정의 구조를 밝힘으로써 유추가 법을 실현하는 과정과 밀접한 관련을 맺음을 보여준다. 카우프만은 다음과 같은 3단계 구조를 법이 실현되는 과정으로 제안한다. 제1단계는 추상적이고 일반적이면서 초실정적이고 초역사적인 법원칙, 제2단계는 구체적이면서 일반적인, 형식적이면서 실정화된 현행 법률, 제3단계는 구체적이면서 실질적으로 실정화된 역사법적인 법을 말한다. 이를 요약해서 다시 말하면《법이념 → 법규범 → 법적 재판》이 된다고 한다. 그런데 이때 각 단계는 서로 단절되어 있지 않다. 오히려 카우프만은 이러한 법실현 단계들은 서로 밀접하게 관련되어 있다고 한다. 법이념 없는 법규범은 없고 법규범이 없는 법적 재판 역시 없다고 한다. 하지만 그렇다고 해서 단지 법규범이 법이념으로부터만 나오는 것은 아니고 또 법적 재판이 법규범에 의해서만 행해지는 것도 아니라고 한다.[32] 그러면서 카우프만은 이 가운데 어느 한 쪽만을 강조하는 규범주의와 결정주의 모두 비판한다.

카우프만은 이러한 비판은 자연법론과 법실증주의에도 마찬가지로 적용된다고 한다. 그 이유는 자연법론과 법실증주의가 외관상 서로 대립하는 것처럼 보이지만 실상 양자는 모두 삼단논법적 사고 또는 체계적인 사고를 한다는 점에서 비슷하기 때문이다. 이를테면 이미 극복했다고 생각하는 19

---

31) Arthur Kaufmann, *Analogie und "Natur der Sache"* (Heidelberg, 1965).
32) Arthur Kaufmann, *Analogie und "Natur der Sache"*, S. 12-13.

세기의 개념법학적 사고가 아직도 여러 법률문헌에 남아있고 법률에 흠결이 없다는 믿음도 여전히 고수되고 있다는 것이다.33) 그러나 카우프만에 의할 때 이러한 사고방식은 모두 타당하지 않다. 왜냐하면 법이 실현되는 과정은 위에서 본 것처럼 법이념, 법규범, 법적 재판이 모두 관련되어 있는 과정이고 따라서 목적론적 사고와 유사한 사고가 전개되는 과정이기 때문이다. 이때 말하는 사고란 바로 유추 사고를 말한다.34)

카우프만에 의하면 법이념이 없는 법규범은 존재하지 않는 것처럼 법적 재판이 없는 법규범도 가능할 수 없다. 이를 달리 말하면 구체적인 법규범은 자신이 규율해야 할 생활사안을 고려해서만 형성될 수 있다. 따라서 법은 존재와 당위의 상응이다.35) 이 경우에 상응은 바로 유추를 뜻한다. 이때 유추란 각 비교 대상 사이의 유사성을 검토하는 것을 말한다. 이렇게 볼 때 법은 존재와 당위 사이의 유사성을 비교해 도출한 결과물이라고 이해할 수 있다. 카우프만이 볼 때 법인식은 항상 유추적인 인식이다.36) 그런데 카우프만은 이러한 유추적 사고가 결코 새로운 것은 아니라고 한다. 왜냐하면 이미 오래 전부터 유추적 사고는 존재해 왔기 때문이다. 이렇게 말하면서 카우프만은 유추적 사고의 계보를 토마스 아퀴나스 철학부터 탐색하기 시작하여 현재의 형법 도그마틱 안에서도 유추적 사고를 발견할 수 있다고 지적한다.37) 가령 전도된 구성요건 착오를 불능미수로 다루려는 것이나 주식회사의 신용훼손을 인간에 대한 명예훼손과 같이 파악하려는 것 그리고 전기절도에서 전기를 물건의 일종으로 취급하려는 것 모두 유추적 사고의

---

33) Arthur Kaufmann, *Analogie und "Natur der Sache"*, S. 15-16.
34) Arthur Kaufmann, *Analogie und "Natur der Sache"*, S. 17. 그러면서 카우프만은 작스 (Walter Sax: 1912-1993)를 인용한다. Walter Sax, *Das Strafrechtliche "Analogieverbot"* (Göttingen, 1953), S. 35.
35) Arthur Kaufmann, *Analogie und "Natur der Sache"*, S. 18.
36) Arthur Kaufmann, *Analogie und "Natur der Sache"*, S. 19.
37) Arthur Kaufmann, *Analogie und "Natur der Sache"*, S. 20-26.

전형이라고 한다.[38)]

나아가 카우프만은 이러한 유추적 사고, 즉 존재와 당위의 상응이라는 사고는 법을 발견하는 과정에서도 마찬가지로 나타난다고 한다. 법을 발견하는 과정은 존재와 당위의 상응과정, 달리 말해 생활사안과 규범 사이의 상응 과정이기 때문이다. 그렇기 때문에 카우프만은 법적 사안을 규범에 대입하려는 전통적인 삼단논법적 법학방법론은 타당하지 않다고 말한다. 법을 발견하는 과정은 존재와 당위가 상응하는 과정이기에 '포섭'(Subsumtion) 개념도 다시 설정해야 한다고 지적한다. 그러면서 카우프만은 규범과 사안이 서로 상응하는 과정이 바로 포섭이라고 말한다.

한편 카우프만은 법을 발견하는 과정은 구체적으로 두 가지 과정에 의해 진행된다고 한다.[39)] 첫째는 생활사안을 규범적으로 평가하는 과정이다. 이 과정은 단순히 삼단논법적 추론과정에 의해 전개되는 것은 아니라고 한다. 오히려 이는 규범적 관점에 사안을 상응시키는 과정이다. 둘째는 사안의 관점에서 규범을 구체화하는 과정, 즉 해석과정이다. 그런데 이때 주의해야 할 점은 두 과정이 서로 별개 또는 순차로 진행되는 것이 아니라 동시에 진행된다는 것이다.[40)] 카우프만에 의할 때 규범을 통해 사안을 구체화하는 과정과 사안을 통해 규범을 구체화하는 과정은 동시에 진행된다. 유추적인 상응 과정을 통해서 말이다.

3. 홍진기의 유추적 사유

홍진기는 이러한 유추를 탁월하게 활용한다. 예를 들어 홍진기는 아직 헌법이 제정되지 않은 상황에서 대법원의 사법심사를 정당화하기 위해 '생

---

38) Arthur Kaufmann, *Analogie und "Natur der Sache"*, S. 26.
39) Arthur Kaufmann, *Analogie und "Natur der Sache"*, S. 38.
40) Arthur Kaufmann, *Analogie und "Natur der Sache"*, S. 40.

성중의 국가'를 원용하는데 이 법리는 회사법학에서 논의되는 '설립중의 회사' 법리와 유사하다. 물론 이는 좀더 증명이 되어야 하겠지만 필자는 홍진기가 독창적으로 전개한 생성중의 국가 법리는 설립중의 회사 법리를 유추한 것이라고 생각한다. 사실 이렇게 회사법의 법리를 국가법의 법리로 유추적용하는 것은 드문 일이 아니다. 이를테면 독일의 공법학자 라반트나 '천황기관설'로 유명한 일본의 공법학자 미노베에서도 회사법의 법리를 공법학, 특히 헌법학에 유추적용한 경우를 발견할 수 있기 때문이다. 이 점에서 홍진기의 유추적 사유는 대가의 법학자에서 흔히 볼 수 있는 사유방식이라 말할 수 있다.

Ⅷ. 비교법적 사유

이외에도 홍진기는 탁월한 어학 능력을 활용하여 법적 문제에 대한 해결책을 모색할 때 비교법 방법을 자주 활용한다. 이를테면 주식회사 합병에서 교부금 문제를 다룰 때는 독일 상법학의 논의를, 대법원의 사법심사 문제를 해결할 때는 미국 헌법학의 논의를, 대한해운공사와 대한조선공사의 법적 성격 문제를 다룰 때는 국책회사 및 공사에 관한 일본 법학의 논의를 검토한다.

그러나 홍진기가 추구한 비교법 방법은 우리보다 선진적인 외국법을 무비판적으로 수용하려는 것이 아니었다. 오히려 홍진기가 지향한 비교법 방법은 비교법을 통해 우리 법을 상대화하면서 우리의 법적 문제를 적절하게 해결할 수 있는 방안을 모색하는 것이었다. 요컨대 비교법 그 자체를 목적으로 보기보다는 현재 있는 우리 법의 문제를 해결하기 위한 수단으로 이용하는 것이다. 이러한 맥락에서 홍진기는 먼저 외국법과 우리 법 사이에 존재하는 공통점과 차이점을 분석한 후 우리 법과 법학의 맥락에서 외국법과 법학을 어떻게 수용해야 할지를 고민하였다. 외국 것이 새롭고 우리 것 보다 더 나아 보인다는 이유로 무작정 이를 수입하고자 하지는 않았다. 이 같은 연유에서 만약 외국법이 우리의 법적 문제를 해결하는 데 적절하지 않다면 과감하게 거부될 수 있었다. 이러한 맥락에서 홍진기는 미군정 당시 영미법을 무작정 받아들이는 것을 거부하고 대신 그 정신만을 선별적으로 수용할 것을 강조하였다.

IX. 통합적 사유

이렇게 보면 홍진기는 회사법학을 전공하는 단순한 실정법학자로만 머문 것이 아니라 여러 면에서 통합적 사유를 구사한 제1급의 법학자로 평가할 수 있다.

1. 통합과학으로서 법학

우리 법학에서 통합적 사유가 강조된 것은 비교적 최근의 일이다. 통합적 사유를 강조한 학자로 국회의원을 역임한 정종섭 전 서울대 교수를 언급할 수 있다. 정종섭 교수는 지금부터 30년도 더 이전인 1990년에 발표한 논문 "우리 법학의 올바른 자리매김을 위하여: 헌법학의 통합과학적 연구에로"에서 헌법학을 통합과학으로 볼 필요가 있고 따라서 통합과학적 연구방법을 동원하여 헌법학에 접근해야 함을 역설하였다.[41] 이러한 정종섭 교수의 시도는 실정법 해석에만 치중한 기존의 헌법 도그마틱에서 벗어나고

---

41) 정종섭, "우리 법학의 올바른 자리매김을 위하여: 헌법학의 통합과학적 연구에로", 『법과 사회』제2호(1990. 2), 221-254쪽. 여기서는 정종섭, 『헌법연구(1)』(철학과 현실사, 1994), 제1장 "통합과학으로서의 헌법학"(11-53쪽)으로 재록된 것을 인용한다.

자 한 시도로 '통합과학'이라는 새로운 헌법학 '방법론'을 통해 '헌법 도그마틱 중심주의'를 넘어서고자 한 것이다.

헌법학을 통합과학으로 자리매김하기 위한 전제 작업으로 정종섭 교수는 먼저 헌법학 연구의 네 가지 기본자세를 언급한다. "총체적 인식태도", "경험적·과학적 태도", "실천적 태도" 및 "역사적 태도"가 그것이다.42) 그런데 정종섭 교수는 헌법학은 이러한 네 가지 태도를 모두 담아야 한다고 역설한다. 왜냐하면 정종섭 교수에 따를 때 헌법학은 이 모든 태도를 필요로 하는 "통합과학"이기 때문이다.43)

정종섭 교수는 헌법학을 통합과학으로 규정하면 헌법학은 다음과 같은 특성을 갖게 된다고 말한다.44) 먼저 헌법이론은 현실에 적합해야 한다. 이를 "헌법이론의 현실적합성"이라고 표현한다. 정종섭 교수에 따르면 헌법이론은 "헌법규범과 사회현실에서 발생하는 헌법문제들을 정확히 인식·분석하고, 그 문제해결에 관한 올바른 방향과 처방을 제시"해야 한다. 다음으로 헌법연구는 개방적이어야 하고 더 나아가 헌법이론은 "과학성"을 갖고 있어야 한다. 여기서 "과학성"은 "객관성"과 "잠정성"을 포함하는 개념이라고 한다.45) 바로 이러한 이유에서 헌법이론은 "잠정성"도 포함하고 있어야 한다고 말한다. 따라서 "헌법이론도 그 시대, 그 사회의 헌법문제해결에 있어서 설득력을 다하게 되면 소멸할 수밖에 없다"고 한다.46) 마지막으로 정종섭 교수는 헌법학이 통합과학으로 작동하기 위해서는 종전 많은 헌법

---

42) 정종섭, "우리 법학의 올바른 자리매김을 위하여: 헌법학의 통합과학적 연구에로", 16-25쪽.
43) 정종섭, "우리 법학의 올바른 자리매김을 위하여: 헌법학의 통합과학적 연구에로", 23-24쪽.
44) 정종섭, "우리 법학의 올바른 자리매김을 위하여: 헌법학의 통합과학적 연구에로", 25-44쪽.
45) 정종섭, "우리 법학의 올바른 자리매김을 위하여: 헌법학의 통합과학적 연구에로", 33쪽.
46) 정종섭, "우리 법학의 올바른 자리매김을 위하여: 헌법학의 통합과학적 연구에로", 40-41쪽.

학 연구가 수행한 것처럼 외국 헌법이론을 무작정 수용하려는 것을 경계해야 한다고 말한다. 외국헌법이론은 단지 탐색적인 의미만을 가질 뿐이라고 한다. 이를 구체적으로 말하면 "통합과학으로서의 헌법학은 가능한 한 많은 이론적 자원들을 활용하므로 외국이론들에 대한 연구와 활용은 기존의 어떠한 경우보다도 더 활발하고 적극적이겠지만 외국의 이론들이나 시각을 우리 문제에 그대로 대입·적용하지 않는"다고 한다.[47] 이렇게 정종섭 교수에 따르면 헌법학은 통합과학으로서 "헌법이론의 현실적합성", "헌법연구의 개방성", "헌법이론의 과학성", "헌법이론의 잠정성" 및 "외국헌법이론연구의 탐색성"을 갖추어야 한다.

2. 홍진기의 통합적 사유

그런데 이처럼 정종섭 교수가 통합과학으로서 헌법학을 부르짖기 훨씬 이전에 홍진기는 자신의 법이론에서 통합적 사유를 구사하였던 것이다. 홍진기에게 통합적 사유는 다음과 같이 나타난다.

첫째, 법철학이나 법학방법론을 포함하는 기초법학과 회사법학과 같은 실정법학이 통합되어 나타난다.

둘째, 실정법을 중시하는 법실증주의와 체계비판적 사유를 강조하는 실정법 초월적 사유가 통합되어 나타난다. 그 점에서 홍진기를 온건한 법실증주의자로 부를 수 있을 것이다.

셋째, 본질적 사유나 원리에서 개별 해법을 도출하는 개념법학적 사유와 개념 및 체계의 완결성보다는 목적에 합치하는 문제 해결을 강조하는 목적법학적 사유가 통합되어 구사된다.

넷째, 법적 사유가 회사법학을 포함하는 상법학에만 한정되지 않고 경제법학, 헌법학, 국제법학, 경제학 등과 같은 다른 학문 영역의 관점과 지식

---

47) 정종섭, "우리 법학의 올바른 자리매김을 위하여: 헌법학의 통합과학적 연구에로", 43쪽.

이 통합되어 활용된다.

Ⅹ. 홍진기의 실정법이론

마지막으로 홍진기가 제시한 실정법이론을 간략하게 정리하여 제시한다.

1. 주식회사 합병에서 교부금의 허용과 한계

홍진기는 주식회사 합병에서 교부금을 지급하는 것을 인정한다. 더불어 홍진기는 독일의 상법학자 융크의 견해를 좇아 주식회사를 합병할 때 회사의 사단성을 훼손하지 않는 한에서 교부금을 최대한 허용할 수 있다고 주장한다. 구체적으로 말해 흡수 또는 해산되는 주식회사의 주주에게 최소 1주를 부여하는 최소한의 요건이 충족되는 한도까지 교부금을 지급할 수 있다고 말한다. 다만 이러한 견해는 해방 이후 새 회사법을 제정하는 과정에서 수정된다. 이때는 당시 독일 주식법의 태도를 따라 존속하는 회사가 보유하는 주식 총액의 1/10을 초과하지 않는 한도에서 교부금을 지급할 수 있다고 주장한다.

2. 주식회사 합병의 본질

홍진기는 사단법설과 재산법설의 주장을 모두 수용하여 주식회사 합병의 본질을 파악한다. 다만 그중에서도 재산법설에 좀더 가까운 주장을 편다.

3. 주관주의 상법학

상법의 입법주의에 관해 홍진기는 비란트와 니시하라의 견해를 수용하여 주관주의를 선택한다. 홍진기에 따르면 상법은 상인을 위한 법이자 기업법이다. 상법은 곧 기업법인 셈이다.

4. 자유시장경제와 통제경제의 균형을 추구한 상법학

홍진기는 기본적으로 자유시장경제를 지향하는 상법학을 추구한다. 그러나 당시 지배적인 이념이었던 경제 민주주의 역시 받아들여 통제경제의 관점도 받아들인다. 그렇지만 이 중에서 무게중심은 자유시장경제에 놓인다. 그 점에서 헌법학자 유진오와 차이가 있다.

5. 민상법과 경제법의 통합

홍진기는 한편으로 대상설을 수용하여 경제법을 독자적인 법영역으로 인정한다. 그렇지만 전통적인 민상법과 경제법을 실체적으로 분리하지는 않는다. 홍진기는 니시하라의 견해를 따라 경제법을 민상법이 발전하는 도상에 있는 법으로 파악한다.

6. 국책회사로서 공사

홍진기는 당시 설립된 대한해운공사와 대한조선공사를 전후 일본에서 도입된 공사나 영미법에서 말하는 공유회사가 아닌 국책회사로 파악한다. 그 점에서 이러한 공사에도 주식회사의 원리가 적용되어야 한다고 말한다.

7. 제헌헌법의 국영과 공영 해석

홍진기는 국책회사로서 주식회사 원리가 적용되는 당시의 대한해운공사와 대한조선공사가 헌법에 위반되는지를 판단하기 위해 제헌헌법 제87조와 제88조가 규정하는 '국영'과 '공영'의 의미를 해석한다. 이를 '국유국영' 및 '공유공영'으로 해석하는 유진오와는 달리 홍진기는 문자 그대로 '국영' 과 '공영'으로 해석한다. 이에 의하면 '민유국영' 또는 '민유공영'도 가능하 다. 이를 통해 대한해운공사와 대한조선공사는 헌법에 위반되지 않는다고 판단한다.

8. 민주주의

홍진기는 민주주의를 새롭게 수립되는 대한민국이 받아들여야 하는 이 념으로 주장한다. 이때 말하는 민주주의는 기본적으로 자유민주주의를 뜻 한다. 다만 일반민주주의 이념을 일부 수용한 수정된 자유민주주의가 대한 민국의 이념이 되어야 한다고 말한다.

9. 영미법의 정신을 수용한 대륙법

미군정 당시 홍진기는 앞으로 우리의 법체계가 영미법과 대륙법 중 무엇 을 선택해야 하는지에 관해 영미법을 포괄적으로 수용하는 것은 바람직하 지 않고 다만 그 정신은 부분적으로 받아들여야 한다고 말한다. 이에 의하 면 우리의 법체계는 영미법의 정신을 수용한 대륙법이 되어야 한다.

10. 헌법이 없는 상황에서 대법원의 사법심사 가능성

홍진기는 아직 헌법이 제정되지 않은 상황에서 대법원이 사법심사를 할 수 있는지에 관해 이를 긍정한다. 홍진기는 생성중의 국가 이론, 실질적 헌 법 개념, 합리성으로서 자연법 이론 등을 원용하여 이 같은 상황에서도 대 법원은 사법심사를 수행할 수 있다고 주장한다.

11. 회사법 원리에 따른 귀속재산 처리

홍진기는 당시 미 군정청을 거쳐 대한민국에 귀속된 재산, 즉 귀속재산은 민상법 원리에 따라 처리되어야 한다고 주장한다. 특히 귀속재산 중에서 적산회사는 대금으로 환가되지 않고 주식회사 원리에 의해 운영되어야 한다고 말한다.

12. 일본의 대한청구권과 해방의 법리

홍진기는 일본인의 적산을 대한민국의 재산으로 귀속시킨 것은 헤이그 육전규칙에 위반되는 것이기에 일본은 대한민국에 대해서도 청구권이 있다는 주장을 해방의 법리로 반박한다. 식민지 강점 국가와 해방된 국가 사이에서는 기존의 국제법 법리가 아닌 해방의 법리가 적용되어야 한다는 것이다. 이에 따라 일본은 대한청구권을 행사할 수 없다고 주장한다.

참 고 문 헌

1. 홍진기 관련 문헌

홍진기, "주식회사의 합병에 있어서의 교부금", 홍진기법률연구재단 (편), 『유민 홍진기 법률논문 선집』(경인문화사, 2016).

홍진기, "會社の合併における交付金", 『京城帝國大學法學會論集』第十三册 第一号(1942. 2).

홍진기, "주식회사 합병의 본질: 다케다(竹田) 박사의 고교(高教)에 관련하여", 홍진기법률연구재단 (편), 『유민 홍진기 법률논문 선집』(경인문화사, 2016).

홍진기, "株式會社合併の本質: 竹田博士の高教に關聯して", 『民商法雜誌』 第十七卷 第五号(1943. 5).

홍진기, "영미법과 대륙법", 홍진기법률연구재단 (편), 『유민 홍진기 법률논문 선집』(경인문화사, 2016).

홍진기, "상법전 편찬에의 기본과제", 『법정』제2권 제9호(1947. 9).

홍진기, "사법재판소의 법률심사: 민법 제14조의 무효선언판결에 관하여", 홍진기 법률연구재단 (편), 『유민 홍진기 법률논문 선집』(경인문화사, 2016).

홍진기, "새 회사법의 요강 해설", 홍진기법률연구재단 (편), 『유민 홍진기 법률논문 선집』(경인문화사, 2016).

홍진기, "새 회사법의 요강 해설", 『유민 홍진기 선생 화갑기념논문집: 법학의 제 문제』(중앙일보·동양방송, 1977).

홍진기, "이념으로서의 경제법", 홍진기법률연구재단 (편), 『유민 홍진기 법률논문 선집』(경인문화사, 2016).

홍진기, "적산회사(敵産會社)의 회사적 성격", 홍진기법률연구재단 (편), 『유민 홍진기 법률논문 선집』(경인문화사, 2016).

홍진기, "귀속재산에 대한 법적 과제: 귀속성의 불식의 시급성", 홍진기법률연구재단 (편), 『유민 홍진기 법률논문 선집』(경인문화사, 2016).

홍진기, "두 개의 공사법(公社法): 국영의 본질에 관련하여", 홍진기법률연구재단 (편), 『유민 홍진기 법률논문 선집』(경인문화사, 2016).

홍진기, "해방의 국제법적 성격", 홍진기법률연구재단 (편), 『유민 홍진기 법률논문 선집』(경인문화사, 2016).

김영희, 『이 사람아, 공부해』(민음사, 2011).

유민선생화갑기념논문집편찬위원회 (편), 『유민 홍진기 선생 화갑기념논문집: 법학 의 제문제』(중앙일보·동양방송, 1977).

유민 홍진기 전기 간행위원회, 『유민 홍진기 전기』(중앙일보사, 1993).

홍진기법률연구재단 (편), 『유민 홍진기 법률논문 선집』(경인문화사, 2016).

2. 우리말 문헌

강성호, 『마르크스의 역사적 유물론과 역사발전론: 목적론적·기계론적·파국론적 해석과 비판』(참한, 1994).

강희원, "「법철학」이라는 말에 대한 법철학적 일고찰", 『경희법학』제39권 제3호 (2005. 2).

강희원, "법사회학적 시각에서 본 풍토적 법사상: 풍토적 법철학방법과 풍토적 자 연법론을 중심으로", 『법철학연구』제8권 제1호(2005. 5).

계희열, "헌법관과 기본권이론: 기본권의 성격변천에 관한 고찰", 『공법연구』제11 호(1983. 7).

고봉진, "'자본주의의 총체성'과 '사회체계의 기능적 분화'", 『법철학연구』제17권 제1호(2014. 4).

곽윤직 (편), 『민법주해 I』(박영사, 1992).

권기범, 『기업구조조정법』제4판(삼영사, 2011).

권오승, "경제법의 의의와 본질", 『경희법학』제23권 제1호(1988. 10).

김도균·최병조·최종고, 『법치주의의 기초: 역사와 이념』(서울대학교출판부, 2006).

김도현, "사회적 불승인으로서의 형벌: 에밀 뒤르켐의 적극적 일반예방론", 『법과 사회』제47호(2014. 12).

김성룡, "유추의 구조와 유추금지", 『법철학연구』제12권 제2호(2009. 12)

김성룡, "법이론과 실무에 던지는 물음, '법학의 학문성': 법학의 학문성에 관한 논의 가 우리에게 던지는 과제", 『형사소송의 이론과 실무』제7권 제1호(2015. 6).

김성원, "베르사유조약과의 비교를 통한 샌프란시스코조약의 비판적 검토", 『동아 법학』제85호(2019. 11).

김숭배, 『베르사유평화체제와 샌프린시스코평화체제 속의 한일관계』(연세대 박사학위 논문, 2016).

김영환, 『법철학의 근본문제』(홍문사, 2006).

김영환, "형법해석의 한계: 허용된 해석과 금지된 유추와의 상관관계", 신동운 외, 『법률해석의 한계』(법문사, 2000).

김영환, "법학방법론의 관점에서 본 유추와 목적론적 축소", 『법철학연구』제12권 제2호(2009. 12).

김영환, "한국에서의 법학방법론의 문제점: 법발견과 법형성: 확장해석과 유추, 축소해석과 목적론적 축소 간의 관계를 중심으로", 『법철학연구』제18권 제2호(2015. 8).

김정오 외, 『법철학: 이론과 쟁점』제2판(박영사, 2017).

김정원, 『사회적 기업이란 무엇인가?』(아르케, 2009).

김종길, "'기능적 분화'로서의 모더니티: 사회적 현실인가 사회학적 신화인가?", 『사회와이론』제15집 제2호(2009. 11).

김주환, "'대한민국의 수도는 서울이다'라는 관습헌법의 허구성", 『홍익법학』제22권 제1호(2021. 2).

김창록, "오다카 토모오(尾高朝雄)의 법사상: 오다카 토모오와 식민지 조선", 『법사학연구』제46호(2012. 10).

김창록, "오다카 토모오(尾高朝雄)의 법사상 II: 패전 전후 일본의 연속을 변증한 '노모스주권론'자", 『법사학연구』제48호(2013. 10).

김창록, "법적 관점에서 본 대한민국의 정체성", 『법과 사회』제59호(2018. 12).

김형배, 『채권각론 II: 사무관리·부당이득』(박영사, 2003).

김형배, 『민법학강의』제7판(신조사, 2008).

김형배, "법률의 해석과 흠결의 보충: 민사법을 중심으로", 『민법학연구』(박영사, 1986).

김형배, "계약체결상의 과실책임과 계약관계", 『법학논집』(고려대) 제29집(1993. 12).

김형석, "양창수 선생님의 삶과 학문: 한 제자의 관점에서", 『자율과 정의의 민법학: 양창수교수 고희기념논문집』(박영사, 2021).

김효전, "경성제대 공법학자들의 빛과 그림자", 『공법연구』제41집 제4호(2013. 6).

나인균, "한반도 점령정책의 국제법적 고찰", 『국제법학회논총』제48권 제1호(2003. 6).

남기윤, 『유형론적 방법론과 회사법의 신이론』(학우, 1999).

남효순 외, 『일제강점기 강제징용사건 판결의 종합적 연구』(박영사, 2014).

노일석, 『독일주식법상의 콘체른에 관한 연구: 사실상의 콘체른을 중심으로』(서울대 법학박사 학위논문, 1992).

노혁준, "유민(維民)과 상법연구: 회사합병과 교부금에 관한 논의를 중심으로", (홍진기법률연구재단 학술 세미나 발표문, 2016).

문준영, 『법원과 검찰의 탄생: 사법의 역사로 읽는 대한민국』(역사비평사, 2010).

박준, "법학전문대학원에서의 이론교육과 실무교육", 『근대법학교육 120년』(박영사, 2021).

서경석, 『스멘트학파와 기본권이론: 스멘트, 헷세, 해벌레를 중심으로』(인하대 법학박사 학위논문, 1999).

서영식, "법의 지배와 덕의 지배: 플라톤의 법이념에 관한 기초적 연구", 『철학논총』제78집 제4권(2014. 10).

서영조, "니클라스 루만의 정치체계론", 『한국시민윤리학회보』제21집 제1호(2008. 6).

송덕수, "대상청구권", 『민사판례연구』제16권(박영사, 1994).

송옥렬, 『상법강의』제5판(홍문사, 2015).

송호영, "법인의 활동과 귀속의 문제: 법인본질논쟁의 극복을 위한 하나의 시론", 『민사법학』제31호(2006. 3).

신동운 외, 『법률해석의 한계』(법문사, 2000).

신석훈, 『회사의 본질과 경영권: 경영권 방어 논쟁에 대한 법경제학적 접근』(한국경제연구원, 2008).

심재우, "상대주의 법철학의 의의와 그 한계", 『열정으로서의 법철학』(박영사, 2020).

심헌섭, "법학의 학문성: 도전과 응답의 자취", 『서울대학교 법학』제51호(1982. 10).

심헌섭, "권위에 관하여: 배제적 법실증주의에서 포용적 법실증주의에로", 『서울대학교 법학』제107호(1998. 8).

양   건, 『법사회학』제2판(아르케, 2004).

양창수, 『일반부당이득법의 연구』(서울대 법학박사 학위논문, 1987).

양창수, 『노모스의 뜨락』(박영사, 2019).

양창수, "한국사회의 변화와 민법학의 과제", 『민법연구』제1권(박영사, 1991).

양창수, "에른스트 폰 케머러 소묘: 우리 민법학에 대한 약간의 시사를 덧붙여", 『민법연구』제1권(박영사, 1991).

양창수, "매매목적토지의 수용과 보상금에 대한 대상청구권", 『판례월보』제268호(1993. 1).

양창수, "독자적인 채무불이행유형으로서의 이행거절", 『민법학논총 第二: 곽윤직박사 고희기념논문집』(박영사, 1995).

양창수, "우리나라 최초의 헌법재판논의: 처의 행위능력 제한에 관한 1947년 대법원판결에 대하여", 『서울대학교 법학』제111호(1999. 8).

양창수, "예링의 사비니 추도문", 『민법산책』(박영사, 2006).

양창수, "김증한 교수의 생애와 학문 점묘", 『민법연구』제10권(박영사, 2019).

양천수, 『기업의 사회적 책임(CSR)과 법준수프로그램(CP)에 관한 연구』(한국형사정책연구원, 2010).

양천수, 『서브프라임 금융위기와 법』(한국학술정보, 2011).

양천수, 『법해석학』(한국문화사, 2017).

양천수, 『삼단논법과 법학방법』(박영사, 2021).

양천수, "법존재론과 형법상 행위론: 베르너 마이호퍼를 통해 본 형법철학의 가능성", 『법철학연구』제9권 제1호(2006. 5).

양천수, "개념법학: 형성, 철학적·정치적 기초, 영향", 『법철학연구』제10권 제1호(2007. 5).

양천수, "법인의 범죄능력: 법이론과 형법정책의 측면에서", 『형사정책연구』제18권 제2호(2007. 여름).

양천수, "합법성과 정당성: 칼 슈미트의 이론을 중심으로 하여", 『영남법학』제25호(2007. 10).

양천수, "형사소송법상 실체진실주의와 적정절차원칙에 대한 비판적 고찰: 법철학의 관점에서", 『경남법학』제23집(2008. 2).

양천수, "공익과 사익의 혼융현상을 통해 본 공익 개념: 공익 개념에 대한 법사회학적 분석", 『공익과 인권』제5권 제1호(2008. 2).

양천수, "형법해석의 한계: 해석논쟁을 중심으로 하여", 『인권과 정의』제379호(2008. 3).

양천수, "생존배려 개념의 기원: 법철학의 시각에서 본 포르스트호프(E. Forsthoff)의 사회보장법체계", 『영남법학』제26호(2008. 4).

양천수, "법의 근대성과 탈근대성: 하버마스와 투렌의 기획을 중심으로 하여", 『법학연구』(부산대) 제50권 제1호(2009. 6).

양천수, "절차주의적 인권구상의 이론적 기초: 하버마스와 토이브너의 이론을 중심으로 하여", 『인권이론과 실천』제7호(2010. 6).

양천수, "의미창조적 확장해석: 법이론의 관점에서", 『안암법학』제37호(2012. 1).

양천수, "새로운 법진화론의 가능성", 『법철학연구』제15권 제2호(2012. 8).

양천수, "현대 사회에서 '처분불가능성'의 새로운 논증 가능성", 『법학논총』(국민대) 제25권 제3호(2013. 2).

양천수, "인권경영을 둘러싼 이론적 쟁점", 『법철학연구』제17권 제1호(2014. 4).

양천수, "사법작용의 기능과 한계: 체계이론의 관점에서", 『법학논총』(단국대) 제39권 제4호(2015. 12).

양천수, "법률에 반하는 법형성의 정당화 가능성: 이론적-실정법적 근거와 인정범위 그리고 한계", 『법과 사회』제52호(2016. 8).

양천수, "민주적 법치국가의 내적 갈등", 『법학연구』(연세대) 제28권 제3호(2018. 9).

양천수, "법과 문화: 유기천 교수의 형법철학을 예로 하여", 『법과 사회』제60호(2019. 4).

양천수, "공소사실과 일사부재리의 객관적 효력범위", 『형사소송의 이론과 실무』제11권 제1호(2019. 6).

양천수, "상징주의 형법이론: 유기천 교수의 형법철학", 『법과 사회』제64호(2020. 6).

양천수, "법학과 방법: 민법학을 예로 하여", 『인권이론과 실천』제28호(2020. 12).

양천수, "법률 전문 잡지 '법정'(法政)", 『매일신문』(2021. 10. 2).

양천수·우세나, "친생자 추정 논의에 관한 법학방법론적 문제", 『가족법연구』제33권 제2호(2019. 7).

양천수·이동형, "문화와 법체계 그리고 비교법학: 민법상 거래안전의무를 예로 하여", 『민족문화논총』제36집(2007. 9).

양화식, "생활세계, 체계 그리고 법: 하버마스의 『의사소통행위이론』을 중심으로", 『법철학연구』제11권 제2호(2008. 12).

오향미, "주권 주체와 주권의 한계: 바이마르 공화국 주권 논쟁의 한 단면", 『법철학연구』제14권 제2호(2011. 8).

유진오, 『헌법해의』(명세당, 1949).

유진오, "우리 헌법의 윤곽", 『법정』제12호(1947. 9).

유진오, "국가의 사회적 기능", 『법정』제17호(1948).

유진오, "나의 대학 생활: 일제하 초기 법문학부 시절", 『다시 창랑정에서: 유진오 수필집』(창미사, 1985).

유진오, "하사", 홍진기법률연구재단 (편), 『유민 홍진기 법률논문 선집』(경인문화사, 2016).

윤동호, 『공소사실의 동일성 판단기준과 죄수 및 경합론의 관계』(고려대 법학박사 학위논문, 2005).

윤재왕, "'법관은 법률의 입'?: 몽테스키외에 관한 이해와 오해", 『안암법학』제30호(2009. 9).

이계일, "수사학적 법이론의 관점에서 본 법적 논증의 구조", 『법철학연구』제13권 제1호(2010. 4).

이계일, "법학의 학문성에 대한 반성적 고찰", 『공법학연구』제19권 제1호(2018. 2).

이계일 외, 『법적 논증 실천론 연구』(원광대 산학협력단, 2015).

이근관, "1948년 이후 남북한의 국가승계의 법적 검토", 『서울국제법연구』제16권
　　　제1호(2009. 6).

이동승, "회사의 사회성", 『상사판례연구』제18집 제4권(2005. 12).

이동승, "기업의 사회적 책임: 법적 규제의 한계와 과제를 중심으로", 『안암법학』
　　　제29호(2009. 5).

이상돈, 『형법학: 형법이론과 형법정책』(법문사, 1999).

이상돈, "형법해석의 한계: 김영환 교수와 신동운 교수의 법학방법론에 대한 비
　　　평", 신동운 외, 『법률해석의 한계』(법문사, 2000).

이상돈, "전문법: 이성의 지역화된 실천", 『고려법학』제39호(2002. 11).

이상돈·홍성수, 『법사회학』(박영사, 2000).

이영록, "법사학의 의의와 과제", 『법학논총』(조선대) 제7집(2001. 11).

이영록, 『유진오 헌법사상의 형성과 전개』(한국학술정보, 2006).

이철우, "사회과학으로서의 법학인가, 법에 대한 사회과학적 분석인가", 『법철학연
　　　구』제9권 제1호(2006. 5).

이충우·최종고, 『(다시 보는) 경성제국대학』(푸른사상, 2013).

이항녕, "학창 30년", 『법정』(1967. 3).

이현아, "우리는 토론을 통해 이성적 상호성에 도달할 수 있는가: 하버마스의 심의
　　　민주주의론에 관한 일고찰", 『한국정치학회보』제41집 제4호(2007. 겨울).

이홍민, "법인의 본질", 『법과 정책』제22집 제3호(2016. 12).

임지봉, "사법적극주의·사법소극주의의 개념에 관한 새로운 모색과 그 적용: 전두
　　　환·노태우 두 전직대통령에 관한 사건의 분석을 중심으로", 『경희법학』
　　　제34권 제1호(1999. 12).

임지현, "독재는 민주주의의 반의어(反意語)인가?: 대중독재의 모순어법과 민주주
　　　의의 민주화", 『서양사론』제116호(2013. 3).

임지현·김용우 (엮음), 『대중독재: 강제와 동의 사이에서』(책세상, 2004).

임홍근, "상법학의 과제: 과거·현재·미래에 대한 스케치", 『법제연구』제1호(1991.
　　　12).

장영수, "헌법의 기본원리로서의 민주주의", 『안암법학』제1호(1993. 9).

정근식 외, 『식민권력과 근대지식: 경성제국대학 연구』(서울대학교출판문화원, 2011).

정동윤, 『폐쇄회사의 법리』(법문사, 1982).

정동윤 집필대표, 『주석상법: 회사(V)』제5판(한국사법행정학회, 2014).

정동윤, "설립중의 회사: 그 수수께끼의 해결을 위하여", 『법학논집』(고려대) 제22집(1984. 12).

정성훈, 『루만의 다차원적 체계이론과 현대 사회 진단에 관한 연구』(서울대 철학박사 학위논문, 2009).

정성훈, "인간적 사회와의 작별: 니클라스 루만의 사회관을 통한 새로운 사회 비판의 출발점 모색", 『시대와 철학』제18권 제2호(2007. 여름).

정인섭, "대한민국의 수립과 구법령의 승계", 『국제판례연구』제1집(박영사, 1999).

정인섭, "국제인권규약 가입 10년의 회고", 『국제인권법』제3호(2000. 10).

정인섭, "홍진기와 정부 수립 초기 국제법 활동", 『국가와 헌법·1: 헌법총론/정치제도론』(법문사, 2018).

정종섭, 『대의제에 관한 비판적 연구』(연세대 법학박사 학위논문, 1989).

정종섭, 『헌법연구(1)』(철학과 현실사, 1994).

정종섭, "우리 법학의 올바른 자리매김을 위하여: 헌법학의 통합과학적 연구에로", 『법과 사회』제2호(1990. 2).

정종현, 『제국대학의 조센징』(휴머니스트, 2019).

정태석, 『사회이론의 구성: 구조/행위와 거시/미시 논쟁의 재검토』(한울, 2002).

정태욱, 『정치와 법치』(책세상, 2006).

정태호, "성문헌법국가에서의 불문헌법규범과 관습헌법", 『경희법학』제45권 제3호(2010. 9).

정태환, "주식회사의 재단설에 관한 고찰", 『법조』제28권 제5호(1979. 5).

정희철, "주식회사합병의 본질론의 재검토", 『법학의 제문제』(유민 홍진기 선생 화갑기념논문집)(중앙일보·동양방송, 1977).

조정우, "통제경제 속의 주식회사법: 경성제대 니시하라 간이치의 상법학이 처한 딜레마", 『한림일본학』제32집(2018. 5).

조한상, "헌법상 민주주의의 실현구조", 『법학논총』(전남대) 제32집 제1호(2012. 4).

최경옥, "미군정법령에 관한 연구: 조선국방경비법과 조선해안경비법의 자료 발굴에 즈음하여", 『법사학연구』제29호(2004. 4).

최병조, "서양 고대 로마의 법치: 이념과 현실", 김도균·최병조·최종고, 『법치주의의 기초: 역사와 이념』(서울대학교출판부, 2006).

최봉경, "개념과 유형", 『법철학연구』제6권 제1호(2003. 5).

최봉경, "편집상의 오류", 『서울대학교 법학』제48권 제1호(2007. 3).

최봉경, "민법에서의 유추와 해석: 판례를 거울삼아", 『법철학연구』제12권 제2호(2009. 12).

최종고, "기초법학의 과제와 방법", 『서울대학교 법학』제69호(1987. 4).

최종고, "한국상법전의 제정과정", 『상사법연구』제9호(1991. 11).

최종고, "법률가로서 홍진기의 삶"(홍진기법률연구재단 학술 세미나 발표문, 2016).

허영, 『헌법이론과 헌법』신2판(박영사, 2008).

홍완식, 『입법학 연구』(피앤씨미디어, 2014).

황산덕, 『막스 베버』(서문당, 1976).

황산덕, 『법철학강의』제3정판(방문사, 1978).

3. 번역 문헌

앤서니 기든스·필립 W. 서튼, 김봉석 (옮김), 『사회학의 핵심 개념들』(동녘, 2015).

나가아르쥬나, 황산덕 (역해), 『중론송』(서문당, 1976).

다치바나 다카시, 이규원 (옮김), 『천황과 도쿄대 1』(청어람미디어, 2008).

다치바나 다카시, 이규원 (옮김), 『천황과 도쿄대 2』(청어람미디어, 2008).

구스타프 라드브루흐, 윤재왕 (옮김), 『법철학』(박영사, 2021).

구스타프 라드브루흐, 윤재왕 (옮김), "법률적 불법과 초법률적 법", 『법철학』(박영
사, 2021).

베르너 마이호퍼, 심재우 (역), 『법과 존재』(삼영사, 1996).

니클라스 루만, 박여성 (옮김), 『사회체계이론』(한길사, 2007).

니클라스 루만, 윤재왕 (옮김), 『사회의 법』(새물결, 2014).

칼 뢰벤슈타인, 김효전 (역), "현대 헌법론 1", 『동아법학』제74호(2017. 2).

한스 벨첼, 황산덕 (역), 『형법학의 신형상: 목적적 행위론 입문』(박영사, 1957).

노베르트 보비오, 황주홍 (역), 『자유주의와 민주주의』(문학과 지성사, 1992).

프리드리히 카를 폰 사비니, 남기윤 (옮기고 씀), 『(입법과 법학에 대한 현대의) 사
명』(고려대학교출판문화원, 2020).

수전 K. 셀, 남희섭 (옮김), 『초국적 기업에 의한 법의 지배: 지재권의 세계화』(후
마니타스, 2009).

지크프리트 J. 슈미트, 박여성 (옮김), 『구성주의』(까치, 1995).

칼 슈미트, 김항 (옮김), 『정치신학: 주권론에 관한 네 개의 장』(그린비출판사, 2010).

아마노 이쿠오, 『제국대학』(산처럼, 2017).

칼 엥기쉬, 안법영·윤재왕 (옮김), 『법학방법론』(세창출판사, 2011).

루돌프 폰 예링, 심재우·윤재왕 (옮김), 『권리를 위한 투쟁/법감정의 형성에 관하여』(새물결, 2016).

프랑크 잘리거, 윤재왕 (옮김), 『라드브루흐 공식과 법치국가』(세창출판사, 2011).

헤르만 칸토로비츠, 윤철홍 (옮김), 『법학을 위한 투쟁』(책세상, 2006).

한스 켈젠, 황산덕 (역), 『순수법학』(양문사, 1955).

한스 켈젠, 윤재왕 (옮김), 『순수법학: 법학의 문제점에 대한 서론』(박영사, 2018).

게오르그 크네어·아민 낫세이, 정성훈 (옮김), 『니클라스 루만으로의 초대』(갈무리, 2008).

헤르만 폰 키르히만, 윤재왕 (옮김), 『법학의 학문으로서의 무가치성』(박영사, 2019).

포르탈리스, 양창수 (역), 『민법전 서론』(박영사, 2003).

위르겐 하버마스, 한승완 (역), 『공론장의 구조변동: 부르주아 사회의 한 범주에 관한 연구』(나남출판, 2001).

프리트요프 하프트, 김성룡 (옮김), 『법수사학』(고려대학교출판부, 2009).

헤겔, 임석진 (옮김), 『법철학』(한길사, 2008).

鵜飼信成, 이병규 (옮김), "경성의 8월 15일", 『헌법학연구』제19권 제2호(2013. 6).

Rudolf von Jhering, 양창수 (역), "다시 지상에서: 어떻게 개선할 것인가?", 양창수 (편역), 『독일민법학논문선』(박영사, 2005).

Arthur Kaufmann, 이덕연 (역), "법학의 학문성문제에 대한 몇 가지 단상", 『연세공공거버넌스와 법』제6권 제2호(2015. 8).

Werner Maihofer, 심재우 (역), 『법치국가와 인간의 존엄』(삼영사, 1994).

Carl Schmitt/Hans Kelsen, 김효전 (역), 『헌법의 수호자 논쟁』(교육과학사, 1991).

4. 일본어 문헌

高宮普, "戰時統制經濟と企業集中", 『經濟學論集』第11卷 第9号(1941. 9).

關道雄, "米國のガヴァンメント·コーポレーション: 企業的官廳の形態", 『法律時報』第20卷 第4号(1948. 4).

內田貴, 『契約の再生』(弘文堂, 1990).

內田貴, 『制度的契約論: 民營化と契約』(羽鳥書店, 2010).

野田卯一, "敵産管理法解說", 『法律時報』第14卷 第2号(1942. 2)

西原寬一, 『日本商法論』第1卷(日本評論社, 1950).

西原寬一, 『書齋とその周辺』(大阪市立大學法學會, 1982).

西原寬一, "經濟的需要と商事判例", 『京城帝國大學法學會論集』第8册(1938).

西原寬一, "新刊批評 松田博士著 株式會社の基礎理論", 『法時』十四卷 十二号.

西原寬一, "國策會社法の發展と最近の立法", 『法律時報』第13卷 第5号(1941. 5).

田中耕太郎, 『會社法概論』(岩波書店, 1926).

松田二郎, 『株式會社の基礎理論: 株式關係を中心として』(岩波書店, 1942).

松本烝治, 『日本會社法論』(嚴松堂書店, 1929).

松尾敬一, "尾高法哲學の形成", 『神戸法學雜誌』第15卷 第1号(1965. 6).

尾高朝雄, 『國家構造論』(岩波書店, 1936).

尾高朝雄, 『實定法秩序論』(岩波書店, 1942).

尾高朝雄, 『實定法秩序論』(書肆心水, 2019).

宮澤俊義, 『憲法略說』(岩波書店, 1942).

美濃部達吉, 『憲法講話』(岩波文庫, 2018).

品川登, "商法の對象についての私見: 商的色彩論と企業法說とに對する若干の疑義", 『金澤大學法文學部論集: 法経篇』1卷(1953).

末弘嚴太郎, 『新裝版 法學入門』(日本評論社, 2018).

鈴木竹雄 (編), 『田中耕太郎: 人と業績』(有斐閣, 1977).

大隅健一郎, 『會社法論』(嚴松堂書店, 1940)

大隅健一郎, "商法改正要綱に於ける會社合併の問題", 『法叢』第二十六卷 第五号.

大隅健一郎, "統制經濟下の會社法", 『法律時報』第13卷 第7号(1941. 7).

大隅健一郎, "會社法の發展と營團法", 『法律時報』第14卷 第11号(1942. 11).

我妻榮, 『近代法における債權の優越的地位』, 有斐閣(1954).

石川健治, "コスモス拾遺", 『法學敎室』(2006. 11).

竹田省, "會社合併について", 『民商法雜誌』第十二卷 第五号(1940. 11).

竹田省, "再び會社の合併について", 『民商法雜誌』第十六卷 第六号(1942. 12).

竹田省, 『商法の理論と解釋』(有斐閣, 1954).

5. 서양어 문헌

Marc Amstutz/Andreas Fischer-Lescano (Hrsg.), *Kritische Systemtheorie: Zur Evolution einer normativen Theorie* (Bielefeld, 2013).

Andreas Anter (Hrsg.), *Die normative Kraft des Faktischen: das Staatsverständnis Georg Jellineks* (Baden-Baden, 2004).

Stephen M. Bainbridge, "Director Primacy: The Means And Ends of Corporate Governance", *Northwestern University Law Review* 97 (2003).

Breit, "Fusion und Aktienrechtsreform?", in: *ZHR* 95.

Erich Brodmann, *Aktienrecht* (Berlin, 1928).

Erich Brodmann, "Selbstdarstellung", in: Hans Planitz (Hrsg.), *Die Rechtswissenschaft der Gegenwart in Selbstdarstellungen*, Bd. 2 (Leipzig, 1925).

Erich Brodmann, "Warum sind bei Fusionen Zuzahlungen wider das Gesetz?", in: *ZBH* (1927).

Erich Brodmann, "Über den Bericht der Aktienrechtskommission des Juristentags", in: *ZHR* 94.

Günter Burkhart, "Niklas Luhmann: Ein Theoretiker der Kultur?", in: Günter Burkhart/Gunter Runkel (Hrsg.), *Luhmann und die Kulturtheorie* (Frankfurt/M., 2004).

Claus-Whilhelm Canaris, *Systemdenken und Systembegriff in der Jurisprudenz, entwickelt am Beispiel des deutschen Privatrechts* (Berlin, 1969).

Claus-Whilhelm Canaris, *Die Vertrauenshaftung im deutschen Privatrecht* (München, 1971).

Claus-Whilhelm Canaris, *Die Feststellung von Lücken im Gesetz: Eine methodologische Studie über Voraussetzungen und Grenzen der richterlichen Rechtsfortbildung praeter legem*, 2., überarbeitete Aufl. (Berlin, 1982).

James Crawford, *The Creation of States in International Law*, 2nd ed. (Oxford University Press, 2006).

Arthur Curti, *Die englische Aktien-Gesellschaft nach neuem Recht: systematische Darstellung und Gesetz vom 10. Mai 1929* (Berlin, 1929).

Eugen Ehrlich, *Grundlegung der Soziologie des Rechts*, 4. Aufl. (Berlin, 1989).

Josef Esser, *Vorverständnis und Methodenwahl in der Rechtsfindung* (Frankfurt/M., 1970).

R. Fischer, "Die Aktiengesellschaft", in: *Ehrenbergs Handbuch des gesamten*

Handelsrechts Bd. III, Abt. I (Leipzig, 1922).

Ernst Forsthoff, *Verwaltung als Leistungsträger* (Stuttgart/Berlin, 1938).

Werner Frotscher/Bodo Pieroth, *Verfassungsgeschichte*, 2. Aufl. (München, 1999).

Karl Hermann Geiler, *Die wirtschaftliche Methode im Gesellschaftsrecht* (Berlin, 1933).

Hans Walter Goldschmidt, *Reichswirtscahftsrecht* (Berlin, 1923).

Jürgen Habermas, *Theorie des kommunikativen Handelns*, Bd. 2 (Frankfurt/M., 1981).

Jürgen Habermas, *Faktizität und Geltung* (Frankfurt/M., 1992).

Max Hachenburg, "Sind bei der Fusion zweier AGen. neben der Gewährung von Aktien auch andere Leistungen zulässig?", in: *LZ* (1911).

Winfried Hassemer, *Tatbestand und Typus* (Köln/Berlin/Bonn/München, 1968).

Winfried Hassemer, *Theorie und Soziologie des Verbrechens: Ansätze zu einer praxisorientierten Rechtsgutslehre* (Frankfurt/M., 1973).

Justus Wilhelm Hedemann, *Die Flucht in die Generalklauseln: Eine Gefahr für Recht und Staat* (Tübingen, 1933).

Justus Wilhelm Hedemann, "Wirtschaftsrecht", in: Fritz Stier-Somlo (Hrsg.), *Handwörterbuch der Rechtswissenschaft*, Bd. VI (Berlin, 1929).

Konrad Hesse, *Verfassungsrecht und Privatrecht* (Heidelberg, 1988).

Konrad Hesse, *Grundzüge des Verfassungsrechts der Bundesrepublik Deutschland*, 20. Auflage (Heidelberg, 1999).

Ernst Heymann, "Aktienrechtliche Fusion", in: *ZHR* 92.

Alexander Hollerbach, "Jellinek, Georg", in: *Neue Deutsche Biographie* 10 (Berlin, 1974).

Alfred Hueck, "Sind bei einer Fusion Barzahlungen an die Aktionäre der aufzunehmenden Gesellschaft zulässig?", in: *ZBH* (1930).

Rudolf von Jhering, *Der Zweck im Recht* I. (Leipzig, 1877).

Georg Jellinek, *System der subjektiven öffentlichen Rechte* (Freiburg, 1892).

Georg Jellinek, *Allgemeine Staatslehre*, 3. Aufl. (Berlin, 1914).

J. Junck, "Über Umwandlung von Gesellschaften", in: *Iherings Jahrbücher für die Dogmatik des bürgerlichen Rechts* 77 (1929).

J. Junck, "Sind bei der Fusion (Verschmelzung) zweier AGen. neben der Gewährung von Aktien auch andere Leistungen zulässig?, in: *LZ* (1924).

Richard Kahn, *Rechtsbegriffe der Kriegswirtschaft: ein Versuch der Grundlegung des Kriegswirtschaftsrechts* (München [u.a.], 1918).

Walter Kaskel, "Gegenstand und systematischer Aufbau des Wirtschafsrechts als Rechtsdisziplin und Lehrfach", in: *Juristische Wochenschrift* (1926).

Arthur Kaufmann, *Analogie und "Natur der Sache"* (Heidelberg, 1965).

Friedrich Hermann Klausing, *Wirtschaftsrecht: Beiträge zum Wirtschaftsrecht*, Bd. II (Hamburg, 1932).

Detlef Kleindiek, "Max Hachenburg: jüdischer Rechtsanwalt und Publizist", in: *NJW* (1993).

Paul Laband, *Das Budgetrecht nach den Bestimmungen der preußischen Verfassungsurkunde* (Berlin, 1871).

Karl Larenz, *Methodenlehre der Rechtswissenschaft*, 6. Aufl. (Berlin u.a., 1991).

Hermann Schultze-von Lasaulx, "Zur Fusion von Aktiengesellschaften und Genossenschaften", in: *Iherings Jahrbücher für die Dogmatik des bürgerlichen Rechts* 79 (1931).

Karl Lehmann, *Das Recht der Aktiengesellschaften*, Bd. 2 (Berlin, 1904).

Robert Liefmann, *Die Unternehmungsformen mit Einschluss der Genossenschaften und der Sozialisierung*, 4., umgearb. Aufl. (Stuttgart, 1928).

Niklas Luhmann, *Die Politik der Gesellschaft* (Frankfurt/M., 2000).

Niklas Luhmann, *Einführung in die Systemtheorie*, 2. Aufl. (Heidelberg, 2004).

Niklas Luhmann, *Organisation und Entscheidung*, 2. Aufl. (Wiesbaden, 2006).

Niklas Luhmann, *Soziale Systeme: Grundriß einer allgemeinen Theorie* (Frankfurt/M., 1984).

Bernd Mertens, *Gesetzgebungskunst im Zeitalter der Kodifikationen: Theorie und Praxis der Gesetzgebungstechnik aus historisch-vergleichender Sicht* (Tübingen, 2004).

Reinhard Mußgnug, "Paul Laband (1838-1918)", in: Peter Häberle/Michael Kilian/ Heinrich Amadeus Wolff (Hrsg.), *Staatsrechtslehrer des 20. Jahrhunderts* (Berlin, 2014).

Friedrich Müller, *Juristische Methodik* (Berlin, 1997).

Rudolf Müller-Erzbach, *Umgestaltung der Aktiengesellschaft zur Kerngesellschaft verantwortungsvoller Großaktionäre: Entwicklung des Aktienrechts aus dem mitgliedschaftlichen Interesse* (Berlin, 1929).

Arthur Nussbaum, *Das neue deutsche Wirtschaftsrecht: eine systematische Übersicht über die Entwicklung des Privatrechts und der benachbarten Rechtsgebiete seit Ausbruch des Weltkrieges*, 2., völlig umgearb. Aufl. (Berlin, 1922).

Regina Ogorek, *Richterkönig oder Subsumtionsautomat?: Zur Justiztheorie im 19. Jahrhundert* (Frankfurt/M., 2008).

Tomoo Otaka, *Grundlegung der Lehre von sozialen Verband* (Wien, 1932).

Stanley L. Paulson (Hrsg.), *Georg Jellinek: Beiträge zu Leben und Werk* (Tübingen, 2000).

Claus Roxin, *Strafrecht Allgemeiner Teil, Band I: Grundlagen·Der Aufbau der Verbrechenslehre*, 4. Aufl. (München, 2006).

Walter Sax, *Das Strafrechtliche "Analogieverbot"* (Göttingen, 1953).

Carl Schmitt, *Verfassungslehre* (Berlin, 1954).

Carl Schmitt, *Diktatur: Von den Anfängen des modernen Souveränitätgedankens bis zum proletarischen Klassenkampf*, Siebente Aufl. (Berlin, 2006).

Brian Z. Tamanaha, *On the Rule of Law: History, Politics, Theory* (Cambridge University Press, 2004).

Gunther Teubner, *Recht als autopoietisches System* (Frankfurt/M., 1989).

Gunther Teubner, *Netzwerk als Vertragsverbund* (Baden-Baden, 2004).

Ferdinand Tönnies, *Gemeinschaft und Gesellschaft*, 4., unveränderte Aufl. (Darmstadt, 2005).

Jacob Ullmann, *Die Veräusserung des Vermögens einer Aktiengesellschaft im Ganzen* (München, 1915).

Theodor Viehweg, *Topik und Jurisprudenz* (München, 1974).

Carl Albert Wieland, *Handelsrecht, Erster Band: Das Kaufmännische Unternehmen Und Die Handelsgesellschaften* (Berlin, 1931).

Johannes C.D. Zahn, "Gegen den körperschaftlichen Aufbau des Aktiengesellschaft", in: *Deutsche Justiz* 97 (1935).

찾 아 보 기

가

가일러 208

개념법학적 사유 290

개별유추 301

개인재산 불몰수의 원칙 245

객관주의 132, 153

건국이념 173

경성제국대학 10

경제법 205

경제헌법 210

계수 150

계약주의적 회사관 58

계약체결상의 과실 202

골드슈미트 208

공동사회 215

공론장 62

공사 226

공영 213

공유공영 213, 227

공유회사 227

공익의 사익화 61

곽윤직 299

교부금 67

교토제국대학 99

구보타 망언 253

구성적 실재론 45

구성주의 45

구조모델 39

구조사고 300

국가-사회 이원론 214

국영 213

국유국영 213, 227

국제법의 이원화 258

국책회사 226

군정법령 247

귀속재산 244

기능등가주의 55

기능영역 216

기능적 분화 55

기르케 36

기본권 이해 220

기본법학 269

기업 58

기업경영 228

기업법설 15

기업소유 228

기초법학 268, 270

김병로 164

나

나라의 손 206
내부-외부 273
내부적 관점 273
내적 분화 61
노모스주권론 21
농지개혁 211
누스바움 207
니시하라 칸이치 12, 209

다

다이쇼 데모크라시 11
단액조정 70
단주조정 70
단체의 법이론 6
대륙법 148
대상설 208
대중주의 157
대화적 민주주의 158
도그마 269
도쿄제국대학 99
뒤르켐 39

라

라드브루흐 193
라반트 198
라벨 297
레만 107
로서의 존재 44

루만 35
리걸 마인드 269
리스트 272
리프만 228

마

마르크스 214
마이호퍼 44
마키노 에이이치 100
마투라나 52
명시적 흠결 186
목적법학적 사유 293
몽테스키외 168
무증자 합병 126
문홍주 14
물적재산 236
미노베 타츠키치 198
민상법 통일론 153
민주주의 155, 174
민주주의의 이중성 159

바

발레라 52
법률교정적 법수정 188
법률보충적 법형성 185
법률에 반하는 법형성 185
법문언의 가능한 의미 183
법사학 271
법사회학 271

법인 237
법인격의 합일 124
법인실재설 33
법인의제설 33
법적 삼단논법 284
법전편찬위원회 127
법정 8
법철학 271, 276
법학 267
법학의 학문성 278
법해석학 181
법형성 180
베버 39
본질주의적 사유 289
부당이득 297
부속적 상행위 134
부수적 급부 82
불량자산 72
브로드만 78
비교법적 사유 306
비란트 14

사

사단 33
사단법설 88
사단법적 측면 104
사람의 지배 156
사물논리 297
사법권 우월 169

사법적극주의 190
사비니 272, 290
사익의 공익화 62
사회적 기업 63
사회적 수요 216
사회적 체계 35, 201
사회적 회사관 59
산출지향적 법학 294
살아 있는 헌법 196
상관습법 133
상인 132
상인법주의 153
상적 색채론 15
상행위 132
상행위법주의 153
샌프란시스코 강화조약 252
생성중의 국가 171, 197
생성중의 헌법 173
생존배려 216
생활세계 40, 217
설립중의 회사 198
세계관설 207
소유자적 회사관 57
소통 42, 49
수집설 207
순수법학 21
슈미트 178, 221
슐체 폰 라소 108
스멘트 222

스에카와 히로시 99
스에히로 이즈타로 100
신의칙 298
신주인수권 138
실무법학 269
실정법 279
실정법학 268
실질적 법치주의 192
실질적 의미의 헌법 171
실천적 무가치성 282

아
양창수 286, 296
에를리히 273
영미법 148
영업적 상행위 134
예링 201, 293
옐리네크 171, 198, 220
오다카 토모오 17
오스미 켄이치로 89, 100
온건한 법실증주의 289
와가츠마 사카에 100
외부적 관점 273
외자 유입 136
우에스기 신키치 199
우카이 노부시게 23
위헌판결의 효력 176
유기천 5
유비추론 301

유진오 18, 202, 212
유추 301
유형 296
유형론적 사유 295
융크 80, 93, 141
은폐된 흠결 187
의결권 없는 주식 137
의결권주 138
이론법학 269
이론적 무가치성 281
이상돈 299
이시카와 켄지 24
이영록 11
이익균점권 211
이익기업 63
이익배당 70
이익배당청구권 138
이익사회 215
이항녕 18
이항코드 48
이행거절 299
인간 44
인격 44
인지적 개방성 53
일반민주주의 149, 152
임상법학 270
입법권의 우월 170
있어야 할 법 254

자

자기생산 52

자기생산적 체계 52

자기존재 44

자본금 71

자본금액 71

자본금의 환급 73

자본증가 117

자연법 174, 196

자연적인 법 279

자유민주주의 149, 152

자유시장경제 219

자유주의 상법학 16

작동적 폐쇄성 53

재단 34

재산법설 88

재산법적 측면 104

적산 244

적산회사 235

전문법학 269

전체유추 301

전환권 138

전환사채 138

절대적 상행위 134

정인섭 200

정종섭 307

정치원리 158

정치이념 160

제네바 회담 291

제도화된 민주주의 160

조직화된 경제 208

존재-당위 274

존재와 당위의 상응 304

종급부 82

주관주의 132, 153

주된 급부 82

주식회사의 본질 122

주체-객체 47

주체-행위 132

준비금 71

준비금 배분 71

준비금액 71

지배영역 216

차

채무불이행 299

처의 무능력자 제도 175

천황기관설 사건 12

체계 36, 40, 41, 217

체계내재적 법학 269

체계비판적 법학 269

체계이론 36

체계초월적 법학 269

체계-환경 47

초실정법적 근거 195

출자환급금지 원칙 79, 87

카

카나리스 201
카스켈 208
카우프만 303
칸 205
칸트 45
케머러 297
켈젠 21, 178, 221
콘체른 139
클라우징 209
키르히만 278
키요미야 시로오 23

타

타나카 코타로 15, 97, 110
타케다 쇼 89, 99
타케이 키요시 12
타카카와 유키토키 100
토대-상부구조론 214
토이브너 298
통제경제 219
통합과학 307
통합적 사유 307
퇴니스 215
투입-산출 모델 294
투입지향적 법학 294
티보 275

파

파슨스 39, 218
포르스트호프 215
포섭 305
피서 81, 106

하

하버마스 40, 158, 217
하쎄머 295
하이만 108
하프트 300
하헨부르크 83, 109, 141
학문 방법으로서 법적 삼단논법 287
한민족의 국적 회복 시점 200
한반도의 주권 회복 시점 199
한일병합조약 262
합리성 174
합법-불법 48
해방 256
해방국가의 특수성 246
해방의 법리 241, 253
행위 50
행위-구조모델 39
행위모델 38
행정권의 우월 170
헌법의 기본원리 159
헌법의 수호자 178
헤겔 275
헤데만 207

헤세   223
헤이그 제2협약   245
현상학   21
현재 있는 법   254
형식적 의미의 헌법   171

환경   36
황산덕   19
회사   32, 59, 237
후설   21, 217
휙크   81

유민총서 13

단체의 법이론

초판 1쇄 인쇄 2022년 03월 11일
초판 1쇄 발행 2022년 03월 25일

지 은 이 양천수
편   찬 홍진기법률연구재단
주   소 서울특별시 종로구 동숭3길 26-12 2층
전   화 02-747-8112   팩   스 02-747-8110
홈페이지 http://yuminlaw.or.kr

발 행 인 한정희
발 행 처 경인문화사
편 집 부 유지혜 김지선 박지현 한주연 이다빈 김윤진
마 케 팅 전병관 하재일 유인순
출판번호 제406-1973-000003호
주   소 경기도 파주시 회동길 445-1 경인빌딩 B동 4층
전   화 031-955-9300   팩   스 031-955-9310
홈페이지 www.kyunginp.co.kr
이 메 일 kyungin@kyunginp.co.kr

ISBN 978-89-499-6623-6 93360
값 23,000원